"博学而笃志，切问而近思。"
（《论语》）

博晓古今，可立一家之说；
学贯中西，或成经国之才。

复旦博学·复旦博学·复旦博学·复旦博学·复旦博学·复旦博学

作者简介

刘海贵，1950年出生，复旦大学新闻学院教授、博士生导师，从事新闻传播实务教学研究近50年，发表学术论文近200篇，出版专著与教材近20本。历任新闻学院副院长、学术委员会副主任、学位委员会主席、教授委员会主任等职，先后荣获上海市育才奖、市优秀新闻工作者、市教卫系统优秀共产党员、范静宜新闻良师奖等称号和奖励。国家二级教授，享受国务院政府特殊津贴。

刘勇，1978年出生，复旦大学新闻学院教授、博士生导师。中国新闻史学会应用新闻传播学专业委员会副理事长。中宣部"宣传思想文化青年英才"（2019）、安徽省省级教学名师（2020）、"国家级一流本科课程-新闻采访"主持人（2020）。曾获得中国新闻学研究会"优秀新闻学著作奖"、安徽省教学成果奖特等奖。出版专（译）著、教材、文集等14部，在核心期刊发表学术论文40余篇，主持国家社科基金及省部级课题10余项。

邓建国，1974年出生，复旦大学新闻学院教授、博士生导师、传播学系主任。曾任Shanghai Daily记者、编辑。主要研究方向为传播理论、中外传播思想和国际传播。已在相关领域发表中英文论文60余篇，出版专著2部，译著多部，包括《传播研究量表手册》《对空言说》《奇云：媒介即存有》等，承担国家社科项目2项。

新闻与传播学系列教材／新世纪版

博学

中国新闻采访写作学

（第三版）

刘海贵　主　编
刘　勇　邓建国　副主编

JC

复旦大学出版社

内容提要

《中国新闻采访写作学》因其系统结构、成熟观点、本土情境、实用案例等特色，几十年来一直是各大高校新闻传播专业首选。

十年之后，新闻采访写作领域的权威刘海贵教授携刘勇、邓建国两位年轻教授，大幅修订这一经典教材，以更加贴近国情、贴近时代、贴近实践的第三版奉献给新闻专业师生。

主要修订包括三个方面：

第一，整体结构做重大调整，将第二版14章改为13章，归为四篇——基础篇、采访篇、写作篇、场景篇。新版的结构更加合理，逻辑更加清晰。

第二，内容做大量增补。第二版中专业报道五章整体删除，增加消息、通讯、特稿三大新闻体裁的写作，同时增加国际新闻、网络新闻的采写内容。

第三，案例大幅更新。新版替换了第二版中八成以上的案例，均为近三年的案例，且多为中国新闻奖作品。

新版的中国特色进一步凸显，同时也保持开放心态，与网络时代、国际视野保持同步。

目 录

三版前言 …………………………………………………………… 1

一、基 础 篇

第一章　新闻采访写作概述 …………………………………… 3
　　第一节　新闻采访 …………………………………………… 3
　　第二节　新闻体裁 …………………………………………… 18
　　第三节　新闻采访与新闻写作的关系 ……………………… 21

第二章　新闻报道的基本要求 ………………………………… 23
　　第一节　坚持真实性 ………………………………………… 23
　　第二节　坚持思想性 ………………………………………… 31
　　第三节　坚持时间性 ………………………………………… 38
　　第四节　坚持用事实说话 …………………………………… 42

第三章　记者修养 ……………………………………………… 46
　　第一节　作风修养 …………………………………………… 47
　　第二节　道德修养 …………………………………………… 51
　　第三节　知识修养 …………………………………………… 57
　　第四节　技能修养 …………………………………………… 61
　　第五节　情感修养 …………………………………………… 64
　　第六节　体质修养 …………………………………………… 67
　　第七节　公关修养 …………………………………………… 69

第四章　近百年中国新闻采访写作史述略 …………………… 72
　　第一节　近百年中国新闻采访史述略 ……………………… 72

第二节　近百年中国新闻写作史述略 …………………………… 117

二、采 访 篇

第五章　新闻采访前期活动 …………………………………… 147
　第一节　新闻敏感的培养 ………………………………………… 147
　第二节　新闻价值的感知 ………………………………………… 154
　第三节　新闻政策的遵循 ………………………………………… 158
　第四节　报道思想的明确 ………………………………………… 161
　第五节　新闻线索的获取 ………………………………………… 163
　第六节　采访准备的周到 ………………………………………… 169
　第七节　对方心理的明晰 ………………………………………… 176
　第八节　新闻报道的策划 ………………………………………… 178
　第九节　网络传播的借力 ………………………………………… 186

第六章　新闻采访中期活动 …………………………………… 189
　第一节　访问条件的创造 ………………………………………… 189
　第二节　提问技能的掌握 ………………………………………… 199
　第三节　调查座谈的主持 ………………………………………… 207
　第四节　现场观察的注重 ………………………………………… 209
　第五节　听觉功能的协调 ………………………………………… 216
　第六节　当场笔录的强调 ………………………………………… 218

第七章　新闻采访后期活动 …………………………………… 223
　第一节　深入采访的细致 ………………………………………… 223
　第二节　验证材料的严密 ………………………………………… 228
　第三节　笔记整理的迅速 ………………………………………… 230
　第四节　剩余材料的积累 ………………………………………… 231

三、写 作 篇

第八章　新闻写作的基本要素 ………………………………… 237

第一节　新闻主题 …………………………………………… 237
　第二节　新闻材料 …………………………………………… 242
　第三节　新闻角度 …………………………………………… 244
　第四节　新闻语言 …………………………………………… 246
　第五节　新闻来源 …………………………………………… 249
　第六节　引语 ………………………………………………… 252
　第七节　新闻背景 …………………………………………… 256

第九章　消息 ……………………………………………………… 262
　第一节　消息的标题 ………………………………………… 262
　第二节　消息的导语 ………………………………………… 269
　第三节　消息的主体与结尾 ………………………………… 279
　第四节　消息的结构 ………………………………………… 287

第十章　通讯 ……………………………………………………… 299
　第一节　通讯概述 …………………………………………… 299
　第二节　不同类型通讯的写法 ……………………………… 312

第十一章　特稿 …………………………………………………… 334
　第一节　特稿概述 …………………………………………… 334
　第二节　特稿的写法 ………………………………………… 342

四、场　景　篇

第十二章　国际新闻采访与写作 ………………………………… 369
　第一节　国际传播与国际新闻 ……………………………… 369
　第二节　国际新闻的特点 …………………………………… 374
　第三节　国际新闻的选题 …………………………………… 380
　第四节　国际新闻的采访 …………………………………… 388
　第五节　国际新闻的写作 …………………………………… 397
　第六节　国际新闻报道的三种典型体裁 …………………… 400

第十三章　网络新闻采访与写作 ……………………………… 407
第一节　媒介融合的历史背景与发展策略 ……………………… 407
第二节　网络新闻时代的记者能力 ……………………………… 415
第三节　网络新闻采访技巧 ……………………………………… 426
第四节　网络新闻跨平台写作 …………………………………… 429
第五节　处理好网络新闻写作中的几个问题 …………………… 431

主要参考文献 ……………………………………………………… 443

三版前言

古人云:十年磨一剑。《中国新闻采访写作学》这柄"剑"我磨了近五十年,几乎占尽了我的整个新闻教育生涯。对于一篇新闻报道而言,新闻采访是魂,新闻写作是神,因此,用毕生精力磨新闻采访写作这柄"剑",值!

20世纪七八十年代,在党的基本路线和邓小平理论的指引下,我国新闻传播事业和新闻传播教育事业得到了蓬勃发展,新闻传播学教材的编写、出版也呈现出空前繁荣的局面。当时,我作为一名青年教师,在夏鼎铭、张骏德、周胜林等前辈教授的带领下,积极投身于新闻采访与写作教材的研究及编写活动之中。我先是以主要执笔人之一的身份于1984年参与编写了《新闻采访与写作》教材,后在王中、陆诒、徐震、余家宏、丁淦林等先生的指导下,于1996年起独立编著《现代新闻采访学》《新闻采访教程》等教材,又于2007年独立编著《中国新闻采访写作教程》。

这是迄今为止冠以"中国"两字的我国唯一一本新闻采访写作教材。发行这么多年来,新闻学界和业界好评如潮,公认该教材有三个显著特色:一是完美处理继承与创新的关系,该教材既较好地传承前辈的研究成果,又较全面地反映新闻采访写作学的最新发展;二是妥善处理理论与实践的关系,着力贴近新闻报道实践并较好地体现可操作性;三是合理处理现在与将来的关系,力求体现学科当下发展路径并科学地预示未来的发展前景。《中国新闻采访写作教程》2007年即被教育部列为普通高等教育"十一五"国家级规划教材,在长达十余年的时间里始终作为全国千余所高校新闻传播教学点新闻采访写作课程的首选教材。

现如今我年事已高,基于种种主客观原因,我曾表示不想再对此教材做什么修订。但是,这几年来,无数读者,特别是大学老师和学生通过各种途径联系到我,殷切希望该教材修订本尽快问世。复旦大学出版社也不断接到许多高校和媒体来信,希望出版社转达对我修订此教材的期盼。实在是盛情难却,我终于在一年前下了决心,再次抖擞精神,全身心投入此教材的修订工作,尽快向学界和业界推出一部水准更高、与时代及新闻传播实践结合更为紧密的《中国新闻采访写作学》修订本。

此教材也确实存在修订的必要性和紧迫性。

首先,自1923年邵飘萍先生率先编著《实际应用新闻学》(又名《新闻材料采集法》)起,一百年来,国人又相继推出新闻采访写作学教材或专著两三百本。可以说,新闻采访写作学的学科体系已基本建立,理论框架也日臻完善。值得自豪的是,中国学者、专家对新闻采访写作学的研究水平举世公认,众多西方新闻传播权威人士均认可这一事实。

光阴荏苒,星移斗转。新闻采访写作学是一门应用性较强的学科,社会发展了,实践变化了,就需要其在理论和方法上及时地作出反应。特别是在当下的融媒体时代,传媒形态急剧变化,新兴传媒快速向数字化、网络化、移动化发展,传统媒体也正处在新转型、新跨越的年代,传统新闻采访写作学的理论和方法正遭受前所未有的挑战。一百年中,几代学人对新闻采访写作学学科研究的成果,我们必须坚持和传承,但时代和实践的发展明确告诉我们:这门学科有许多新的领域亟待开拓,许多新的理论亟待建立,这门学科存在更新迭代的紧迫性和必要性。因此,如何本着与时俱进的创新精神,修订出一本既体现传统特色又切合当前新闻传播实践发展需求的新闻采访写作学教材,乃属当务之急。

这次推出的《中国新闻采访写作学》修订本,主要在四个方面作了突出处理。

一是增加了网络新闻采访写作专门章节。现如今,互联网已成为人们工作、学习、生活和娱乐等各个方面的重要平台与工具,人与人、人与社会的联系,一旦离开了互联网,将变得寸步难行。同时,互联网的迅猛崛起,使新闻传播的格局发生了翻天覆地的变化,也在很大程度上改变了新闻工作者的思维方式和工作方式。当下,数字技术又以人们难以预料的方式介入甚至重构人类社会生活的实践,势必又对记者的采访写作业务能力提出诸多新的要求。实践呼唤理论指导,因此,加强网络新闻采访写作的研究,是顺势而为。

二是增加了国际新闻采访写作专门章节。国际传播能力是国家软实力的重要组成部分,是执政党能力的重要体现,也是当代新闻工作者优秀素质和能力的重要组成部分。习近平总书记在2021年5月31日主持中共中央政治局第三十次集体学习会上发表了主题为"加强和改进国际传播工作 展示真实立体全面的中国"的重要讲话,将国际传播上升到党和国家顶层设计和规划布局的层面。构建具有鲜明中国特色的战略传播体系,着力提高国际传播影响力、中华文化感召力、中国形象亲和力、中国话语说服力和国际舆论引导力,这既是新闻传播学科面临的重大挑战,也是新闻传播学科难得的历史发展机遇。当代新闻工作者应该有这样的时代意识和使命担当,理应成为中华文化走向世界的领跑者和讲好中国故事的最佳宣讲者。如何在国际传播中着力从现代语境、国际表达和市场博弈等方面发力,致力提高国际文化的叙事能力和传播能力,尽快掌握国际新闻的采访写作理论和方法,则成为当务之急。

三是对新闻写作部分做了较大幅度的调整和充实。修订本以一整篇四整章的篇幅阐释新闻写作的理论与方法,从新闻写作的基本要素,到消息、通讯、特稿的写作,基本上涵盖了新闻写作的主要领域,既反映了新闻写作的传统基本理论与方法,也充分体现了新闻写作近年来新发展、新创立的理论与方法。整部教材新闻采访与新闻写作的比例也得到了合理的平衡。

四是对案例大部分做了更新。原教材中引用的数百个案例,除部分经典案例外,近百分之八十的案例都进行了更新,新换的案例都是近三年发生的。修订后的教材增添了不少新鲜感和亲近感,特别是给年轻读者增添更多的认同感。

这次对本教材的修订,我特意邀请了刘勇、邓建国两位教授参与。这是基于两个方面的考虑:一是教学团队建设和传承的需要。实践证明,新闻实务的教学科研得靠团队的智慧和力量,得靠一代一代的团队坚持和传承。复旦大学新闻学院在新闻实务教学与科研方面重视团队精神的发扬是有着良好传统的。我从前辈手中接过接力棒,带领团队奋战了二十余年,2021年9月以我为代表的新闻实务教学团队荣获复旦大学"钟扬式教学团队"的称号。我和团队的近十位中青年教师已认真制定出发展规划,力争用三到五年的时间,在新闻实务教学和科研方面取得五个显著突破,其中一项便是编写七到十本新闻实务教材,团队所有成员都必须积极参与,刘勇、邓建国两位参与到《中国新闻采访写作学》的修订工作中来便是规划的一部分。二是刘勇、邓建国两位教授虽然年轻,但后生可畏,在中国新闻传播学界已属有相当影响力的人物。刘勇教授在新闻采访写作教学上已属国内扛大旗的人物,他主授的新闻采访课最近已被教育部评定为国家一流课程。邓建国教授在复旦新闻学院担任传播系主任和国际新闻专业项目主任,在新媒体和国际传播教学、科研方面已渐显领军人物之势。因此,请他们两位加盟此教材的修订,是再合适不过的。其中,刘勇承担了第八章第五节、第六节,第九章到第十一章的撰写任务,并对全书的案例作了更新;邓建国则撰写了第十三章、第十四章的内容。在此对他们的付出表示感谢。

编写和修订此教材,我们工夫没敢少花,相比较自己以往编写出版的几本同类教材,开拓、创新领域不少,水准确实上了一个较大的台阶。但是,按照该学科理论的科学性、实用性和创新性要求衡量,不足之处一定不少,恳请学界、业界同行和广大读者批评指正。在今后的岁月里,我们还将一如既往地努力,并与同仁更加紧密携手,为这门学科的不断完善成熟,付出更加艰辛的劳动。

几十年来,我不断得到学界、业界同行和广大学生、记者、通讯员的支持与鼓励,借此机会,我深表谢忱。复旦大学出版社高若海、顾潜、章永宏三位编辑始终如一地支持我的研究,在此也一并感谢。

为方便老师教研与交流,我们准备了教学包,包括教学计划、PPT、案例及试卷等,如有需要,可发邮件至如下邮箱:fdroach@163.com。

刘海贵

2022 年夏于复旦园

一、基础篇

第一章

新闻采访写作概述

第一节 新闻采访

新闻采访是新闻工作的主要组成部分，是新闻写作的基础、前提和保证，任何想办好报刊、广播、电视、通讯社、网络等新闻媒体的新闻从业人员，无不从加强新闻采访着手。新闻采访学又是新闻学的主要分支，任何对新闻学的研究，也无不从新闻采访学开始。从一定意义上说，新闻采访是整个新闻工作的灵魂。

一、新闻采访的定义

中国乃至国际新闻界对新闻采访所下的定义众说纷纭、含混不清。譬如，英国有人曾对50名颇有资历的记者做过专项调查：请给新闻采访下一定义。结果约有30名记者答不上来，其余记者的答案也是五花八门，无一准确。因此，开宗明义，何谓采访，又何谓新闻采访，这是首先要弄清楚的。

"采访"一词始见于东晋史学家干宝的《搜神记序》，比"新闻"一词早出现约300多年。古代从事采访活动的，不仅仅是办邸报、小报的人（近代称"访员""访事"），史官等也常有此类性质的活动，如汉代司马迁著《史记》，其中相当一部分材料是根据他亲自采访而写就的。朝廷为了了解下情、外情，也常常派官员下去采访，如唐代开元年间，曾专设"采访使"，代表朝廷"考课诸道官人"；宋朝也有派遣人员"前往江南采访"的记载（《宋史·太宗纪》）。不管怎么说，这类采访还不是真正意义上的新闻采访，但可以反映出早期采访有点类似收集情报和一般材料的特征而已。

作为新闻工作的专门术语,新闻采访一词则是在近代新闻事业发展的基础上才得以确定,并赋予了充实、完整的内容。

然而,包括近年来出版的诸多新闻采访学著作在内,对新闻采访所下的百余条定义都较繁杂,大多欠科学、欠准确。其中,具有代表性的诠释有两类。

一类是,新闻采访是记者认识客观实际的活动,或者主观认识客观的调查研究活动。这类定义虽有一定道理,如它说明了新闻采访是记者主观认识客观的活动,是一项具有某些或部分调查研究性质的活动。但问题在于,这类定义没有揭示新闻采访的个性特征:这是什么样的主观认识客观的调查研究活动?调查研究的目的是什么?这些问题未能明确、清晰地得到揭示。因为任何形式的调查研究活动都有主观认识客观的共性,如司法人员审核案情、历史学家考古、机关干部下基层检查工作等。显而易见,这一类定义是欠科学、欠准确的。

另一类是,新闻采访是调查研究活动在新闻工作中的运用。这类定义犯了与前一类定义同样的毛病,除了将新闻采访同调查研究放在同一概念看待之外,还因为新闻工作仍是个大概念,它包括采访、写作、编辑、发行等诸多方面,谁能说,除了采访、写作、编辑、发行等就不叫新闻工作?因此,这一类定义也是欠科学、欠准确的。

特别值得指出的是,调查研究只是一般概念,是社会学的一种工作方式,而新闻采访学却是一门有着专门研究对象、理论和方法的独立学科,两者没有从属关系,不可混为一谈。不少教材与著作均将新闻采访与调查研究等同起来,甚至认为新闻采访从属于调查研究,这一认识是片面的,应当扬弃。

在当前,对新闻采访比较科学、准确的定义是:新闻工作者为搜集新闻素材所进行的活动。相比较而言,这一定义比较明确地揭示和限制了新闻采访的个性特征,使新闻采访不仅区别于司法人员审核案情、历史学家考古等一般的调查研究活动,也区别于新闻写作、编辑、发行等新闻工作。就好比眼睛、鼻子等虽同属于五官,但眼睛就是眼睛,鼻子就是鼻子,五官就是五官,不能混为一谈。"眼睛是五官",好像讲得通,但反过来说,"五官是眼睛"显然讲不通。同样道理,"采访是新闻工作"勉强说得过去,但如果讲"新闻工作是采访",则不通也。

综上所述,新闻采访虽与调查研究活动有某种联系,活动方式上有某些相似之处,但分属两门学科,谁也涵盖不了谁;新闻采访虽属新闻工作,但只是其中某一阶段,不能替代整个新闻工作。

二、新闻采访的特点

将新闻采访与一般的调查研究相比较,新闻采访的特点就不难发现了。

1. 目的的差异性

记者采访的目的是为了写出稿件、传播信息,以满足人们对新闻的需求,而其他形式的调查研究则目的各异,如司法人员审核案情是为了正确判案,机关干部是为了总结经验教训,以便促进、推动下阶段工作。

2. 时间的限制性

应该讲,各种形式的调查研究都存在一个时间性的问题,都希望尽快将事物真相弄清楚。但相比较而言,有些形式的调查研究时间跨度可以大些,可以用几个月甚至几年的时间,历史学家则可能用毕生精力钻研一个史实。新闻采访却不能这么做,它特别强调时效性,要求"在一定的时间内"完成采访、写作、发稿的全过程,规定今天完稿,就不能拖到明天,要求截稿时间前交出稿件,你拖到截稿时间后,或许就前功尽弃。这是因为,新闻是"易碎品""易腐物",时过境迁,过时不候,人们已经知悉的事物,你再去传播,等于雨后送伞。这就要求记者在严格的时间限制下,争分夺秒地将新闻采集到手,传播出去。例如,获得第27届中国新闻奖一等奖的消息《1445种全新病毒科被发现》,就是一篇记者与编辑密切配合"抢发"的好新闻。2016年11月23日,《光明日报》记者金振娅与诸多媒体同行在中国疾病预防控制中心采访时获悉:该中心传染病研究所研究员张永振科研团队在病毒起源和进化的研究中取得重大突破——发现了1445种全新的病毒科,国际顶尖科学杂志《自然》总部决定于美国东部时间23日13时召开新闻发布会,向全球介绍这一重大成果。为了抢得首发,记者于采访当晚赶出稿子,《光明日报》则于次日予以刊发,最终该报道几乎与新闻发布会同步刊出,比央视《新闻联播》播出该新闻时间早了近一天。在与以即时性见长的新媒体的竞争中,《光明日报》能在中文媒体中做到首发,实属不易。

3. 项目的突发性

新闻采访,除了部分项目事先有计划、有准备外,相当数量的项目是突发性的。记者常常在毫无准备的情况下,忽然一个突发性事件到来,必须立即赶赴新闻事件的现场,迅速进行采访,如一场地震、火车相撞、飞机失事等,皆属此列。2021年7月河南郑州等地遭遇特大暴雨、2021年8月15日阿富汗塔利班武装进入首都喀布尔等,便是典型事例。而调查研究的许多项目,早在几个月甚至几年前就可能拟定,等到真正着手调查研究时,还可先开几次预备会,确定一系列方案、措施等再进行。

4. 需要的广泛性

在社会生活中,人人有新闻欲、信息欲的满足。然而,每个人对新闻报道的内容、形式等方面的需求,又可能因职业、年龄、性别、经历、学历等因素的不同而有所偏爱。如有人喜欢看政治报道,可能他是干部;有人则爱看商品信息,可能她(他)是当家人;有人爱听简明信息,可能是因为公务缠身;有人则一见长通讯或报告文学就欲罢不能,可能他兼爱新闻和文学。于是,人们对新闻的这种多层次、广泛性的需求,就要求新闻报道的题材、体裁等相应地具有多样性和广泛性。这样势必辛苦了记者,说不定今天去机场、会场采访,明天则可能去农村、殡仪馆跑新闻;这次是为了写一篇几百字的短新闻去采访个把小时,下次就说不定要花上十天半个月来采写一组连续报道。相比之下,其他形式的调查研究的社会需求就没有这般广泛,往往只要满足一部分人的需要即可。

5. 知识的全面性

正因为新闻报道要适应人们多层次和广泛性的需要,加上新闻采访学本身又是一门综合性应用学科,而且,现代科学技术和社会生活的发展又迫使这门学科与越来越多的学科形成日趋紧密的联系。因此,记者的知识必须尽可能广博,除了新闻学、传播学的专业知识要相当熟悉外,文、史、哲、政、经、数、理、化等知识,包括社会学、心理学、法学和新兴的边缘学科等方面的知识,也应有一定程度的掌握。倘若不是这样,在采访时,记者就难以迅速有效地同各阶层的有关对象"酒逢知己千杯少"地访谈,更无从写出体现一定知识水准、适合不同层次受众需要的新闻,甚至闹出"初一夜晚,明月当空"和"狗出汗"之类的笑话。有些学者提出,记者应当成为杂家。此话颇有道理。以记者知识全面性这一特点而言,其他社会科学或自然科学的调查研究人员则一般没有这么显著,他们对某些专业知识的要求更加精深。

6. 活动的艰辛性

一般的调查研究,因为项目和访问对象比较集中、单一,加之时间限制性、项目突发性、知识全面性并非主要要求,艰辛程度相对较低。新闻采访则不然,报纸天天出版,电台、电视台、网站24小时不停运作和开播,记者得天天采访,风里来雨里去,跋山涉水,还得三天两头熬夜,人的正常生活规律全被打破,很少有喘息、休整的时候。加上采访的项目每次不同,采访对象的性格千差万别,记者又必须在严格的时间限制下完成任务,新闻采访的艰辛程度可想而知。《人民日报》原总编辑范敬宜生前就曾多次说过,有五种人不可当记者:"不热爱新闻工作的不可以,怕吃苦的不可以,畏风险的不可以,慕浮华的不可以,无悟性的不可以。"撰写《第三帝国的兴亡》一书的前英国驻德记者威廉·夏伊勒,光是查阅德国外交部的档案材料,就达数千公斤。一位写有关美国空气污染问题报道的女记者,仅使用的访问录音带就有5英里长。新华社名记者张严平为了报道被誉为中国邮政"马班邮路"忠诚信使的王顺友,亲历处于悬崖峭壁之中的邮路,一路采访一路感受,最终不仅获得了采访对象的信任,而且写出了震撼人心的新闻名篇《索玛花儿为什么这样红》(该报道获得第十六届中国新闻奖一等奖)。英国曼彻斯特大学科技学院的工作负荷研究人员对150种职业的研究表明,记者的工作负荷量高居第三位。

我国早年曾流传一首歌谣,颇能反映新闻采访的艰辛程度:"有女莫嫁新闻(记者)郎,一年四季守空房,有朝一日回家转,一袋破烂脏衣裳。"这首歌谣的含义没有过时。近些年来,由于中国新闻业的竞争日趋激烈,新闻从业人员的健康状况每况愈下,四五十岁就躺在病床上的不在少数,三四十岁英年早逝的也早已不是个别现象。2022年1月6日,腾讯"传媒圈"企鹅号统计,2021年中国共有42位媒体人不幸离世。近些年来,笔者所教的毕业生中因患各种疾病过早去世的已达十余人,每每想起白发人送黑发人的场景,仍感伤心不已!

三、新闻采访的活动方式

一般社会科学或自然科学的调查研究,因其项目和访问对象相对集中、单一,故其活动的实施形式也相对固定,或可在办公室、实验室里进行,或可埋头于故纸堆、原始资料里实施。新闻采访因为具有特殊性,因此,其活动实施方式也具有侧重点和独特性。

新闻采访从形式上分,主要为下述十种。

1. 个别访问

这是记者使用最普遍的一种实施形式。在平时的采访中,记者主要是靠这一访问形式,从新闻人物或知情人物那里获取新闻材料,通常也称为"一对一"的访问形式。该形式的好处是:谈得具体,谈得深入,且容易把握主动权。

2. 开座谈会

记者可以就某个采访专题,邀请有关人员座谈。此形式的好处是:记者可以在较短的时间内搜集较多的新闻材料;几个采访对象一起接待记者,心理比较松弛,不易紧张、拘束,采访气氛容易轻松和谐;有利于采访对象互相启发、补充,有关材料的真伪程度一般能当场得到修正或验证。一般涉及面较广的大、中型报道题材,采用此实施形式,效果较为显著。

3. 现场观察

俗称"用眼睛采访"。上述两种形式侧重用耳听,现场观察则强调记者必须深入新闻事件发生的现场,充分发挥视觉功能,对事物微观细察。记者采访后的新闻报道与其他性质的调查研究的最后体现形式不尽一样。其他调查研究的最后体现形式可以是一个实物,即使是文字形式,但只要事实准确,哪怕平铺直叙,甚至一二三四的"开中药铺"或干巴巴的几条筋,也可能通得过。但新闻报道则不然,事实不仅要准确,还应生动具体。因为看总比听真切,故记者一定要深入现场,用眼仔细捕捉那些瞬息万变且能感染受众的生动细节。在现场观察中,现在越来越倡导体验式采访。例如,2021年10月15日,《人民日报》开设"体验"栏目,以"新时代·追梦人"为主题词,其"开栏的话"中明确交代了该栏目的定位与追求——"脚步奔向基层,镜头对准群众,图文并重、创新表达,透过普通百姓的追梦故事、奋斗故事、创造故事,反映进一步解决人民群众急难愁盼问题的新探索,展现中国式现代化道路的新图景。"至此,《人民日报》相继推出"走近新就业形态劳动者""帮扶小微市场主体快速成长""当好村民的健康守护人""防汛一线,跟访黄河测报员""为北京冬奥添一抹绿""坚守在一线岗位上"等系列体验式报道专栏。以2022年1月26日推出的"平安春运 温暖相伴"①为例,该

---

① 《人民日报》,2022年1月26日。

专栏一共设置了《北京北动车所随车机械师——列车"全科医生" 保障冬奥盛会》《白城工务段线路车间养护工——路桥"安全卫士" 无惧风霜雨雪》《厦门北站防疫消杀员——细喷洒勤消毒 把牢防疫关口》《武汉大型养路机械运用检修段探伤队员——给钢轨做"体检" 消除运行隐患》四篇报道,聚焦春运中的"铁路人",选取了"机械师""养护工""消杀员""探伤队员"四个工种,每一篇报道篇幅均为 700—800 字,配有现场图片,观察细致入微,引语朴实无华,细节全面生动,图文并茂地展示了春运铁路人工作的甘苦艰辛与奉献精神。

现场观察已为新闻界越来越多的人士所注重。国际新闻界普遍认为,采访"已到了现场研究者的时代"。不少学者指出,新闻报道应当"用脚跑、用眼写"。随着我国新闻实践的不断深入,来自现场的目击性、体验式之类的报道比例必将日益加大。例如,2021 年 8 月 15 日,阿富汗塔利班武装进入首都喀布尔,阿富汗战局发生逆转,中央广播电视总台随即推出"总台记者喀布尔见闻"系列报道。于是,在混乱的喀布尔街头、机场、医院……人们通过镜头,总能看到中国记者的身影。中央广播电视总台记者不仅用镜头观察正在发生的新闻,而且以"手记"的形式记录自己的见闻和感受,为观众展示了极具现场感的观察视角。再如,2022 年春节期间,全国新闻战线开展"新春走基层"活动,各大新闻媒体组织广大编辑记者深入基层一线。其中,新华社派出 450 余名文字、图片、视频记者,组成 100 余路全媒体采访小分队奔赴乡村田野、城市街区、工厂车间、边疆哨所、春运现场、防疫一线,通过见闻式、体验式、回访式等多种报道形式,推出《翻过"贫困山" 走进"幸福年"——年货大集里的乡村振兴新图景》《"苦药材"熬出"甜日子"——青海互助魏家堡村的乡村振兴"密码"》《春运,高原复兴号首次加入!》等一批重点融合报道,全面展现了新时代人民生活新面貌、社会发展新成就,生动描绘了祖国各地欣欣向荣的美好图景。①

4. 参加会议

一般而言,大凡会议都是集中总结、筹划一个阶段的工作情况,包括成效、经验、教训及问题等,与会者聚在一起讨论、建议,然后对下阶段的工作做出部署,所有这一切,往往可能包含着大量的新闻信息或线

---

① 王思北:《讲述奋斗故事 感悟时代脉动——全国新闻战线开展"新春走基层"活动综述》,新华社,2022 年 2 月 15 日。

索。记者若是到会议中去"张网捕鱼",一般都会如愿以偿。会议新闻采访主要是通过这种形式采写的。

5. 蹲点

即深入一个点,解剖"麻雀",作深入扎实的采访。此实施形式通常适合于时间性不太紧迫但报道量较大、涉及面较广的报道题材,如解释性报道、调查报告、人物通讯、工作通讯、报告文学等。该形式能使记者较详细地搜集和取舍材料,通过几个反复过程,即由此及彼、由表及里、去粗取精、去伪存真的加工制作过程,进而抓取典型材料和揭示事物本质特点,写出有深度、力度和厚度的报道。新华社曾于1982年强调,记者要蹲点,可以就一个问题作深入、连续性的战役性报道。改革开放初期,新闻报道一度强调"短、平、快",主张"快餐文化",因此,蹲点这一活动形式被冷落了多年。2011年,中宣部、中央外宣办、国家广电总局、新闻出版总署、中国记协五部门召开视频会议,在全国新闻战线组织开展"走基层、转作风、改文风"活动,此后,"蹲点"再度受到重视。例如,2020年6月30日,全国最后一个不通公路的建制村——凉山彝族自治州布拖县乌依乡阿布洛哈村通路通车。这是全国打赢脱贫攻坚战的一个标志。《四川日报》梁现瑞、王眉灵、王代强三位记者在通车前,专程徒步入村蹲点数周,详细了解村里情况及道路修筑期盼与难点,为后期通车报道积累了丰富素材和采访资源。最终成稿的《我国最后一个不通公路的建制村车路双通 滴滴!阿布洛哈村来车了》获得了第31届中国新闻奖一等奖。

6. 查阅资料

一般资料包括受众来信、基层单位的工作情况简报以及各类剪贴、原始材料的文字记载等。这些资料包含不少有价值的新闻事实和新闻线索,记者若能悉心从中查找,可确定不少报道项目,或可直接写出有意义的新闻。获得第27届中国新闻奖三等奖的通讯《历史深处的证言:寻访联合国珍藏的"九一八"真相》就是记者耗时超过10个月,行走中国、德国、瑞士三个国家,查阅、研究大量资料的产物。2015年12月初,中新社德国分社记者彭大伟偶然获知"九一八"事变中"沈阳九君子"冒死搜集日军罪证,送交国联李顿调查团的事迹。当了解到"沈阳九君子"之一巩天民的后人巩捷当时生活在德国时,记者遂于2016年初返回德国后专程前往法兰克福采访了巩捷,并进一步了解到:"九君子"当年送交的"真相"布包和李顿档案都存放在联合国日内瓦办事处档案馆内,而日本人也在找这批档案。彭大伟当即花大力气通读了146页英文版《李顿报告》全文,并向联合国日内瓦办事处新闻官和档案馆馆长提交了一份长达数十个问题的清单,经多方努力,联合国日内瓦办事处方面最终应允开放档案供记者查阅,并派档案馆馆长本人接受采访。当年8月,作为第一个调阅国联"九一八"档案的中国记者,彭大伟用了五天时间,在日内瓦万国宫的档案阅览室查阅了五大箱相关档案、辩论实录,翻拍了数百页文件和照片,完成了一大本笔记,并对馆长和日内瓦大学东亚历史的权威专家进行了采访,其撰写的通讯运用一系列历史事实,"无可辩驳地证明了日军侵略行为的滔天罪恶,雄辩地回应了日本国内企图逃避历史反思、粉饰侵略历史的右翼思潮"。①

特别值得指出的是,"报纸传播新闻的工作现已进入解释性阶段"。因此,查阅资料正日益成为采访活动的重要形式。美国费城《公共纪事晚报》资料室曾统计,该室的剪报在一年内被查阅、运用达10万余次。由此足以证明新闻采访写作与资料查阅、运用的关系日益密切。近些年来,中国媒体也日益重视资料室建设工作,由资深记者、编辑主持资料室工作,这是十分有远见、有成效的举措。

在当今的信息时代,人们开始把查阅资料的重点转向互联网。但网上的资料有时会掺杂不真实、不正确的信息,若能与资料室的原始文字或音像相互印证,则会提高获取材料的可信度。

7. 改写

即把某一新闻线索或一则现成稿件,加以修改或补充而另成一则新鲜的新闻。在西方新闻界,日报常改写晚报的新闻,晚报也没少改写日报的新闻,报纸与广播、电视之间也常常彼此"借光"。美、英等国改写工作已形成制度,且有改写记者的设置。由于新闻报道的需要,改写工作不仅能辅助采访的不足,甚至常常代替采访,改写记者一般通过电话获取新鲜材料,然后改写新闻。

8. 问卷

抽样调查的主要形式,即记者根据题材的需要,按照概率论和数理统计的原理,从全部研究对象中抽取一部分单位作为样本,然后以纸面的形式,拟定出若干个简洁明了的问题,在街头或挨家挨户发送到有关

---

① 参见27届中国新闻奖参评材料,新华网,http://www.xinhuanet.com/zgjx/2017-06/16/c136370326.htm。

受众手中,而外地的受众则可将问卷邮寄其手中。这种形式有成本低廉、匿名性及便于受访者思考等优点。随着精确新闻报道的兴起,这一形式将被广泛使用。如 2022 年 2 月 6 日,人民网启动第 21 次全国"两会"调查,设置了"从严治党""依法治国""全过程人民民主"等 17 个候选热词,网友可通过人民网 2022 两会调查专题、"人民网＋"客户端、人民网法人微博、人民网官方微信、"学习大国"微信公众号等全媒体通道参与,选出十大热词,人民网后续会对入选的热词进行报道。

今天,伴随大数据时代的来临,传媒一般会调用其他学术机构的问卷调查结果或借助软件进行数据爬取,形成数据新闻报道。例如,2020 年 8 月 18 日,澎湃新闻刊发《选专业怎样才不会后悔? 718 万份投票里有 4 个结论供你参考》一文,便是综合了南京大学硕士论文中 464 份有效问卷调查的结果,并且爬取了阳光高考网 718.8 万位本校学生就读专业的满意度评分,辅之以相关采访,围绕大学专业整理出的四个常见问题,给予有针对性和信服力的回答。

9. 电话采访

记者应尽量想法深入现场去采访,不要浮在面上靠电话采访。但在现代化通讯工具日益发达的情况下,如因种种原因无法到现场,电话采访也未尝不可,在某些特殊情况下,电话采访则可能是重要手段和有效渠道。如聂卫平去日本与大竹英雄决战,《新民晚报》没能派记者随同前往,为了得到独家新闻,当晚赛罢,他们通过电话采访得到第一手材料。在这种远隔千里、鞭长莫及的情况下,电话采访打破了时空的阻隔,及时采得了新闻。另外,在一些关系微妙的场合,电话采访还可深入重地,得到真新闻。比如,美国广播公司(ABC)驻开罗的一名女记者,为了采得逃亡在埃及的伊朗巴列维国王的重要消息(巴列维当时重病在身),在无法进入宫室的情形下,买通了两名在埃及机构中供职的工作人员,充当"消息提供者"。当巴列维去世,他们就通过电话,用暗语取得联系,并最先向世界发出了消息,据说比埃及中东通讯社还提前了 4 小时。在这里,电话这个特殊工具发挥了特殊的作用。

电话采访作为一种采访形式,在很多情况下往往能弥补其他采访之不足,使新闻得以真实、迅速地报道出来。特别是很多重大新闻,更是用电话新闻的形式报道出来的。例如,2021 年 7 月 20 日 8 时至 7 月 21 日 6 时,河南中北部出现大暴雨,郑州、新乡、开封、周口、焦作等地部分地区出现特大暴雨,国家防总启动防汛三级应急响应。中央广播电视总台《新闻联播》《朝闻天下》《共同关注》《东方时空》《新闻直播间》等多档节目开通直播,主持人电话连线前方报道记者,通过专业、凝练的提问,即时为观众传递了新闻事实。

电话采访有一定的难度,实施时应当注意三点。

第一,准备要充分。电话采访准备要充分,问题要事先拟好,要有较为详细的纲目,以便在几分钟的短促采访中,不至于搞得手忙脚乱、丢三落四。

第二,提问要凝练。电话采访中的提问是一门艺术,它比起平时从容不迫的交谈,来得更为急迫、凝练,有时还需要一点机智,更显示出"问"的难度。例如,2019年以来,席卷全球的新冠疫情给人类造成了巨大灾难。疫情的肆虐导致记者进入新闻现场变得异常困难。武汉封城期间,很多新闻报道都是通过电话连线完成,此时记者提问的简洁与专业就显得特别重要。

第三,记录要及时。电话采访还要做好记录,尽量避免在忙乱中漏记一些重要事实。如果是重大题材的电话采访,记者不妨在话机旁放个录音机,以确保材料和新闻报道的真实。

10. 网络采访

近几年的实践证明,互联网作为一种新兴传播工具,既是大众传播工具,又是人际交流工具;既可以发布新闻,也可以用于采集新闻、查阅资料及收集新闻的背景材料等。

网络采访的主要形式有以下四种。

(1) 直接转载信息。网上的信息可谓应有尽有、取之不尽。我国众多报纸的信息常注明"采自互联网",我国发行量最大的《参考消息》,则已把网上信息作为其消息来源的重要渠道之一。

(2) 组织网络调查。即把问卷通过网络送到电子公告版上,不仅得到众多受众的关注,更可得到最快速度的反馈,这比传统的召开座谈会、面对面访问等形式的效果要好得多。2021年2月26日,《中国青年报》刊发《"形式主义加班"害了谁》,文中援引一家媒体曾在微博上发起的"你觉得'形式主义加班'有必要吗?"的在线调查显示:在参与投票的3 712名网友中,有87.5%的人认为"形式主义加班"没有必要,只要高效完成工作就好了;5.9%的人担心不加班领导会看不到自己的努力;只有4.3%的人认为"形式主义加班"可以营造奋斗氛围。结合具体的采访,报道的说服力大大增强了。①

(3) 通过电子邮件、微博、微信等社交媒介交流。以往受时空的限制,传统媒体的采访方式受到较大局限,所遇障碍也较多。而通过电子邮件、微博、微信进行采访,记者则可以较顺利地接触到你感兴趣的任何一位对象,包括各界名人直至国家元首。中央电视台《东方时空》自1996年上网打出自己的电子邮件地址后,网上来信的利用率竟高达10%。今天,社交媒介因其即时性、交互性等特质,迅速成为记者获取新闻线索、进行新闻采访的重要手段。

(4) 查阅收集资料。因特网是一个取之不尽、用之不竭的信息海洋,成千上万个数字化图书馆和各种类型的数据库,只需轻轻按上几个键,便可查阅任何资料。

因特网的问世给记者采访提供了莫大的空间和便利,除了网络媒体外,几乎所有的传统媒体记者都会利用网络查收资料,他们通常在采访前会利用搜索引擎收集报道对象的资料,对之前的相关报道进行分析整理,也会给采访对象发电子邮件预约采访,进而直接利用微信、微博、QQ等社交媒介进行远程采访。例如,新冠疫情期间,因疫情防控的要求,记者无法深入第一现场,就只能通过网络采访来获取信息。

这也给记者提出了更高更全面的要求,如除了会熟练地使用电脑以外,还要具备一定的英语水平。另外,必须增强法制观念,遵守与网络相关的法规,比如,网上的不少内容也涉及知识产权,不能随心所欲采用。再则,网上新闻的权威性与可信度不高,记者在进行网上采访时,更加应该遵循新闻真实性原则。

顺便提及,近年来我国已出现网络记者,这是一种新兴的记者种类,即专指为网络媒体采集新闻、组织报道的专职记者。曾代表《人民日报》网络版参与澳门回归报道的王淑军、罗华对自己的身份解释道:"我们被称为网络记者,这个称呼有这样两层意思:首先我们是中国传统媒体的记者,其次我们是在传统媒体兴办的网站从事新闻采编工作。我们既脱胎于传统媒体,又在以一种全新的方式进行新闻传播活动。"

2014年10月21日,国家新闻出版广电总局和国家互联网信息办公室联合下发《关于在新闻网站核发新闻记者证的通知》。《通知》规定,从2015年1月起,决定在已取得互联网新闻信息服务许可一类资

---

① 谢洋、王萧然、罗婕:《"形式主义加班"害了谁》,《中国青年报》,2021年2月26日。

质并符合条件的新闻网站中按照"周密实施、分期分批、稳妥有序、可管可控"的原则核发新闻记者证。2015年11月16日,首批符合资格的网站记者获得国家新闻出版广电总局颁发的网络新闻记者证,标志着国家对于网络记者职业身份的认定。今天,越来越多的网络记者、网络编辑活跃在新闻传播一线,为社会公众传播信息、报道新闻。

新闻采访从性质上分,主要为下述六种。

1. 常驻采访

是指派驻外地或国外的记者的日常采访活动。这种采访时间长、题材面宽,要求记者具有全局观念,从驻地的实际出发,采写既能反映当地实际又对全局有普遍意义的新闻,还要有较强的独立社交能力和广博的知识;具有一定的外语水平;掌握采写各种新闻体裁的技能;同时,要尊重所在国家、地区的风土人情,遵守所在国家、地区的政策法令。在伊拉克战争期间,中央各新闻单位派驻美、英、俄、法、中东和联合国的记者,通过电话连线等形式,及时、详尽地发回相关报道,体现了较高的业务水准。

2. 突击采访

是指在事先无准备的情况下迅速对突发性事件所进行的采访活动。这种采访任务紧迫,事先无法从容准备,全靠记者的经验积累和临场发挥。其具体要求是:记者必须闻风而动,迅速赶赴事件现场,要忙而不乱,冷静观察,尽快弄清事件的起因、性质和相关材料,并有"倚马可待"、立等可取的写作能力。突发性事件的现场一般要实行严密封锁,不让闲人进出,连记者也在被阻拦之列。此时,记者更要下定决心,调动自己平日建立的一切人际关系,使用一切能够使用的手段,冲破封锁,深入现场采集新闻,特殊情况下可以化装进入。

3. 交叉采访

是指在同一期限内对两个以上新闻事件交替进行的采访活动。与单打一的采访形式相比,交叉采访可以省去重复找人和路途往返所费的时间,是一种投入少、收效高的采访形式。交叉采访须讲究交叉的艺术与要求:记者应根据新闻线索统筹安排,利用所在单位或地区的人员、交通、资料及通讯设备等便利条件,有先有后、有主有次、有条有理地进行交叉采访;记者头脑应冷静,决定应果断,行动应迅速。

4. 巡回采访

是指按照编辑部指示,沿着预定路线进行的采访活动。一般没有具体、明确的采访对象和报道题目,主要由记者根据编辑部总的报道思想灵活掌握,在巡回路途中选择若干新闻题材就地采访,连续不断地向受众进行系列报道,又称旅行采访。这种采访活动对记者的采访写作水平要求较高,一般应选派身体素质好的中青年骨干记者承担。例如,1994年8月至10月间,《新民晚报》的中青年记者孙洪康、何建华、强荧、朱国顺用了40天时间,纵横奔波一万多里路程,以解放战争期间震撼世界的辽沈、淮海、平津三大决战和渡江、跨海等重大战役为历史背景,进行战地重访,共向读者推出30余篇、近5万字的报道,展现了一幅历史与现实结合、战争与和平、破坏与建设相互融合的壮丽长卷。

5. 隐性采访

是指不公开记者身份或不申明采访目的的特殊采访活动。通常适用于:潜入敌军、敌对分子、犯罪嫌疑分子之中的采访活动;估计采访对象会拒绝与记者合作的采访项目;不宜公开记者身份的采访场合。采写揭露、批评性报道常采用这一方法。隐性采访是相对于公开采访、显性采访而言的,与"微服私访"类似,通常也称作暗访。例如,2017年8月18日,《法制晚报》"看法新闻"App面市。25日,该客户端刊发《记者历时4个月暗访海底捞:老鼠爬进食品柜 火锅漏勺掏下水道》的暗访报道,迅速引爆舆论场。报道中,记者通过面试和入职培训后,进入知名火锅店海底捞北京劲松店与太阳宫店,结合视频、图片等形式,曝光海底捞这两家门店触目惊心的卫生状况:"老鼠在后厨地上乱窜,打扫卫生的簸箕和餐具同池混洗,用顾客使用的火锅漏勺掏下水道……"最终,海底捞三次发布官方声明,向消费者致歉,并对两家门店予以停业整改,北京市食品药品监督管理局也两次约谈企业负责人,并启动对全市餐饮服务单位为期两周的专项检查,从而很好地实现了舆论监督的重要功能。

我国传统的新闻理论视隐性采访为禁区,这是同过去"左"的政治氛围相适应的。随着市场经济体制改革的不断深入,社会生活与社会意识均呈现复杂化与多层次的态势,新闻采访手段也就必然相应地从单一化向多元化发展。总体来看,目前中国新闻界对于隐性采访的相对共识有二:第一,显性采访是新闻工作的常态,只有在无法通过"显性采访"等正常途径获得报道所必需的信息时,才可以考虑使用隐性采访,因此,隐性采访只是一种"不得已而为之"的新闻采访方式,需要谨慎使用;第二,隐性采访并不意味着记者乃至新闻业拥有"特权",因此,记者在暗访时不能触犯法律法规,不能侵犯报道对象的隐私权,不能有违新闻职业伦理和社会公德。

6. 易地采访

是指记者到分工范围以外地区的采访活动。记者长期在一个地方采访,有人熟、地熟、情况熟等好处,但也容易产生眼界狭窄、感觉迟钝甚至夜郎自大、故步自封等弊病。易地采访是克服这些弊病的有效方法,也是加强地区间、新闻单位间和各记者间横向联系、优势互补的有效方法。易地采访的好处是:开阔记者眼界;帮助本地记者有效地发现新闻;促进各地记者互相学习、取长补短。需注意的事项是:不要自视高明,不要下车伊始,哇啦哇啦地指手画脚,要谦虚谨慎,甘当"小学生";要利用易地采访机会,熟悉各地的情况,开拓自己的知识面;要增强全局观念,与外地记者真诚合作,提高相互间的报道水平。易地采访应在编辑部统一组织下进行,一般侧重于某个专题,或几个人为一组,或单兵作战。应当看到,随着改革开放的不断深入,易地采访这一形式将日趋频繁。例如,党中央提出打赢脱贫攻坚战的决定之后,全国新闻单位积极响应,《人民日报》更是一马当先,不畏采访地点偏远,不畏采访条件艰苦,从被联合国称为"最不适宜人类生存地区之一"的宁夏西海固到"苦瘠甲于天下"的甘肃定西,从"去不得"的贵州纳雍到"干起活来累断腰"的吕梁山区……都留下了《人民日报》记者的足迹。2019年,该报经济社会部派出18位记者,兵分6路,历时40余天,奔赴贵州、广西、云南、甘肃、山西、陕西6个深度贫困山村,翻山越岭,进村入户,采写完成"脱贫攻坚乡村行"系列报道。这组报道坚持问题导向,对标各种贫困类型,如《搬出深山 奔向新生活》聚焦如何解决"一方水土养不了一方人",《播下"科技种" 薄地长出"致富芽"》聚焦如何补齐产业发展能力短板,《强了主心骨 脱贫更有谱》聚焦如何强化基层党组织战斗力。6篇报道以"深度报道+记者手记"的形式,既原汁原味地再现一幕幕脱贫场景,为各地脱贫攻坚"不获全胜绝不收兵"鼓舞气势和干劲,同时也通过记者对深度贫困地区如何脱贫深入肌理的分析,提出政策性思考,为揭示脱贫攻坚奇迹产生的深层逻辑贡献媒体的智慧。[1]

---

[1] 朱隽、王浩:《人民日报:用心用情做好脱贫攻坚报道》,《传媒》,2021年第7期。

实践证明,易地采访日益成为舆论监督的一种新的有效形式,某地发生的一些负面新闻,当地媒体出于种种考虑不便报道的,那么,外地媒体就可用易地采访形式予以报道。例如,在青海祁连山南麓,"隐形富豪"马少伟打着"生态修复"的幌子,持续14年进行掠夺式盗采煤炭资源,导致青海湖和黄河上游水源涵养地局部生态遭到严重破坏,当地媒体难以进行有效的监督。《经济参考报》记者王文志历时两年不懈地调查采访,三次只身深入海拔4 200米的祁连山南麓腹地青海木里矿区内部,克服高原缺氧、环境凶险等困难,采写完成的《青海"隐形首富":祁连山非法采煤获利百亿至今未停》于2020年8月4日刊出,迅速引发舆论的广泛关注,中央领导作出重要批示,一场声势和力度空前的青海祁连山木里矿区生态环境综合整治行动掀起,追责问责引发青海官场震动,青海省副省长文国栋主动投案,另有15名厅局级、处级干部相继落马,青海"隐形富豪"马少伟也被依法逮捕。[①]

第二节 新闻体裁

所谓新闻体裁,一般指新闻媒体所传播的新闻作品的各类载体形式,是新闻内容与表现形式相统一的报道样式的通称。一般由新闻报道与新闻评论两大类组成。新闻体裁又俗称新闻写作中的"十八般武艺"。

长期以来,中国对新闻体裁的分类颇为讲究,非常精细,可谓五花八门,应有尽有。但是,依照今天的新闻传播实践来看,新闻体裁的分类不必强求过分细致,应有较大的自由度和涵盖度,同时又不失其体,即古人所讲的"大体须有,定体则无"。本节着重分析消息和通讯两种体裁。

一、消息

所谓消息,是以叙述为主的新闻报道中最基本、最常用的体裁。

[①] 参见第31届中国新闻奖参评材料,http://www.zgjx.cn,2021-10-25。

它用最快的速度、最直接的方式、最简洁的文字向受众传播最重要的信息,历来是所有新闻媒介新闻报道的主角,美国新闻史学者莫特称其为"报纸的心脏"。世界上最早的消息雏形是公元59年的罗马执政官恺撒下令抄发的《每日纪闻》(又称《罗马公报》)上的文告性消息;接着是16世纪意大利威尼斯商情消息雏形、航情消息雏形,以后是突发性消息、国外消息及战争消息雏形。该体裁的成形是在西方资本主义报纸正式问世之后。在中国,"消息"一词始见于《易经·消息卦》,直到中国近代报刊诞生半个世纪以后,才正式成为一种独立于文学样式的报道体裁。①

此后,消息这一文体渐渐趋于两类:一类是动态消息,即迅速简洁地报道最新发生的新闻事实,通常一事一报,一两百字而已;另一类是综合消息,即对某事物或同类事物就一个主题进行分析综合。

在中国,消息习惯被称为新闻,即狭义的新闻解释。

二、通讯

所谓通讯,是以叙述与描写相结合为主要表现手法,较详尽报道事件的新闻常用体裁。在叙描结合的基础上,可适时、适当使用抒情与议论等表现手法和相关修辞手段,使受众产生如见其人、如见其物、如经其事、如临其境的深切感受。

在我国,最早的通讯是出于王韬之手,早在1872年,他就根据国外游历编译了《普法观战纪》。真正在通讯上自成一格并有重大影响者当属黄远生。1915年12月25日其在旧金山遇刺后,友人将其新闻作品辑为《远生遗著》,共4卷,是我国历史上第一部以报刊通讯为主的文集,由此也正式奠定了通讯在新闻体裁中的地位,黄远生本人也被称为"通讯界之大师""新闻界之奇才"。

在中国,通讯体裁的发展非常迅速,且丰富多彩,目前,通讯体裁的主要题材有:人物通讯、事件通讯、风貌通讯、工作通讯、人物专访、新闻小故事、特写等。

---

① 邱沛篁等主编:《新闻传播百科全书》,四川人民出版社1999年版。

三、消息与通讯的异同

消息与通讯虽分属不同新闻体裁,但新闻属性是相同的,包括新闻报道基本要求及叙述、描写、议论、抒情等表现手法也应共同遵循。只是两种体裁各具不同特征,因此,在具体采写中则有明显的区别。

1. 表现对象不同

一般情况下,消息涉及的题材及表现对象主要是事,而通讯涉及的题材及表现对象主要是人。

2. 表现手法不同

消息以叙述为主,讲究简洁、明快,不要过多描写、议论和抒情。

通讯在以叙述为主的基础上,主张与描写、议论、抒情有机结合,各司其职。2016年,一份"护士笔记"刷爆朋友圈:娟秀工整的字体、手绘精致的解剖图、翔实的手术记录和手术过程中的所思所悟。各大新闻媒体纷纷跟进加以报道。其中,新华社于10月30日专门发布了消息《90后护士手术室笔记为何被赞"高颜值"?》,对当事人和相关同事、网友进行了采访,一事一报,客观呈现,显示了消息写作的基本特点。与此同时,《江西日报》记者通过深入调查与追踪采访,以"网红手术笔记"为切入点,从90后的网红护士入手,挖掘出一个优秀的医护团队40年的坚持,于11月19日刊发通讯《"网红"手术笔记,折射坚守40年的工匠精神》。该报道将主题定位在"工匠精神"层面,跳脱了消息的单一主体,描画医务工作者群像,从而深化了主题,同时,文笔清新隽永,叙述、抒情与议论相得益彰,多元细节凸显报道主题,由此获得第27届中国新闻奖"文字通讯"类二等奖。

3. 人称不同

消息一般采用第三人称,记者不直接在新闻表述中出现。通讯则第三人称和第一人称兼用,特别是在访问记或新闻特写中常采用第一人称。

4. 结构布局不同

消息的结构形式主要采用"倒金字塔式结构",通讯的结构形式则要比消息灵活自由得多,别具一格,主张创新。

5. 篇幅长短不同

消息因为简洁、单一,故篇幅较短,通讯涉及的方面较繁杂,故篇幅相对较长。

综上所述，新闻报道体裁之间可能有较大的分工和区别，各种体裁可能有其自身的特征，但在特定的条件和需求下，新闻体裁并不主张守旧。内容固然决定形式，但形式对内容有积极、能动的反作用。因此，只要有利于完美地表达内容，形式上完全应当允许、鼓励创新。

第三节 新闻采访与新闻写作的关系

综观新闻采访、写作、编辑、发行等全过程，采访的基础性、决定性作用实在不容低估。早在1923年，著名报人邵飘萍在《实际应用新闻学》一书中就强调指出，在报纸的所有业务中，"以采访为最重要"，"因为一张报纸的最重要原料厥为新闻，而新闻之取得乃在采访"。采访的这种基础性、决定性作用，主要应从采访与写作的关系上去认识。从新闻实践的角度看，两者的关系既紧密相连又有先后、主次之分，具体反映在四个方面。

一是反映在活动的程序上。从活动的程序上看，先有新闻采访，后有新闻写作。这一程序不能颠倒，否则就违反了新闻工作规律，就不叫新闻活动，变成闭门造车了。

二是反映在活动的内在联系上。从新闻报道的材料来源和形成过程看，事实是第一性的，反映事实的新闻报道是第二性的，先有事实，后有新闻，两者之间的媒介是采访。离开采访，写作就成了无米之炊。

三是反映在活动的性质上。新闻采访和写作，一个是认识实际，一个是反映实际。只有正确认识实际，才能正确反映实际。从这个意义上说，采访决定写作，采访是写作的基础，写作则是采访的归宿。

四是反映在写作对采访的反作用上。实践证明，新闻写作常常反作用于新闻采访。记者从事新闻工作的年代长了，经验教训多了，常常在采访之前，就能凭借掌握的写作能力和丰富经验，清晰地知道采访如何才能更加有的放矢，如何才能有效地判别材料的真伪优劣和访问的深浅，可以避免不必要的失误和少走弯路。

长期以来，有相当一部分的新闻工作者存在重写作轻采访的倾向。据统计，我国大多数出版的新闻业务类刊物中，每期论述"如何搞好新闻写作"的文章要占到百分之七八十,而论述"如何搞好新闻采访"的文章仅占到百分之二三十;有些初搞新闻工作的记者往往把采访看得很容易、很简单,而对"生花妙笔"则看得很重。这种倾向是值得警惕的。要做一名称职的记者,得有一支能"生花"的"妙笔",但是,这支笔只有深深地扎根在采访的土壤里,才会生出艳丽夺目、芳香扑鼻的花朵。新华社名记者张严平就认为,写好新闻稿的诀窍是采访:"如果采访和写作一共是一百分的话,采访要占到六十分到七十分。采访成功了,这个稿子基本就没问题了。稿子特别是新闻稿,永远不是靠妙笔生花可以写出来的。在新闻里面,文字永远在最后,事情第一、题材第一、采访第一。"[①]

在新闻实践中,必须坚持辩证唯物主义,反对唯心主义和形而上学,应当全面看待和正确处理新闻采访与写作的关系,确立新闻采访是新闻写作基础的观念。同时,应熟练掌握新闻写作的"十八般武艺",一切从实际出发,深入采访,精心写作,才能不断提高新闻报道的水准。

---

① 王润泽、熊国荣、雷晓彤:《中国记者口述录》,河南大学出版社2019年版,第148页。

第二章

新闻报道的基本要求

俗话说,家有家法,行有行规。要干好三百六十行中的任何一行,都必须遵循该行的基本要求,包括新闻采访和写作在内的新闻工作也概莫能外。从新闻工作的性质与实践需要出发,其基本要求通常概括为四项:坚持真实性、坚持思想性、坚持时间性与坚持用事实说话。

第一节 坚持真实性

所谓真实性,即指新闻报道必须反映事物的原貌,通常也称为准确性。

从根本上说,新闻的本源是事实,事实是第一性的,反映事实的新闻报道是第二性的,事实在先,新闻在后,有了事实,才有新闻。主张新闻报道必须真实准确,老老实实地按照事物的本来面目去反映它、解释它,这是辩证唯物主义的科学态度。真实性是新闻事业的生命所系,是取信于民的力量所在,也是新闻学的起码常识,失实虚假报道则是对真实性的反动。

社会生活中的任何人都有获取新闻的需要,任何新闻传播活动都与人的生存及生活环境的改善、与人的切身利益息息相关。新闻报道若不是真正的事实信息,就偏离了人的新闻需要,信息若是虚假的,就可能贻害社会和人类。因此,新闻传播从一开始就以传播真实的事实信息为特征。不清楚这些道理,就不能当记者。中共中央宣传部前部长陆定一有一次曾对《新闻战线》记者感叹:"新闻工作搞来搞去还是个真实问题。新闻学千头万绪,根本性的还是这个问题。有了这一条,就有信用了。有信用,报纸就有人看了。"邵飘萍先生也在《实际应用新闻学》一书中特别强调:"凡事必力求实际真相,以'探求事实不欺读者'为第一信条。"在这一点上,西方记者也看得较为清楚,如美国著名报人普利策在1883—1911年主持《世界报》期间,一再告诫记者要"准确、准确、准确","必须把每一个人都与报纸联系在一起——编辑、记者、通讯员、改写员、校对员——让他们相信准确对于报纸就如贞操对于妇女一样重要"。1923年美国报纸编辑协会制定的《新闻工作准则》中也规定:"诚实、真实、准确——忠诚于读者是一切新闻工作的名副其实的基础。"

有人说,假新闻是"文化大革命"的产物,是林彪、"四人帮"的发明。此说不正确。1958年10月1日,《天津日报》曾经登载这样一条新闻:"毛主席视察过的(天津市)东郊区新立村公社新立村水稻试验田获得高额丰产","经过严格的丈量、过磅和验收,亩产十二万四千三百二十九斤半。"看上去言之凿凿,但稍有常识的人一眼便可分辨真假。事后调查证实,这则报道是假的。但从那个年代起,失实报道犹如海水决堤,大量涌出。到了"文革"期间,假新闻更是登峰造极,人们称报上登的是"造谣新闻""阴谋通讯"。时至今日,新闻失实现象有相当程度的好转,但还不能说完全根绝,一松懈便又抬头,诸如《广州出现注水西瓜》《160岁老寿星在南阳出现》《北京出现纸馅包子》之类的假报道至今仍大有市场,以致受众对新闻报道抱有怀疑。特别是在网络舆情日益高涨的今天,网络假新闻有增长的趋向。据《2021年传媒伦理研究报告》显示:2021年,伴随国家对新闻发布端资质的严格管理、大幅扩展"白名单"形成优质内容池、建立专业媒体与非专业生产内容隔离墙等措施,虚假新闻等传媒伦理问题总体有所减少。但短视频领域扩张中信息失序、以"正能量"为名传播虚假信息、追求即时性报道引起失误、灾难报道中忽视人文关怀等问题仍较突出。[①] 因此,对于这个问题,我们不能掉以轻心,还得经常向记者、编辑敲敲警钟,还得花上大力气,彻底铲除新闻失实,以维系新闻的生命。

一、真实性的具体要求

在实际工作中,若是掌握了真实性的具体要求,并能用它们对事实

[①] 年度传媒伦理研究课题组:《2021年传媒伦理研究报告——暨2021年虚假新闻研究报告》,《新闻记者》,2022年第1期。

的真伪程度严格进行把关,那么,新闻失实现象便可大幅度地减少。

1. 构成新闻的基本要素必须真实

通常包括时间、地点、人物、事件等,这是新闻赖以成立的起码因素,若有半点虚假,都会导致人们对整个新闻事实的怀疑,故千万马虎不得。譬如,某件事明明是张三干的,记者却搞成李四所为,尽管时间、地点、事件等因素都不错,熟悉内情的受众就不会相信、接受这个新闻。

2. 新闻所反映的事实的环境和条件、过程和细节、人物的语言和动作等必须真实

新闻报道不同于文学创作,即使在谋篇布局、遣词造句时要调动些文学艺术手段,也必须绝对服从、忠实于事实。

3. 新闻引用的各种资料必须确切无误

一般包括数字、史料、背景材料等,采访中一定要注意反复、多方核实,在可能的情况下,要找到原始材料,并请权威人士或当事人、知情人核实,若引用已经转手、加工过的资料,当慎之又慎,在没有把握的情况下,宁可不用。

4. 新闻中涉及的人物的思想认识和心理活动等必须是当事人所述

在以往报道中不时出现的"此时,他脑中闪现雷锋、王杰的光辉形象""在冲上去的一刹那,她默念着……""大家一致认为"等表述,据查多半不是当事人所述,而是记者在代想、代说,甚至在当事人已去世或客观实际不可能允许当事人"闪现""默念"太多东西时,有些记者还再塞上大段这类东西,实在是连起码的常识都不顾了。

5. 讲究分寸,留有余地

该要求有两层含义。一是要求新闻报道既客观全面,又要注意防止片面性、绝对化,否则,即使是一个基本事实,也会令人生疑。例如,国内传媒曾经广泛刊发的《甘肃省人民政府开了四天会没花一分钱》一文,人们承认这个会是开得俭朴的,但不免要问:即使不大吃大喝,喝杯开水花不花钱?开盏日光灯、用个话筒什么的花不花钱?因此,"没花一分钱"的说法叫人难以接受。二是在一些情况下,单就某一个具体事实而言,是绝对真实的,但是,将该事实放到全局、大背景下考察,就很难说是真实的了。例如,农村生产责任制的推行和党的一系列农村经济政策的落实,确实使我国各地农业生产和农村面貌改变了,及时、准确地反映这些事实,是广大记者的责任。但报道不

能偏激,不能不顾各地农村变化有大有小、发展有快有慢,甚至几千万农民尚处在贫困线以下的事实,而一个劲地鼓吹:一个地方农民经济刚有点好转,就称之为"向穷困告别";某地农民手头稍微活络一点,就说成"中国农民现在是正愁有钱无处花"。某报在一篇评论中甚至称8亿中国农民现在已处在"吃讲营养,穿讲质量,住讲宽敞,用讲高档"的富裕阶段。

整体不是个体的简单相加,宏观也并非微观的简单放大,微观科学固然是宏观科学的前提,但宏观科学更是微观科学的指导和保证。因此,若遇上述情况,就要求记者采访时应从辩证角度出发,科学地把握住具体事实与全局的联系,把握住报道的口径与尺度。诚然,新闻报道一个时期应有一个时期的重点,也应该用较多事实、篇幅反映重点,但是,侧重不能变成唯一,更不能用侧重面否定另一面,报道"奔小康"就不敢报道贫困,反映市场繁荣就不去反映物价涨势过猛,那就容易导致受众对新闻报道生疑。譬如,2020年3月20日,国务院办公厅下发《关于应对新冠肺炎疫情影响强化稳就业举措的实施意见》,提出"合理设定无固定经营场所摊贩管理模式,预留自由市场、摊点群等经营网点","地摊经济"随即成为热议话题。但是,一些媒体迅速推出"大排档业主:每天收入三万元""90后女子摆地摊日卖4千,520奖励自己一辆奥迪""地摊经济火了!济南老板日入4万"等报道,引发不少质疑。这些新闻标题都在一定程度上夸大了"地摊经济"的成效,比如那位大排档业主3万元的收入是在允许出店经营的前提下挣到的,而且也不是"每天"挣3万;而那位摆地摊的90后女子其实是买了一辆"二手"奥迪。这些一窝蜂、夸大拔高性质的报道,其实就是多年前新闻界批评的主题先行、带着观点找材料的做法。①

新闻报道在任何时候都应注意多侧面、多层次,既保重点、又讲全面,从宏观与微观、个体与整体的结合上去考察事物。

二、新闻报道失实的原因

新闻报道失实由多种原因造成,但主要由采访不足造成。认真剖

---

① 年度虚假新闻研究课题组:《2020年虚假新闻研究报告》,《新闻记者》,2021年第1期。

析这些失实原因,可以使记者思想上得以警觉,作风上得以转变,技能上得以成熟,从而堵塞新闻失实的漏洞,最大限度地保证新闻真实性。

新闻报道失实既有客观上的原因,更有主观上的原因,具体有以下表现。

1. 初步接触,不明要求

这主要是指刚从事新闻工作的青年记者,由于没有工作经验,或没有系统接受过新闻业务理论的教育培训,尚不懂"吃饭的规矩",在报道时往往将文学创作与新闻报道等同,制造一些虚构、塑造之类的假新闻。

2. 作风浮夸,粗枝大叶

不少记者的思想和工作作风存在问题,在采访时,或是走马观花,被表象、假象之类遮住视线,或是偏听偏信,搞先入为主,或是心不在焉,粗制滥造新闻。诚如著名记者范敬宜在一首打油诗里指出的那样:"朝辞宾馆彩云间,百里方圆一日还,群众声音听不着,小车已过万重山。"如此这般,报道就难免失实。

3. 知识不足,真假难辨

记者的本意并不想造假,但是,由于某一新闻事实涉及某方面知识,而记者对这一知识并不掌握,采访时就缺乏辨别力,故容易把假的、错的现象当成真的、对的事实予以报道,甚至闹出笑话。例如,上海东方电视台一位记者有次上街体验交通警察的辛劳,拦下一位绿灯灭了、黄灯亮起时急欲穿行的中年男子。记者责问:"为啥闯红灯?"该男子答道:"我是黄灯亮着、红灯还没出来时穿过去的,没有闯红灯。"记者说:"红绿灯只有红和绿两种,哪有黄灯?"坐在电视机前看这则新闻的观众只能哑然失笑。显然,记者若是知识修养好一些,要避免这类差错并非难事。

4. 道听途说,不经核实

许多失实报道是因为记者道听途说又未经过核实、验证而造成的。例如,曾盛传于众多媒体的"白岩松自杀""央视主持人方静是间谍"等假新闻皆源于此。记者究竟应不应该道听途说?对这个问题,应当从两方面看。一方面,记者应该养成道听途说的习惯,可以说,这是记者的职业习惯。在上下班的交通车上,在外出采访的车船上,或是平时走亲访友,别人在谈论什么,而且无意避开你的话,记者都不妨凑上去注意听听,甚至可以参与交谈。实践证明,许多新闻正是记者道听途说得来的。新闻、新闻,是"闻"来的嘛!另一方面,道听途说的材料必须验证。这些材料经过七转八传,虚假的、走样的成分颇多,如果拿来报道,记者一定要到新闻事件发生的地点,找到当事人、知情人等,仔细验证,否则,光凭道听途说就信以为真,新闻报道将被闹到不可收拾的地步。例如,据 2006 年 4 月 14 日《扬子晚报》报道,为了严肃新闻宣传纪律,杜绝新闻宣传中的虚假新闻,《兰州晨报》对采写失实报道《垃圾场惊现儿童残肢》的两名记者予以开除。该报道在没有进行深入调查、弄清事实的情况下,凭道听途说,主观猜测,把使用过的医学标本写成被碎尸、被煮熟的儿童残肢,造成了恶劣影响。特别要指出的是,假新闻一旦搭上了网络这辆"快车",便愈加疯狂,甚至产生媒体间"多米诺骨牌"效应。

2021 年 7 月 9 日,《潇湘晨报》以"宝马占车位被路虎堵 160 天 路虎车主在车内放 145 万花瓶"为题的报道,引发网友关注。该报道源自抖音发布的一个短视频:一位网名为"吨姐"的车主称,自家车位被一辆宝马车无故占用,联系对方挪车无果,一气之下用自家路虎车堵在宝马前,一堵就是一百五十多天。期间,"吨姐"称宝马车主叫来叉车,要把路虎车给叉走,自己就在车里放了价值 145 万元的花瓶,并在车上贴了声明:"车内有贵重物品,擅自挪动,后果自负。"据了解,此视频发布后,"吨姐"的粉丝量跃升至 70 余万。7 月 10 日,山东淄博市警方发布通报称,"宝马占路虎车位被堵"事件系崔某某(网名"吨姐")为博取眼球在网络平台编造发布,公安机关依法对崔某某处以行政拘留处罚。抖音也发布《关于虚假摆拍处罚规则升级的公告》,并封禁"吨姐"相关账号。尽管报道末尾也指出不少网友支持"吨姐"的做法,同时提及了"有不少网友质疑'吨姐'是不是在自导自演",但很显然,《潇湘晨报》并未对相关细节进行更专业的核实,诚如《2021 年传媒伦理研究报告》评析的那样,"专业媒体报道被社交媒体带偏节奏,误导受众"。① 由此可见,核实、验证道听途说的材料,是堵住这类失实报道的有效措施。

5. 追求生动,合理想象

新闻报道欲求得生动感人,记者的工夫应当首先花在采访上,即通过深入细致的采访,采集、挖掘生动感人的事实。采访决定写作,采访

---

① 年度传媒伦理研究课题组:《2021 年传媒伦理研究报告——暨 2021 年虚假新闻研究报告》,《新闻记者》,2022 年第 1 期。

搞得深入扎实,则写作容易生动感人;采访肤浅草率,则必然导致写作的贫乏。有些记者不清楚采访与写作的关系,常常到了写作阶段,为了弥补采访的不足,求得报道的生动感人,竟不惜违反新闻报道真实性要求,凭借猜测臆想,闭门造车,搞所谓的合理想象。这个缺口一打开,失实报道便顺势冒了出来。苏联记者波列伏依是闻名世界的军事记者,但有一次因为采访中的疏忽,导致报道失实。第二次世界大战结束后,他转为采写和平时期的建设报道。有一次,他到莫斯科一家工厂采写战后第一篇反映一位成绩卓著的老工人的报道。通讯登出两天后,该老工人来到编辑部,气鼓鼓地说:"波列伏依同志,您给我胡诌些什么玩意儿呀?"原来,通讯中有这样一段细节描写:"他早早地起来了,穿上了节日的盛装,刮了刮脸,仔仔细细地梳了梳头发。"波列伏依采访时,这位老工人戴着帽子,现在,老工人当场摘下帽子,头上一根头发也没有。这使得波列伏依十分尴尬与内疚。可贵的是,波列伏依正视错误:"这件事使我永远确信无疑:一个新闻工作者,不论是为报纸写文章,还是写作其他任何作品,甚至是艺术特写,他都不能、也没有权利展开幻想的翅膀,即使是在细节描写上,也应该做到准确无误。"

6. 急功近利,夸大事实

一些记者出于功利目的,当某一事物尚处在将发生而未发生的阶段时,就大搞"提前量",搞"合理预言"。如把"动工"说成"竣工",把"正待收割"说成"已获特大丰收"等,结果,这个事实或是最后没有真正发生,或是发生了但并非原先预料的那样,新闻报道便失实了。例如,某省人民广播电台在一篇法制报道中说:该犯罪嫌疑人因用刀砍伤对方,有可能被判五年以上有期徒刑。但最终法院对其判决结果是无罪释放,因为他属正当防卫,砍伤的是一名持刀抢劫犯。新闻要尽快与受众见面,这是应当的,但必须是在事实发生之后,一味地"见报第一"、赶浪头,就容易导致失实。少数记者掌握着一种"膨化技术",把一说成十,把十说成百,随意夸大事实。如有篇报道写到某农村一生产队实行责任制后的变化,说这个生产队发挥山地多的优势,实行专业责任制,用经济手段管理和发展生产,一年就改变了贫穷落后面貌,全村买了发电机,用上了电,16个光棍娶上了媳妇。而实际情况是,发电机是一年前上级配发的,两台全坏了,在这一年内,村里光棍没有一个娶上媳妇。新闻中的这一"膨化技术"是一种恶劣文风,应该坚决摒弃。

7. 移花接木，偷梁换柱

有些报道，就事实而言，是绝对真实的，但在该事实前因后果的分析、解释上，记者根据某种意图搞了些动作，以致报道让人感到牵强并有失实之嫌。更有甚者，伴随社交媒介的兴起，大量虚假新闻以传播"正能量"为名，借助短视频等新媒介形态呈现，常常让人难辨真伪。2021年11月18日，一则"儿子牺牲6年后婆婆送儿媳出嫁"的短视频登上热搜，有百余家媒体转发报道。11月25日，"抖音安全中心"公众号称，经审查，"儿子牺牲6年后婆婆送儿媳出嫁"的消息"属于同质化博流量文案，且涉嫌造谣，相关视频已做下架处理"。①

8. 沽名钓誉，胡编乱造

或是吃了、拿了人家的，或是在名利上有所图，于是，就不惜编造假新闻，这种事件虽然发生在极少数人身上，但影响极坏，严重损害媒体的声誉，也败坏了自己的名声。例如，明明只有两万人的一个乡，竟报"植树可达一亿多株"；明明是正在研制阶段的"西施美"化妆品，非要说成是"已去世京剧大师梅兰芳曾长期使用"。更有甚者，湖北省浠水县一通讯员竟用"严肃"的笔名在报刊上滥发假新闻，说他在从兰州部队回家的途中，在火车上丢失了钱包，一位好心的兰州姑娘马上解囊相助，送钱给他做路费，连名字都不愿意留。于是，《感谢你，兰州姑娘》一文在《兰州日报》刊发了。不久，他又把兰州姑娘改成广州姑娘，时间、地点稍加改动，以《感谢你，广州姑娘》为题寄给《羊城晚报》，也发了，《中国青年报》也接着发了这位"严肃"的文章。一时间，弄得新闻一点不严肃。

相比专业媒体，越来越多的机构媒体也参与到新闻生产之中，这些媒体发布的信息虽不以"新闻"的名义，但具备新闻的实质，因此也须符合新闻最基本的特征——真实。然而，现实却并不乐观。2020年9月8日，官微"西安地铁"以"遇见最美西安""西安身边事"的标签，图文并茂地发布了一桩好人好事：地铁工作人员发现一位女乘客踮着脚走路，当了解对方是因为新鞋磨破了脚，工作人员立即拿来医药箱，为女乘客简单处理伤口，并送上创可贴备用。第二天，女乘客发布微博却提供了另一个版本：她并没有踮着脚尖走路，并不是工作人员发现的，而是她主动去找工作人

---

① 年度传媒伦理研究课题组：《2021年传媒伦理研究报告——暨2021年虚假新闻研究报告》，《新闻记者》，2022年第1期。

员要创可贴的,工作人员并没有马上给她创可贴,而是在等了十多分钟后,工作人员带着照相机和他的领导一起过来,领导连续给了四次创可贴,直到确认拍摄的照片符合要求后,才把创可贴交给女乘客……此事经网络传播后,即刻引发此起彼伏的网络舆情。最终西安地铁不得不发布声明,承认工作存在"不细、不严等严重的形式主义问题"。

新闻失实是新闻事业的大敌。大敌不除,报纸、广播、电视、网络无信誉,新闻界无宁日。因此,广大新闻工作者对此应当警钟长鸣,同新闻失实现象作坚持不懈的斗争。

要杜绝新闻失实,下述三点是根本大计。一是加强每个新闻工作者对新闻事业性质的认识和新闻失实危害性的认识,从而迅速转变思想作风和工作作风,提高同失实现象作斗争的自觉性。在这方面我们应向广西日报传媒集团学习,他们敢于自曝"家丑",将旗下《南国早报》等媒体的失实新闻案例汇集出版《我们错了》一书,作为集团编辑、记者学习的警示教材,使全体采编人员把维护新闻真实性内化为媒体"立报之本",把新闻职业道德作为做人、作文之"根"。二是建立科学的管理机制和规章制度,切实做到层层把关,确保报道真实。中央人民广播电台"中国之声"栏目的做法很值得学习,他们通过建立严格、规范、科学的采编播机制与流程,确保资讯传播及时、快捷、真实,通过修订、完善《中国之声宣传制度汇编》《中国之声节目生产流程》等,使全体编采播人员自觉按制度工作,按规范办事。① 三是尽快完善相关法律法规,对真实性原则用法律形式给予保证。

第二节　坚持思想性

所谓思想性,是指新闻报道的思想观点或政治取向。在中国指马列主义、毛泽东思想、邓小平理论和"三个代表"重要思想、科学发展观以及习近平新时代中国特色社会主义思想在新闻报道中的体现。也就是说,政党的新闻事业通过具体的新闻报道,以影响、指导受众的思想

---

① 陈怡:《抵制虚假新闻,铸造媒体公信力——中国之声的主要经验和做法探析》,《中国广播》,2011年第4期。

和行动,把他们导向到一定的目标上去。思想性也称为指导性。

强调思想性,是我国新闻报道的特色和基本要求之一,也是中国社会主义报刊、广播、电视、通讯社的性质与任务所在。我们党办报刊、广播、电视及通讯社等,绝不是无为而治,总有一定的政治目的。这是因为,要建设中国特色社会主义,单靠物质不行,同时还得靠精神,靠建设高度健全的社会主义民主和法制,随着生产力发展,努力开发民智,提高全民族的文化和精神素质。

新闻报道不能单纯就事论事、言不及义,需要用马克思主义的基本立场、观点、方法和党的方针、政策,回答实际工作、生活提出的具有普遍意义的问题,以指导人们的思想和言行。

但是,上述理论仅仅回答了有关坚持思想性问题的一个方面,即坚持思想性。问题的另一方面是,究竟怎样使新闻报道较好地体现思想性,这是坚持思想性问题的关键。马克思说过,"报纸是作为社会舆论的纸币流通的"。① 报纸是办给人看的,读者是办报人和报纸的"买主",报纸只有当读者买了、看了才能发挥作用。现在的受众不同以往,其构成与知识水准等都有了变化,他们喜欢独立思考,不喜欢耳提面命式的思想指导。特别是经过 40 多年的改革开放,人们更有强烈的自我判断意识,面对社会和人生的各种现象与矛盾,他们勤于和善于思索,不满足传统观念和现成答案。因此,仅仅以记者、编辑一厢情愿的想法为指导,而置广大受众的心理要求于不顾,那么,坚持思想性、指导性多半要落空。

不妨从心理学角度再进一步分析这个问题。人都有自我意识的能力,表现为认识自己与认识别人的统一,认识主观世界与认识客观世界的统一。同时,人的意识的产生与形成,都是以自身与周围世界、客观事物的交互为标志的,是在对他人的认识、与他人的交际中而实现的,即如马克思所说:"人起初是以别人来反映自己的。"② 人们有自尊和自信心理,任何不顺应受众的心理需求和不尊重、不相信受众的生硬说教或硬性强求,效果适得其反,甚至诱发或加剧受众的厌烦心理。因此,从上述两个方面来看待坚持新闻报道思想性的问题,才是全面的,在具体报道时若能配以适当的技能,效果才是理想的。

---

① 《马克思恩格斯选集》(第一卷),人民出版社 2012 年版,第 544 页。
② 《马克思恩格斯全集》(第 23 卷),人民出版社 1972 年版,第 67 页。

一、传播信息是思想性得以实现的客观条件

新闻工作者应当努力找到思想性与受众心理需要的交叉点,这个交叉点找到了,思想性或指导性实现的客观条件就具备了,理路也就畅通了。其实问题并不复杂,只要明确新闻媒介的主要功能和受众接受新闻报道的主要目的,理顺新闻媒介与受众的关系,答案也就清楚了。新闻媒介的主要功能是传播信息,受众接受新闻报道的主要目的是获取信息,撮合双方达到一致的交叉点及新闻报道所需要的客观条件,非信息莫属。

现代社会正逐步进入信息时代,信息是重要的资源,而报纸等传播媒介则是广泛、大量、及时传送这一资源的重要渠道。处于信息时代的广大受众,则渴望及时得到这些信息资源,深刻地理解这些信息所蕴含的意义,了解其来龙去脉,预测其趋向。因此,新闻工作者只要注重传播信息,思想性、指导性得以实现的客观条件就具备了。在一场新闻业务理论讨论中,有同志提出"寓思想性、指导性于新闻性之中"的观点,这是很有见地的。有关调查指出了报刊受读者制约的三条理由:一是报刊是办给读者看的,读者是它赖以生存的基本条件;二是读者不是被迫看的,思想指导和宣传教育是一种信息交流,只有读者愿意接受才能奏效;三是读者是有选择地看报的。总之,强调新闻报道的思想性,不应忘却新闻的主要功能,不应忘却受众接受新闻报道的主要目的,否则,坚持思想性就失去客观条件。

二、抓准问题是思想性强的关键

一般说来,广大编辑和受众衡量一篇新闻的质量高低,往往不是先看其写作技巧如何,而是先看"掂分量",即看新闻是否提出和解答了当前具有普遍指导意义的问题。记者精心选择某个事实,提出某个切中时弊的问题,受众很有共鸣,毫无疑问,这篇新闻的思想性、指导性必然强;反之,纵然在写作上再花工夫,思想性、指导性也难以体现出来。因此,如何抓准问题,或如有些老记者所讲的"点子"出得好、敲得准,是思想性、指导性强的关键。

那么,在具体采访中,记者应该抓些什么问题呢?

1. 抓社会发展过程中迫切需要解决的问题

各地、各单位的领导和广大群众,在贯彻执行党的方针政策、促进社会健康发展过程中,均希望报纸、广播、电视等能及时报道一些走在前面且走得扎实的典型,也希望报道一些虽然走在前面但濒临失败的典型。因为这些正、反典型的及时报道,既能起到树帜引路、排难解惑的作用,也能达到引以为戒、免走弯路的效果,便于受众自我意识的自然形成。例如,《解放日报》2018年12月24日刊发的《8岁孩子死记硬背考"基口",合适吗?》就是一篇针对当时上海小学课外"口译"培训热展开的报道。记者发现,基础口译出现严重"低龄化"趋势。前几年,四五年级学生考出"基口"还是新闻,如今,二年级过"基口"已不是稀罕事。为此,记者走访多家培训机构,采访众多参考学生及家长,经过多方调查考证热和"小升初"之间的关联,指出基础口译存在低幼化、功利化弊端。与此同时,记者还采访了资深英语特级教师及调研员,指出艰涩的基础口译低龄化使得英语学习变得机械,与教育初衷背道而驰。稿子见报后,上海市教委紧急"叫停"了18周岁以下青少年参与口译考试,引来家长们一片叫好。①

2. 抓广大群众普遍关心的问题

实践证明,凡是广大群众普遍关心、议论纷纷的问题,都可能是实际工作、生活中迫切需要回答和解决的问题。记者若从这一方面抓问题,往往能与受众的心理需要一拍即合,产生较强的思想性、指导性。2018年7月,国务院印发《打赢蓝天保卫战三年行动计划》,提出"宜电则电、宜气则气、宜煤则煤、宜热则热",明确"宜"字当头是推进农村清洁取暖的基本原则,但许多地方在推进过程中,由于时间紧、任务重,导致"宜"字难落实,一些地方甚至发生农户取暖难的情况,农户意见很大。2019年5月11日,《农民日报》刊发记者王玉琪撰写的通讯《农村清洁取暖之痛:层层任务重,"宜"字难落实》,从政府的压力、企业的难处、农民的怨言、专家的建议等方面分析问题存在的原因,寻找解决问题的路径,深受政府、企业和农民各方好评。

要抓准问题,记者必须处理好下述环节。

其一,完整、准确地学习领会马列主义、毛泽东思想和党中央政策、

---

① 参见29届中国新闻奖参评材料,中国记协网,http://www.zgjx.cn/2019-06/23/c_138140459.htm。

指示的精神实质。因为这是广大新闻工作者的理论武器和行动指南，离开它，新闻工作者就会如同盲人骑马，不辨方向。

其二，坚持深入实际，调查研究。作为记者，政府机关当然要跑，但更要深入基层，因为机关提供的材料往往只是"流"，来自生产、生活一线的材料才是"源"。记者只有经常沉入生产、生活的"海底"，与人民群众同呼吸、共命运，新闻线索才可能丰富，抓问题才能及时、准确、深刻。

其三，思想解放，肯钻敢碰。问题抓得好而准的报道，常常不是轻而易举之事，特别是抓一些批评、揭露性的报道，常常更会遇到一些困难和阻力。这就要求记者思想解放，不畏艰险，敢于碰硬，有坚持不懈、一钻到底的精神。实践证明，只要记者站在党和人民的根本立场上，坚持实事求是的原则，坚持按照新闻规律办事，触到棱角不怕扎手，遇有阻力、压力绝不退缩，是能够抓准、抓好问题的。

三、增强可读性是思想性强的业务手段

有些同志认为，只要原封不动或是稍加"穿靴戴帽"地把领导机关、业务部门的决定、指示或会议文件报道出去，就算有了思想性、指导性，甚至将此看作新闻报道不犯错误的诀窍。显然，这种理解是不全面的，是办报人、办台人群众观点薄弱的一种表现。

新闻媒介在反映领导机关、业务部门的指示时，毫无例外应按新闻工作规律办事，通过新闻这个特有手段给受众以思想上的指导。《关于党的新闻工作的几个问题》一文指出："新闻宣传在政治上同党中央保持一致，绝不是机械、简单地重复一些政治口号，而是站在党和人民的立场上，采取多种多样的方式，把党的政治观点、方针政策准确地生动地体现和贯彻到新闻、通讯、言论、图片、标题、编排等各个方面。"①

己所不欲，勿施于人。如果不是这样，硬是把思想性、指导性搞成"指令性"，搞成"牛不喝水强按头"，那么，报纸就会脱离生活，脱离受众。事实证明，板起面孔说教，空道理连篇，早已令人生厌。

为了不使受众产生反感，业务手段处理上的核心问题是使思想性与可读性（可听性、可视性）有机统一。所谓可读性，即通俗易懂有趣味。可读性与思想性不是冤家对头，恰恰是相辅相成的"兄弟"。可以

---

① 《新时期党的建设文献选编》，人民出版社1991年版，第509页。

讲,思想性与可读性的结合、统一是新闻报道的规律和业务手段,也是宣传艺术。1956年5月28日,刘少奇在听了新华社负责同志关于新闻报道的四个基本要求汇报后指出:"新闻要有思想性和艺术性;不能只强调政治性立场,还应当强调思想性、艺术性和兴趣。"①

要使思想性与可读性有机地统一,业务手段上应当注意下述三点。

1. 引而不发,含而不露

这里既包含态度问题,即尊重受众、相信受众的理解、接受能力,又有艺术要求,即新闻的思想观点在文字上不直接显露,而是将其藏在精心选择的事实以及对事实艺术的叙述之中,让读者、观众、听众看完、听完新闻报道后自己去想,自己去得出结论;他自己下了结论或悟出道理,自然就会心悦诚服地接受指导了。不能再像过去的有些做法,在新闻稿件中用大段文字对读者、观众、听众大搞"应该怎样""必须怎样""强调怎样"及最后还"号召怎样"式的"狂轰滥炸"。

这种方法通常称为"藏舌头"。舌头即指新闻的思想观点,或称为显"果"藏"因"法,传播学则称之为目的隐蔽法。尽管说法不一,但实质相同,即记者只需把事实或结果摆出来,目的、原因、观点等则让受众去猜而得之或悟而得之。只要记者艺术地使用这一业务手段,那么,就能收取"含不尽之意于言外"之效,就能达到潜移默化地进行思想指导的艺术境地。譬如,以一位大学教师讲课效果不好为题材,新闻报道若是把"舌头"显露出来,则一定是这般写:"×教师课讲得乱七八糟,一塌糊涂,效果极差,学生一致感到不值一听,纷纷要求教务部门撤换教师。"若是把"舌头"藏起来,则应当这样表述:"×教师讲课时,三分之一学生看小说,三分之一学生打瞌睡,其余三分之一则时而交头接耳,时而看看手表,盼望下课铃声早点响起。"两种写法,效果孰优孰劣,显而易见。

2. 借用知识,纠正偏见

若从根本上说,思想性、指导性就是通过新闻报道,用新的信息和知识,去满足受众的求新欲和求知欲,进而矫正错误认识或畸形歪曲的言行。在开放的环境中,人们几乎每天都可能遇上新事物、新问题、新矛盾,凭原有的知识去解释、适应这些新东西已力不从心。为了适应这个环境,人们渴望新闻报道提供更多的新信息、新知识充实自己,以便在摸索前进中能有方向,少走弯路。记者若能明确受众的这一心理变

---

① 《马克思主义新闻工作文献选读》,人民出版社1990年版,第247页。

化与需求,自觉地、艺术地将知识性与思想性熔于一炉,则新闻报道在思想性、指导性上能收到理想的效果。例如,2003年春,因为"非典型肺炎"事件,引起广州市民恐慌,听说盐水能消毒、杀菌,市民便纷纷抢购食盐,有人一买就是四五百斤,不法分子趁机造谣;继而市民又抢购大米,一时间,广州、惠州、东莞、肇庆等地掀起一股疯狂的抢购风。到2003年2月中旬,从恐慌到平静,抢购风有效得到遏制,社会和市民生活秩序恢复正常。这一过程中,媒体起了重要作用。如媒体向市民解释,"非典型肺炎"虽有极强的传染性,但绝大部分可以治愈,只要增强个人保护意识,政府和群众高度重视,众志成城,是可以预防和战胜的;同时告诉市民,市场粮油、食盐等储备非常充足,可以随时买到,也绝不会涨价。报道中还特别请中国呼吸道疾病专家解释"非典型肺炎",市民从报道中了解了相关知识,心理自然恢复平静。

由此可见,及时传播新知识,做好服务工作,满足各阶层人士对新知识的渴求,是当前新环境、新形势对新闻报道体现思想性、指导性的新要求。

3. 增强趣味,寓教于乐

人们均有讲究情趣的心理特征,如果记者能改变过去那种呆板、乏味的说教形式,在新闻报道中增强健康向上的情趣,将思想性、指导性寓在趣味性之中,那么,新闻报道则会备受欢迎,思想性、指导性也一定会较好地得以体现。

有些记者心存疑虑:思想性是极其庄重、严肃的东西,而趣味性则是轻飘、低级的东西,两者如同水火一般不能相容。这是一种偏见和误解。思想性、趣味性应当统一,也可以统一,"寓教于乐"古今有之,即使在无产阶级领袖极其严肃的经典著作中,也不乏妙趣横生的情节和文笔。

无数新闻实践也足以证明这点。例如,《光明日报》记者曾选择一个小得不能再小但颇有情趣的题材——有关方面乐意充当雌雄各一的两只小白猴的"月老",而将一个大得不能再大的政治主题——海峡两岸统一的问题揭示得淋漓尽致。白猴是自然界罕见的珍贵动物,全世界原先仅发现一只,是雌性的,生养在我国台湾。为了能繁衍后代,台湾有关报纸曾向世界发出信息,公开为名为"美迪"的雌白猴征求配偶。真乃天助人愿,第二只白猴发现了,是云南永胜县几个农民在山林中捕捉的。更巧的是,这只白猴是雄性的。《光明日报》记者捷足先登,以

《台湾雌白猴急求配偶　云南雄白猴喜送佳音》为题发了一篇600余字的新闻,并配了一幅白猴图片。文中提出,如今由云南提出愿当"月老",促成分别生活在海峡两岸的白猴的"美满姻缘"。于是,科学新闻披上了浓厚的政治新闻色彩,而这一色彩又融在情趣横生的事实中,达到水乳交融的地步。

第三节　坚持时间性

所谓时间性,即指迅速及时地报道新闻。力求迅速及时地把新近发生、发现的事实报道出去,最大限度地缩减新闻事实的发生与报道出去的时间间隔,这是新闻报道的重要特征,是新闻存活及构成新闻价值的重要条件,也是新闻的珍贵处所在。新闻姓"新",是"易碎品",是高度"速朽"的商品,报道慢了就贬值,成了"雨后送伞"。

西方新闻学一般认为,决定新闻价值的首要因素是新闻时效。在他们看来,最没有生命的事物莫过于几小时以前发生的新闻,最早刊出最后消息是任何报馆奉行不悖的原则,更把"昨日"两字视为死敌。为了抢到新闻,抢到独家新闻,他们甚至不择手段,同行之间大打出手。这种做法固然不足取,但争分夺秒抢新闻的观念与作风,值得借鉴和学习。例如,美国总统里根遇刺事件发生后仅一分钟,合众国际社电传机就打出了由该社记者狄安·雷瑙尔兹抢发的简单快讯。日本的广播新闻节目均实行滚动式传播方式,即前一小时播出的新闻,到了下一小时,至少已有百分之五十被淘汰。无论怎么说,西方记者从过去注重"抢今日"到如今"争分秒"的时间观念,是无可非议的。

长期以来,我国的一些记者时间观念较差,许多新闻不新,用"最近""前不久""前些日子""日前"等弹性很大的字眼作时间根据的新闻,可谓比比皆是,报道十天半月前的事情不算旧闻,半年一年前的事情换上"最近"等字眼予以报道也不足为怪。

当然,我们也欣喜地看到,近些年来,在各行各业争速度、抢时间进行经济建设的影响下,我国广大新闻工作者的时间观念也在急剧发生变化,也已强烈地意识到当今社会日益注重时效的趋向。例如,北京时间2003年3月20日上午10点30分左右,美国对伊拉克发动大规模空袭,举世关注的伊拉克战争爆发。10点33分50秒,中国新华社向全世界发出第一条快讯:"巴格达响起空袭警报"。就是这9个字,使新华社以20秒的优势抢在全球媒体之前,成为第一家报道伊拉克战争爆发的媒体。

要克服新闻的迟缓现象,保证新闻的时效性再上一个新台阶,应当抓紧七个环节。

1. 新闻从业人员的时间观念要转变、强化

当今社会是一切都讲高速度、高效率的社会,各行各业比以往任何时候都需要信息,从某种意义上说,新闻报道的时间性就是富民政策的桥梁,也是新闻从业人员新时期群众观点的具体体现,更是一个国家新闻事业发达程度的重要标志。这个观念若不强化,新闻从业人员就可能落伍。

2. 新闻从业人员的工作作风修养要增强

作为记者,要尽快改变过去那种习惯在"低速公路"上行走的工作精神状态,必须闻风而动、争分夺秒地采写新闻稿件;作为编辑,要"热件热处理",不能慢条斯理;作为新闻单位的各方面管理人员,要采取最经济、有效的手段,将有价值的最新事实传播给受众,尽可能使报道成为"冒热气的新闻"。上述三方面人员,记者往往更为主要。记者的工作作风不转变,采写动作缓慢,那么,其他方面人员的动作再迅速,也往往于事无补。新华社原社长郭超人先生就曾指出:"动作不快,笔头不快,慢腾腾、懒散散、四平八稳的人是当不好记者的。"

应当特别强调关于抢新闻和抢独家新闻的问题。抢新闻,即抢时间,"抢"即竞争,竞争能使事业产生动力,从而推动事业前进。正是靠着竞争,我国的新闻事业这些年来才取得了惊人的进步和发展。所谓独家新闻,即第一个被发现并予以报道的新闻事实。从一定意义上讲,能否经常抢到独家新闻,是报纸、电台、电视台有无力量、特色、水准的具体体现,也是一个名记者的具体标志。特别是在同一地区有众多新闻媒介并存的情况下,抢新闻就显得更为重要。可以这样说,赶场子、抢新闻,是记者工作的一种常态。例如,2011年日本大地震和海啸爆发事件的第二天,据粗略统计,新华社、《人民日报》、中央电视台及各地报纸电台派出近200名记者前往日本,仅上海派出的记者就近50名。

当然,作为中国记者,还需顾及中国的国情,在这个问题上还应注

意两点。一是注意抢和压的辩证统一,即抢新闻要考虑政治和社会效果,应当在准确、无副作用的基础上抢,而该压的则压,要服从一定的组织纪律和遵守相关的新闻政策。既强调抢,又注意压,既主张迅速,又讲究及时,这是我们的历史经验,是社会主义新闻事业的一项原则,应当遵循。但对于突发性事件必须迅速作出反应和报道,决不允许隐瞒或拖延。二是要剔除和排斥西方资产阶级记者那种损人利己、不择手段抢新闻的做法。概言之,我们对抢新闻的态度和原则是:一是不失时机地迅速采写新闻,争分夺秒;二是根据时机,有效及时地发布新闻,不一味图快。

3. 采编人员的分工不宜过细

按照我国新闻单位过去的惯例,对采编人员的分工过于细致,跑工业的记者不能采写工业以外的稿子,跑大学的记者不敢跨中小学的门,即使分管以外的新闻事实蹦到面前,也不敢问津,唯恐有"狗拿耗子"或"抢人饭碗"之嫌。而编辑则只满足于编改稿件,一般不出去采访。这种"黄牛角,水牛角,角(各)管角(各)"的现状若不加以改变,将会继续危害新闻时效。

新闻单位的人员设置、分工和工作范围、程序等现状,应当改变。适当的分工是可以的,也是需要的,但过细、过死,无疑是作茧自缚。有人建议,记者就只抓头条、抓快讯、抓短新闻,而专题调查、典型报道、经验综述、评论等则可让编辑或各行各业的专栏作者采写。也有人建议,记者不宜过于受行业、地区局限,可以"满天飞",可以搞"下去一把抓,回来再分家",或干脆搞采编合一,既利于新闻时效,又利于出名记者。

仁者见仁,智者见智。有一点是可以肯定的,也是共同的,即广大新闻工作者都希望探索、改革,以利时效的提高,以利我国的新闻事业。

4. 先简后详地搞连续报道

面对一个新闻事实,特别是突发事件或重大事件,为了赢得时间,记者可先就新闻的结果发一个简讯,再通过深入采访,就新闻事实、背景、起因、发展情况、影响范围及各界评述等,作深度、连续的报道。因为简讯范围小、篇幅短、采写周期短,故容易抢发。如李娜勇夺法网女单冠军的当晚,新华社仅发了一则短消息,报道了事件的结果,第二天起,则一篇又一篇地详尽地报道她这些年所走过的艰难路程、国家体育总局对她的关心、大赛前的生活起居、心态调整及世界对她夺冠的反应等。

我国许多报纸、电台都开辟了短新闻栏,如江苏《新华日报》早就提出"新闻快讯化"的口号,创办《今日快讯》专栏,刊登省内各地市最新发生的主要新闻,然后组织力量有选择地搞连续报道。这种快慢相交、长短结合的做法,深得省内外读者的欢迎。

5. 简化审稿制度

新闻的特性要求人们,稿件除了在写作、修改、排版、印刷等必要环节上停留一些时间外,不应当在任何人的桌面上耽搁。新闻稿件无须篇篇送审,可审可不审的就不审。这是因为,审稿人一般都是领导干部,工作较忙,出差频繁,送审稿往往得不到及时处理。即使非审不可的稿件,记者也必须做好工作,说明理由,力求做到审稿人等送审稿,使送审稿做到"立等可取"。有人曾说"送审即送命",即送审稿往往"死"于审稿途中。这种现象应当引起人们关注。还是应当提倡文责自负,应当相信绝大多数新闻工作者既会对上面负责,又会对广大受众负责,更会对自己负责,故意糟蹋稿件从而毁坏自家名声的记者,应当说是不存在的。

西方通讯社及新闻媒介新闻时效之所以快,有一个重要原因,即从记者采写稿件到报道出去,中间没有太多的环节,稿件到了编辑手中,只消几分钟时间,一般就可发出。我国新华社对此也有了一些举措,如针对国内新闻报道的"今日新闻",规定凡属事件性新闻,记者必须在事件发生后的两小时内将稿件发到总社,特别急的新闻,经一道编辑处理就发。这一做法对各新闻媒介都颇有启迪。

6. 尽可能更新通讯设备和交通工具

在当今发达国家,通讯技术自动化程度相当高,计算机进入了编辑室,记者配备手提电脑,编辑在电脑上做版面设计,稿件录入电脑,或由记者通过电子邮件发过来,新闻从采写到传播基本自动化。加上交通工具的现代化,小车、摩托早已普及,有些西方国家还给有关记者配备直升机。拿我国新闻业来说,采写编排、播报、播映技术接近世界先进水平,但有的地方条件相对比较落后。我国的物质基础还不雄厚,想一下子改变现状不切合实际,但是,只要各有关方面予以重视,肯下决心,那么,在一定程度上更新通讯设备和配备交通工具,还是可望可即的。

第四节　坚持用事实说话

所谓用事实说话,即指让新闻的思想观点通过事实自然地得以流露。记者一般总是带倾向性地选择事实,因此,事实能反映、体现记者的立场与观点。新闻的特殊价值和独特作用,就在于它能通过报道客观存在的事实,以体现某个道理或观点,从而感染、影响受众。可以讲,新闻的作用和威力全在事实中。读者、听众、观众爱新闻,是因为新闻事实中有他们需要知道的信息和值得信服的思想观点。胡乔木同志在 1946 年 9 月 1 日《解放日报》发表了社论《人人要学会写新闻》,文中说道:"我们往往都会发表有形的意见,新闻却是一种无形的意见。从文字上看,说话的人,只要客观地、忠实地、朴素地叙述他所见所闻的事实,但是因为每个叙述总是根据着一定的观点,接受事实的读者也就会接受叙述中的观点。"

一、新闻为什么要用事实说话

1. 新闻的本源是事实

事实是新闻最基本的内涵,没有事实,也就没有新闻。在一般情况下,文学靠的是艺术虚构,评论靠的是讲道理,而新闻靠的是摆事实。新闻一定是新近发生的事实的报道。

2. 事实胜于雄辩

事实具有不容置疑、无可辩驳的说服力和感染力。新闻报道固然发挥着组织、鼓舞、激励、批判、推动的舆论作用,指导人们遵照党的理论、路线、方针及政策行动。但是,新闻报道不同于政府的指令,更不同于法,没有强制性。实践已证明,过去那种充满空话、大话以愚弄受众的报道,人们根本不予理睬,他们只是信服于事实,感染于事实。因此,新闻报道只能通过摆事实来讲道理。例如,报道一个人如何讲奉献,任凭你空话说千道万,老百姓也很难受到感染,更不会信服。而有关对全国劳动模范徐虎的报道,不尚雕琢,不事铺张,仅靠摆出他十年如一日、每天晚上 7 点钟准时开启便民联系箱,查阅居民报修单,即使节假日或刮风下雨也从不间断为民服务等几个事实,就征服了读者。

然而,不善于用事实说话的新闻报道并不少见。归纳起来,主要有两种。一是滥引政策条文和领导讲话。有些新闻报道通篇看下来,竟然没有一个事实,全是政策条文和领导讲话的改头换面。与其说是新闻报道,还不如说是政府公告和会议公报之类。二是用议论代替事实。譬如,报道先进人物,不是着重写他们做了些什么,而是写他们说了些什么。报道学习、贯彻什么文件或会议精神时,不是着重写人的"行动",而是写人的"激动"。新闻即使到了该具体摆出事实之处,往往也是以"他通过三年的刻苦钻研,终于攻克了技术难关,填补了一项空白""干部群众通过学习,统一思想,提高认识,一致表示……"等笼统、空洞的议论一笔带过。出现上述问题,实质是记者没有搞好采访这一环。

二、怎样用事实说话

事实能说话,但怎么把话说好,说得感人,就有艺术上的讲究。记者不能做笨拙的宣传家。从采写角度讲,应注意下述四点。

1. 精选事实

这是善用事实说话的前提和保证。面对众多事实,记者不能捡到篮里都是菜,也不能不分主次、事无巨细地端出事实的全过程,而应当根据新闻主题的需要,去粗取精,去伪存真,精选出最为典型的事例。获得第30届中国新闻奖一等奖的消息《从"暂停"到"重启":武汉解除离汉通道管控》(新华社,2020年4月8日),就是一篇用事实说话的优秀新闻报道。该报道不仅融入了新华社三位记者唐卫彬、李鹏翔、胡喆于武汉疫情解封当日凌晨在高速路口、机场、火车站多地的现场采访,同时又以新闻背景的形式,呈现了全国各地八方驰援武汉的诸多事实,现场观察与新闻背景巧妙结合,有力地凸显了新闻主题。

2. 多细节,少议论

用事实说话并不排斥议论,但是,这种议论必须依托于事实,要为事实服务,成为点睛之笔。要做到这些,议论时就应当注意:一不能多,多了就喧宾夺主;二不能俗,俗了就是败笔。老新闻工作者吴冷西同志曾在谈到广播电视新闻工作时指出:"现在我们的记者不会写新闻,特别是不会用事实写新闻。"他谈到这样一个例子:徐州酒厂女工吴继玲,在粉碎葡萄时一只手被机器截断后,在各方大力协助下被送到上海抢救。这一事件本身就已感人,足以说明社会主义制度的优越,但记者在报道中又偏偏加上一笔:"真是社会主义好啊!"吴冷西同志指出:"这是新闻写作的败笔。"

要较好地用事实说话,应当精心采集细节,细节能传神。美联社记者休·马利根指出:"生动的细节可以使纸面上的文章留在人们的心灵上,渗透到人们的情感中去。"请看该社记者20世纪80年代初写的《北京的夏天》一文中的片段:"时髦姑娘,阔边遮阳帽,身着薄薄的棉织短衫,一双白手套,镀金边的太阳镜(没去掉商标),胸别金刚钻石饰针,脚穿二英寸(五厘米)高跟鞋,透明齐膝尼龙袜,身上不时飘出阵阵香水味,裙子飞舞……一些讲究漂亮的男青年,西式运动装、领带、烫发……中国'解冻'了,开放了。"

3. 多解释,少晦涩

采访时常会遇上一些难以弄懂的事物,如专用术语、技术名词、操作程序等,若是原封不动地照抄照搬,不加任何解释、说明,势必晦涩难懂,报道也死板。此时,责任心强和有经验的记者,总是通过仔细、反复地询问与观察,将这些事物弄懂弄透,然后深入浅出地用受众能够接受的语言叙述,事实就会"说话"了。例如,联合国教科文组织曾经开过一个世界气象工作研讨会,令中国人自豪的是,与会各国气象专家一致认定:全世界气象预报准确率最高的是中国辽宁省东沟县气象站。遗憾的是,我国新华社一记者没能让这事实把话说好:"中国辽宁省东沟县气象站不仅能够基本上准确地作出短期、中期和长期预报,而且还能作出超长期天气预报。"除了对气象学有兴趣、有研究的人以外,谁能看懂或听懂这个事实?法新社一记者是这样解释报道的:"绝大多数气象站可以告诉你今天、明天甚至两个星期内是否下雨,然而中国一个县的气象站不仅可以做到这一切,还能相当有把握地对今后10年内的气象变化作出预报。"面对这样的事实报道,即使识字不多的老人和儿童也能接受、理解。

怎样让新闻被更多受众看懂,这是世界各国新闻界都十分关注的问题。早在20世纪90年代初,西方新闻学者就预言,21世纪最初几十年,国际新闻界最大的竞争莫过于通俗化竞争。

4. 插叙场景、背景和人物形象

这种做法旨在增强新闻的形象性和感染力。新闻真实性应当包括两个含义:一是事实真实,即"5W"和引用的全部材料要准确无误,二是形象真实，即对所报道的人物风貌和现场情景等，能有合乎事物本来面目的艺术写照，使新闻做到有神、有形。应当说，事实不真实，新闻无生命；形象不真实，生命就干枯。美国著名记者威尔·柯里姆斯利曾说过："最好的写稿人总是把报道写成似乎可以触摸到的有形物体。如果你不这样做，那么你写的报道就会变成过眼烟云。读者也就感觉不到它的存在。"①

新华社1948年10月10日电讯稿《活捉王耀武》一文很能说明问题。记者在叙述这个前国民党高级将领、山东省主席逃离济南城时，穿插了如下的人物形象描写："他穿着对襟夹袄和黑色单裤，扛一个棉被卷，混在难民群里逃出了济南。起初，他雇一辆小车，自己装作有病的商人，腿上贴了张膏药，破旧呢帽低低地罩着眼睛。后来他又雇了两辆大车，另换衣服，索性假装生病，用手巾蒙上脸，盖上两床棉被，躺在大车上呻吟。"仓皇逃命之情，跃然纸上！这种细节描写的效果，对于刻画人物和表现新闻主题确实不应低估。

---

① 〔美〕查尔斯·A.格拉米奇：《美国名记者谈采访工作经验》，新华出版社1981年版，第47页。

第三章

记 者 修 养

从某种意义上说,记者的修养是搞好新闻工作的根本,对新闻报道业务起着统率的作用。

在我国,新闻工作是宣传教育工作的组成部分,是一项精神劳动。新闻工作者成天与人打交道,新闻在采访、传播过程中无时无刻不在与人、与社会发生作用,即新闻工作者通过自己采写的报道,向人们宣传党的方针、政策,灌输共产主义思想,传授各方面知识。因此,新闻工作者自身的作风、知识、技能、职业道德、情感等方面的修养,就显得至关重要。2016年11月7日,习近平总书记在会见中国记协第九届理事会全体代表和中国新闻奖、长江韬奋奖获奖者代表时,对广大新闻记者提出四点希望:"一是要坚持正确政治方向,同党中央保持高度一致,坚持马克思主义新闻观,坚守党和人民立场,坚持中国特色社会主义,做政治坚定的新闻工作者。二是要坚持正确舆论导向,深入宣传党的理论和路线方针政策,深入宣传全国各族人民为实现'两个一百年'奋斗目标、实现中华民族伟大复兴中国梦进行的奋斗和取得的成就,弘扬主旋律,释放正能量,做引领时代的新闻工作者。三是要坚持正确新闻志向,提高业务水平,勇于改进创新,不断自我提高、自我完善,做业务精湛的新闻工作者。四是要坚持正确工作取向,以人民为中心,心系人民、讴歌人民,发扬职业精神,恪守职业道德,勤奋工作、甘于奉献,做作风优良的新闻工作者。一句话,就是要做党和人民信赖的新闻工作者。"[1]

目前,我国新闻界缺乏名记者,记者队伍在政治、业务上青黄不接的现象严重,有些同志还存在着一种轻视记者修养的错误倾向,"只要能应付报道,就能当记者"的思想尚有一定市场。国外新闻界也有类似现象,如有人提出,新闻学校只要开一门新闻写作课就行了。对此,连

---

[1] 《习近平新闻思想讲义》,人民出版社、学习出版社2018年版,第177页。

西方的一些学者也认为是谬论。著名新闻学者麦克杜戈尔曾予以驳斥:"不幸的是,在新闻学以及其他任何领域中,绝没有'只要写作'就够了的便宜事。莎士比亚是不朽的,这主要不是由他的词汇和风格造成的;他之所以不朽,是因为他的思想伟大。"

具备记者修养与条件非一日之功,每一个立志献身于党和人民的新闻事业的新闻工作者,都要在自己平时的工作、生活中,自觉地、不断地加强培养各方面的修养,具备有关的本领。我国著名记者陆诒曾对复旦大学新闻系学生风趣地说过:新闻工作者的修养是一个"无限公司",不存在够不够的问题,也永远不会"毕业",要干到老、学到老。

第一节 作风修养

在记者的修养中,首先要有优良的思想作风修养。也就是说,记者要有一定的马列主义、毛泽东思想的水平和党的政策水平,具备无产阶级的立场、观点、方法,坚持四项基本原则,在政治思想上同党中央保持一致,并具有较强的事业心和责任感。

从心理学角度讲,新闻采访和写作是一项意志活动,必须表现出相应的意志品质来,主要包括意志的自觉性、持续性和自制性等。有了自觉性,记者才能在行动中有明确的目的性,并能较充分地认识活动的社会意义,使自己服从于社会的要求,即使牺牲个人的一切,也要坚定、勇敢地克服困难,排除艰险,不达目的,决不罢休。有了持续性,记者才能长时间地以旺盛的精力和坚定的毅力投身于党的新闻事业。有了自制性,记者才能善于控制和支配自己的情感与言行,表现出应有的忍耐性,并且有独立见解,不人云亦云,随风而文,迫使自己排除干扰,直达采访活动的目的。1936年夏天,在日本军队从内蒙古东部向西部入侵的紧急关头,著名记者范长江即赴西蒙腹地采访。为了避开日本别动队及侦探的注意,他化装成商业公司小职员,搭车行程五千里,途中饮露餐霜,夜宿戈壁。为了尽快赶回东蒙,早日报道西蒙危急情形,在已无车可乘的情况下,他毅然决定改骑骆驼,横越沙漠。经过这一趟死亡之旅,范长江到达定远营地时,脸上皮肤溃烂,连熟人也认不出他来。

范长江的行为充分体现出了一个追求真理的记者所具备的意志上的自觉性、持续性和自制性。

在我国,记者是党和人民的喉舌与耳目,是党同人民群众联系的纽带与桥梁。记者通过新闻报道的形式把党和政府的政策迅速告诉群众,又把群众的呼声及时反映出来,帮助各级党委和政府了解实际工作中和人民群众中存在的情况与问题,为制定方针政策提供依据。正如刘少奇同志1948年10月2日《对华北记者团谈话》中指出的那样:"党是依靠你们的。党怎样领导人民呢?除了依靠军政机关、群众团体领导人民之外,更多更频繁的是依靠报纸和通讯社。……中央就是依靠你们这个工具,联系群众,指导人民,指导各地党和政府的工作的。人民也是依靠你们的。人民想和中央通通气,想和毛主席通通气,有所反映,有所要求,有所呼吁。……你们记者是要到各地去的,人民依靠你们把他们的呼声、要求、困难、经验以至我们工作中的错误反映上来,变成新闻、通讯,反映给各级党委,反映给中央,这就把党和群众联系起来了。"[1]由此可见,新闻不仅仅是一项光荣的事业,更是一项神圣的事业,记者是社会主义物质文明和精神文明的传播者、教育者。因此,这项事业要求每个记者都必须具有高度的事业心和责任感,要充分认识自己的工作性质、意义和肩负的历史使命,而绝不是"怀揣记者证,身背照相机,见官'高一级',别看多神气"的作风所能替代的。

思想作风修养的核心是新闻工作者的事业心和责任感。古今中外,几乎所有的名记者都认为,采访写作的技巧可以放在其次,而事业心、责任感才是最重要、最根本的。正如著名记者穆青所说:"我觉得记者的责任感是最根本的。对党的事业的责任感,对人民群众的感情,这是记者最主要的两条……新闻敏感呀,政治观察力呀,都是由这两条派生出去的。"老记者萧乾也曾十分风趣地说:"倘若死后在阴曹地府要我填申请下一辈子干什么的话,我还要填'记者'。"可以断言,只有将全副身心放在工作和事业上,才能醉心于党的新闻事业,酷爱新闻工作。如知名记者强荧,常常是写好遗书,冒着九死一生的风险,去新疆沙漠、广西原始森林、北极等地采访,体现了一名新闻工作者强烈的事业心和责任感。

---

[1] 《刘少奇选集》上卷,人民出版社1981年版,第399页。

工作作风修养是作风修养的另一重要内容。在我国,新闻工作者是为社会主义事业奔走不息的"特殊流浪汉",新闻是"跑"出来的。著名教育家陶行知先生在贺《新华日报》创刊八周年题的一首诗《新闻大学》中有这样一段:"皮鞋穿破穿布鞋,布鞋穿破穿草鞋,草鞋穿破穿肉鞋,采访的朋友辛苦了,要表述大众的欢乐悲哀。"此诗颇有意味地反映了记者工作的艰苦性。

工作作风的核心是新闻工作者的牺牲精神和冒险精神。新闻事业的确是一项十分艰苦且具有冒险性的事业,需要记者具有牺牲精神。可以这样说,在正直、勤奋的新闻工作者前进的路途上,布满"荆棘、高山、激流与险滩"。从某种意义上讲,新闻不是用"墨水"写成,而是用"汗水"甚至"血水"写成的。2003年伊拉克战争初期,美英联军死亡的人数只不过200人左右,而牺牲的记者则近20人。又如,"九一八"事变以后,当时在《申报》任职的史量才先生,同情救国运动,支持宋庆龄、蔡元培、鲁迅等发起的民权保障运动,主张对当时《申报》的版面进行改革,刷新内容,一步步办成倾向进步、主张抗战的报纸。这些主张引起了蒋介石对《申报》和史量才的极大不满。蒋介石通过当时在上海地方协会挂名的大亨杜月笙拉史量才到南京面谈,企图让其同流合污,但未达目的。蒋介石最后威胁说:"把我搞火了,我手下有100万兵。"史量才毫不示弱地冷然回答:"我手下也有100万读者。"1934年,史量才先生在沪杭公路海宁县境内,惨遭国民党特务暗杀。

任何要有所作为的新闻工作者,都得有足够的吃苦甚至是牺牲的思想准备。所谓风险,包括自然界风险、打击迫害的政治风险、枪林弹雨的战争风险等。并不是记者故意要自讨苦吃和寻求风险,而是时代的风雨和新闻工作的性质决定、逼迫记者非吃苦、牺牲、冒险不可。正如有记者总结的那样:记者肯流汗,才敢叫新闻报道冒热气;肯流血,才敢叫新闻报道放光芒。

诚然,和平时期当记者,一般用不着去冒枪林弹雨之险,而且,现代化的交通工具和通讯设备也大大减少了记者的劳动强度。但是,要出色地完成报道任务,吃苦耐劳和不计个人得失的精神,勤奋、顽强、扎实的工作作风,仍是每个记者所必备的素质。譬如,来到中央电视台的《焦点访谈》组,你会发现这里的所有人总是忙个不停,每天都在高负荷地运转着。记者们常常刚刚从外地采访回来,真想回家美美地睡上一觉,但是,总导演已为他们递上了一小时后的飞机票。

所有人都毫无怨言,因为他们已习以为常。又如黑龙江电视台记者、范长江新闻奖获得者陈小钢,2000年5月19日,他冒着生命危险,艰难地攀上珠穆朗玛峰8 150米的高度。这里的空气只有平原的20%,牦牛早已却步,连雄鹰也不敢飞越,在缺氧折磨得几乎疯狂的情况下,他仍面对镜头,向电视观众进行直播,成为当时世界上在最高海拔作新闻报道的职业记者。另外,由于社会风气尚未根本好转,暴力干涉新闻采访权、记者采访被打的事件屡屡发生。2021年3月23日,安徽电视台公共频道一位记者根据群众举报,在和县洁福康餐具清洗配送部进行暗访报道时,被企业负责人殴打致伤。同年7月13日,上海广播电视台两名记者在天山路某小区内正常采访时,遭到一男子辱骂、殴打,采访器材被损坏。

改革开放以来,党风党纪教育不断展开,广大新闻工作者的工作作风修养也有增强,一批批受到党和人民称誉的好记者不断涌现。但也应当看到,由于种种原因,尚有一部分记者采访作风不够踏实,有的要被采访单位提供各种方便,刮风下雨懒得出去,有的根本不愿到农村、山区等艰苦地方去采访。这种作风应当引起重视。媒体的领导者和组织者,应当积极地建立相应的机制,让年轻记者、编辑经受锻炼。例如,天津人民广播电台从2006年起,长时间、大投入地开展"百名记者在基层"活动,截至2010年进行了56批,使556人次得到了锻炼,确立了"基层是沃土,生活是良田,群众是老师"的认识。他们以组建小分队的形式,通过选择一个典型环境,集中采访一个主题,扎扎实实在基层练作风、练业务,很有成效。[①]

西方国家的一些记者,立场、观点虽然同我们不一样,但他们在工作作风方面的修养还是比较讲究的。美国新闻学创始人之一普利策讲过的"懒人是当不了记者的"这句话,现已成了西方记者的座右铭。许多资产阶级新闻学著作中,都把"能够接受艰苦的、长时间的、不规则的工作"作为记者要则制定下来。我国的记者受到良好的教育,有着诸多的优越条件,理应在这方面比他们做得更好。

综上所述,在古今中外新闻史上,没有一个有作为的记者与"懒"字、"怕"字有缘,桂冠的获得是勤奋刻苦、无私无畏的自然结果。

---

① 载《新闻战线》,2011年第1期。

第二节 道德修养

在新闻宣传战线上工作的全体人员,都必须具有高尚的理想、志气、道德和情操。如何加强新闻从业人员新闻职业道德的修养,在当前具有特别重要的意义。

所谓新闻职业道德,即指记者在采写、传播新闻过程中与人、与社会相处时的行为规范。我国最早提及新闻职业道德内容的当数宋代对民间小报的指控,如"造言欺众""以无为有"等。率先明确提出"提倡道德"是报纸职责之一的是徐宝璜先生,而最早将"品性"认定为"记者资格"第一要素的则属邵飘萍先生。新闻职业道德的具体范围和基本内容包括以下方面。

1. 坚持真理,忠于事实

应当不屈服于任何邪恶势力,不当"风派"记者,不弄虚作假,在任何情况下,都应以党和人民的根本利益为出发点。

2. 谦虚谨慎,戒骄戒躁

在采访中,应当摆正自己与采访对象的关系,不好为人师,不高人一等,以诚相待,虚心求教。

3. 深入实际,体察民情

应当关心广大群众的疾苦,及时反映他们的呼声与要求,不能麻木不仁、不闻不问。

4. 互敬互学,积极竞争

记者与记者之间,新闻单位与新闻单位之间,根本利益和奋斗目标是一致的,应当不断增进友谊,共同进取,即使要展开竞争,也应凭借正常的业务手段去健康、积极地进行,不应搞不利于事业发展和破坏团结的行为与活动,决不允许不择手段、互挖墙脚的恶劣行径出现在我国记者队伍之中。

5. 摆正位置,不谋私利

新华社原社长郭超人曾说过一句颇有意味的话:"记者笔下财富万千,记者笔下毁誉忠奸,记者笔下是非曲直,记者笔下人命关天。"由此可见记者肩负的社会责任之大。每一个记者都应当摆正个人与集体的位置,妥善处理公与私的矛盾,决不允许用党和人民给予的某些权力牟取私利。需要指出的是,在当前,一些记者在职业道德上严重背弃新闻工作者的职责与纪律,利用工作之便,拉关系、谋私利,或是拉生意、做掮客,或是索要钱物,搞"马夹袋、红包"之类的有偿新闻。2002年6月22日,山西省繁峙县义兴寨发生金矿爆炸事故后,新华社山西分社与另外三家报社的11名记者竟然收受巨额现金和金元宝,帮助矿主隐瞒事故真相。消息传来,广大受众为之震惊!人们用种种形象的语言来描绘这种记者的形象,说他们是"蜜蜂"又是"苍蝇",是"接生婆"又是"掘墓人",是"改革的播火者"又是"腐败的模特儿",是"赶场子(指鉴定会、庆祝会、竣工典礼、开业仪式、恳谈会)、捡袋子、碰杯子、凑稿子"的"能工巧匠",等等。又如,2014年10月17日,广东《新快报》记者陈永洲因收人钱财,发表失实报道,被长沙市岳麓区人民法院以损害商业信誉罪、非国家工作人员受贿罪,一审判决有期徒刑1年10个月。

此风如果不刹,清正、廉洁的记者形象如果不重塑,还奢谈什么"铁肩担道义,妙手著文章"?正如印度诗人泰戈尔所说的那样:"鸟翼绑上了黄金,鸟还能飞得远吗?"

6. 甘为人梯,严禁剽窃

指导通讯员采访,帮助他们修改稿件,这是每一个记者、编辑职责范围内的事。但常有一些通讯员反映:好端端的一篇稿件交编辑部后,或经记者、编辑稍加改动,或一字未改登出来了,但自己的名字不见了,换上了"本报记者×××",劳动成果就这么莫名其妙地被他人占有了。

"记者是社会的良心。"重视新闻职业道德修养,是我国新闻事业的传统。大凡在事业上有成就的我国记者,都十分注重这方面的修养。当代著名记者柏生曾经在《做新闻记者的几个原则》一文中指出:"做新闻记者的第一个原则,是要修养人格。""这是因为,新闻记者负有批评社会、指导社会的重大责任。如果自己人格有缺点,怎么能够批评他人、指导他人呢?"范长江在《怎样学做新闻记者》一文中也指出:"新闻记者要能坚持真理,本着富贵不能淫、贫贱不能移、威武不能屈的精神,实在非常重要。"①全国优秀新闻工作者、时任新疆电视台记者孙伯华说得颇为幽默:吸油水的笔是流不出墨水来的。

---

① 转引自蒋含平、李新丽:《中国新闻传播史文选》,合肥工业大学出版社2016年版,第439页。

上述六项,记者若是做不到,就趁早改行,否则,一定误人误事。

记者与人、与社会相处的具体关系主要有三个方面:一是记者与新闻事实的关系;二是记者与群众的关系;三是记者与同行的关系。

第一,记者与新闻事实的关系。坚持新闻真实性原则,从而对党的事业负责,对受众负责,这是新闻职业道德的核心内容。不管是屈服于邪恶势力,还是由于作风浮夸而导致报道失实,均应视为不道德的行为,理所当然地应该受到舆论的谴责。

一个正直的记者,没有权利以任何形式弄虚作假。讲真话,让事实说话,是科学的态度,是宣传的艺术,也是记者高尚道德品质的体现。他必须对新闻报道的全部事实负责,所有报道必须从事实出发,以事实为依据,并经过严格认真的核实,否则就不予报道。我们"应像董狐①那样,紧握住自己这一管直笔,做真理的信徒、人民的忠仆。一方面,凡是真理要求我们说、要求我们写的,就不顾一切地写,人民心里所想说,所认为应当写的,就决不放弃,决不迟疑地给说出来、写出来。另一方面,凡不合真实和违反民意的东西,不管有多大的强力在后面紧迫着或在前面诱惑着,我们也必须有勇气、有毅力把它抛弃,决不轻着一字"。②

例如,轰动全国的山西繁峙矿难发生后,有 11 个记者被收买,而《中国青年报》记者刘畅却不为金钱所动,以一种"超然独立的态度和廉洁不贪的气节",毅然采写了《山西繁峙矿难系列报道》,并荣获了第十三届中国新闻奖一等奖。

历史的经验告诉我们,记者必须对新闻报道的全部事实负责。不能听到风就是雨,上边来了什么新精神、新说法,就赶紧跑到下边找例子,甚至文件还在印刷厂,印证新精神的科学性、正确性的报道就出来了。而应该先冷静地思考一番,这种新精神、新说法是否真有道理,不应盲从,坚决不当"风派"记者。即使新精神、新说法是正确的,也要认真看一看,思考一番,吃透了,摸准了,对搞好新闻报道也有百利而无一害。邹韬奋先生有句格言:"天下作伪是最苦恼的事情,老老实实是最愉快的事情。"此话在今天,仍不失现实意义。

---

① 董狐,春秋时期晋国的史官,以直笔写史而名传后世。
② 《记者节谈记者作风》,《新华日报》,1943 年 9 月 1 日。

第二,记者与群众的关系。记者与群众的关系一般指两个方面:一是记者与采访对象的关系;二是记者与受众的关系。

说到底,记者与采访对象的关系是一个态度问题,你是先当学生后当先生呢,还是自命不凡,要人家对你俯首听命?有位老记者说得很贴切:一篇报道,实际往往是记者、通讯员同采访对象共同劳动的产品。以这样的认识处理相互关系,关系就易融洽,采访对象的自尊心得到保护后,便会反馈出更大诚意尊重记者,并热情配合记者将采访活动搞好。否则,正如美国新闻学者麦尔文·曼切尔(现译为梅尔文·门彻)所说:"有时,记者制服了一个盛气凌人、不服从引导的采访对象,但访问本身却失败了。"①

记者与受众的关系。这一关系处理得如何,涉及创办报(台)的基本方针。新闻媒介靠群众支持,受众是报(台)的"上帝",这是确定无疑的。记者要密切与受众的关系,当从两个方面努力。首先,要创造一切机会广泛接触受众。任何人活在世上,都必然要和别人交往、接触,交往、接触的范围越广泛,同周围生活联系的形式越多样,他深入社会关系各方面时才会越深刻,精神世界才会越丰富,个人的心理品质、才能、性格也才会得到更好的教育和锻炼。大凡有作为的记者,对广泛与受众交往这一点,都是十分注意的。范长江就曾说过:"一个记者应该在群众中生根,应该到处都有朋友。"他平时也正是这么做的,上自军政要人,下至和尚、乞丐,他都注意交上朋友。其次,要及时处理受众来访、来电、来信。受众常会给报社、电台、电视台来电、来信甚至来访,无论是提供新闻线索,反映社会动态,还是倾吐自己的要求、愿望,都体现了对党报(台)的信任与支持。报(台)也确实少不了这一信任与支持。记者如何以高度负责的精神,认真及时地加以处理,通过适当途径给予回应,这同样是记者新闻职业道德的一条基本守则。在西方,受众的来信等通常由总编辑亲自处理。然而,在这一点上,我们有些记者做得不是很好,对读者、听众来信、来稿,以没时间看为由,或一压数星期、数月,或看都不看,一退了之,一转了之,有群众来访,你推我,我推你,谁都不愿主动接待。种种做法,都是新闻职业道德所不容的。

第三,记者与同行的关系。这一关系通常包括三个方面:一是新闻

---

① 〔美〕麦尔文·曼切尔:《新闻报道与写作》,艾丰等编译,中国广播电视出版社1981年版,第228页。

单位与新闻单位之间的关系；二是新闻单位内部的关系；三是记者与通讯员之间的关系。

新闻单位与新闻单位之间的关系。我国的报纸、通讯社、广播电台、电视台等新闻单位，都是党、政府和人民的喉舌，工作目标是一致的，没有根本的原则分歧和利害冲突。同行相轻、妒贤嫉能是不对的，互挖墙脚、背后踢脚，更有悖新闻职业道德。正确的关系应当是：为共同事业而奋斗的记者、编辑之间应建立同志般的真诚情谊，要同行相亲、同行相敬、同行相助。在处理这一关系上，应注意两个问题：一是抢独家新闻与组织纪律问题。各新闻单位与记者之间，应开展积极、正常的竞赛。通过竞赛，可以使人受到对方力量的感染，提高个人的兴趣和能力，有利于形成良好的个性品质。没有竞赛，活动就没有效率，事业就不能进步。因此，抢新闻应该提倡，一个新闻单位的独家新闻应该是多多益善。但是，我们所提倡的抢，是凭真本领去抢，凭熟练的采写技能抢，反对一切不择手段的抢。同时，这种抢，在特定的时间、特定的场合，应受一定的组织纪律性的约束。譬如，某一新闻，若是上级授权某一新闻单位单独或率先发布，或是规定各新闻单位在同一时间里发布，大家也都点头答应了，那么，哪家都不应违反组织纪律而擅自抢发，否则，就违反了新闻职业道德。二是对同行失误的态度问题。新闻单位在新闻报道中发生失误，这是难免的。身为同行，不论哪个新闻单位出现失误，应该感到一样惋惜或痛心，在引以为戒的同时，还应尽可能地给对方以安慰和鼓励。然而，有些新闻单位的个别同志并不是抱这样的态度。例如，某个新闻单位发生什么失误，群众中议论纷纷，另一些新闻单位的某些记者，并不是站在同行角度感到脸上无光，而是幸灾乐祸，并借采访之机或其他场合，极力传播同行的失误，唯恐他人不知，有的甚至还在自己的报刊、广播里发文章旁敲侧击、冷嘲热讽。这一类做法，都是违背新闻职业道德的。

新闻单位内部的关系。按照社会各行业、系统的分布情况，报（台）内部也相应分设若干部组，各部组每周、每月所发稿件占多少版面（时间），一般也相应有个比例。再则，党政中心工作一个时期有一个时期的重点，新闻报道一般要围绕这个重点作集中、突出的处理，有关部组承担的报道量自然就大些，占版面（时间）就多些。部组的如此分设和版面（时间）的如此分配，无论是从工作角度还是从宣传角度考虑，都是必须的。每个部组乃至每个记者，对此问题应确立崇高的集体感，应用整体的观念来看待报道量和版面(时间)的分配。集体感是道德感中一种非常重要的情操,它是由于共同的崇高理想而发生友爱互助的一种情感。为共同事业、共同目标和共同利益奋斗的人们,只有建立这一情感,才能意识到个人利益应服从集体利益,才能抵制"山头主义",才能和集体同呼吸、共命运。事实上,有些部组和记者不具备这一集体感,遇事不能从整体利益出发,而是死死占住"小山头"不让,为争版面(时间)、争头条常常闹得不可开交,应当说,这是新闻职业道德所不容的。

记者与通讯员之间的关系。广大通讯员历来是报社、广播电台、电视台、通讯社的"编外记者"、"消息来源"与"专业之师",是一支不可忽视的新闻报道的重要力量。

通讯员大都生活在基层和群众之中,在了解社会动向和群众意愿方面,条件比记者"得天独厚"。因此,要搞好新闻报道工作,记者除了自身努力以外,还要靠广大通讯员的努力。这是我党几十年新闻实践所证明的事实。一个记者若是与通讯员关系密切,互相尊重,通力合作,那么,他们负责报道的那个行业、地区的新闻宣传工作定会有声有色。

但是,总有一些记者同通讯员的关系处理得不太融洽,甚至很僵。细细分析,通讯员有责任,而主要责任则在记者身上。其主要表现有以下方面。

"雇佣观念"严重。少数记者对通讯员不是视为同志式的平等关系,而是视为主仆关系,"有事是亲戚,无事不相识""召之即来,挥之即去"。这般处理,通讯员的自尊心及工作热情必然受到挫伤,因而相互间不可能建立起诚挚的情谊。

轻视通讯员的劳动成果。这是一个比较突出的问题。如有的记者接到通讯员来稿,发现题材很好,于是,便找些理由,撇开通讯员而独自做些补充采访,稍加修改后,以自己名义发表;有些记者见通讯员来了一篇好稿,甚至连招呼也不打一声,就把自己的名字署在人家前面。

将通讯员视为"捞外快"的渠道。某些记者以稿子做交易,搞"关系学"。譬如,平时懒得下乡,但一到"时鲜货"上市季节,或是某个企业有些什么"内销""试用"产品之类,脚就跑得勤了,往往也就在这个时候,这些单位的稿件就容易见报。不少地方通讯员进城送稿现象十分普遍,有些同志还美其名曰:编辑当面指正,通讯员当场改稿,能保证稿件的质量和时效。此说究竟有无道理,我们暂且不论,但有一种现象应该指出:这些通讯员常常是"脑力劳动"与"体力劳动"一起来。何谓"脑力劳动"？当面改稿是也。何谓"体力劳动"？花生、香油、螃蟹、鱼肉、烟酒之类手提肩扛"铺路""进贡"是也。

那么,记者与通讯员的关系应当如何处理呢？一是要把通讯员看作专业之师。因为他们绝大多数生活在社会基层,熟悉生活,了解群众,因此,记者应当拜他们为师,紧紧依靠他们搞好新闻报道工作。依靠得好,就如各地都安排了"哨兵",消息灵通,耳聪目明,新闻报道工作就会搞得更加有声有色。

二是甘于做无名英雄。编辑、记者帮助通讯员修改稿件,既是自己的应尽职责,也是崇高思想与美德的具体体现,许多老编辑、老记者几十年来也正是这样做的,他们默默无闻地甘为他人作嫁衣、作阶梯,在通讯员和青年记者的稿件中倾注了自己的才华与心血。

三是努力维护、塑造自身形象。在加强新闻工作者队伍思想和作风建设的今天,记者的言传身教很重要。事实上,把庸俗的"关系学"带到神圣的新闻事业中来,既害党报(台)威信,也损自身形象。可以这样说,记者伸手接过对方馈赠礼品和钱款的同时,也给自己的形象抹了黑。有些单位送礼和钱款给你,也属迫不得已,记者前脚走、人家后脚就骂娘的也属常事。

邹韬奋先生所说的一段话很发人深省:"像我这样苦干了十几年,所以能够始终得到许多共同努力的朋友的信任,最大的原因,还是因为我始终未曾为着自己打算,始终未曾梦想替自己刮一些什么。"①总之,广大新闻工作者一定要努力做到:既要使文章精彩动人,也要让品质光彩照人。

第三节 知 识 修 养

随着现代科学的发展,知识更新周期和递增速度超过了以往任何时候。在这当中,每一种新的知识出现后,新闻报道往往率先起着传播作用。毫无疑问,记者的知识修养也比以往任何一个时候都显得重要。

---

① 《邹韬奋精品文集》,团结出版社2018年版,第129页。

一、知识修养的重要性

记者具有较好的知识修养,有着十分重要的现实意义。

1. 能提高采访活动效率

记者是社会活动家,接触面极为广泛,若是具有较好的知识修养,就便于同社会各阶层人士接触、交谈,有利于采访活动效率的提高。若是知识贫乏,采访对象所从事的行业、专业的"ABC"知识及基本情况也全然不知,那么,对方会轻视记者,削弱接触、交谈的兴趣与热情,采访活动效率就会受挫。例如,著名电影明星费雯丽在参加她主演的一部获奖影片首映仪式时,有一记者问她:"你在影片中扮演什么角色?"费雯丽顿时惊讶万分,立即冷漠地回答:"我无意同一个如此孤陋寡闻的人交流。"

2. 能满足受众求知心理

相比较以往年代的受众,如今的读者看报纸、听众听广播、观众看电视、用户上网络,不仅要满足新闻欲,也要满足知识欲。从某种意义上说,报纸、广播、电视、网络等是人民的教科书,记者是党和人民聘请的"教师",因此,要较好地输出"一滴水",理应先蓄满"一桶水"。

3. 能加强对新闻的感知力和判断力

从心理学角度讲,知识是万能的"力",知识与能力互相联系、互相制约,知识是能力的基础,促进能力的提高。实践证明,一定的知识修养是记者采访写作综合能力提高的基础和重要因素,采访中对新闻事实的感知力、判断力,写作时引经据典的敏捷性等,都离不开知识修养。反之,记者在识别新闻真假优劣时就可能成为"睁眼瞎"。例如,《北京晚报》一位记者在一次报道中批评河北省某蚊香厂"孔雀牌"蚊香有毒,造成各地客户纷纷退货,工厂倒闭。后来,蚊香厂领导向法院起诉晚报,法院经过调查、审判,晚报败诉。原来,记者在采访中听市防疫站的同志说该蚊香中含有某种化学物质,就想当然地认为对人体有害。其实,蚊香中所含的该化学物质只要不超过规定指数,燃烧时只会驱除蚊子,对人体不会造成损害。美国《纽约太阳报》采访主任丹那早在1880年就说过:"记者必须是个全能的人,他所受的教育必须有广阔的基础,他知道的事情越多,他工作的路子越广,一个无知之徒,永无前途。"

二、知识修养的范围与内容

新闻工作者的知识修养,通常包括三个方面。

1. 理论知识修养

在新闻工作者的知识修养中,理论知识修养是最重要的。在我国的新闻工作者队伍的建设中,要求抓好五个"根底",即理论路线根底、政策法律根底、群众观点根底、知识根底、新闻业务根底。其中,理论路线根底列在首位,这是由新闻工作性质决定的。因为新闻工作的主要职责之一是用马克思主义理论作为认识工具,对社会客观事物进行调查研究、观察分析,从而认识和反映客观事物。这个过程实质也是向受众提供一种认识工具,帮助人们正确认识客观事物,自觉规范自身言行,达到个人与社会的最大和谐。因此,记者自身的马克思主义理论知识修养就显得十分重要。

从实际工作来看,一个记者在采访写作活动中,将报道写活、写短等固然重要,但主要是看准、写深,遵循和揭示规律,即能否较好地发现和解决问题,能否抓住、揭示事物的特点与本质。有些报道犹如白开水一杯,淡而无味,对受众缺少说服力和影响力,或是人云亦云,甚至黑白颠倒,症结主要在于记者理论根底不扎实,对事物缺乏分辨的能力。

记者眼光要远大,要舍得花时间,系统学习、钻研理论原著,完整、准确地理解和掌握马列主义、毛泽东思想及其他科学理论体系,反对搞实用主义、本本主义,要注意理论联系实际,应当经常、自觉地从理论角度总结自己的新闻实践。

2. 新闻专业知识修养

这是指新闻学基础业务知识修养,主要包括中国新闻理论基本体系、中外新闻事业史及采访、写作、编辑、评论、摄影、广告、公共关系、媒介管理等业务知识。

新闻学基础业务知识,对当了一段时间的新闻工作者来说,你不去钻研它,实际工作也能应付,于是,"新闻无学"的观点一度颇有市场;钻研了,又感到是"无底洞"。不学以为满足,越学越知不足。原有知识要更新、充实、发展,新的知识领域亟须开拓。因此,"新闻无学"之说不是无知,就是偏见。

在我国的记者、编辑中,仅有部分毕业于大学新闻系或各类专业训练班,受过较系统的专业知识教育,大部分则是"土生土长";而分散在各地的通讯员,接受新闻专业知识教育的平均程度就更低一些,基本上靠自己摸索、闯荡。不容否认,他们情况熟悉,经验丰富,政策水平等也高,一般能适应新闻工作。但也应看到,由于缺乏系统的专业知识教育,他们当中的许多人业务能力提高到一定水平后,就很难再有突破。

新闻事业的发展趋势表明,未来的新闻工作者必须经过系统的专业知识学习。改革开放以来,我国的新闻教育事业得到相当程度的发展,新闻工作者队伍青黄不接的严重状况已出现转机。但是,目前的新闻教育状况仍然适应不了突飞猛进的新闻事业发展的需要,因此,如何广开门路,以多种形式、途径办学,迅速培养、造就大批合格的新闻人才,特别是制订、落实有效的培训措施,科学地设置课程体系,分批培训在职新闻工作者,提高他们的专业知识素养,仍是一项艰巨而繁重的任务。

3. 基础知识修养

这主要指文学、史学、哲学、经济学、语言学、心理学、社会学、法学等学科知识。记者工作离不开笔,采访写作离不开调查研究的基本理论方法,因此,文学、语言学、哲学等知识无疑是重要的。记者成天与人打交道,不懂心理学、社会学等知识,就难以开展有效率的活动。经济报道越来越多,经济现象越来越复杂,记者不熟悉经济理论显然不行。史学则能使记者具有远见卓识,增强预见力和判断力。此外,记者对天文、地理、数学、物理、化学、医学等方面的知识,也应有一定程度的了解。尤其对自己负责报道的行业的专门知识,应力求达到"准专家"水平。

现代社会越来越欢迎专家型、复合型人才,新闻事业亦然。著名音乐家贺绿汀曾指出:"报社最好能有一个真正懂专业的音乐理论编辑。在国外,一些较大的报纸,都有一个比较有权威的音乐理论专业人员,担任写评论及审稿工作,发表具有指导性的谈话、文章。"事实上,编辑、记者知识水准的高低,小到影响一篇报道的准确、深浅程度,大到影响自身乃至新闻单位的声誉。《纽约时报》原总编辑安德,堪称世界报刊史上罕见的编辑奇才,他广博精深的知识修养,同行无不叹服,称赞他是集数学家、文学家、史学家、物理学家、地理学家于一身的编辑。1922年,安德根据埃及古墓上的象形文字,精确地考证出4 000年前埃及发生的一起弑君事件,使不少考古学家自愧不如。更为人称道的是,安德曾在科学伟人爱因斯坦的讲稿上发现错误,当时他把这个错误告诉爱因斯坦讲稿的译者亚马当斯教授,回答是:"翻译无错,爱因斯坦就是这样讲的。"安德极其肯定地说:"那么,就是爱因斯坦错了。"后来求证于爱因斯坦,爱因斯坦回答说:"安德是对的,我在黑板上抄写时,把公式抄错了。"

常言道:工欲善其事,必先利其器。记者的"武器"锋利与否,很大程度取决于知识修养。邓拓为《燕山夜话》写了几百篇文章,篇篇都寓思想性于知识性之中,且大都是"倚马可待",编辑到他家索稿,他当场作文,编辑只要坐个把小时即可取走。他写社论,边写边排,写毕,小样也已排出。邓拓何来这么大的神通?主要是他的知识渊博。他自幼好学,23岁就写成《中国救荒史》,25岁当晋察冀日报社社长,30岁当人民日报社总编辑。他是中科院学部委员、清史专家,又是书法家,既能写诗,又善写散文,新闻"十八般武艺"样样皆通。

随着改革开放和现代化建设的不断发展,提高全民族科学文化水平的要求将迈向一个更高的层次。党的新闻工作者,应当站在时代的高度来看待自身知识修养的重要性和紧迫性。

第四节 技 能 修 养

搞好各方面的修养固然必须,但可能只是一个学者、贤者;如果缺乏技能修养,还不能算是一个合格的记者。从某种意义上说,记者在其他修养完成后,技能修养的高低有时往往能起到决定性的作用。在数字化时代,这一修养尤为重要。记者的技能修养,主要包括下述六项。

1. 熟悉和掌握方言的技能

记者工作主要靠语言进行交流。中国地域之广,民族之多,语言种类之杂,给记者工作增添了很大的难度。譬如,同样一个省份,苏州的记者到了苏北,碰上的采访对象若是一口方言,记者采访就未必顺利;同样,南昌的记者上了井冈山,当地的土话恐怕也难以听懂。所以,一个记者在某地从事新闻工作后,应当尽快熟悉这个地方的语言,力求达到基本听懂、理解的程度。

增强此种技能修养,对顺利进行人际交流、提高采访活动效率十分有利。记者若能听懂采访对象用方言、土话叙述的新闻事实,则能加速自己对事物认识过程的完成;若是听不懂,则思维活动必然受阻。在与采访对象交谈时,记者若能不时地说上一句半句当地的方言或土话,还可以活跃访问谈话气氛,加速双方在情感上的交流。1993年7月21日,福建省"闽狮渔2294"号、"闽狮渔2295"号两艘渔船与台湾省渔轮"三鑫财"号在台湾海峡发生渔事纠纷,国务院台湾事务办公室决定派3名红十字会人员及2名记者赴台看望被押的18名大陆渔民。国家为什么选中新华社的范丽青和中新社的郭伟锋两人作为大陆首次访台的记者?除了其他方面的条件以外,两人中一个是福建人,懂闽南话,一个是广东人,懂客家话。

2. 熟悉和掌握至少一门主要外语的技能

随着我国对外交往的日益拓展,记者在许多场合接触外国人士的机会将会日益增多。熟悉和掌握至少一门主要外语,尤其是英语,直接与采访对象交谈,势必能提高采访活动效率,甚至能捕捉到独家新闻。例如,一次在日本举行的世界羽毛球锦标赛,《新民晚报》派了记者王志灵去报道这次大赛,同时去的还有中央及上海等新闻单位的10余位记者。一天,王志灵路过丹麦队教练员、运动员休息的住地,只见门口竖着一块纸牌,上写"因抗议裁判判罚不公,决定明日罢赛"等字句,侧耳一听,房间里吵吵嚷嚷,均是丹麦队教练、球员的骂声、埋怨声。王志灵当即将其整理成文并发回《新民晚报》,成了一篇很有价值的独家新闻。在某些需要的场合,记者如果不懂外语,就等于失去听觉或视觉。

老新闻工作者穆青曾语重心长地指出:"如有条件,我真希望我们的记者,人人都懂外语。"凡志向远大、目光深远的新闻工作者,特别是中青年记者,都应当从现在开始,下决心用几年时间,持之以恒地学习、掌握一门主要外语。

3. 熟悉和掌握摄影、摄像及操作制图软件等技能

随着读者看报要求的日益提高,越来越要求版面上出现更多的高质量、高水准的新闻图片,以求图文并茂,满足对美、对艺术的需求。这就要求广大新闻工作者努力抓拍有价值、有意义的"瞬间",让报纸版面呈现更多的可视镜头。更何况,新闻图片常常能收"一图胜万言"之效,是新闻报道不可缺少的一个门类。特别是当今已到了"读图时代",这一技能的重要性就更为突出。

文字记者要改变长期以来"单打一"的报道手段与方式,迅速掌握

一定的摄影技能,以丰富自己的采访成果。上海《解放日报》的俞新宝、《新民晚报》的陈继超、《每周广播电视》的管一明等记者,既擅长摄影,文字报道又颇具水平,很受同行称道。广播电视和网络媒体的记者,除了会熟练操作摄像机、录音机、剪辑机和网络操作技术等外,还应会操作制图软件等,既能熟练地把握文字、图片、音频、视频各自的特点,又能将它们有效地综合利用。事实上,新闻事业的飞速发展和新闻队伍的青黄不接,迫使每个记者必须一专多能,成为"多面手"。可以预言,新闻的"十八般武艺",谁掌握得多,运用得好,谁就能在日趋激烈的新闻竞争和媒介融合中立于不败之地。

4. 熟悉和掌握电脑操作技能

随着新闻事业的发展,我国现行的严重影响时效的新闻传播通讯方式将会日益改进,现代化的传播通讯设备将会日益更新。为了建立记者与编辑部之间的"热线"联系,以后记者外出采访,特别是到较远、较偏僻的地区采访,随身的"武装"将持续升级,如手提电脑、录音笔及海事卫星电话等。为此,记者、编辑尽快掌握电脑操作等技术,充分运用新媒体设备的功能。

5. 熟悉和掌握驾驶各种交通工具的技能

掌握这方面的技能,是基于两方面的需要。一方面,凡是有人群或是人烟稀少的地方,都会有新闻发生,也不管路近路远,都需要记者去采访,故记者应当因时因地制宜,掌握使用多种交通工具的技能。另一方面,随着新闻事业的发展,新闻时效的竞争会愈演愈烈,对交通工具的不断更新和熟练使用,是争取时效的一种重要手段,有时甚至是决定性因素。例如,香港《文汇报》派往洛杉矶采访奥运会的两位记者张国强、陆汉德,年仅二十来岁,其工作效率之高令内地记者自叹不如。他们不仅能写稿、拍摄、暗房冲洗及放大,电脑操作等技能也十分娴熟,既懂英语,又开得一手好车,常常采访完毕,他们已驾车离开去另一处采访或赶回去发稿。

采访中可能用到的交通工具很多,除自行车外,一般还包括摩托车、小汽车、汽艇、雪橇、直升机等,另外还有马、骆驼等。

华中科技大学新闻系在20世纪80年代中期,就率先在国内新闻院系本科生中开设汽车驾驶必修课,这是很有先见之明的举措。复旦大学新闻学院在新闻、公安等部门的支持下,也于2002年在学生中开设驾驶课,学生在校期间就能获得驾驶证。

我国新闻界眼下正在流行一句话,即"记者三件宝,外语、驾车和电脑"。可以说,掌握这三方面的技能,已成为当代记者的标志之一,也成为我国越来越多记者的共识。

6. 熟悉和掌握辨向、测时技能

采访中,种种意想不到的情况都可能出现,甚至使记者陷入困境。譬如,在深山老林里行进,突然发现指南针丢了,于是就不辨方向,原地打转;在偏僻地区采访,手表突然停了、坏了,于是就不知时辰,深感不便。在当下多种功能集于一身的互联网时代,记者随身的手机、电脑丢失了,造成的不便就更难以名状。记者若是平时能注意培养并掌握这方面的技能,如根据树叶的朝向、星星的位置等辨方向,依据太阳下木棍等物体影子的折射角度测时间,就能迅速走出困境,如期完成采访任务。例如,在一次边境反击战中,新华社一记者组,有一次深入对方腹地观察,突然发现指南针丢了,脚下是沼泽地,四周都是高大树木,30米开外,便是对方阵地,有许多布雷区。该记者组的4位记者却十分沉着冷静,根据各人平时掌握的有关知识,最后确定了方向,终于撤回了安全地带。

记者的技能修养当然远不止上述这些,随着物质基础的不断增强和新闻事业的不断发展,部分技能修养可能随之淡出生活,甚至被自动化所替代,但更多的技能修养会不断提出并需要强化,记者对此必须有充分的思想准备。

第五节 情感修养

新闻作品要产生吸引受众的魅力,除了真、新、快、活、强等及要求具备思想深度、生活宽厚度外,还得有情感的浓度。例如,中央人民广播电台"中国之声"《神州夜航》节目就深受广大听众欢迎,主持人向菲由于全身心投入该节目,深得广大听众的信任,许多听众有什么烦心事都愿意向她倾吐。

应当说,记者在采访中的百折不挠和在写作中的精益求精的功力与底蕴,都与情感有关。情感是人们在长期的社会实践活动中逐渐产生的一种主观体验,它同需要、意志、动机、兴趣、理想等密切联系,促进和维系人们进行各类活动。加强情感修养对搞好采访写作,有着十分直接、重要的意义,也可以这样说,任何成功的新闻报道和传播活动,记者必然经历一个发乎情、止于意、成于思的过程。

1. 情感是融洽采访气氛的桥梁

事实上,采访是人际关系的一种形式,情感则是人际关系的关键心理成分,良好的人际关系则是双方情感共鸣的两心相应。譬如,去少数民族地区采访,傣家人给你端上蒸蚂蚁,佤族人则送上一碗鼠肉烂饭,这是人家的传统名肴,一般只有贵客才能吃到。记者若不嫌弃,即使不习惯,但也应弄点尝尝,他们则非常高兴,满腔热情地接待你。记者若是嫌弃,死活不肯尝一口,人家则会认为看不起他们而冷落你。同样道理,记者去采访一位环卫工人,不敢同对方握手,去殡仪馆采访一位焚尸工,不敢喝人家端上来的茶,你就很难撬开对方金口,得到材料。有时采访的成功与否,感情融通起着决定性的作用。

碰到接待冷漠、态度生硬的采访对象,造成采访气氛一时沉闷或紧张,记者若是情感修养好,则常常能化生为熟、化冷为热。凭着炽热的情感,记者可以先找新闻人物、报道对象周围的人了解其情况及脾性等,可以闲聊与采访对象共同熟悉并感兴趣的问题,也可以闲扯某一段相同的经历,或可以拉拉同乡、校友、亲友等各种关系,那么,双方之间的桥梁便可能架设。例如,《人民日报》老记者纪希晨有次去四川某油区采访。一开始,采油队的负责人十分冷淡,支支吾吾,不愿详细回答问题。纪希晨就琢磨着如何找到一座交流的桥梁。他从那位负责人谈话中听出了陕北口音,而纪希晨战争年代曾在那儿生活过。于是,他就突然问那位负责人:"你是哪里人?是陕北绥德的还是米脂的?"这一招果然灵验,闲扯一阵后,对方态度大变,对他亲热起来。接着,两人又谈起了共同的一段经历,更是朋友加兄弟,那位负责人谈兴大发,记者如愿以偿。

事实上,绝大多数的采访对象是可以接近、交往的,情感上的冷漠、疏离只是暂时的,是可以转化的,关键是看记者能否主动接近和接近是否得法,是否有"逢山开路、遇水搭桥"的本领。

2. 情感是构成谈话的基因

采访中,谈话提问的构成是需要情感的。欲使许多采访对象启开话匣子,是需要记者投入相当情感的,在一般提问手段不能奏效时,则需要记者采用激问式,即在谈话提问中穿插一定强度的刺激,调动对方的情感,强行撞开缺口后,探得事实的真相。例如,自称"世界政治访问之母"的意大利女记者法拉奇有次采访美国原国务卿基辛格,基辛格老谋深算,不动声色,法拉奇与其进行一番常规周旋后,成竹在胸,开始了步步紧逼:"我从来没有采访过一个像您这样避而不答问题或对问题不作确切解说的人,没有人像您那样不让别人深入了解自己。"基辛格听后感到十分舒服,洋洋自得。岂料法拉奇虚晃一枪后,针对基辛格的个性,突然给予实质性的一击:"基辛格博士,您是不是有点腼腆呢?"为了维护自身形象,基辛格不得不答:"美国人喜欢牛仔,他单枪匹马地进入城镇、村庄,除了他骑的那匹马以外一无所有……这样令人惊叹的浪漫人物对我正合适,因为单枪匹马一向是我的作风,或者说是我的技能的一部分。"谈吐之间,基辛格有点目空一切、忘乎所以,似乎在他的眼里,整个美国政府只不过是一个受他护送的"车队"。这番谈话公布于众后,白宫哗然,公众也纷纷指责基辛格的狂妄。基辛格后悔万分,承认他和法拉奇的谈话是"同报界成员进行过的最糟一次交谈"。

3. 情感是促使记者采访的动力

记者的事业心、责任感离不开情感,每采访一个人、一件事,也离不开情感的驱使。反映群众疾苦,要有同情感,采写批评揭露性稿件,得有正义感。抽去感情的因素,采访的动力乃至采访的效果将不复存在。有些采访甚至是在泪水中进行的。新华社河南兰考采访小组的记者曾经说过:采访焦裕禄同志的事迹时,我们一次再次地流着眼泪记笔记。大家都说,这是自己采访生活中最动感情的一次,而且感情非常深挚,非常真切。穆青同志事后曾深有体会地说:"多少年来,我们深深地体会到,这种和英雄人物思想感情上的息息相通,水乳交融,有时是掺和着血和泪的。它往往产生一种无论如何都抑制不住的冲动和激情,这是一种巨大的力量,甚至简直是一种魔力。它能使你如呆如痴,整天吃不下饭,睡不着觉,周围的一切好像都不存在了一样……这种激情,这种强烈的责任感,像一条无形的鞭子,鞭策着我们去克服一切困难,尽自己最大的努力去把它写好。"①

4. 情感是写作激情的源泉

差不多每个记者都有这样的体会:心情愉悦、情绪饱满时,提起笔来文思敏捷、一气呵成;心绪烦闷、萎靡不振时,往往文思迟钝、生拼硬

---

① 穆青:《谈谈人物通讯采写中的几个问题》,《新闻战线》,1979年第4期。

凑。确实,新闻写作是要动感情的。正如作家黄宗英所说:"我写《小木屋》,是含着泪水写成的。"她认为,只有人心与人心的交流,笔下的人物才有血有肉。她采写女林学家徐凤翔,首先是和对方交朋友,关心祖国高山森林的生态研究,为对方的事业奔走呼吁,还亲自进藏,先后几次到海拔四五千米的藏北地区采访,最后在严重缺氧的环境中流着泪水写稿。这需要多深厚的感情!著名女记者柏生很重视这种情感因素,她指出:"对采访的人和事,自己在感动着,就有写作的冲动,自己的感情也必然带到了笔下。无动于衷的写作,不仅十分困难,也叫人十分苦恼。罗曼·罗兰说:'要散布阳光到别人心中,总得自己心里有。'要使读者感动,自己首先得要有激情。内心无实感,笔下就无实情,当然不会打动读者。"[①]

5. 情感是新闻报道的重要构件

剖析一则新闻作品,情感往往是重要的成分和内容。就题材而言,人情味、情趣性是新闻价值的构成因素之一,其越强,对受众的感染力和引发的共鸣则越强。就表现手法而言,新闻报道的四大表现手法是叙述、议论、描写、抒情,其中抒情、议论、描写离不开情感,即使是叙述也要"寓情",否则文章就没有生命。正如明清之际的王夫之在《姜斋诗话》中所说:"情、景名为二,而实不可离。"寓情于景,寓情于事,物中寄情,情景交融,让事与情、景与情始终相随而生,相易而变,受众在接受事实的信息的同时,也在接受感情的信息。如通讯《为了周总理的嘱托》中有一段描述:"如今,这些白杨树已经有碗口粗了。可是,为全村赢得这些荣誉的人,却受到这样的折磨。白杨树在迎风呼号,那是在为老汉鸣咽,为这不平而忿怒?!"作者借白杨树的成长景物寓情,将自己对农民科学家吴吉昌的同情淋漓尽致地表达出来。

第六节 体质修养

在新闻工作者的修养与条件中,强健的体魄是十分重要的,是具有基础性质的。这是因为,新闻工作既是复杂的智力劳动,也是强度较高

[①] 刘建国:《当代名记者与代表作》,工人出版社1989年版,第185页。

的体力劳动,因此,新闻工作者必须拥有良好的身体素质。时任上海《文汇报》体育部主任马申,在国内外的重大赛事上,凭借自己跑得快、能熬夜的长处,加上其扎实的业务功底,经常是"一马当先",抢发了许多其他记者所不能企及的好稿。后来年纪上去了,锻炼少了,身体胖了,这个病那个病来了,出去采访也少了,年逾五十的他,在给复旦大学新闻系学生授课时,感慨万千地说:"身体是革命的本钱,也是记者的本钱,更是体育记者的本钱啊!"

老记者柯夫在《怎样做一个新闻记者》一文中论述记者必备的五个条件时,"坚强的体魄"是其中的一条。聂世琦在《新闻记者的修养》一文中,则把"健全的体格"列为所有修养中的第一条。范长江在《我怎样做新闻记者》一文中,更是把"健康"看作自己成长的"四个经验"中的一个。

现代新闻事业的竞争愈演愈烈,对记者的身体素质要求也就越来越高,躺在病床上,再好的理想也难以实现,再出众的才华也难以施展。在这方面,记者应当注意下述三点。

1. 始终保持乐观、积极的工作和生活态度

记者也常有不顺心甚至遭受委屈的时候,然而,越是在这个当口,记者对工作和生活的态度越要保持乐观、积极,要学会及时排除烦恼和忧愁,否则,长期被不良情绪缠绕,对健康十分不利。

2. 尽力养成良好、有序的工作和生活习惯

记者的工作与生活有其特殊性,其他行业的工作可以是 8 小时,但记者工作远不止这些时间。别人到了晚上九、十点钟,可以安然熄灯睡觉,但记者则可能拧开台灯、铺开稿纸或是打开电脑赶写报道,有的则可能还在外面紧张地采访。记者是很累的,一时不调整,则可能影响第二天工作的效率,若是长期不注意调整,则一定会损害自己的健康。"40 岁是记者的生死关。"中外新闻界有识之士发出的这一忠告,我们再不能看成是危言耸听。上海《新闻记者》2000 年第 6 期发表的《上海市新闻从业人员健康状况抽样调查报告》指出:上海市一般职业人群中死亡者的平均年龄为 60.93 岁,中国科学院在职科学家死亡者的平均年龄为 52.23 岁,医学上把死于 35—54 岁称为早死年龄段,而上海新闻界在职人员死亡者的平均年龄竟为 45.7 岁,实在令人震惊!全国新闻界类似的调查统计数据则更是令人不安。据报道,2019 年全国有 15 名记者不幸离世。3 月 18 日,《华商晨报》健康事业部记者王菲菲,

因病医治无效去世,年仅27岁。4月17日,合肥报业传媒集团合肥晚报总编辑杨杰因病在合肥逝世,享年41岁。8月16日下午,海南日报社专题部副主任张中宝在工作岗位上突发疾病,紧急送医,终因抢救无效病逝,年轻的生命永远定格在38岁。11月20日,新华社国际部专稿中心主任、高级编辑徐勇在位于北京的办公室中因突发大面积心梗去世,享年56岁。[1]

因此,记者必须在动荡不定的工作、生活环境中,不断增强自己的适应能力。同时,尽力制订出自己作息时间表。中午,要尽可能争取打个盹,哪怕十来分钟闭闭眼睛也好;晚间,除了必要的采写任务或应酬以外,应当争取早早入睡,那种"宴请天天有,卡拉OK三六九,不喝不唱到下半夜不罢休"的生活方式应当纠正;早上,则争取早些起床,坚持体育锻炼,每个记者都至少有一两项自己爱好的体育锻炼项目,或是跑步,或是打太极拳。

3. 合理安排自己的一日三餐和睡眠

营养对一个人的健康很重要,其道理无须详述。但是,忽略营养这个健康要素的记者却不在少数。有些记者早上不睡到"最后一分钟"不起床,顾不上吃什么就往编辑部里赶;中午又常常因为赶稿子,啃个面包了事;晚上有单位宴请了,就猛吃猛喝一场。久而久之,身体没有不坏的。因此,一日三餐记者要合理安排,要按时用餐,不要暴饮暴食,睡眠要尽量做到早睡早起,"夜车"千万不要开,睡懒觉习惯也千万不要养成。

总之,记者的其他修养和条件是重要的,但若是缺少良好身体素质这个最基础的修养和条件,则一切都无从谈起,每个新闻工作者都必须高度重视这个问题。

第七节 公关修养

在平时的采访活动中,记者若是有意识地在社会上编织起广泛的公关网络,同众多采访对象建立起深厚的私人友谊,则采访活动一定会

---

[1] https://www.sohu.com/a/359837486_570245.

更得心应手,并且常常会有意想不到的收获。这是因为,建立起友谊的采访对象会主动积极地帮助记者,一有新闻线索便会及时提供给记者;再则,他们接受记者采访会无拘无束、倾心交谈,记者可以从中获得若干真实的材料。例如,1898年,美国《俄亥俄州报》记者麦基同一位名叫赫里克的银行家关系甚密,赫里克后来曾任俄亥俄州州长,并任法国大使多年。在这期间,赫里克私下已为麦基提供过无数价值极高的消息。1901年,当麦金雷总统遇刺送医院抢救而消息又被封锁时,赫里克及时把总统秘书发给共和党领袖韩那的电报给麦基看,麦基就成为第一个报道总统伤势严重的记者。在我国,这类事例也比比皆是。早年的邵飘萍、范长江等,常常能发表些震惊天下的新闻,皆得力于他们平时建立起的关系网络和朋友情谊,从军政要员到和尚、乞丐,各行各业,三教九流,都有他们的朋友。

记者在同各界朋友的交往中,欲求得对方的信任,应当注意以下三点。

1. 不要轻易失信

在人与人的交往中,守信很重要,这是一个坚实的基础。记者在与朋友的交往中,更应讲究信誉。譬如,对方向你提供了信息,并不在乎你披露消息来源,那么,你尽可以报道。人家同意你报道事实,但不愿意披露消息来源,记者则应尊重双方的意愿。若是朋友向你提供某个消息,仅仅供你作参考,考虑种种因素,请求你不要作公开报道,那么,你就应尊重对方,信守诺言。若是欺骗对方,统统披露,那么,必然会带来不良的结局。特别是政界人士或知识分子,若是记者拿了人家的钱不还或是在报道中批评、侮辱了对方,对方或许还能忍受,但若违背了双方商定的诺言,不顾人家的利益和难堪,擅作报道,则会引起反感和厌恶。

2. 不要忽冷忽热

只要对方真心诚意地帮助记者并确实对新闻报道及新闻事业负责,那么,记者则应主动积极地与对方交往,不断增进友谊,甚至在对方工作上、生活中遇到困难时,想方设法给予关心和帮助,千万不能时冷时热,搞"有事是朋友、无事不相识"一套。全国"三八"红旗手、首届全国优秀新闻工作者、范长江新闻奖得主、《科技日报》高级记者郭梅尼,是很值得称道的一位优秀记者。年轻朋友称她为老师,知识分子将她看成自家人。被她报道过的残疾姑娘曹雁则称郭梅尼为"妈妈",找对象,要郭梅尼做主,结婚了,也先把爱人带到郭梅尼家,与"妈妈"一起先庆贺一番。曹雁动情地对郭梅尼说:"别的记者写完稿子,联系就该结束了,我的稿子已登了几年了,咱们怎么还这么好呢?"答案很清楚,郭梅尼始终以一颗火热的心与采访对象交朋友,当他们有困难时,总是那么热情、恳切、真诚地帮助他们。

3. 不要夹杂私利

记者与被采访对象交朋友,纯粹是为了新闻工作,为了共同挚爱的新闻事业。在这一珍贵、纯洁的友谊中,容不得半点庸俗的交易成分,就好比眼睛里容不得灰沙一样,否则,对方就会看轻甚至讨厌记者。极少数记者曾许诺采访对象,决不披露消息提供者姓名,但一转身,为了自己的某种需要,将消息来源披露无遗,令采访对象哭笑不得,尴尬被动,如此,日后叫别人怎么再敢与记者打交道?有些记者看中对方的地位与手中的权力,动不动就请人家为自己办一些私事,日子一长,又有谁再敢见记者?还是郭梅尼说得好:"我不图万贯家财,也不求高官厚禄,只想积累思想、积累生活、积累知识,成为一个富有的记者。"①

---

① 刘元丰、张洪涛:《淡泊名利的郭梅尼》,《新闻爱好者》,1996年第8期。

第四章

近百年中国新闻采访写作史述略

第一节 近百年中国新闻采访史述略

在中国,真正意义上的新闻采访与写作的实践以及相关理论的初现,当从"五四"运动时始。

一、"五四"时期和第一次国内革命战争时期

当新文化运动的曙光照亮世纪之初的征程时,我国新闻界的早期新闻采访实践也步入了实质性改进的时代。其主要标志是:重视直接采访,派遣驻外采访;从采访内容来看,注意经济新闻的采制,社会新闻的采访登上大雅之堂。

(一)驻外采访的勃兴

我国新闻界对驻外采访的重视始于19世纪末。为了"通中外之故",尤其是"通外情"的政治目的,以《国闻报》《民立报》为代表的若干报纸,开始在外患频仍的年代,"延请通晓各国文字之士"担任驻外记者,如杨笃生、章士钊就曾任过《民立报》驻欧特约记者。但是,早期的驻外记者多由一些留学生兼任,并非专职记者。驻外记者采访活动的真正勃兴始于"五四"。1918年,"一战"结束后,国人迫切要求了解世界形势的巨大变化,国内各大报竞相加强国际新闻的报道,派遣驻外记者的数量与日俱增。1919年,巴黎和会召开,中国政府派代表团参加,时任《大公报》主编的胡政之以唯一的中国记者的身份采访了和会,这是我国记者采访国际会议之始。但这种境外采访仍是临时性的,而非长期驻外。

直到1920年10月,我国新闻界驻外采访的新纪元才正式开启。

这年秋天,在梁启超的帮助、撮合之下,上海的《时事新报》和北京的《晨报》"合筹经费,遴派专员,分赴欧美各国,担任调查通讯事宜"。两报一共选派了 16 名特派记者及通讯员前往,人数之多,阵容之强,前所未有。此举的目的正如两报在《共同启事》中所言:"吾国报纸,向无特派员在外、探取各国真情者,是以关于欧美新闻,殊多简略之处。国人对于世界大势,亦每因研究困难,愈趋隔阂淡漠,此诚我报一大缺点也。吾两报有鉴于此,因特合筹经费遴选专员,分赴欧美各国,担任调查通讯事宜,冀稍尽吾侪之天职,以开新闻界之一新纪元焉。"[①] 各个记者及其所派驻的国家分别是:陈筑山为美国特派员,陈溥贤与刘秉麟为英国特派员,刘延陵为法国特派员,吴统续为德国特派员,瞿秋白、俞澹庐(颂华)、李崇武三人为俄国特派员。同时,《晨报》驻美国特约通讯员为罗家伦,驻英国特约通讯员为傅于,驻法国特约通讯员为张若名(女)、张崧年。《时事新报》驻英国特约通讯员为郭虞裳,驻法国特约通讯员为周太玄,驻德国特约通讯员为王若愚等。

尤值一提的是,外派俄国采访的三人是我国最早采访十月革命后的苏俄社会的首批新闻记者。1920 年 10 月 16 日,三人正式离京赴莫斯科,辗转三个月,于 1921 年 1 月 25 日抵达。路途中,瞿秋白就将所见所闻报道给《晨报》。访问苏俄期间,他们采写了大量的旅行通讯和几十条新闻专电。在三个人当中,由于只有俞颂华一人曾在报社工作过,对新闻业务相对熟悉,因而很可能这些未署名的专电多是出自他的手笔。在"通信"方面,瞿秋白的采访写作最为突出,有人统计,从 1921 年 6 月到 1922 年 11 月间,仅《晨报》发表的瞿秋白旅俄通讯就有 35 篇,16 万多字。这些通讯在当时晨报所发表的中国人访俄报道中超过了一半,如《共产主义之人间化》等通讯如实、深刻地报道了世界上第一个社会主义国家的初期状况,增进了国人对俄国十月革命的认识。此外,他还写了《饿乡纪程》《赤都心史》两部通讯集。除三人合作采写的通讯外,驻俄时间最短的俞颂华单独采写、发表的通讯不在五篇之下,如发表在《晨报》上的《与两个俄国人的谈话》《旅俄之感想与见闻》《俄国旅程琐记》等。在莫斯科的短短三个月里,俞颂华采访过列宁和莫洛托夫。[②] 1921 年 5 月 19 日,俞离开莫斯科,前往柏林任《晨报》和

---

① 《上海时事新报、北京晨报共同启事》,北京《晨报》1920 年 11 月 27 日,第 2 页。
② 方汉奇:《报史与报人》,新华出版社 1991 年版,第 457 页。

《时事新报》的驻德国特派记者,为时两年半,采写了大量的旅欧通讯。李崇武驻俄期间也采写过不少通讯,如1921年6月24日至28日连载在《晨报》上的《莫斯科二月见闻录》。

与此同时,赴法国勤工俭学的周恩来,在学习之余也成了《益世报》驻欧洲通讯员,采访了欧洲政治、经济、工人运动的情况以及中国旅欧留学生、华工的生活和斗争情况,在此基础上写作的大量旅欧通讯,成为《益世报》国际新闻的亮点。为提高在新闻竞争中的实力,《申报》此间也在伦敦、巴黎、纽约、柏林、东京等大城市聘请专职或兼职通讯员,形成较完备的通讯网。另外,1921年1月创刊的上海《商报》也曾派遣驻外特派员,采访国际新闻,如王新命、龚德柏就曾任该报的驻日记者。①

但这一时期所派出的"特派员"或者延请的"特约通讯员",大多不具有新闻业务知识与背景,并且他们的活动大都以个人名义采访新闻,这势必影响了采访报道的水平,表现在报道形式上,电讯过少,通讯过多,前者的成就远小于后者。

(二) 独家新闻的采访

20世纪20年代中国新闻界的一大通病是,"外来之新闻多,而自行采集之新闻少"。戈公振当年曾指出:"若各通讯社同日停止送稿,则各报虽不交白卷,至少必须缩成一版。"②过分依赖通讯社造成各报的新闻源单一与彼此雷同。

为打破依赖通讯社办报的成规,《大公报》建立了一个覆盖面广、机动性强、反应灵敏的记者、特派员与通讯员采访网络。在此保障之下,实现地方通讯和本埠新闻完全由本报记者、通讯员采写,在容量达两个整版的要闻版新闻中,本报专电和通信占了一半以上,甚至有过一段时间,其要闻版全用自己的专电,不用一条外稿。以1926年9月1日该报的第二版(要闻版)为例,总共12条新闻中,11条为本报专电、特讯和通讯,仅有一条为国闻社发的电讯。又譬如1927年"八一"南昌起义的消息,京津地区各大报登载的消息均源自"东方社电",唯有《大公报》用的是"本报上海专电"。③ 独家新闻更是《大公报》孜孜以求的,同时也是它的业务方面能迅速后来居上的一大原因。《大公报》精心营造获

---

① 参见王新命:《新闻圈内四十年》,台北海天出版社1957年版。
② 戈公振:《中国报学史》,商务印书馆1928年版,第221页。
③ 方汉奇:《中国新闻事业通史(第2卷)》,中国人民大学出版社1996年版。

取独家新闻的三条途径:一是关系网,二是靠信誉,三是靠记者的新闻敏感。譬如,1928年张学良在东北改旗易帜以及后来在中原大战的尖峰时刻通电拥蒋这两个爆炸性特大新闻,都是胡政之凭借与张的密切私交而获得,由《大公报》独家报道的。中原大战前夕,该报报道的冯玉祥已离异的独家消息,则是因记者徐铸成的新闻敏感而得。

《申报》等著名报纸在新闻采访理念的探求、实践方面,也为20世纪20年代的中国报界树立了楷模,在采访技巧、方法的探索、运用方面,一代名记者邵飘萍则为后人留下了宝贵的财富。时人曾评曰:"中国有报纸52年,足当新闻外交记者而无愧者,仅得二人,一为黄远生,一为邵飘萍。"[1]作为"中国新闻史上第一个享有特派员称号的记者",[2]邵飘萍具有高超的采访技巧,常常能够采访到别人所不能采访到的独家新闻。著名报人张季鸾曾称赞他说:"每遇内政外交之大事,感觉最早,而采访必工。北京大官本恶见新闻记者,飘萍独能使之不得不见,见且不得不谈,旁敲侧击,数语已得要领。"[3]在担任《申报》驻北京特派记者期间,他两年内为《申报》采写了250多篇"北京特别通信",名噪一时。

(三)社会新闻由幼稚到发展

在20世纪之初的中国新闻界,社会新闻与政治新闻、财经新闻相比,其地位是卑微的,各报社在机构设置上,也没有与政治、财经等并列的社会新闻部。从事社会新闻采访的多是些素质相对较差、被称为"探访"的人,也即"包打听的"——这一带有贬义的社会称谓反映了当时采访社会新闻的记者的社会地位不高。"自命新闻记者之人,不屑深入社会之下层……视采集社会新闻为新闻界中低级之职务"。[4]

事实上,就价值而言,社会新闻与政治新闻、财政新闻并无高下之分,都是构成报纸的必要材料。正如邵飘萍所言,一张报纸绝不可能只由一纸电讯或者一篇通讯组成,它必须色色具备,才称得上"完备之报纸"。在20世纪20年代,随着新闻事业不断发展,社会新闻的地位得以逐渐提高,其采访也得以重视。这首先表现在社会新闻采访的主体——新闻记者的身份演变上:由"老枪访员"到专任外勤记者。

---

[1] 《新闻文存》,中国新闻出版社1987年版,第485页。
[2] 方汉奇:《报史与报人》,新华出版社1991年版,第405页。
[3] 《京报特刊》,1929年4月24日。
[4] 《新闻文存》,中国新闻出版社1987年版,第428页。

1920年,上海《时事新报》第一次派人采访会审公廨的公开法庭,开了上海报界派专任外勤记者采访社会新闻之先河,其他各报纷纷效仿,打破了"老枪访员"垄断社会新闻采访活动的局面。所谓"老枪访员",是指那些为几家报纸提供新闻的"公雇访员"。

其次,就新闻的数量而言,报刊版面上的社会新闻不断充实。1921年,英国《泰晤士报》社长北岩爵士来华访问中国新闻界,并作关于"狗咬人不是新闻,人咬狗才是新闻"的经验交流。当时的新闻界对此推崇备至,如《申报》副刊《自由谈》的主编周瘦鹃曾就此大呼:我们新闻界的同业啊!快各去搜寻那些人咬狗的材料吧!① 在此追求新奇的新闻价值的指引下,以《申报》为代表的诸多报纸上时而登载一些奇闻逸事,使得原有的社会新闻更为充实。譬如,1922年7月6日,《申报》就曾采访得《溥仪胡适谈新学》的社会新闻,读来颇有趣味。报道是这样的,"溥仪日前在琉璃厂买书,偕行者有庄士敦等。溥仪喜读胡适文集,并于翌日打电话约胡适入宫。胡适要求免跪拜,溥仪自接电话,谓君为新学泰斗,当然不能跪拜。胡适遂入谈甚久。溥欲延胡为师,胡允为友。"从采访的角度看,这则社会新闻的可取之处在于采访中注意到了有关细节问题,例如,电话是溥仪"自"接的而不是侍从接的。不足之处亦有暴露,例如,对于时间,采访就不到位,溥仪与胡适到底谈了多久?这本是很能说明问题的,而报道中只用了一个模糊的概念"甚久"。

再次,就思想性而言,20世纪20年代的社会新闻的社会意义也在提高。譬如,1923年11月6日,《申报》在本埠新闻中登载《钟耐成夫妇投江》一篇,报道称平江志士钟耐成和他新婚不满一月的妻子,因愤世嫉俗而双双投入钱塘江自杀。遗书称,他们的自杀非为金钱、情恋,实在是不愿苟活在贪污恶浊的世界看国会贿选、战祸弥漫。一周后,又报道了上海大世界剧场将此事编成了戏剧,起名为《愤贿选,夫妇投江》。这则新闻的真实矛头实际上已指向黑暗的政治现实,反映了黑暗社会中的人们难以自救的精神状态,触及了深层的社会问题,较之那些仅作茶余饭后谈资的奇闻逸事,已是质的进步。

(四)经济新闻与体育新闻的采访

在私营大报企业化时期,报纸之间的竞争十分激烈。对经济新闻、体育新闻采访的重视与投入,成了社会新闻之外的又一热点。

---

① 宋军:《申报的兴衰》,上海社会科学院出版社1996年版,第102页。

"商业——新闻事业的先驱"这一命题被西方新闻学者奉为考察世界新闻事业史之圭臬。的确,从世界新闻史的角度来看,报纸一诞生,便把传递商情作为一项重要内容,经济新闻采访被置于优先的位置。以"商业报"自诩的《新闻报》在与《申报》竞争中的经营战略定位即是以工商为主,兼及其他——以经济新闻为主,以工商界为主要读者对象。它于1922年4月最早辟"经济新闻"专栏,然后又增辟"经济新闻版",经济信息十分灵敏。其新闻采访报道面不断拓宽,涉及汇兑市场、证券市场、金融市场、本埠商情等。就地域而言,又分"国内经济事情"和"国际经济事情"。① 为确保经济新闻来源充足,除派专门记者采访外,还在各行业及一些大的工商企业聘请兼职通讯员,随时向报社提供信息,当时在中国银行供职的唐有壬就曾专门为《新闻报》采写"财政新闻"。

我国的现代体育采访报道,大约开始于"五四"运动前后,据说最早的体育刊物是《体育杂志》,由留日学生徐一冰主办。有据可考的是,周恩来在天津南开读书期间曾为校刊采写过79篇体育报道。② 在当时的报界,最重视体育新闻报道,影响最大的当推《时报》。针对《申报》《新闻报》不太重视体育新闻,黄伯惠主持的《时报》则另辟蹊径,特辟体育新闻专栏,凡国内外重大体育赛事,必派记者前往或约请特派员采访。由于它的体育新闻采访报道内容丰富,江浙一带以及江南地区的学校纷纷订阅《时报》。譬如1930年,全国运动会在杭州召开,《时报》特地派出摄影记者前往采访。为了及时冲印照片,《时报》特地租赁沪、杭、甬铁路局半节车厢,将暗房设备装在里面,比赛期间,每天在杭州开往上海的最后一班车上,将当天拍摄的比赛场面、选手照片冲洗出来,等车到上海,立即将照片送到报馆刊发。这样,当日在杭州采访拍摄的照片,次日均能于上海见报。③

二、抗日战争和解放战争时期

在中国现代史上,20世纪30—40年代是一段内忧外患、战火绵延的艰难岁月,战争成了贯穿这20年历史的主线。"战争与患难"是这一时期影响新闻事业发展的社会因素,同时也是新闻事业聚焦的主题与

---

① 马光仁:《上海新闻史》,复旦大学出版社1996年版。
② 马信德:《体育新闻学ABC》,中国新闻出版社1985年版。
③ 刘家林:《中国新闻通史(下)》,武汉大学出版社1995年版。

服务的对象。无论是新闻采访实践,还是关于新闻业务的教学、研究,无不在这一时代主题的统领之下,艰难地探索与发展。

(一)党报理论的形成与无产阶级新闻采访实践

从"五四"运动到第一次国内革命战争时期,是无产阶级党报理论的萌芽时期,而党报理论的真正产生并逐步形成,则是在第二次国内革命战争时期。

虽然这个时期的无产阶级党报理论尚处在产生、形成的过程中,还不完备、不全面,但它的破土而出,开辟了一条健康发展的崭新道路,对党的新闻事业起到了统领的作用。表现在对采访的影响上,首先,它从宏观上框定了这一时期宣传报道的方针、政策的指向:一切为革命,新闻报道应对根据地建设和对敌斗争有所裨益;其次,它间接规定了该时期新闻采访报道的目的,以及达到这一目的的方式方法的大体框架。这主要表现为以下三点。

第一,采访工作必须根植于群众之中。重视在工农群众中培养通讯员,依靠通讯员,走群众路线。譬如,苏区的《红色中华》《红星报》自创建伊始就着手创建通讯员网,白区的《上海报》《红旗日报》更是依靠地下党、赤色工会和一些进步团体,在工厂、学校秘密发展自己的通讯员,创建采访网。

第二,采访必须实事求是,注重在采访中求证、调查研究。毛泽东早在《〈政治周报〉发刊理由》中强调,"只是忠实地报告我们的革命工作的事实"。到土地革命时期,无产阶级党报对于尊重事实、在采访中调查求证的认识更进了一步,坚信"事实胜于雄辩",将报道事实作为唤起民众的主要手段、批驳敌人谣言的有力武器。

第三,记者既要采访,又要在平时做群众工作,在战时拿枪投入战斗。譬如,《红星报》经常刊登由许多通讯员一边作战、一边为报纸采写的"来自火线上的消息",而新四军的《拂晓报》在地方采访的记者,既参加区党委组织的实验工作团,组织农会,征收公粮,又采写稿件。不少记者是先下基层学做实际工作,在学会发动群众、掌握政策、发现问题、分析问题之后才熟悉采访的。①

正是在这样的报道思想的指引下,国统区和根据地的党报开始了采访报道的艰难实践与探索。

---

① 申凡:《新闻采访学纲要》,华中理工大学出版社1986年版。

(二)著名媒体的采访实践

在国难当头、战事频仍的岁月,国势成了压倒一切、与黎民苍生休戚相关的头等大事。这就决定了抗战时期新闻采访报道的范围聚焦于三大主题:抗战、民生、民主。

1.《申报》的采访报道

"九一八"事变后,史量才的政治思想和办报方针开始趋向进步。自1932年实施革新以后,《申报》的进步倾向表现得越来越明显,以"实际做"的精神逐步实现其采编方针:国外通讯的采写,如"欧洲、美国、苏联以及华侨,尤其是日本,务尽多刊载有系统之通讯";国内通讯的采写,"力求普遍,于各地方的民生疾苦、政治经济情况,务求有系统的记载。东北失地的现状,尤为注意"。对于商业新闻的采写,也"逐步加以改善"。1937年4月9日,《申报》派出记者俞颂华、孙恩霖假道西安抵延安采访,这是继外国记者斯诺、《大公报》记者范长江之后,上海报纸首次派记者前往延安采访。在前后16天的时间里,俞、孙两人走访了延安市区和军民共居的街坊,拍摄了大量照片,访问了毛泽东、周恩来、朱德、徐特立、张国焘等共产党领导人,并且和毛泽东长谈了一个晚上。他们回沪后,写成《由西安到陕北》的长篇通讯,阐明抗日的前途与中国共产党抗日救国的主张,称陕北是"国难深重中的一线曙光""陕北的主张和行动亦是全国人民一致的主张"。通讯几经国民党当局新闻检查,多处被删节,且不准在《申报》上发表,最终只得在《申报周刊》第二卷第二十期上发表,《申报周刊》还以延安拍摄的照片作为封面发表,照片中延安城墙上的"和平统一,团结御侮""停止内战"的大标语清晰可见。《申报》这次对延安的采访报道,向全国人民传达了关于中国共产党和陕北根据地的重要信息。

2.《大公报》的采访报道

在同一时期,《大公报》的采访也有独到之处。的确,在20世纪40年代末,《大公报》曾错误地为没落势力帮腔,发表过一些不利于人民的言论,但在分析具体问题的时候,如果能暂时撇开意识形态因素,单就新闻采访方面,《大公报》的采访活动体现了纯粹的新闻职业操守,始终处于引领同业的前沿。

(1)为民请命的灾情采访

1935年秋,鲁西、苏北发生大水灾,洪水肆虐了几十个县,成千上万的灾民流离失所。《大公报》随即派出萧乾与画家赵望云一同前往山东采访水灾。萧乾负责文字的采写,赵望云则在实地踏访的基础上绘出灾区实录,以文字与速写相配合,形象地展示灾情。这在采访方式上不能不说是《大公报》的一大创举,一次成功的尝试。《大公报》陆续发表了萧乾采写的《鲁西流民图》《山东之赈务》《大明湖畔啼哭声》《苏北灾区流民图》《邳县的防灾工作》《宿羊道上》《宿羊山麓之哀鸿》和《从兖州到济宁》等一系列水灾报道,并配发赵望云的灾情速写,向人们较完整、形象地展现了一幅"流民图"。《大公报》对于这次灾区的采访报道,引起了社会各界的极大反响,各地捐款大批地汇到报馆,《大公报》索性正式成立了募捐委员会,为灾区正式募捐。这次采访(对于萧乾来说,这是第一次职业性的采访),留给萧乾与赵望云的最深刻的体会是,记者也好,画家也罢,都要有一颗关怀民众的心,以反映民间疾苦为己任,①而《大公报》则最早为他们提供了关怀民众的条件与场所。

(2) 动荡时局中的西北采访

当中国工农红军经过万里长征而实力犹存,胜利会师于陕北,并公开宣称陕北作为抗日根据地时,中国的大西北成了引人注目的焦点。有一个叫范长江的年轻人决计作一次西部旅行,以让更多的人更清楚地了解中国的西北。他首先找到了《世界日报》的老板成舍我,谈了一番他的采访计划,这位名为"舍我"的精明报人,因为年轻人的无名气,做了一回错误的决定:不予合作。遭到拒绝的范长江找到《大公报》的胡政之,双方一拍即合,《大公报》给予还不是正式记者的范长江以"大公报记者"的名分,并预支稿酬,范长江于1935年的7月开始了西北采访。《大公报》陆续刊载他旅途采写的通讯,并将这些著名通讯汇集成书,名为《中国的西北角》。在此之后,《大公报》又正式派遣范长江继续在多事的西北采访,他出入绥远、宁夏、陕西,并前往延安采访,为《大公报》采写了大量通讯,其中就包括1937年2月15日在《大公报》上海版发表的、第一次披露"西安事变"真相的《动荡中的西北大局》。

(3) 战事采访

早在1936年8月至12月,《大公报》就派范长江赴内蒙古与绥远战地采访,刊登范采写的《忆西蒙》《百灵庙战后行》等长篇通讯。1937年1月至4月,范长江由内蒙赴陕北采访,2月17日到28日,《大

---

① 萧乾:《我与大公报》,载《大公报人忆旧》,中国文史出版社1991年版。

公报》连载范长江赴西安、延安采写的《西北近影》，同年4月，又登载《陕北之行》等长篇通讯。"七七"事变后，抗战全面爆发，直到1938年秋，范长江一直是《大公报》的战地记者。跟随战争的进程，他为《大公报》采写了几乎每一个著名会战的报道，先是到卢沟桥、保定等华北前线，后转赴察哈尔、山西等西线采访，期间《大公报》发表了他采写的《西线风云》等战地通讯。同年10月，范长江南下上海，采访报道淞沪会战，不久，战线西移，他经南京到武汉，沿途写下多篇战地通讯。1938年，他一直在中原战场，采访淮北战役、台儿庄战役和徐州会战。在范长江离开《大公报》后，张高峰成为《大公报》的另一知名的战地记者，在解放战争期间采写过辽沈、徐蚌等战役的不少专电。

重视国际战事报道也是《大公报》的一大特色，国际新闻和国外长篇通讯的采访报道一直是《大公报》着力经营所在。胡政之本人就是《大公报》第一个去国外采访的记者，同时也是当年采访巴黎和会的唯一中国记者。在"二战"期间，《大公报》曾派出萧乾、黎秀石、朱启平、吕德润四人到国外战地去采访。1939年，胡政之与前往英国担任伦敦大学东方学院讲师的萧乾约定，萧乾在授课期间担任《大公报》驻伦敦特派员，为《大公报》采写新闻。在英七年间，萧乾采访了欧洲战场，为《大公报》发回众多电报、特写和通讯，如《赴欧途中》《银风筝下的伦敦》等名篇。1944年6月，欧洲第二战场开辟，萧乾接受胡政之的劝告，放弃攻读学位，在伦敦舰队街设立《大公报》办事处，并领到盟军的随军记者证，成为欧洲战场上唯一的中国记者。他为《大公报》采写了几十篇颇具特色的战地通讯、特写，如《英国大选及其政党前途》《美国关切我团结反攻》《德国之政治前途》《复兴途中的法国》《从占领德国看日本问题》《英美人士盼我团结》《从外长会议看欧洲外交》等。黎秀石于1944年被派往国外，担任《大公报》的东南亚战地记者，并随美国太平洋舰队到日本，在停泊于东京湾的"密苏里"号战舰上采访了日本签字投降仪式。

3. 中国记者采访的若干"第一次"

即便是在山河破碎、战火纷飞的岁月，新闻事业也未曾停止摸索与前行的脚步。这期间出现的中国新闻采访史上若干对重大事件的首次报道，部分地呈现了新闻采访的发展历程。

1936年12月12日凌晨，震惊中外的"西安事变"爆发，在消息封锁的情况下，记者赵敏恒（新中国成立后曾任复旦大学新闻学系教授)凭借其高度敏感的新闻嗅觉,当天通过路透社,第一个将"西安事变"的特大消息向全世界报道。当时,赵敏恒任包括路透社、美联社在内的 7 家新闻媒体的特约记者,1936 年 12 月 12 日 9 时半,国民党政府当局打电话问他:西安有没有什么电报?路透社在西安有无记者?有无电台联系?富有极强新闻敏感的赵敏恒立即意识到西安可能出事了,他马上着手证实这一猜想,打电话给交通局,得知陇海路列车一反常规,现在只到华阳,不到西安。这个消息进一步证实了他的判断是正确的,于是当天他给伦敦发出了西安发生"事变"的电报。

如果说在第一时间内对"西安事变"的报道体现了记者非凡的新闻敏感与职业素养,中国首次对奥运会的采访报道则在体现中国记者机警的同时,更反映了弱国记者在世界范围内与同行竞争的艰辛。第一个采访奥运会的中国记者是冯有真。由于当时中国的国际地位低下,体育落后,外国人看不起中国的运动员,也看不起中国的体育记者,采访十分困难。冯有真无奈中只得想出一个"蓄须之计",在自己的嘴唇上装上假须,化装成日本记者的模样,这样才在柏林艰难地采访报道了第十一届柏林奥运会。

由中国记者第一个报道日本正式投降,则是件富有戏剧性的事。1945 年 9 月 2 日,日本外务大臣在美国旗舰"密苏里"号上正式签署日本投降书。参加签字仪式的有美国的美联社、合众社,英国的路透社,中国的国际新闻社、中央社共五家通讯社代表。因为当时的军舰上只有一部无线电台可供记者使用,谁先使用这部电台,谁就是最先报道日本投降签字消息的人。大家争持不下,最后决定以抓阄的形式定夺,当时中央社驻香港年轻记者曾安波幸运地抓到了 1 号阄,最先将这一轰动世界的消息发往设在重庆的中央社总社,由中央社向世界报道。①

4. 旅行采访的出现

所谓旅行采访,是指记者选择特定路线,边走边进行的收集新闻素材的游历、考察活动。它是一种集流动性、刺激性、艰辛性于一体的见闻式采访活动,将采访、考察的结果写成的通讯叫旅行通讯。在 20 年代瞿秋白赴苏俄采访之后,30 年代初,胡愈之、《大公报》特派员曹谷冰、戈公振先后前往苏联进行旅行采访,分别撰写《莫斯科印象记》《苏俄视察记》和《从东北到苏联》,在当时颇受关注。但综合考量,在 30 年

---

① 白润生、龚文灏:《新闻界趣闻录》,复旦大学出版社 1995 年版。

代,反映国际情况影响最大的旅行采访还属邹韬奋的欧美之行,后撰写成《萍踪寄语》和《萍踪忆语》两部旅途通讯;反映国内情况影响最大的旅行采访要算范长江的西北之行,他写作的长篇系列旅途通讯《中国的西北角》,轰动一时。

(1) 邹韬奋的欧美旅行采访

自1933年7月至1935年8月,邹韬奋原本是因躲避国内的政治迫害而流亡国外,但出国前他即打算将此次的流亡当作一次旅行游记,随时将沿途的见闻、感想写出,邮寄给《生活》周刊发表。其旅行路线是先后前往意大利、瑞士、法国、英国、比利时、荷兰、德国、苏联和美国。他每到一处,无论是在车船上,还是在城市农村,均细心观察,深入调查,共采写159篇通讯,"不愧为带着精密地图的旅人"。

韬奋的旅行采访之所以能够如此成功,不外乎以下主要原因。首先,采访的主题紧紧地把握住了时代的脉搏,一切采访活动都围绕着探求世界格局中的"中华民族的出路何在"这一时代主题来展开。韬奋曾说过,在国外采访写作时,他"心目中却常常涌现着两个问题:第一是世界的大势怎样? 第二是中华民族的出路怎样? 中国是世界的一部分,我们要研究中华民族的出路怎样,不得不注意中国所在的这个世界的大势怎样,这两方面显然是有很密切的关系"。① 正是这一时代的主题赢得了读者的广泛关注。

其次,多层次、多侧面地深入采访,以获得展现主题的第一手材料,并且将精心观察与审慎思辨贯穿于采访活动的始终,从而揭示问题的实质。从英国议会到美国南部的黑人生活,从社会政治、经济、文化问题到两性关系,从关乎全局的世界大事到巴黎街头的浙江籍贩夫走卒,都是作者耳闻目睹、深入采访的切入点。通讯采访"最重要的是深入社会底层和各种人物接触,实际体验生活,方能采取有价值的通讯材料"。② 为了得到可靠的材料,他实地考察了美国的贫民窟,还冒着生命危险参加黑人的秘密会议。难能可贵的是,韬奋的采访不止于一般意义上的有闻必访、有闻必录,而是将采访与思辨紧密结合。譬如,他不为资本主义社会"华美的窗帷"的表象所惑,而是揭示其背后的悲剧与惨相;但他同样没有因此而妄下断语,而是细察到那里的科技昌明、

---

① 《萍踪寄语初集弁言》,载《韬奋文集(第2卷)》,三联书店1955年版。
② 《怎样写作地方通讯》,《生活周刊》,1933年10月7日,第40期。

物资丰裕、讲究效率,指出资本主义并未到"油干灯草尽"的时候。对于苏联的采访,他既观察到了新生事物蓬勃生长的景象,同样也注意到了那里的弊病与缺点,如办事效率不高等。正是在精心采访与审慎思索的基础上,他才会得出结论:须以过去的状况、现在的实绩和消除缺点的趋势,作为衡量新生社会制度的标准。①

最后,从技术手段上看,韬奋不仅能熟练地用英语交流,还曾经自学法语、德语和俄语,这无疑有助于他的采访活动的顺利进行。

(2) 范长江的西北采访活动

范长江的旅行采访活动是当时的局势促成的。1934年10月,中国工农红军撤离江西中央根据地,开始长征,这是时局中的一大热点。范长江对红军的关注是从《国闻周报》上阅读《赤区的土地问题》开始的,后来他有机会到南昌的一位下级军官的朋友那里大量阅读了苏区油印的小册子、传单、文件,对红军的兴趣更浓。1935年春,为了研究红军北上抗日后中国的动向,时为《大公报》通讯员的范长江,向胡政之提出,以《大公报》"旅行记者"的名义去中国西南、西北旅行考察,为《大公报》撰写通讯,只要稿酬,不要差旅费和薪水,胡政之表示同意。于是,范长江从1935年5月起,随四川共商团离津南下,旅行路线是首站塘沽,再乘船至烟台,经青岛、上海,溯江而上,抵重庆、成都,于长江沿途采写"旅行通信",《大公报》予以及时登载。1935年5月10日,《大公报》头版"旅行通信"栏首载长江的"旅行通信(一)"——《塘沽码头》,此后逐日连载,一直到6月27日才告一段落。这次旅行是范长江西北之行的一次热身,为西北之行作了准备。

1935年7月,范长江正式开始了西北之旅。他自四川出发,经川西,过陇东,越祁连山,沿河西走廊,翻贺兰山,穿内蒙古草原……足迹遍及川、陕、青、甘、宁五省区,行程六千多公里,南起成都,东至西安,西经西宁止于敦煌,北由宁夏而终于包头,历时10个月,到1936年夏结束。从1935年7月9日起,《大公报》陆续连载长江"旅行通信(十九)"——《成渝道上》等通讯;9月20日起,开始以第四版连载《成兰纪行》,一直到1936年6月12日载《祁连山北的旅行》为止。这些旅途通信深刻揭示了西北地方的弊政,反映了西北人民悲惨的生活,并在《陕甘形势片段——民间传说的故事》《成兰纪行——"苏先生"和"古江

---

① 《关于苏联的一般概念》,载《韬奋文集(第2卷)》,三联书店1955年版。

油"等通信中首次透露了红军长征的真实信息。1936年8月,《大公报》将连载的"旅行通讯"辑成《中国的西北角》出版,畅销一时,在短短一年间再版9次。1936年12月12日,"西安事变"爆发。范长江以其特有的直觉,预感到中国的政局将发生重大变化,为弄清真相,他冒着生命危险,突破严密封锁,从绥远赶赴西安,并前往延安采访一个星期。在延安,范长江彻夜采访了毛泽东,详细了解了10年内战及江西革命根据地五次反"围剿"的经过,中国现阶段革命的性质问题、民族矛盾问题以及中共的民族统一战线政策等。从1937年1月至4月,他根据陕北采访的材料,写成《动荡中之西北大局》《西北近影》《陕北之行》等长篇通讯,后辑入《塞上行》一书。《动荡中之西北大局》在国内首次披露了"西安事变"的真相,《陕北之行》则打破了国民党的长期新闻封锁,向读者热情介绍了陕北革命根据地与中共领导人的一些情况,"中国新闻界之正式派遣记者与中国共产党领袖在苏区公开会见者,尚以《大公报》为第一次",范长江也就成了当时自由进入延安采访的第一个中国新闻记者。①

在西北采访过程中,范长江不仅采写了大量的通信,而且配合文字报道拍摄了许多照片,他是集文字采访与摄影采访于一身的。过去有人认为范长江去西北采访只写了大量报道,没有拍照片,这其实是一个误会。②

具有轰动性的西北采访活动奠定了范长江在中国新闻界的地位,他因此成为20世纪三四十年代最负盛名的记者。他的采访活动为何能取得如此成功?其西北采访的特色何在?首先,他具有高度的新闻敏感和对时局的判断力,这为他的采访活动确定了一个触及时代脉搏的宏大主题——试图解答当时全国人民迫切需要回答的两大问题:一是红军北上以后中国的动向,一是即将成为抗日大后方的西北地区的历史和现状究竟怎样。若无敏锐的新闻嗅觉,他是不会想到在1935年这样一个山雨欲来的动荡之秋,向《大公报》请求自费开始他的西北纪行的;若无对时局的非凡的判断力,不是时时琢磨着两大全局性的问题,他到了成都以后,也不太可能抓住"一个由成都经松潘上兰州的旅行机会",而临时改变先期的路线,而直上兰州采访。其次,韧性的战斗

---

① 范长江:《塞上行》,新华出版社1980年版。
② 蓝鸿文:《范长江西北采访真的没有拍照片吗?》,《新闻界》,1999年第3期。

精神与献身精神是他能克服艰难险阻，成功完成西北采访的重要支撑。在局势动荡的年月，在匪患连年的西北行进，已很危险，再加上一无专项盘资，二无专备车舆，其困难可以想见。正如范长江自己所说，采写的作品"没有一篇不是在生死线上换来的"。他还在《中国的西北角》《塞上行》两书中多次袒露心声："记者本亦视生命如草芥之人，唯总觉得必须保护生命到能完全将观察所得报告给读者为止，始不负此一行。"[1]若无一种战斗的献身精神，他如何能翻越海拔5 000米的雪山，横渡"平沙万里无人烟"的戈壁滩，从骆驼上摔下昏迷几死，仍坚持"在危急爆发前，把这些地带的情形弄个明白"？

从采访技艺的微观层面来分析，范长江的西北采访活动的成功启示，可以归纳为以下三点。

第一，厚积而薄发，在采访前做大量的知识与资料的积累是旅行采访所必需的。范长江在西北采访中，充分显示了厚实的知识根基。他从1934年就开始关注苏区的土地问题了；对于沿途的史地人文，他在采访前更是做了大量的阅读收集，谙熟于胸。譬如，他抵达西安采访时，杜甫的《丽人行》《曲江三章》中描写长安的名句如"三月三日天气新，长安水边多丽人""曲江萧条秋气高，菱荷枯折随风涛"等，便浮现于眼前。后来，范长江在《记者工作随想》一文中总结道："记者一定要多做各种各样的札记，读书、访问、观察、思索，都要围绕着这一两个大问题和无数小问题不断积累。"

第二，高超的交际能力和适应环境的能力。这是旅行采访能否顺利进行的关键所在。与其他采访不同，旅行采访沿途所至，多是陌生的地域、陌生的情境、陌生的人群，没有相当的人际交往能力，不能随遇而安，迅速适应各种环境，与不同的采访对象打成一片，取得对方的信任，就很难获得采访的线索与材料。在采访内蒙古西部额济纳旗图王时，他了解到"图王太太和太爷喜欢打麻雀牌"，"为了采访更多的消息"，长江便投其所好，"夜间就在蒙古包中作方城之战，五寸高的小方桌，四角燃起外间来的鱼油烛，大家盘足坐在蒙古包中，勾着腰打牌……"正因如此，范长江才成为人们注目和可以亲近的人物，在西北边陲的采访活动游刃有余。

第三，充分运用眼睛明察细访。旅行采访，通俗地说就是边走边

---

[1] 范长江：《范长江文集》（上册），中国新闻出版社1989年版，第165页。

看,在动中采集、在动中观察是其题中应有之义,现场观察居于第一重要的位置。无论是《中国的西北角》还是《塞上行》中的通讯,之所以能成为垂范后人的名篇,除写作之功外,具有先决意义的还是其细致入微的现场观察。譬如《中国的西北角》《塞上行》两书中所采写的三幅奔马图,写藏马"皮鞭响处,马蹄风生,马鬃直立,马尾平伸",两匹蒙古马"急行时,八蹄如轮,不分脚步,鬃毛平伸,随风荡漾",而夕阳西下的大草原上飞奔的群马则是"鬃飞尾直眼回顾",真可谓活灵活现、栩栩如生。

5. 战争采访形成高潮

战争影响了新闻报道("倒金字塔式"结构就是在美国内战中创造的),战争更需要新闻报道。20世纪30、40年代的中国,始以"军阀重开战",继之五次"围剿"、国共内战,再之八年抗日,终以解放战争,战事报道在这20年间新闻史上的地位可见一斑。现举其要者,以解读之。

(1) 陆诒的战地采访

陆诒是一位名副其实的战地记者,从20世纪30年代初到40年代末,他采访过几乎所有的有影响的战役。就战地而言,他踏访过华东、华北、西北、华中、华南;就战役而言,他采访过太原会战、徐州会战、淞沪会战、武汉会战以及豫湘桂战役;就采访的对象而言,除广大的抗日军民外,他还采访过蔡廷锴、冯玉祥、张自忠、李宗仁、毛泽东、周恩来、朱德、彭德怀、刘伯承、邓小平、贺龙、左权、萧克等数十位国共军政要人。他是这一时期极具典型、有着自己独特的采访风格的战地记者。

(2) 阎吾的军事报道

与陆诒有些不同,阎吾虽也是在抗战中走上前线的,但他是在解放战争中成长,活跃在解放战争前线,以及此后的抗美援朝战场、中印边界反击战、中越自卫反击战前线的记者。其战地采访最大的特点是情景采访,即用眼睛捕捉,用身心感受,这也是搞好战地采访的必要条件。用阎吾自己的话来说,所谓情景采访,情是指记者的感情,景是指战争的图景。"情,应该出于记者对历史的责任感,应该是时代的激情。对于一个军事记者来说,这个情,就是对正义战争的歌颂,对敌人、对侵略者的憎恨;而对人民军队,则是满腔热爱的手足之情。景,是指景物,是抒情的根据。战场上的景物和情况是千变万化的。从它们的关系来看,情是景的灵魂、主题思想,也是报道的指导思想。光有情,没有景,没有生动的现场材料,新闻就会概念化,那就写不成情景新闻,只能写成战报或评论了。相反,光有现场材料,没有思想感情,那就会变成有闻必录的大杂烩。"①报道中要做到情景交融,在采访中就必须亲临前线、亲眼观察、亲身感受。亲临前线的好处是不仅可以节约时间、提高效率,而且可以获得在后方访问中难以获得的材料。在1946年冬蒋军重点进攻山东解放区时,新华社指派阎吾与前线记者宋大可赴沂河、沭河间的战场上采访。在前线,宋大可指着炮火轰击的地方对阎吾说:"有人把炮击写成'炮弹击起缕缕的黑烟',其实,只要留心看看,你就知道那不光是'黑烟',而且是'烟土',并不是'缕缕的'而是'滚滚的'。做一个前线记者,不仅要亲身上火线,而且还要准确地观察……"阎吾领会了用眼观察重要性的第一课。从此,他在采访本上写道:"战斗在第一线上是幸福的人",以此来鼓励自己不怕艰苦危难,深入火线直接采得报道的材料。他也正是在这样的采访实践基础上,终于赢得了"情景记者"的美名。

6. 中外记者对延安与抗日根据地的采访

(1) 斯诺对延安的采访

埃德加·斯诺是第一位到达陕甘宁根据地采访的外国记者。1936年6月中旬,他以美国记者的身份到达西安,7月初到达离西安最近的红色据点——安塞县白家坪。从7月到10月中旬的三个多月里,他在陕甘宁边区进行了广泛的采访活动,10月12日离开保安。同年11月14日,上海英文报纸《密勒氏评论报》首先发表他采写的长篇报道《与共产党领袖毛泽东的会见》以及他拍摄的毛泽东头戴八角军帽的照片。随后,1937年1—2月间,上海英文报《大美晚报》等英美报纸相继发表他采写的陕北报道。美国的《生活》杂志登载了斯诺拍摄的70多幅照片,《亚洲》杂志发表他采写的《来自红色中国的报道》。在此基础上,1937年他又撰写成30多万字的《红星照耀中国》,并一版再版。这些报道很快被译成中文,1937年在上海秘密出版的《外国记者西北印象记》就收集了斯诺的13篇陕北报道。斯诺的陕北采访,突破了国民党对红区长达十年的封锁,他最早向世界报道了中国共产党和红军的真相,使人民惊奇地发现,"原来还另外有一个中国"。在中国共产党建党80周年之际,当年斯诺访问毛泽东的史实,被拍成电影《斯诺与毛泽东》,搬上银幕。

这是一次典型的"中心—外围—中心"式迂回探究采访。这种采访

---

① 转引自彭正普:《当代名记者》,河南大学出版社1988年版。

方式运用的前提是要有充分的时间保证和采访对象的适当配合。时间对斯诺来说,不成问题,对毛泽东会接受他的专访他也有充分的把握:一则他是由宋庆龄介绍前来的,二则斯诺觉得"毕竟我是一种媒体,他(毛泽东)通过我第一次得到了向世界发表谈话,更重要的是向全中国发表谈话的机会。他被剥夺了合法地向中国报界发表意见的可能,但是,他知道,他的看法一旦用英文发表出去,尽管国民党实行新闻检查,也会传回到大多数中国知识分子的耳朵里"。斯诺的判断是正确的。1936年7月15日他到达延安的当天,就对毛泽东进行了第一次采访,与毛彻夜长谈。8月初到9月下旬,他到达甘肃、宁夏红军前线部队,进行实地考察细访,并同彭德怀、徐海东、聂荣臻、左权、程子华等红军领导人访谈。在对根据地、对红军有了具体的、较深入的认识后,斯诺再于9月下旬回到保安,又与毛泽东访谈了12个通宵。借此机会,他不仅采访到了中共对时局、抗战的态度、方针、政策,还详细了解了红军长征的主要经过和毛泽东的革命经历。事实证明,他所采用的从中心到外围再回到中心的采访方法,对于重大敏感问题的采访是行之有效的。因为中心与外围的情况可以相互参照、相互印证、相互启发、相互补充,有利于记者对问题真相的探究与揭示。

　　斯诺在采访中对错问法的运用达到了炉火纯青的地步。这不仅有助于采访顺利、深入地进行,也是他在采访技法方面留给后人的财富。错问法是提问的一种,是借助明显错误的问题来试探、考察、了解采访对象的真实看法的方法,也可称为以误求正法。斯诺在陕北访问中,一次听到几个四川籍的青年说起四川老家的土匪活动。他反问:"你是说红军吗?"对方回答:"不,不是红军,虽然四川也有红军,我是说土匪。""可是红军不也就是土匪吗? 报纸总是把他们称为共匪的。"斯诺进一步错问。"报纸不得不把他们叫做共匪。"青年反驳道。"但是在四川,大家怕红军不是像怕土匪一样的吗?"斯诺再次反问。"这个嘛,就要看情况了,有些人是害怕他们的,可是农民并不怕他们,有时候还欢迎他们呢。"青年人回答。"红军不是杀人吗?"斯诺再次紧追不舍。"杀得还不够!"这时在旁边的一位老者忍不住反驳。斯诺聪明地通过这一连串的错问,有意引起对方的相反反应,从而印证了真实的材料。

　　(2) 外国记者群对抗日民主根据地的采访

　　抗战全面爆发前后,在斯诺西北采访的感召之下,不少外国进步记者纷纷前往红区抗日根据地采访,形成了一股"中国红区热"。他们采写了许多通讯报道,及时、详细地向世界介绍了中共的政治路线与主张,报道了根据地的情况。如贝特兰的《华北前线》、卡尔逊的《中国的双星》、福尔曼的《来自红色中国的报道》、斯坦因的《红色中国的挑战》、爱泼斯坦的《中国未完成的革命》、斯特朗的《中国人征服中国》、贝尔登的《中国震撼世界》等,其中较著名的有史沫特莱、斯特朗与汉斯·希伯的采访。史沫特莱于1937年3月到延安,采访了毛泽东、朱德、周恩来等中共领导人,访问了贺龙、彭德怀等红军将领,将延安的真实情况报道给世界,此后她赴山西抗日前线采访,在武汉失守后,又到新四军中采访。斯特朗于1937年来到山西南部八路军总部采访,对八路军的敌后抗战进行报道,1946年再次采访解放区,并访问毛泽东。汉斯·希伯在1938年春由武汉到延安,采访毛泽东,1939年初,访问皖南新四军军部,采访周恩来与叶挺将军,1941年他从苏北进入山东沂蒙山区抗日根据地,采访报道敌后八路军的抗日斗争,直至10月在战斗中牺牲。

(3) 中外记者西北参观团对延安的采访

这是继斯诺、史沫特莱等记者之后,到根据地的规模最大、影响最大的采访活动。中外记者西北参观团由21人组成,其中外国记者包括美联社、《曼彻斯特导报》、《基督教科学箴言报》记者斯坦因,《时代》杂志记者爱泼斯坦,合众社、《泰晤士报》记者福尔曼,路透社记者武道,塔斯社记者普金科以及夏南汗神甫共6人;中国记者有《大公报》记者孔昭恺,《中央日报》记者张文伯,《扫荡报》记者谢爽秋,《国民公报》记者周本渊,《时事新报》记者赵炳琅,《新民报》主笔赵超构和《商务日报》"记者"金东平(实为特务)。1944年5月8日,他们由重庆出发,采访的第一站不是延安,而是被国民党特意安排的采访山西阎锡山的"变法"与"新政",6月9日才正式抵达延安。他们主要的采访内容有三个方面。一是与中共领导人作访谈。10日,朱德举行记者招待会,12日,毛泽东接见记者团,记者同他进行了3个小时的访谈。二是实地参观延安的工厂、学校、机关、医院等单位。三是同延安劳动、文艺界座谈。记者们采访了延安劳模吴满有以及文艺界著名人士萧三、丁玲、艾青、萧军等。7月12日,记者团离开延安,他们回到重庆后,将延安采访的材料撰写成文发表,大多数比较客观、公正地报道了根据地情况,如《新民报》用1个月的时间连载赵超构的《延安一月》,并汇集成书出版,影响巨大。斯坦因在《时事新报》上发表《毛泽东朱德会见记》,爱泼斯坦写了《我所看到的陕甘宁边区》等 20 多篇通讯,在《政治家日报》《纽约时报》等著名报纸上发表。

三、新中国成立初期

从新型新闻事业在全国范围内的普遍建立,到以《人民日报》改版为中心而掀起的一场规模巨大的新闻工作改革热潮,新中国的新闻事业在建国之初,即开启了一条繁荣与自省的发展之道。从以农村为中心到以城市为中心,从对战争报道的优先性到向重视政治、经济报道的转型,从全盘学习苏联经验到反躬自省,新中国的新闻业务建设在 1950 年至 1956 年间,呈现出引人注目的发展与变化,这一时期的新闻采访也在演进中走向繁荣。

(一)采访的制度性安排

1950 年 3 月 29 日至 4 月 15 日,国家新闻行政管理机构新闻总署主持召开了新中国成立后的第一次全国新闻工作会议,"改进报纸工作、加强与群众的联系"成为本次会议的首要议题,联系实际、联系群众、批评与自我批评被认为是改进报纸工作的三个主要方面。据此,为使新闻工作适应新的形势,加强与社会实际、与人民群众的联系,同年 5 月 1 日,新闻总署颁布《改进报纸工作的决定》,要求"应当改革报社的组织形式和工作方法,改变现有的妨碍联系实际的编辑采访通讯联络等各项工作各自为政的状态,建立编辑部门集中统一的领导,并应按照社会生活的不同方面(如公私营工商业与工人问题、农业与农民问题、军事与军队、思想文化与教育出版等)实行适当的分组,以便各组的编辑采访人员可以获得关于各方面的专门的知识,并将编辑采访的工作联合在一起"。这一文件精神的实质是在新闻体制方面要求实行总编负责制,同时对新闻采访作出新的制度性安排,即调整过去的编辑、采访、通联三分格局,实行采编合一制。

1949 年 8 月,正式成为中国共产党中央机关报的《人民日报》在编辑部内改设政治、工商、农村、文艺、群工等部组,与此同时,报社选派能力强、水平高的编辑、记者赴各省担任首席记者,聘任各省政治条件好的干部任特约记者,以加强第一线的采访力量;并加强报纸的通联工作,编印出版内部定期刊物《人民日报通讯》,密切与通讯员的关系,从政治、业务上培训通讯员。至1956年,该报的采编人员已由1949年100多人猛增到300多人,通讯员队伍达到万人以上。

根据1950年3月中共中央发出的《关于改新华社为统一集中的通讯社的指示》和同年4月中央人民政府作出的《关于统一新华通讯社组织和工作的决定》两个文件,新华社的性质由党的宣传机构转为国家通讯社。与《人民日报》一样,它也相应地调整了编辑部门,加强了采访力量。为改变过去报道面比较狭窄的情况,在1953年3月的编委扩大会议上,新华社提出成为"消息总汇"的总任务。所谓总汇,在国内报道方面,就是要"汇集反映国家基本情况的消息,体现党的路线、各项方针政策的消息,能发扬人民群众的爱国主义和国际精神的消息,关于广大人民群众切身利益、能增进人民知识的消息"。① 要达到总汇的目标,必然要求扩大报道面,扩大采访的题材与领域,其"中心是要扩大能体现党的路线、任务、方针、政策的新情况、新事物、新人物、新经验"。为此,总社要求各分社及其记者要进行大量的情况积累,有计划地组织采访。情况的掌握,尤其是对全国情况的充分掌握,是采访选准题材、抓准问题的基础与依据,所以,进行基本情况的排摸和日常情况的排摸是十分必要的。前者在于掌握全国和各地与实现总路线和总任务有关的必备情况,掌握特点和规律;后者就是要摸清当前主要工作的特点和动向,以及群众的主要思想情况。根据情况排摸的结果,总社对于全国各分社的经常采访报道重点,要有大体上的安排,对于各分社的日常报道,要根据日常情况排队的结果,并联系经常报道的重点,由总分社或总社批准执行,有计划地进行采访报道。

(二)盛典的协同式"激情采访"

新中国开国盛典的报道,主要是从1949年9月下旬中国人民第一次政治协商会议召开,到10月初中华人民共和国中央人民政府宣告成立期间进行的,全国通讯社、报刊、电台等媒体第一次大规模协同采访,及时、具体、真实、生动地报道了开国盛典的全过程,声势浩大,影响深远。

在对人民政协会议的报道中,中国新闻界27名记者和4名外国记者一同进行了会议采访。在报道过程中,当时尚未成为国家通讯社的新华社行国家通讯社之实,统一采写编发有关会议重要新闻的通稿。

---

① 朱穆之:《贯彻"消息总汇"方针需要解决的一些问题》,《论新闻报道》,新华出版社1989年版。

如9月21日19点人民政协会议开幕的消息,即由新华社采写,《人民日报》等全国许多报纸据此报道:"中国人民渴望的中华人民共和国开国盛典——中国人民政治协商会议,已于今日下午7时在北平开幕。"在会议开幕后的1个半小时,北平新华广播电台播发了会议消息,并于21点15分,播出了毛泽东在会上致开幕词的采访录音:"占人类总数四分之一的中国人从此站起来了!"除此之外,运用讲话录音、实况广播、录音报道等多种形式,新华广播电台还自行采编了许多有关政协会议的新闻。

　　刚成为中共中央机关报的《人民日报》除了大量登载会议新闻、报告、国家领导人的重要讲话等新华社统一采访发布的新闻外,对旷古盛事的独家采访更是全力以赴、孜孜以求。采访成为该报编委会周密部署的首要环节,为保证对大会的报道"及时、准确、集中、突出",外出采访的记者大多调回北京,加上临时抽调的编辑人员和聘请的社外作者,共24名记者专门从事对大会代表的广泛采访。事后证明具有重大影响的代表访问记,仅从记者人数来看,"在当时已算得上是浩浩荡荡了"。① 就采访的比例、数量而言,也是十分可观的,在9月22日至10月上旬的短短10余天里,该报共采写54篇专访,接受采访的代表占参加会议的638名代表的1/12还强,在第五版特辟专栏《中国人民政协代表访问记》中发表。这些访问记有声有色地介绍了政协各方代表的光荣事迹,读者争相传阅,赞扬政协代表"真正是勇敢勤劳的中华民族的典范"。

　　10月1日,新中国开国大典在天安门广场举行。关于开国大典的采访最值得一提的是,北京(9月27日人民政协会议通过6项决议案,改北平为北京)新华广播电台和全国各地广播电台联合进行了长达6个多小时的首次实况转播。所谓实况转播是在现场实地播送事件的各种音响。为了使听众了解现场情况,新华广播电台除转播毛泽东主席的讲话、朱德总司令的命令、广场上的军乐声、部队口令声等现场音响外,播音员齐越、丁一岚轮流向听众解说,描述大典的盛况,报道国家领导人在天安门城楼的活动,介绍受检阅部队和游行群众队伍的组成。新华广播电台成功地进行了这次史无前例的大典报道,为我国广播媒体进行重大活动的现场采访与即时转播积累了宝贵的经验。此后的每

---

① 李庄:《人民日报风雨四十年》,人民日报出版社1993年版。

年"五一""十一"节庆,中央电台和地方电台都要实况转播首都和当地的庆祝游行活动。摄影记者在新中国成立的采访活动中也起了不可替代的作用,他们在装备落后的情况下,克服困难,记录下了开国盛典的历史性场面。譬如,当时在中南海负责报影科工作的女摄影记者侯波,为了拍摄毛泽东在天安门城楼宣布中华人民共和国中央人民政府成立的镜头,苦于没有广角镜,竟不顾个人安危,将身体探出城楼去抓拍,终于留下了"开国大典"这一著名历史照片。摄影记者高梁10月1日清晨在天安门广场采访时,面对广场旗杆上预备升起的高高飘扬的红旗拍下的新闻照片《东方升起第一面五星红旗》,与侯波的《开国大典》一样,为后人留下了珍贵的历史记录。新华通讯社担任了对开国大典的重要新闻的采访任务,该社记者李普采写的消息《开国大典》与《大公报》名记者杨刚采写的通讯《毛主席和我们在一起》等,成为报道开国盛典的一批优秀新闻作品。

(三)抗美援朝的军事报道

1950年6月25日,朝鲜战争爆发,10月,中国人民志愿军入朝参战。从1950年11月到1953年,关于抗美援朝的宣传是我国新闻机构的主题。1950年7月中旬,《人民日报》战地特派记者李庄,会同法国《人道报》记者马尼安、英国《工人日报》记者魏宁顿组成一个采访团赴朝鲜前线。李庄随人民军主力采访,从7月21日至9月中旬,共采写了《美丽的河山 勇敢的人民》等12篇战地通讯,吸引了众多读者。同年12月中旬,《人民日报》派出实力雄厚的7名干将——李庄、田流、林韦、谭文瑞、陆超琪、姚力文、张荣安,组成记者团,赴朝采访。在此后两年多的时间里,记者采写的关于抗美援朝这一头等大事的新闻,始终占据了《人民日报》头版和国际版的大量篇幅。

新华社对于抗美援朝的采访也是投入了大量人力,报道及时、有力。在朝鲜战争爆发前,新华社已在平壤建立了分社,1951年1月,新华社在朝鲜前线又特别成立中国人民志愿军总分社,并于6月从总社和各分社抽调30多人增援志愿军总分社,让志愿军总分社担当起主要的军事报道任务。据不完全统计,在1951年至1952年两年中,新华社志愿军总分社向总社发回的新闻、通讯等千余篇,93%左右被总社采用[①],仅对上甘岭战役的报道,志愿军总分社前线记者组李翼振、石峰、

---

① 方汉奇主编:《中国新闻事业通史(第3卷)》,中国人民大学出版社1999年版。

张结、路云、王玉章、姜庆肇等在组长陈伯坚的领导下就发稿60篇,其中54篇被总社采用,这在人民新闻事业的军事报道方面是史无前例的。新华社总社认为,志愿军总分社发稿量之大,采用率之高,大大超出了解放战争时期军事报道水平。①

在对朝鲜战争的采访报道中,涌现出了一批优秀的新闻作品和新闻记者,其中李庄、阎吾和魏巍的采访活动及其作品是不能不提的。《人民日报》记者李庄采写的通讯《复仇的火焰》《被人们欢呼"万岁"的部队》是报道志愿军入朝作战初期的代表作。对于战地采访,阎吾有他自己独到的体认。他认为,当随军记者要搞好战事报道,必须懂得军事,学会打仗的本领,练会各种军事动作,这样才能到最前线去,取得战火中采访的主动权。有一次,他随前线某师部冲过昭阳江,占领嘉里山,向美二师纵深发展。由于美军炮火猛烈,阎吾所在战斗团20多名指挥员全部牺牲,在这危急关头,身为记者的阎吾挺身而出,指挥部队攻占制高点,阻击敌人达5个多小时,直至大部队赶来。正是在这一采访理念的指引下和勇往直前的实践中,他成功地采写了特写《朝鲜军民撤离汉城时秩序井然》、通讯《这里没有你们的发言权》、消息《开城前线停火即景》等一系列重要军事报道。

作家魏巍作为《人民日报》的特约记者,在朝鲜战场采写的军事报道同样影响巨大。他在战争相持阶段采写的通讯《谁是最可爱的人》,以其深刻的主题而闻名遐迩,成为"朝鲜战争军事新闻作品中最有影响的名作,也是中国人民志愿军军事报道的巅峰之作"。②这篇通讯在写作上因精选事例而备受推崇,但其前提是采访的充分,对典型材料的充分占有。他在初稿中就写进了20多个事例,若无翔实的材料作基础,何来精选?所以,《谁是最可爱的人》既是写作的成功,也是采访的成功。

(四)国际会议报道

1954年4月至7月,周恩来率中华人民共和国代表团参加日内瓦会议,这是新中国首次参加重大国际会议,也是新中国新闻界第一次采访报道的重大国际活动。为报道这次会议,我国派出在当时算是阵容强大的记者团,由来自新华社、《人民日报》《光明日报》《大公报》《中国青年报》和《世界知识》杂志社的30名记者组成,吴冷西任团长。对本

---

①② 张涛:《中华人民共和国新闻史》,经济日报出版社1996年版。

次会议的采访,是不同媒体间的又一次协同作战。会议新闻由新华社记者沈建图、陈适五、李平、杨翊等负责采访,其他媒体按照各自需要采写通讯和评论。新华社记者按日采写述评性新闻,介绍会议情况,宣传中国代表团主张,《人民日报》记者内部又有分工,精通英、法、俄文的汪溪、李凤白专门采写带有花絮性质的"日内瓦散记",吴文涛、杜波、李庄则负责采写政论性通讯。会议期间共采写"日内瓦通讯"30多篇,如《印支人民共同意志不可侮》《和平的敌人原形毕露了》等。从总体上说,本次会议的采访是成功的,记者们积极到现场进行采访,设法参加各国代表团的"吹风会",领取各国代表团的发言稿,同各国的发言人和记者接触,观察了解会议动向与情况,抓紧时间采写稿件。在历时三个多月的会议期间,周恩来总理关心并指导记者团工作,他不仅对于会议新闻报道的方针、业务思想,经常给予具体指示,而且还审阅重要稿件,指导记者的采写活动。由于这次会议是在极其复杂的国际环境中召开,会议进程曲折多变,周总理告诫记者团,在采访时,"要严守组织纪律,贯彻代表团的意图,记者在报道中要多用事实,少发议论,不要把话说得太满,以免情况变化时陷入被动"。这实际上也是任何大型国际活动采访都必须遵循的守则。①

1955年4月,新华社、《人民日报》对于万隆会议的采访报道,是继日内瓦会议之后宣传新中国和平外交政策的又一次出色的国际活动报道。是年4月18日至24日,在万隆召开的亚非会议是第一次没有美国等西方列强参加,由印尼、印度、缅甸等5国发起,邀请中国等一共29个亚洲和非洲国家参加的亚非人民自己的会议。新华社、《人民日报》等媒体记者对大会进行了及时采访,以会议新闻、述评、通讯、会议日记等形式进行报道。影响较大的有《人民日报》记者吴文焘写的《考验》《从万隆开始》等5篇通讯,李慎之、张彦采写的长篇通讯《人民的心同亚非会议在一起——亚非会议日记》等,《人民日报》分别在会议期间和会议结束不久予以发表。

(五)财经报道

在基本完成社会主义改造的7年中,财经新闻的采访报道是新闻工作的一项重要内容。如1949年10月1日新中国成立之日,新华社即播发了一条重要的财经新闻:面值500元、1 000元的人民币新钞发

---

① 蒋元椿:《一次重大国际会议报道》,《新闻业务》,1984年第11期。

行两周以来,各地物价保持平稳。同年11月至12月,第一届全国税务会议、全国粮食会议相继在京召开,下一年的全国财政收支预算也在中央政府委员会第四次会议上通过。对于这些关系国计民生的财经会议,记者都进行了采访报道,这也是新中国成立后首批财经报道的内容。1950年至1952年期间,最为突出的是关于统一财经工作的如下方面的采访报道:财政收支统一到中央,公粮统一、税收统一、编制统一、各地现金的调动统一于银行等。从1953年起,我国进行大规模的经济建设,国家开始实行发展国民经济的第一个五年计划。"一五"计划的重点是156项重点工程建设,新闻媒体在经济建设方面也着重采访报道这些工程建设成就,展示国家经济建设日新月异的面貌。例如,对鞍钢三大工程建设,宝成、成渝、鹰厦铁路和武汉长江大桥等路桥工程建设,一汽制造厂、飞机制造厂等重大工程的规模与难度都进行了充分的报道。1952年,作为国家建设工程重中之重的鞍钢开工,这年冬天,新华社、《人民日报》、中央人民广播电台和《东北日报》等新闻单位的大批记者前往鞍钢,进行采访报道。《人民日报》记者安岗、陆灏在鞍钢采访了大量的消息和通讯,1954年的《人民日报》曾连续发表。新华社及时、连续地报道了鞍钢三大工程:第一轧钢厂、无缝钢管厂、七号炼钢炉从动工到胜利竣工的全过程,记者李峰采写的消息《无缝钢管厂已呈现出一片竣工现象》《中国第一根无缝钢管诞生了》见诸当时。长江第一桥——武汉长江大桥的建设也具有极大的新闻价值,新闻界对此也进行了大规模的报道,从政务院通过修建大桥的决定开始,到1957年10月15日建成通车,记者们对大桥设计、地质勘探、修建工程、通车等环节进行了全程跟踪采访报道,新华社武汉分社记者冯健等担当了建桥采访报道的主要任务,经总社播发的关于大桥的消息、通讯等多达50余篇,万余字。

此外,时任《人民日报》西南记者站首席记者纪希晨,对西南地区第一条铁路——宝成铁路建设的采访报道也十分著名,《渭河桥头》《跨过秦岭》《岭南水去江起潮》《大巴山下》《剑门关外别有天》等都是其名篇。记者商恺在精心采访的基础上,以系列通讯的形式(《旅行在鹰厦铁路上》)报道了铁道兵战士克服重重困难,忘我修筑鹰厦铁路的事迹。

就经济报道的特点而言,在恢复国民经济的头两年里,报道比较零碎,多是就事论事,罗列现象有余,剖析问题不足,没有明确地提出问题、解决问题。而"一五"计划的采访报道则克服了这一缺陷,指导采访的报道路线明确,即采访报道的目的在于通过报道,向读者宣传我国集中力量发展重工业和交通运输业、轻工业的重大意义,说明在发展生产的基础上改善人民物质、精神生活的意义,以吸引人民群众关心、支持、投身重点工程建设。譬如,记者在报道鞍钢工程建设的重大意义时,深入浅出地指出,姑娘们头上的发卡也离不开钢材。同时,新闻界还根据经济建设发展的需要,通过报道提出奋斗目标或口号,在报道鞍钢工人王崇伦通过技术革新,1年干了4年的活时,便号召人们向王学习,进行技术革新。报道鞍钢的"孟泰仓库"后,在全国就掀起了爱护国家财产、发扬主人翁精神的热潮。

(六)新闻改革背景下的新闻采访

改革的缘起是对学习苏联新闻经验的反省。在"一边倒"地向苏联学习的政治氛围中,中国新闻界以苏联为师是顺理成章的事,在新中国成立初期,学习苏联新闻工作经验一直是中国新闻事业建设的一个重要指导思想。一方面,我国新闻界大批译介、学习苏联新闻工作理论与实践的文章;另一方面,1954年各媒体纷纷率团前往苏联取经,掀起对口学习热潮。人民日报社学习《真理报》,汇集出版《学习〈真理报〉的经验》;新华社访问塔斯社,编印了《塔斯社工作经验》;中央广播事业局代表团访苏后,也编印了《苏联广播工作经验》。

如此大规模、全方位地学习苏联新闻采访、写作、评论以及经营管理等,有益的一面是,普遍提高了中国新闻业者的实务水平,采访水平首当其要。譬如,第三期《新闻工作》中介绍的一篇苏联记者谈随军采访经验的文章,所谈的若干原则,"从士兵到团长,都是谈话的对象,但你应当更多地到连队中去,写士兵""什么事情都要自己亲眼看到""要真正体会一个人,必须深入实际去体会生活"等,[1]就很值得借鉴。事实证明这对我国新闻记者对抗美援朝战争的报道大有裨益。但暴露的问题是,在急功近利的心态与盲从迷信的心理指引下,对苏联经验的借鉴沦为了照搬照抄的教条主义。对于报纸学习苏联经验,早在1954年7月17日中央政治局通过的《中共中央关于改进报纸工作的决议》中就要求:"报纸上的新闻报道必须认真加以改进。应当准确地、多方面地、生动地、及时地报道人民的实际生活,报道党和人民政府的政策的实施情况和各种工作的具体成就,使新闻报道充分发挥以事实进行政

---

[1] 《新闻工作》,1950年第3期,人民日报出版社1950年合订本。

治鼓动的作用。新华通讯社所发布的新闻电讯亦应根据上述要求,作进一步的改进。"①对于学习苏联的弊端,毛泽东在1956年4月所作的《论十大关系》的报告中进行了分析指正。随后,刘少奇多次与新闻界谈话,明确指出:"我们的新闻报道,学塔斯社的新闻格式,死板得很,毫不活泼。我们不能学这种党八股。"在这样的背景下,以《人民日报》改版为起点的一场短暂的新闻改革应运而生。

1956年7月1日,《人民日报》正式改版,改版的三大重点之第一点,即对采访报道的改革,要"扩大报道范围……生活里的重要的新的事物——无论是社会主义阵营的,或者是资本主义国家的,是通都大邑的,或者是穷乡僻壤的,是直接有关于建设的,或者是并不直接有关于建设的,是令人愉快的,或者是并不令人愉快的,人民希望在报纸上多看到一些,我们也应该多采集、多登载一些"。② 新闻报道的范围要扩大,新闻采访的任务明显增加。当时要求头版每天采写的新闻不得少于15篇,在刚刚改版的7月份,该报登载的新闻日均达到74条,占到整个版面的4成。经济新闻的采访又成了整个新闻采访中的重头戏,以改版后头两个月的第一版头条新闻为例,经济新闻的比重超过50%。③

同年,新华社在新闻采访方面也进行了相应的改革。根据要把新华社建成消息总汇,新闻报道须内外并重、精确、充分、及时等目标,新华社在国内、国际新闻的采访报道方面,进行了大刀阔斧的改革。在改进国内新闻采访报道方面,总社主要从以下两个途径入手。一是提高采访效率和报道质量。为此,采访领域必须扩大,报道必须克服片面性。首先,必须牢固树立起以下观念:不仅要着重报道正面事实,也要报道反面事实;不仅要报道人民在社会主义改造和建设中的成就、先进事迹和经验,也要及时反映工作中的困难和问题,揭露缺点、错误;新华社不是简单地宣传政策的正确,而要反映政策在群众中受到考验的情况与人民的呼声,这就要求记者在采访中既要敢于负责,反映真实情况,又要深入调查研究,实事求是,权衡利弊,照顾全局,注意时机,一切以有利于人民事业、有利于对敌斗争为原则。其次,在扩大采访面上,记者不能只限于生产、工作和学习方面,凡是关系民生,群众普遍关注

---

① 转引自《陆定一新闻文选》,新华出版社1998年版。
② 《致读者》,《人民日报》社论,1956年7月1日。
③ 方汉奇主编:《中国新闻事业通史(第3卷)》,中国人民大学出版社1999年版。

的问题,都要注意及时反映。二是改革报道组织。新华社以扩大国内记者网、改进分社组织机构和实行记者工作定额制三方面为突破口,加强采访工作。针对新华社地方记者一直以分社为单位进行活动,平时集中在省(市)分社,有任务时才到各地采访的组织格局,造成记者对各地情况不熟悉、消息不灵通、采访不易深入,且往返于省城与各地费时、活动范围受限等缺陷,总社决定以现有省(市)分社为中心,在全国重要的城市、工农业地区和少数民族地区逐步增设常驻记者或特约记者,构筑密切联系实际、联系群众、反应灵敏的记者网。1956年,总社向全国36处派出了常驻记者,还发展了一批特约记者。其结果是记者对情况更熟悉,消息灵通,行动便利,不仅效率提高、报道量增加,而且采访更易深入,报道质量提高。为了克服分社机关化的工作方式,使之成为真正机动灵活的采访组织,总社要求分社精简机构,减少层次,分社社长必须集中精力加强记者的政策思想和业务的领导,每年至少要保证有2/3的时间用在领导业务方面,并要直接参加采访。

在改进国际报道方面,为实现在12年内把新华社基本建成世界通讯社的目标,总社首先迅速发展国外记者网,从国内分社中抽调一部分记者转做国际报道,派往国外。1956年新华社相继建立卡拉奇、开罗、喀布尔、金边、伦敦等10个国外分社,以提升驻外采访的力量。其次,在报道方针方面,明确定位新华社的国际报道必须是"全面的、真实的","全面地报道世界各国发生的各种各样的重要事件,而不限于只报道对我有利的进步的事件"。

经过改革,新华社的记者数量与新闻采集力量得到较大的发展,1956年,国内分社达到31个,从事国内新闻采写的记者有400多人,摄影记者有115人;国外分社计20个,驻外记者28人。从发稿业务来看,新华社对中央级报纸每天发全部稿件,国内、国际新闻各3万字;对省级报纸每天发稿3万字,此外,还对中小城市报纸适当发稿。国外广播分7条线路定向发稿,英文每日1万字,俄文每日3 000字。

但是,随着反右运动的来临,这次改革很快流产了。在这次短命的改革中,广播以及其他非党机关报,如《文汇报》《光明日报》《新民报》等,在新闻采写方面也进行了相应的改革,但随着反右斗争的扩大化,改革不久也夭折了。

(七)"大跃进"与浮夸

1958年5月,党的八大二次会议通过了"鼓足干劲,力争上游,多快好省地建设社会主义"的总路线。这条总路线及其基本点致命的缺点在于对客观经济规律的忽视,急于求成,夸大了主观意志和主观努力的作用。在此路线的指引下,全国开始了"大跃进"运动和人民公社化运动,以高指标、瞎指挥、浮夸风和"共产风"为主要标志的"左"倾错误泛滥起来。全国新闻机构被席卷其间,推波助澜,宣传报道了许多"左"倾错误,"大跃进"这个口号,就是最早出现在《人民日报》之上的。

在狂飙突进的"大跃进"运动中,高产"卫星"放之各行各业。1958年初夏,有媒体报道小麦丰收,亩产达到几百斤,紧接着,这个数据不断翻新,6月30日,报道河北安国县一农业社的小麦亩产已达到5 130斤,7月12日,河南西平县和平农业社试验田的亩产又跃至7 320斤的新高。至于水稻、红薯等产量的报道,更是光怪陆离,1958年8月13日,《人民日报》报道,湖北省麻城县麻溪河乡早稻亩产36 900斤,比1957年增长14倍以上;福建省南安县胜利乡花生亩产1万多斤,比1957年增长6倍以上。8月27日,《人民日报》派赴山东寿张县调研的记者,以来信的形式报道《人有多大胆,地有多大产》,见报时还被附加了编者按:"这封信生动地反映了那里'大跃进'的形势,提出了一些足以启发思想的问题。"在此风蛊惑之下,到了9月1日,《人民日报》特约记者采写的报道中,河北徐水人民公社一亩山药产量已达120万斤、小麦亩产12万斤、皮棉亩产5千斤。

在工业战线上,新闻机构宣传的重点是大炼钢铁运动。1958年钢产量翻番是"大跃进"的主要标志,"以钢为纲""让钢铁元帅升帐"的宣传标语遍布于各种宣传载体。媒体对大炼钢铁运动的报道成为继抗美援朝运动后,声势最宏大的一次立体宣传。全国的报刊电台在热烈赞颂"全民炼钢"运动的同时,不断报道各地出现的"高产卫星",仅以该年9月29日的《人民日报》为例,就集中报道了80多个钢铁"高产卫星",其中有9个日产万吨以上生铁的省,73个日产千吨生铁的县,2个日产5千吨钢的省,一个日产4千吨钢的省。

1958年如此,1959年仍然是"大跃进"的一年,直到1960年7月,国民经济出现了严重困难,"大跃进"不得不停下来,全国新闻机构对"大跃进"运动的宣传才完全结束。这期间,各新闻媒体对"大跃进"运动的宣传报道,虚假掩盖真实,高调排斥真话。

当时,虽然新闻界也有很多人对"大跃进"中的浮夸、蛮干有看法,但新闻媒介是"一手高指标,一手右倾帽",①谁若有所表露对"卫星"的异议,报刊动辄给他(她)扣上"保守""条件论""观潮派"之类的帽子,当时的报纸发表了许多批判"观潮派"的文章,《新华日报》1958年第22期转载的《红旗》杂志评论员文章《驳工业战线上的怀疑派》就是一例。

(八) 大兴调查研究之风

"大跃进"的灾难性后果使得国民经济不得不进入调整时期,而媒体对放"卫星"的宣传,也使得其自身陷于被动。在纠"左"的情况下,中央重新提倡调查研究。1961年1月,毛泽东在中央工作会议和八届九中全会上号召大兴调查研究之风,一切从实际出发,要求1961年成为"实事求是年"。1961年1月29日,《人民日报》发表名为《大兴调查研究之风》的社论。是年5月,刘少奇在关于《人民日报》工作的谈话中指出,报纸工作人员是"调查研究的专业工作人员",报上的一切文章是调查研究的结果,他勉励记者、编辑要认真作调查研究工作。

在此背景之下,各媒体在采访中努力加强调查研究工作。针对"大跃进"中采访工作存在的弊病——记者采访找干部多,找群众少;跑上层机关多,到基层单位少;参加会议多,到现场去少;拿现成的书面材料多,亲自做调查的少,新华社总社国内编委会提出《记者在采写工作中加强调查研究工作的几点意见》。《意见》阐述了毛泽东的"没有调查就没有发言权"和刘少奇的报纸工作人员是"调查研究的专业人员"的重要论断,强调指出:调查研究是记者工作的根本方法;没有调查,就不能正确制定报道计划;没有调查,就不能定出适当的题目;没有调查,就不能写出好的新闻报道。不作调查研究就写稿件,等于闭着眼睛说瞎话。在日常的一切采访活动中,都应贯彻调查研究的精神。要向各种人物、各阶层人物作调查,不要只向干部作调查;要听取各种不同意见,不要只听自己愿意听的意见;要听取正面意见,也要听取反面意见;要对各种意见进行全面分析。一件事情要不要报道,如何报道,要在经过调查以后,从实际出发做出决定。如果经过调查,证明原来的设想不符合客观实际,就应该不怕推翻自己的设想,决不能不尊重客观事实,故意"隐恶扬善"。编委会号召记者"到群众中去,到基层单位去,做好调查研究工作"。这不仅是提高新闻报道水平的根本方法,也是培养记者、丰富

---

① 黄瑚:《中国新闻事业发展史》,复旦大学出版社2001年版。

记者知识、改造记者思想作风的重要方法。

此外,华北、东北等地的一些报纸也纷纷举行关于调查研究的座谈会,大家达成共识:大兴调查研究之风,不仅能有效地提高报道质量,更好地宣传贯彻党的政策,而且能帮助新闻工作者改进工作作风。各媒体纷纷成立调查研究的机构,制定加强调查研究的计划和规定。如《天津日报》在报纸上特辟《调查研究要有正确的态度》《调查研究要有正确的方法》等专栏。有些报纸和广播电台在要求记者、编辑学习调查研究外,还指导、帮助通讯员作调查研究。新华社所办刊物《新闻业务》,在1962年以《做一个名副其实的专业调查研究人员》为题,设专栏发表文章多篇,交流学习体会和工作打算。① 在深入基层、深入群众中,记者们总结出一套行之有效的调查研究法:①解剖麻雀法,即通过蹲点,掌握基本情况,解剖局部来发现一般规律;②建立采访根据地法,或曰点面结合法,指记者在了解一个点外,还要了解其他的点,乃至一个地区的情况,以便分析比较,发现问题;③专题调查法,即记者带着一个具体的问题深入基层采访,目的明确;④参加党组工作,或随同领导同志一起下基层,进行各种调查研究;⑤回访检查法,即配合检查"大跃进"以后三年来的新闻工作,派工作组到过去报道较多的地方和单位去,调查群众对媒体的意见,以改进新闻工作。

由于"左"的路线在当时未能肃清,新闻界的调查研究也一直蹒跚而行,但总的说来,调查研究对于新闻采写的积极作用还是明显的。最为突出的表现是,在20世纪60年代前半期,产生了一批有影响的新闻报道作品。

(九)若干典型宣传

60年代前期的典型宣传,比以往任何时候声势更大、更为集中,其中影响较大的是对我国登山队攀登珠穆朗玛峰的采访报道,对大寨、大庆的报道和对雷锋、焦裕禄先进事迹的报道。这些报道不仅名动一时,从采访的角度来看,其中有不少的经验和做法对现在的从业人员仍有借鉴的意义。

1. 对我登山队成功攀登珠峰的采访

1960年5月25日,我国登山队从北坡登上世界第一高峰——珠穆朗玛峰,这标志着人类首次从北坡征服珠峰,当时的新闻媒体对此作

---

① 丁淦林:《中国新闻事业史新编》,四川人民出版社1998年版。

了充分的报道,其中,新华社记者郭超人采写的通讯《红旗插上珠穆朗玛峰》影响最大,为《人民日报》等多家报纸刊载。这篇通讯的成功,在很大程度上取决于郭超人艰苦卓绝地成功采访。1960年3月17日,他和中国登山队主力队员一起奔赴登山队大本营,开始采访。本次采访的艰难在于气候异常恶劣,采访机会少,在海拔五六千米的山上,空气稀薄,狂风翻滚,记者根本无法离开营地外出采访;而登山队员在返回大本营后,要立即进行治疗,留给记者采访的时间只有1个多小时,如果一味坐等,将很难采写出有质量的报道。时年不过20多岁的新华社西藏分社记者郭超人,采取以下方法来应对这次艰难的采访,一举成名。

首先,他与登山队员一起攀登6 600米高峰,亲身体验,占有大量第一手材料。郭超人放弃在大本营坐待登山队员归来时再采访的办法,先后两次参加高山适应性行军,在到达海拔6 400米的第三号营地后,他又随一支侦察分队继续攀登,到达6 600米的高度,直抵珠峰大门北坳冰墙之下。在攀登过程中,他目睹了珠峰壮丽的自然景观,更感受了登山的个中滋味,密切了与登山队员的接触,进一步了解了他们的思想感情,这为他准确地把握、生动地再现登山队员们的心理活动和精神风貌提供了现实可能。

其次,采访报道中,他坚持随时随地记笔记。郭超人曾说,这是他采访成功的一个秘诀,从自然景观到人物的言行容貌,随时落笔,有感即写,不求完整,但留启示。事实证明,这些笔记为他后来的通讯写作提供了骨干材料,通讯中有些对自然景观和登山史的描写、向顶峰冲刺前行军的一些章节,就是完整地从笔记中摘取的。

再次,高度重视访前的准备工作。尽管郭超人接受采访任务后可以准备的时间非常仓促,他还是尽可能多地阅读摘录了关于喜马拉雅山系的地质、地理方面的书籍,关于外国登山队攀登珠峰以及其他山峰的资料,还有高山气象、植被,以及生理和登山等专业资料。例如,在《红旗插上珠穆朗玛峰》文首,有关珠峰风情和人类活动史、登山史的描写、叙述,不仅丰富了通讯的知识含量,更为登山的成功作了背景铺垫。又如在报道登山队员打通北坳大门时,对地质资料与英国登山队曾在此覆没的史料的信手拈来,更反衬了攀登的艰险与登山成功的意义。在每一次的具体访问前,郭超人更悉心准备,在对突击顶峰的采访中,留给他的采访时间不过两小时,他事先进行了四个小时的准备,阅读突击计划、路线与顶峰的地理、气象资料,根据自己的登山体会拟订含有20个问题的详尽的采访提纲,请登山胜利归来的队员回答。最终,他成功写出《红旗插上珠穆朗玛峰》的核心部分"英雄登上地球之巅"。

2. 对工农业典型大庆、大寨的采访

大庆油田会战自1960年始,经过短短3年的艰苦奋斗,大庆人终于拿下油田,这宣告了我国依靠洋油的历史的终结,我国石油实现了自给,意义非常重大。1964年1月,人民日报社、新华社组成联合记者组,赴大庆采访。《人民日报》副总编王揖任组长,该报记者凌建华、胡济邦、田流、范荣康、陆超祺,新华社记者冯健、袁木、余志恒等人参加了记者组。他们在采访时进行分工协作,由袁木、范荣康合作采写《大庆精神大庆人》,田流采访王铁人,冯健写1202钻井队,余志恒写1203钻井队等,当时一共决定采写30多个报道题目。同年4月19日,新华社播发袁木、范荣康合作采写的通讯《大庆精神大庆人》,20日各报刊载,这是系统宣传大庆经验的影响巨大的首篇作品。

1964年2月10日,《人民日报》刊登新华社记者莎荫、范银怀的通讯《大寨之路》,介绍山西省昔阳县大寨大队同穷山恶水斗争,改变七沟八梁一面坡的环境,发展农业生产的事迹。这篇通讯运用大量材料来反映大寨人坚忍不拔的革命精神和移山填海的英勇气概,全文所引用的有人物活动的事实就不下25个,这些丰富的材料当然来自深入的采访。当时曾有人这样评价《大寨之路》:"(其)作者在深入群众、深入实际方面是刻苦的。任何一篇好的新闻报道,无不是记者辛勤劳动的结晶。假若不下些工夫,老老实实深入实际,光想有那么一天写出一篇惊人的杰作来,是绝对不可能的。这里没有什么窍门,也不是作者心灵手巧,唯一的就是他们踏踏实实地做了一些'笨'工作,为报道打下了坚实的基础。"①

1964年,毛泽东同志向全国发出"工业学大庆、农业学大寨"的号召,新闻界对大庆、大寨继续进行采访报道。在"文革"中,大寨蜕变成"左"倾错误下的另一个政治典型,报道中掺杂了大量的水分,甚至完全根据政治需要编造,这实在是新闻界的一次大不幸。

3. 对雷锋典型的采访

新中国成立以来,通讯采写的最大突破是人物通讯。突出宣传人

---

① 桑齐:《通讯〈大寨之路〉》,《新闻工作》,1965年第3期。

民群众中的先进人物与先进事迹,是20世纪60年代初期宣传报道的最主要的内容之一。在这些报道中,较有影响的是对沈阳军区某部班长雷锋的报道、对大庆油田石油工人王铁人的报道以及对河南兰考县县委书记焦裕禄的报道。

雷锋,幼时成孤儿,后参军,成为汽车驾驶员,表现积极,多次立功。1962年8月,他因公殉职,在他生前,报纸对他的先进事迹就有报道。1963年1月8日,《辽宁日报》突出宣传他的事迹,同年2月15日,《人民日报》报道辽宁开展学雷锋活动的情况,发表该报记者甄为民、佟希文、雷润明采写的长篇通讯《毛主席的好战士——雷锋》,并配发评论员文章。随后,《解放军报》《中国青年报》等媒体纷纷报道雷锋事迹,发表评论,号召人们学习雷锋,最终,全国掀起了持续的学习雷锋活动的热潮。言行一致、公而忘私、艰苦奋斗、助人为乐,成为家喻户晓的"雷锋精神"。

4. 对王进喜典型的采访

作为新中国工人阶级的典型,大庆石油工人王进喜也受到60年代前期媒体的广泛报道,其中,《工人日报》记者李冀采写的通讯《工人阶级的光辉榜样——王铁人》是较有影响的一篇。1965年冬,李冀再次前往大庆采访王进喜。这一次,他一改前次的做法,不是看材料、听汇报,而是亲身体验,与王进喜一起工作、一起吃饭、一起聊天、一起开会,一个多月共同生活下来,他发现自己这回真正认识了"铁人"。王进喜为啥要拼命干活?他的精神支柱究竟是什么?真的如此前报道的那样,王仅仅是出于报恩的心理吗?不!李冀发现,王进喜固然有报恩的思想在,但事实上,这种思想已慢慢发展为不屈服于外来压力、自力更生,为中国人争气,一定要把大庆油田拿下来的高度觉悟。正因为如此,王进喜才会喊出"宁可少活二十年,拼命也要拿下大油田"的豪言壮语,李冀认为王进喜的这种精神正是当时的时代精神的写照。由于正确地把握了王进喜的个性特征,李冀的通讯《工人阶级的光辉榜样——王铁人》把大庆油田的这个具有传奇色彩的人物写活了,对大庆精神的挖掘也更深了,全国50多家报纸纷纷转载这篇通讯。

5. 对焦裕禄典型的采访

河南省兰考县委书记焦裕禄是一位不为名利,不畏艰苦,一心为革命、为人民的好干部,他为带领兰考人民治沙,同穷山恶水斗争而付出了生命。1966年2月7日,《人民日报》发表穆青、冯健、周原采写的通讯《县委书记的榜样——焦裕禄》。这篇被选入中学教科书的通讯,曾令多少读者一掬热泪,心潮难平!穆青曾总结过这次采访,谈到人物通讯采访应注意的几个问题:一是人物通讯必须反映时代精神;二是采访务须实事求是、穷尽真实,因为人物通讯的力量在于真实;三是通讯要在矛盾中凸显人物,所以采访要善于抓矛盾、深挖掘;四是记者要沉到生活中去,与采访对象忧乐与共,在思想感情上息息相通。只有这样,你才有可能读懂采访对象,真正了解他(她)的内心世界,并将其再现出来。穆青说:"多少年来,我们深深体会到,这种和英雄人物思想感情上的息息相通、水乳交融,有时是掺和着血和泪的,它往往产生一种无论如何都抑制不住的冲动和激情。这是一种巨大的力量。"① 正是在这种力量的驱使下,记者才可能在采访中去挖掘别人不曾发现的东西。可以说,这是人物通讯采访的一个最主要的规律。

四、"文化大革命"时期

1966 年 5 月 16 日,中共中央政治局会议通过了经毛泽东 7 次审定的《中国共产党中央委员会通知》(史称《五一六通知》),要求全党"高举无产阶级文化革命的大旗,彻底批判揭露那批反党反社会主义的所谓'学术权威'的资产阶级反动立场,彻底批判学术界、教育界、新闻界、文艺界、出版界的资产阶级反动思想,夺取在这些文化领域中的领导权。"② "文化大革命"的大幕从此全面拉开。

新闻界首先推入被批判之列,成了被"革命"的重要对象。在十年"文革"中,新闻界虽抗争过、挣扎过,但从鼓动"造反",宣传个人崇拜,到"斗、批、改"宣传;从"批林批孔"影射宣传,到"批邓宣传",历史已证明媒体即便不是始作俑者,但对于运动的推波助澜,实在是难逃其咎。从采访学的角度来反思这段新闻业务史,很有必要。

(一)摆布与造假

十年"文革"中,新闻媒介沦为林彪、"四人帮"篡党夺权的舆论工具,新闻报道从其政治目的出发,推行极左路线,在罗织罪名进行大批判、炮制影射文章攻击谩骂之外,根据形势需要,指使记者摆布甚至编

---

① 周胜林:《新闻通讯写作述略》,新华出版社 1985 年版。
② 丁淦林:《中国新闻事业史新编》,四川人民出版社 1998 年版。

造假典型加以报道,也是其惯用的伎俩。严重践踏新闻真实性原则的"假、大、空"报道可以信手拈来。

1975年9月17日,《人民日报》在头版发表的题为《江青在大寨劳动》的摄影报道,就是记者在江青的授意下导演出来的。江青一伙由于百般阻挠邓小平主持中央工作受到毛泽东的批评,江青被派到大寨去参加劳动。1975年9月,全国第一次农业学大寨会议在山西省昔阳县召开时,江青与当年树立的典型、大寨的"一面旗帜"——陈永贵一起摆开劳动的架势,事先安排好的记者奉命按动快门,这样,"新闻"便出笼了。

这里,记者虽受到了摆布,但毕竟还是到场了,更有甚者,为达到"事实为政治服务"的目的,许多媒体在记者根本没有到场的情况下,居然直接利用暗房技术来"处理"照片,并将其当作新闻来报道。

(二)对媒介劫难的采访学检讨

1. 原因

历史地看,采访的离奇失真,以至于浮夸造假的原因,既有记者的内因,也有新闻制度缺陷的外因。一方面,革命热忱冲淡了独立思考力,冲天干劲屏蔽了科学求实的精神,于是,"热烈的梦呓"便于记者的笔端、媒介之上频频出现了,几亩、几十亩的产量被当作亩产来报道,几天、几十天的产量被当作一天的产量来宣传。有位记者回忆当时的情景道:"当时的报纸宣传,当时的人的思想,真实与想象,现实与幻想,纷纷然交织在一起。我们是在办报,又好像在做诗;是在报道事实,而又远离现实。"①主观唯心主义的"唯意志论"在新闻报道中表现无遗。另一方面,在"革命"的洪流横扫一切的年代,一切非主流的认识(尽管这种主流可能是人造的,或者媒体造势的表象)、一切不合乎主流意识的行为,均会受到"革命"名义的冲击。在"革命"的大旗下,记者很难不放弃或隐藏独立的思考与"发现"的眼光,不滋生从众心理。

若就此认为,仅仅是新闻工作者主观方面的原因就导致了"大跃进""文革"期间的报道失实,那是不公允的。科学、历史地考察的结果只能是,当时的制度缺陷是造成报道失实、媒介灾难的根本原因。所有媒体的所有记者在所有的时间都陷入"集体无意识"的状态之中,在现实上可能吗?毕竟,举国之大,浑浊之中有清流,昏聩之中有醒者。正

---

① 转引自白润生:《中国新闻通史纲要》,新华出版社1998年版,第481页。

如《人民日报》的一位老编辑说,在"大跃进"的火热年代,调查的没有发言权,不调查的却有发言权。人民日报社的许多记者集体或单独到各地调查、采访,由于深入群众,身历现场,取得大量第一手材料,回到报社据实反映,有的没有受到重视,有的反倒因此挨批。一位老编辑在回忆录中写道:"当时对高指标,许多人是有看法的。亩产几千、几万斤,大都知道是瞎说,但在不断'反右倾''拔白旗'的压力下,少数人瞎吹,多数人不吭,党报一宣传,谁敢说?"①

2. 教训

古人云:"吃一堑,长一智。"若能通过这一时期采访史的剖析,来领悟三个启示,做到三个结合,则我们今后的新闻采访工作有望做得更好。

有三点重要启示值得记取。

第一,政治思想领域既要反右,也要反"左"。在现行新闻体制下,政治思想如果出现了大的失误,新闻事业必然要出现大的偏差。

第二,新闻工作的原则,尤其是真实性原则,无论何时何地都不能动摇。"大跃进""文革"中新闻采访最大的失误是违背了真实性原则,这期间的新闻宣传为新闻采访留下的最大教训是:在任何时候、任何情况下,采访必须坚持实事求是的路线,恪守真实性原则。

第三,加强党对新闻工作领导的前提是切实改善党的领导,充分培育党内民主决策机制;对于新闻、文化事业应尽可能给予更大的自为空间,对新闻事业的行政管理必须依法进行。

有三个结合需要落实。

第一,新闻从业人员要将革命干劲与科学求实精神结合。"大跃进"期间,新闻工作者干劲十足而科学精神欠佳,宣传存在严重的片面性,对社会主义及其经济规律的认识水平不高。对土法炼钢、深耕密植的盲目宣传,反映了他们缺乏自然科学的基本常识。而"文革"期间,林彪、"四人帮"之流所制造的烟幕……以及烟幕下的丑行,媒体竟宁信其有,不加拷问。我们实在看不出其时的记者、媒体中有几人还鲜明地坚持着求实、拷问的精神。从吸取教训的角度讲,新闻记者应把革命干劲和求实精神结合起来,特别是在大是大非面前,要多问几遍:这是真相吗?我为

---

① 李庄:《人民日报风雨四十年》,人民日报出版社 1993 年版,第 244 页。

什么不能揭示真相?①

其次，独立人格与健康心智结合。不畏威压，不慕名利，保持独立的人格，勇于逼近真实、坚持真理，这对于新闻记者，尤其处于非常态政治环境中的记者是十分必要的。走过那段艰难岁月的著名记者王金凤曾说，作为一名无产阶级新闻工作者应当具有坚持真理的勇气，把坚持原则性和坚持纪律性结合起来。"一个记者遇到非常情况，首先要求记者政治上要坚定，不能随风倒，不能当风派……记者完全可以在风浪中站稳立场，这就要求记者在政治上坚定，不能为了多发表文章而追名逐利。如果有这样的虚荣心，绝对当不好记者。"②在错误路线影响下，如果记者"不能坚持为人民负责到底的立场，丢掉实事求是的精神，一味看领导的眼色行事，你要什么，我报什么"，那他们就不可能去真正地调查研究，即便他们仍扛着调查的大旗，"这样的所谓调查研究，只能成为某种错误政策的佐证或注脚，没有它比有它还要好些。"③那么，记者在不正常的情况下，采访应该怎么办？王金凤以自己的亲身经历作答："必须要求记者具有坚强的党性。只有站在最广大人民一边，站在党的利益一边，才能明辨是非，才能不顾自己的安危。正如田流说过，我们首先是个好党员，才能是个好记者。"④

第三，新闻体制与法制结合。在强调记者需要提高政治业务素质，敢于如实反映情况，敢于坚持真理的同时，更依赖于党和政府在改革的洪流中进一步完善新闻体制，为新闻业提供更切实的法律与舆论保障。

五、改革开放时期

1978年12月，中国共产党十一届三中全会的召开标志着我国进入改革开放的新时期，此际的新闻事业既积极报道改革开放这一新生事物，为改革鼓与呼，同时也在进行自我改革。"报纸是阶级斗争的工具"的传统观念被摒弃，媒体的政治属性与商品属性、宣传功能、信息功能与娱乐功能，日渐得到承认。新闻采访报道随之发生了变化：开始重视信息量，强调采访，注重新闻价值与时效，批评报道积极、有效地开展

---

① 白润生:《中国新闻通史纲要》，新华出版社1998年版。
② 《新时期新闻业务讲座》，军事译文出版社1988年版，第130页。
③ 李庄:《人民日报风雨四十年》，人民日报出版社1993年版，第248页。
④ 《新时期新闻业务讲座》，军事译文出版社1988年版，第131页。

和深度报道的崛起是这一时期新闻改革的重要成果。

经过十年浩劫的媒体,要走上复兴的正轨,从采访的再认识开始,是顺理成章的事。

(一)采访"正名"与采访方法论

南振中在20世纪80年代为新华社记者所作的讲座中,从语义学的角度分析,"采访"中的"采"字有两种含义:一是"摘取";二是"搜集"。"访"字也有两种含义:一是访问、咨询;二是寻觅。从实践层面概而言之,采访是指新闻工作者搜集和整合新闻材料的活动,包括了解情况、分析情况、掌握线索、酝酿主题、进一步挖掘和补充材料的全过程。基于这样的过程分析,几点新认识便显现出来了。

其一,采访不仅含有"访问"之义,而且含有"搜集"之义。把"采访"单纯理解为"访问",只说对了一半。

其二,无论是"摘取""搜集",还是"访问""寻觅",都含有一种积极探索的精神,因而"采访"是一种主动行为。

其三,孤立地看,采访是个微观活动;若联系地看,作为一种职业行为,它贯穿于记者生涯的全过程,并不是开始于打开采访本、终于合上采访本的短暂过程,而是一种历时性活动。

其四,基于以上的认识,采访活动应包括以下内容:①日常的知识、生活、思想积累;②广泛了解情况,取得新闻线索;③调动、运用各种手段,详尽地搜集新闻材料;④综合分析,把感性认识上升为理性认识;⑤明确主题思想,完成新闻作品的构思。①

在以上"正名"的背后,人们会发现两个被凸显的方面:采访作为新闻活动的工具性问题和工具的使用方法问题。"笔下的功夫不强照样能当一名出色的记者,但不善于进行访问是绝当不好记者的。"②美国名记者杰克·海敦的这句名言,对20世纪80年代刚刚恢复常态的中国新闻界的影响力,比以往任何时候都显得巨大,采访之于新闻事业的首要作用已不容置疑。

艾丰在20世纪80年代之初从方法论的角度来探讨采访,是一大进步。

"实践呼吁着理论,采访需要科学指导。这是确定无疑的。"③那什

---

① 南振中:《采访琐谈》,载《新闻论丛4》,新华出版社1984年版,第237页。
② 〔美〕杰克·海敦:《怎样当好新闻记者》,新华出版社1980年版。
③ 艾丰:《新闻采访方法论》,人民日报出版社1982年版,第3页。

么才是科学的采访,或者说,怎样才能使采访方法具有较高的科学含量呢?艾丰认为,此前的新闻学著作,虽总结了许多采访经验,提出了较为系统的采访原则,积累了较为丰富的资料,对我们有一定的借鉴意义,但从新闻学发展和实际工作的渴求看,研究状况还是相当不能令人满意的。新闻教材按其本身的任务来看,只是侧重于使人对新闻采访有一般的了解;采访经验的总结多是从实用主义出发,侧重于介绍采访的具体方法、具体注意事项,而很少对采访中的矛盾及其规律进行深入探讨,更缺乏系统的科学分析。"这样的新闻学,不仅在政治上,而且在业务上,都不能适合我们今天的需要。"①这就对采访提出了新的要求:不仅要有感性的了解,而且要有理性的认识;不仅要有程序性的了解,而且要有规律性的认识;不仅要有对规律的局部的、个别的了解,而且要有对规律全面的、系统的认识。这就是新闻采访要完成的任务。所谓新闻采访方法论,"是研究新闻采访活动中所包含的矛盾以及正确处理这些矛盾的科学"。② 显然,艾丰是将采访方法论当作与基础理论、应用技术并称为新闻学科三大组成部分的应用基础理论来定位的。因此,以这一理论的视角来看,采访实质是人的一种认识客观事物的活动,贯穿于采访活动的主要矛盾,是认识主体——记者,同被认识的客体——事实之间的矛盾。简言之,即主观同客观之间的认识与被认识、反映与被反映的矛盾。

(二) 批评性报道的重大突破

1981年1月29日,中共中央发布《关于当前报刊新闻广播宣传方针的决定》,指出:"近年来,许多报纸刊物重视反映群众的意见和呼声,积极开展批评和自我批评,增强了党和人民群众的联系,也提高了报刊和党的声誉。今后要坚持这样做好。各地党委要善于利用报刊开展批评,推动工作。"在此情势下,新闻界积极恢复与加强批评报道,在针砭时弊中推动民主与法制建设。从批评曾是先进典型的石油部长期忽视安全生产,导致"渤海二号"翻沉重大事故的报道,到揭露山西省昔阳县领导的封建家长制统治,大搞所谓的"西水东调"工程;从揭示"铁老大"——铁路部门黑龙江双城火车站野蛮装卸,到20世纪80年代末披露"官倒"黑幕……新闻界在批评报道方面可谓是突破重围,对推动改

---

① 转引自王益民:《中国记者新一代》,武汉大学出版社1991年版,第12页。
② 艾丰:《新闻采访方法论》,人民日报出版社1982年版,第5页。

革开放中的民主法制建设起到了积极的作用。

1979年11月25日,石油部海洋石油勘探局"渤海二号"钻井船由于指挥错误、违规操作,在迁移途中翻沉,造成72人丧身、直接经济损失达3 700多万元的特大事故。事后,石油部领导非但不追究责任,反而谎报情况,定下"突遇大风,不可抗拒""指挥无误""抢救英勇"的调子,大讲"渤二"不怕牺牲的功绩,开展所谓大总结、大评比、大宣传、大表彰的活动,以此来掩盖事故责任,并且以"注意阶级斗争新动向""防止别有用心的人把水搅浑"的大帽子压人,连"事故"二字也不许提起。1980年7月22日,《人民日报》《工人日报》同时披露了这一事故。新华社记者夏林、《人民日报》记者李和信在报道中详细介绍了事故发生的经过,指出造成事故的主要原因是"拖航时没有打捞怀疑落在沉垫舱上的潜水泵,以致沉垫舱与平台之间有1米的间隙,两部分无法贴紧,丧失了排除沉垫压载舱里的压载水的条件……严重削弱了该船抗御风浪的生存能力"。记者还根据自己的调查发现,从1975年至1979年,该局发生的各类事故至少达1 034起,其中重大事故30多起,造成了105人死亡、114人重伤,并且事故发生后,没有发动群众认真总结经验教训,设法解决事故隐患。记者一针见血地指出,"'渤海二号'翻沉事故的发生绝非偶然,而是海洋石油勘探局长期忽视安全工作,在海上石油钻井生产中不尊重客观规律的结果"。随后,各媒介对该事故作了大量报道,纷纷谴责石油部领导,呼吁惩罚事故责任者,保障工人人身安全。这次报道突破了此前所谓先进典型不能批评的禁锢,是经济宣传中的一个转折,"一次大突破"。国务院在处理"渤海二号"事故的决定中指出:"一切重大事故均应及时如实报道,不得隐瞒和歪曲。"①从这个意义上讲,对"渤海二号"事故的报道为开展报纸批评打开了一扇大门。

在对"渤海二号"事故的公开报道之前,《人民日报》曾对山西省昔阳县某些领导自己不懂科学技术,却不听取工程技术人员的意见,独断专行,历时四五年,耗资几千万,盲目上马"西水东调"工程的劳民伤财之举,进行了严厉的批评报道。记者在采访中发现,该工程弊端丛生,立项、上马中瞎指挥,主观主义尤其严重。1980年6月15日,《人民日

---

① 《新闻战线》记者:《渤海二号事件报道的意义在哪里?》,《新闻战线》,1980年第10期。

报》在头版显著位置发表"西水东调"工程下马的消息，对某些领导同志的封建家长制作风进行了无情挞伐。此后，媒体对公费医疗中存在的医药报销制度不严，部分医务人员作风不正、因人施药种种弊端，以及铁路等垄断行业的劣质服务诸问题，纷纷批评曝光。

经过20世纪80年代末的一些曲折，批评报道最终强化了坚持正确的导向，在党的领导下进行，必须维护社会稳定的纪律。但不管怎样，我们无法否认，整个20世纪80年代的批评报道成绩显著，不仅在主流上推动了改革阵痛中的行政、经济等工作的改进，而且，也为舆论监督力量在社会承受力、经验教训等方面，打下了基础。

六、网络发展时期

计算机的问世与互联网的勃兴都是最近几十年的事。1946年，世界上首台计算机在美国诞生。"冷战"时期的20世纪60年代末，美国为应付核战争威胁，开发出分布式计算机网络，开因特网之先河。20世纪80年代，它被推广应用于学术研究领域，20世纪90年代又进一步推广应用于商业领域。随后，网络及其用户飞速发展，若以5 000万受众为单位衡量指标，无线电广播在全球拥有听众5 000万，用了38年时间，电视达到这个数字，也花了13年，而互联网仅用了5年时间。中国网络的发展也反映了这一趋势，1994年，我国作为第71个国家加入互联网，1998年用户为210万，到1999年上半年，几乎翻了一番。截至2022年6月中国网民规模为10.51亿。①

在技术的支撑下，网络整合了报纸、广播、电视三大传统传媒的优势。首先，实现信息容量极大化。它的信息交流手段从电子邮件到交替闲聊，从远程登录到文件传输，包罗万象。其次，信息组合多样化。网络将报纸、广播、电视等众多的单个传媒连接成一个既分散又集中的体系，网络受众完全可以自由选择媒介表现形式而不局限于一种信息符号。再次，信息交流自由化。网络突破了时空限制，实现了任何人、任何时候、任何地方、任何形式同任何人的信息交互性交流。最后，信

---

① 参见第50次《中国互联网络发展状况统计报告》，中国互联网络信息中心（www.cnnic.net.cn），2022年8月31日。

息传播快捷化。报纸必须等印刷,电视一般来说需要拍摄与剪辑录像,网络可以随事件发生随时上网。正因为因特网具有如此多的优势,所以它成为传播信息的新渠道,并被传媒工作者青睐。①

与传统新闻采集方式相比,网上新闻采集具有明显的优势,譬如,拥有更丰富的信息资源,获取新闻的速度更快,可对数据进行深度发掘,可以在较短的时间里采访较多的人等。那么,如何才能搞好网络采访呢?首先,从方法论的角度看,传统媒体的记者必须完成采访方式的调适,学会数字化生存。现在,利用网络采写与发稿,已越来越成为记者必备的一项基本功。如果说的确存在一种手段可以使中国新闻工作者的信息获取水平与渠道一夜之间达到与发达国家记者的平等地位,最有可能的就是网络采访。②

其次,记者必须完成观念上的转型。传统媒体记者首先必须完成向"学习型"记者和"法制型"记者的转型。以因特网为特征的新信息时代对记者素质提出了更高要求。一是要加强对信息技术的掌握。记者不需要成为信息技术的专家,但是要成为因特网的熟练使用者,对计算机软硬件、网络的基础知识和使用方法须进行学习。二是掌握外语,提高外语阅读能力。英语仍然是网络的主导语言,不懂英语便无法接触更多的信息,也不可能运用电子邮件对外进行采访。因此,在致力于因特网上发展中文站点的同时,记者有必要掌握英语这个网络主导语言,否则会与大量信息失之交臂,怎能谈得上在网上漫游?③ 三是还必须了解并遵守与网络相关的法律、法规。在网上侵权易如反掌,下载别人作品、资料,侵犯他人肖像权、隐私权,不一而足。类似于保密法、《互联网管理暂行办法》等法律法规,都是记者在进入网络空间时必须认真学习和遵守的。

再则,在微观技术上,网上采访有以下轨迹可寻。

1. 利用网络进行信息检索

互联网为我们提供了一个巨大的信息库,它拥有海量信息资源,24小时运转,内容随时更新,而且信息资源是共享的。无论是在2001年4月的中美撞机事件,还是在2001年"9·11"美国遭恐怖袭击

---

① 蓝鸿文、冉晓芹:《网上采访》,载《新闻界》,2000年第2期。
② 张羽:《试论网络传播与记者传播方式的调适》,载《西北大学学报(哲学社会科学版)》,2000年第3期。
③ 蓝鸿文、冉晓芹:《网上采访》,载《新闻界》,2000年第2期。

事件期间,新华社驻美国采访的一位记者说,他随时准备打开电脑上网,将世界各地对此事的报道搜寻一遍,浏览各同类报道,这样,他心里便有底,就知道下一步该怎么采写了。过去要费很多工夫才能解决的问题,现在打开电脑就能解决。

2. 利用网络收集背景资料

收集背景资料是采访活动的一个重要环节。此前,记者们收集新闻背景资料,只能去资料室的剪报中去翻,费时费力费心,且效率低下。现在,只需接通网络这个巨大的信息库,就能获得自己想得到的有关资料,互联网是一个取之不尽的信息海洋,现在网上有成千上万个数字化的图书馆、各种类型的数据库,而且还在不断增加。因特网将使全世界的资料库为你所用,不存在资料匮乏的问题,只存在如何找到一种有效方法搜索到自己所需的有用资料问题。

3. 利用网上讨论组发掘专题新闻

互联网中大约有 13 000 个新闻组,涵盖了包括政治、经济、文化、体育等形形色色的话题,既包括最热门的,也包括最冷僻的,参与者来自世界的各个角落,成为民众畅所欲言的空间。记者在相应的专业组里注册,不断地交流、获取信息,特别有助于相关专题的报道。例如,1998 年 5 月 11 日至 13 日,印度在不到 48 小时之内,连续进行了 5 次地下核试验,此举不仅引来了世界各国政府和公众舆论的同声谴责,而且在因特网上引发了一场大争论,一些网站还提供了在线投票系统,在全世界的网民中进行民意测验。5 月 20 日,《北京青年报》"网上采访"栏,刊出记者写的《印度核试验激起网民公愤》一文,就是报道外国和我国网民,包括印度本国网民对印度这次核试验所表明的态度。作为一个优秀记者,应该从网站设立的新闻组、BBS 公告和聊天室中,学会倾听群众的声音,把握时代的脉搏,确定采访的主题,及时做好下情上达的工作。

4. 利用电子邮件采访

电子邮件是因特网提供给记者又一便利的采访工具,它不仅可以承担起传统的采访工具如纸、笔、录音机、摄像机的功能,还可以帮助采访者克服空间障碍,最迅速地进行远距离采访。当遇到面对面的访问存在困难,比如受访者不愿面谈,面谈时间有限,以及空间距离不可逾越等情况时,经济、便捷的电子邮件采访(当然还包括电话采访)实在是一种上佳选择。通过电子邮件,你可以接触到任何一位你感兴趣的客体包括国家元首。但正如美国新闻学者杰克·海敦在《怎样当好新闻记者》一书中所说,"大约90%的新闻是部分或全部地以访问——也就是向人提问题为基础的",因此,不能过分夸大电子邮件的作用。用电子邮件采访也有许多局限,例如,它缺乏互动性,没有面对面的交流那样容易产生共鸣。在面对面的采访中,主客体的语言、眼神、体态等都在影响对方,主客体的交流是互动的,互动带来的理解和共鸣更易形成和谐的人际关系,从而有利于获得新闻素材。另外,在电子邮件采访中,记者很难辨别采访对象的真实情况,眼睛在采访中的观察、证伪功能不复存在,细节描写也无从谈起。再者,对电子邮件的回答并不一定及时,因为电子邮件是一种非同期传播,你无法控制受访者回答与否以及回复的速度。所以,通过电子邮件进行的采访,只应是一种采访的补充形式。

5. 利用网络进行调查

在网络产生之前,记者常用的调查方式有问卷、个别访问、座谈等,互联网络的出现,为记者对某一事件或情况的调查提供了新的便捷方式。记者只要将设计好的问卷放到 BBS 上,理论上可以拥有最大量的受众,可以得到最快速的反馈,这无疑是传统的调查方式所不及的。但是,这种新方式也有缺陷。一是真实性问题。由于网络上的交流多以匿名的或化名的方式进行,所以回答的真实程度往往受到影响,这就要求问卷设计必须详尽和科学化。二是可控性差。网络用户是否有兴趣回答问卷,是否愿意花费必需的时间来认真回答问卷,这都是非记者所能控制的。[1]

第二节 近百年中国新闻写作史述略

一、"五四"时期

"五四"运动的爆发,是中国历史进入到新民主主义革命的转折点,同时也标志着中国新闻事业进入到一个新的历史时期。在这一时期

---

[1] 蓝鸿文、冉晓芹:《网上采访》,载《新闻界》,2000年第2期。

内，新闻写作业务空前发展，在体裁上诞生了现代杂文、通讯和报告文学；在文字上摒弃了传统的文言文，开创了白话文和标点符号；在题材上更是丰富多彩。

1. 新闻日受重视，导语初步运用

长期以来，长篇评论成为报刊的主体，"报纸无评论，便是无灵魂的行尸走肉"，成了《时事新报》《中华新报》《民国日报》等多家报纸始终如一的信条。报纸重视评论，这是应当肯定的，但搞成"评论至上"，而忽视和降低新闻的作用，致使报纸内容虚弱、空洞，这就有喧宾夺主之嫌了。随着"五四"运动的爆发，一方面，由于内忧外患，人们对于信息的需求激增，要求报道新闻更多、更快；另一方面，也由于电报的使用，因其价格昂贵，迫使记者不得不采写短新闻。从这以后，新闻体裁日趋增多，消息写作日趋成熟，例如，《民国日报》1919年6月7日第3版中的38条电讯就全是短新闻。《申报》在1919年5月6日报道关于"五四"运动的一条电讯，就包括了消息写作的基本要素。

> 北京电：今日午后两点，各校发生五个人入使馆界，执旗书"誓死争青岛"及"卖国贼曹陆章"字样。后又拥至曹宅，初报文明。警察弹压，激动人公愤，有举火烧宅者。警察逮捕，被捕甚众。经钱派员慰谕，尚相持未散。东交民巷已戒严。四日下午九点钟。

新闻导语的初步运用，是这个时期新闻写作业务发展的又一大亮点。"五四"运动以后，消息的报道面大大扩张，消息内容越来越丰富，随着交通、通讯的发展，报纸和国内外的新闻媒介接触机会增多，消息来源增加，同一内容的消息往往可以收到几个乃至十几个报社、通讯社发来的稿子。与此同时，一些报纸采用混合编辑法，即把相同内容的稿件编排在一起。这样做，内容是集中了，报道是更客观、公正了，但是过于零碎，无法整合成一个整体印象，带来阅读的不便。为了方便读者阅读，新闻导语便逐渐使用。上海的《商报》《新闻报》和北京的《晨报》是较早运用新闻导语的。《晨报》1924年9月2日的一则消息《江浙开火之传闻》，报道浙江军阀卢永祥和皖系军阀在上海的冲突，导语是这样处理的：

> 江浙风云,日益紧急。据昨日各方面所得消息,昆山南翔方面,两军业于前夕(一日)接触。而宜兴方面亦有形势迫紧之说。惟政府方面,以未得官电,尚予否认。兹综合各方报告,分志如下:……

接下来,便把来自各方面的材料在新闻主体部分并列刊出。

2. 述评的涌现

"五四"时期,新闻述评大量涌现。新闻述评就是将"述"与"评"相结合的、夹叙夹议地反映国内外重大事件与问题的新闻文体,早在民国初年便已出现。据陶菊隐先生回忆,他1916年在《湖南民报》工作时,因为该报缺少资金,派不出记者采写专电,就每天选录各地报纸的主要内容,综合成一篇"国内大事述评",夹叙夹议,登在头版头条上,不料很受欢迎。①

新闻述评产生的直接原因是当时报界竞争激烈,有些报纸由于受自身条件限制,不能在新闻的"速"与"博"方面取胜,便转而将所得到的各种材料加以综合、分析,写成一篇"国内大事述评"或"世界大事述评",力图在深度和广度上有所突破。直到"五四"运动时期,相继出版的《每周评论》《湘江评论》《星期评论》《钱江评论》《妇女评论》《武汉星期评论》等大批报刊,才均以"述评"为主要新闻体裁。

3. 报告文学的萌芽

"五四"运动时期,读者对新闻的需求增强了,视野也开阔了,他们不但要求知道发生了什么事,而且要求知道更详细、更具体的新闻内涵。因此,运用文艺表现手法迅速及时地报道现实生活中富有典型意义的真人真事的新闻性文体,便顺其自然地问世了。1919年5月11日,《每周评论》上反映"五四"运动实况的《一周中北京公民的大活动》一文,便初具报告文学真实性、新闻性的基本特征。瞿秋白于1922年到1923年写的反映十月革命后苏联情况的《饿乡纪程》《赤都心史》,1925年茅盾写的发表于7月5日的《文学周报》第180期的《暴风雨》,叶绍钧写的载于《小说月报》第16卷第7号的《五月三十一日急雨中》等文,均具有鲜明的报告文学性质。

---

① 陶菊隐:《记者生活三十年》,载《新闻研究资料》,1980年第2辑。

4. 白话文与标点符号的运用

"五四"以前的写作都使用文言文,严重束缚了人们的思想并阻碍了文化的普及。戊戌维新时期,伴随着思想启蒙运动,形成了对文言文的第一次冲击,一批白话报刊纷纷问世,但是,占统治地位的仍然是文言文,彻底改变这一局面的,则是在"五四"新文化运动中。首先大力倡导者当属胡适,1917年,他在《新青年》上发表《文学改良刍议》一文,极力推崇白话文学。

这场运动得到了陈独秀、钱玄同、刘半农等许多进步人士的积极支持和响应,钱玄同在致陈独秀公开信中说:"语录以白话高语,词曲以白话为美文,此为文章之进化,实今后言文一致之起点。"①

二、十年内战时期

在十年内战时期,中国新闻事业呈现三足鼎立态势。中国国民党领导下的新闻事业在中国新闻界处于垄断地位,其规模之大、分布之广、体裁之完备,使中国历史上任何统治者的新闻事业都相形见绌。中国共产党的新闻事业在第一次国内革命战争失败时已丧失殆尽,被迫重建自己的新闻事业。私营新闻事业呈现相对繁荣的景象。随着日本侵略的深入,报纸的报道内容和形式出现了诸多变化。

1. 电讯稿的大量使用

国民党为了强化其中央新闻事业,改组并扩充了"中央通讯社",用5年左右的时间基本构筑完成了全国电讯网络。自此,"中央社"既可以通过自己的电台迅速收集国内主要新闻,又可以通过自己的分社采集新闻,迅速播向各地。从1932年开始,"中央社"向全国播发3种电讯稿:面向大都市的电讯稿 CAP,每天 12 000—15 000 字;面向各省地方报纸的电讯稿 CBP,每天 5 000—8 000 字;专供上海、北平、天津、汉口、广州各分社的国外新闻专稿 CNG。

2. 国际新闻日益突出

"五四"以前的中国报纸,国际新闻所占篇幅甚少,"五四"以后,随着人们对新闻需求的增长以及国际局势的重要变化,报上的国际新闻日趋增多。

---

① 《通信》,载《新青年》第3卷 第1号,1917年3月1日。

此后,日本侵略中国的步骤日益紧逼,更造成对国际状态的关注,于是,国际新闻开始占据新闻版头条地位。

3. 报告文学的时兴

"报告文学"作为一种新闻文体,20世纪20年代在欧美一些国家开始风行。在中国,"五四"以后,报刊上也出现了一些具备报告文学特征的作品,但没有采用"报告文学"一词。直到30年代,当时,左翼文化团体发起工农通讯员运动,号召作家写反映现实生活的作品,报告文学得到大力提倡。1930年8月,中国左翼作家联盟执委会通过的《无产阶级文学运动的新情势及我们的任务》提出了"创造我们的报告文学"。① 1931年11月又在题为《中国无产阶级革命文学的新任务》的决议中指出:"必须研究并批判地采用中国本有的大众文学、西欧的报告文学。"②

1932年4月,作家阿英从上海《时事新报》《大晚报》《大美晚报》《烽火》《社会与教育》《太平洋日报》《时报》等报刊所载描写淞沪战役的作品中选择一部分,编辑成《上海事变与报告文学》一书,由南强书局出版,这是我国最早冠以"报告文学"称谓的结集。但是,30年代初期的报告文学"还只能说是一种速写,虽然有感情的奔放,却缺乏关于现实事情的细密的研究与分析——常常忽视了事件的历史动态"。这一文体尚未成熟。直到夏衍的《包身工》和宋之的的《一九三六年春在太原》发表,才标志着报告文学基本成熟。1936年6月10日发表于《光明》创刊号上夏衍所创作的《包身工》一文,采用白描手法,以凝练的笔触,把一群无任何自由、猪狗般生活、牛马般苦役的女工描绘得淋漓尽致。特别是对一个只有十五六岁,但在非人的、超负荷的艰辛劳动中早已成为"芦柴棒"的包身工的描绘,更是对这个"没有光、没有热、没有温情、没有希望……没有法律、没有人道"的社会的无情揭露。

三、抗日战争时期

1937年7月7日,抗日战争全面爆发,共产党领导下的《解放日报》《新华日报》等革命报纸,与国民党统治集团办的《中央日报》《扫荡

---

① 《文化斗争》第1卷第1期,1930年8月15日出版。
② 《文化层报》第1卷第8期,1931年11月15日出版。

报》等报纸,以及"孤岛"时期的"洋旗报"等,由于办报方针、承担任务、读者对象的不同,因而呈现出不同的新闻写作风格。

1. 国民党报刊的新闻写作

抗战初期,由于国民党军队也曾参与对日作战,因此,国民党的报刊暂时结束了长期坚持的"攘外必先安内"的反动宣传,一度进行了抗战报道,如1938年4月《中央日报》《扫荡报》《武汉日报》对台儿庄大捷的报道,就很鼓舞人心。中央通讯社还派了著名记者曹聚仁带无线电台上战场,及时地发出了新闻。正如刘光炎在《30年来南京报业点滴》中所说:"我国新闻事业,在最近四五年间,实有不少之进步,抗战以来进步更加显著。……在内容方面,具体记述之长篇通讯日多,无意义之社会新闻日渐减少,而几乎绝迹……今日新闻记者之活动范围为内地,为乡村,为战地与前线,昔日新闻习于悠闲与安适,今日新闻记者则多数紧张坚实而勇敢。至于认识时代之使命,重视国家之前途,拥护国策,遵守法令,更与昔日之散漫分歧者不可同日而语。"

然而,到了抗战中期,日寇停止对国民党军队的正面进攻,实行"以华制华"政策,对国民党开始政治诱降活动。在这种背景下,1939年至1943年间,国民党当局连续制造三次反共摩擦,而消极抗日、积极反共的言论也充斥了国民党的各大报刊,特别是《扫荡报》,更是重谈"成于一""定于一"等老调,完全认敌为友,站到了中国人民的对立面。

进入抗战后期,国民党报刊上虽有些抗战内容,但不论是言论还是报道都苍白无力,毫无战斗性,而对反共宣传却十分卖力,极尽造谣污蔑之能事,1944年夏对延安及陕甘宁边区的集中报道便是一例。这年的5月至7月间,中外记者西北参观团赴延安参观访问,其中5位外籍记者在电讯中赞扬了共产党领导的军队和边区,对延安老百姓的生活改善、政治清明、人民有选举权、延安的言论出版自由、适应抗战需要的延安大学以及群众中强烈的抗战意志等,都作了客观公正的介绍。但是,《中央日报》的主笔写了一篇歪曲事实的报道,题为《陕北之行》,《中央日报》为它特辟专栏连载,攻击边区没有新闻自由,诬蔑延安《解放日报》是"没有消息"便是好消息,攻击供给制和大生产运动,贬低三五九旅的屯垦成绩,胡说贪污浪费是延安的普遍现象,连半点新闻的真实性都谈不上。

2. 《新华日报》的新闻写作

"皖南事变"以后,国民党当局加剧对《新华日报》的迫害。据统计,

1940年12月到1941年5月这短短半年时间,《新华日报》原稿受检免登的竟达260件,1941年1月8日,也就是皖南事变发生后的第3天,送检稿子15件,被扣的竟达11件。针对这日益恶化的局面,周恩来向《新华日报》提出两条要求:"一是要稳,就是不失立场,有时不便说就不说,够分量就行了;二是活,就是不呆板,要巧妙,采取措施,缩小报纸版面",并于1941年元旦起不再每天发表社论。这在《新华日报》写作上是个很大变化,因为自创刊以来,原是天天在头版固定位置刊登社论的。这一举措使许多读者不明就里,为了答复读者,在1月11日《本报三周年》的社论中,专门写了一段话向读者解释,但是这段话被新闻检查所删去了后半截,登出的前半截是:"今年一月以后,本报的代表言论——社论暂不能和读者逐日相见,这绝非我们始愿所及,读者颇有来函相勉,希望我们在每一件事都能畅所欲言……"尽管是未让讲完的半截话,读者也能从中理解停发社论的原因。

面对国民党的限制、阻挠和扼杀政策,《新华日报》只能用更加隐晦曲折的方法来宣传党的方针政策,揭露反共顽固派制造摩擦、破坏团结的罪行。他们的主要斗争策略如下。

其一,在标题上做文章。编辑、记者开动脑筋,从敌人的大小漏洞中找材料,从一切可以利用的社会活动中选题目,在标题上做文章。一时间,《新华日报》上出现了不少内容上寓意深邃、形式上别具一格的好标题和好文章。如冯玉祥将军在政治文化工作委员会第二次国际问题座谈会上作了讲话,讲话的题目是《欧战给予我们的教训》。冯将军原是借题发挥,说是欧洲,实指中国,是正告蒋介石要吸取波兰亡国的教训。《新华日报》在给这则消息作标题时,则突出了他讲话的现实意义:

冯玉祥将军演讲
波兰亡国之训
亡于国内不团结
亡于内政不图治

其二,代邮的运用。代邮是《新华日报》对付新闻封锁经常用作透露重要信息的一种方法,那时常看《新华日报》的读者都知道,这些通过"代邮"形式登在报纸上的零星简讯,往往可能就是最有价值的新闻,也容易逃过国民党新闻检查所的检查。

其三,"开天窗"以示抗议。"开天窗"是旧社会报刊编辑部对政府新闻检查的一种抗议形式,即某新闻或言论在临发表时,被反动政府新闻检查机关禁止刊出,报刊编辑于是在版面上留下成块空白,排上"被检"二字,或一字不排,形如窗洞,以示抗议。1940年1月6日,《新华日报》因连送两篇社论《论冬季出击胜利》和《起来,扑灭汉奸!》均被国民党的新闻检查机关无理扣押,便在当天报纸社论位置上,只刊出"抗战第一!胜利第一!"八个大字,表达了对国民党当局压迫言论的愤怒心情,这是《新华日报》第一次也是以最大的篇幅"开天窗"。"皖南事变"后,《新华日报》"开天窗"发生的频率就更高了。

3. 延安《解放日报》改版对新闻文风的影响

1941年5月16日,《解放日报》在延安创刊,这是中国共产党在抗日根据地出版的第一份大型中央机关报。由于教条主义的流毒,资产阶级新闻观念侵蚀,在报刊宣传上出现了严重的"党八股"。

在《解放日报》最初10个月的办报实践中,它未能成为党中央传播党的路线、贯彻党的政策和宣传组织群众的锐利武器。体现在消息写作上,它以最大的篇幅刊登国际新闻,而对于全国人民和各抗日根据地的生活、奋斗缺乏系统的记载,未能对于整顿"三风"加以应有重视,重要的党的消息放在极不显著的地位。如1942年2月,全党普遍整风学习开始,但全月对此只发了4条消息,而2月1日毛泽东同志在中央党校开学典礼上发表整顿"三风"演说这样重要的消息,只在第三版右下角发了3条三栏题的消息。2月8日中共中央宣传部召集整顿文风的会议,毛泽东在会上作反对"党八股"的报告,这样重要的消息,也只是第三版的左下角登了一条三栏题的消息。

鉴于《解放日报》不能及时指导边区工作,1942年1月24日,中央政治局作出决议:"同意毛主席指出今后《解放日报》应从社论、专论、新闻及广播等方面贯彻党的路线与党的政策,文字须坚决废除党八股。"[①]决议还要求中央各部委(中央同志在内)每月为报纸写社论或专论一篇。3月14日,毛泽东在致周恩来的一份电报中又明确指出了报纸的改进方向:"关于改进《解放日报》已有讨论,使之增强党性与反映

---

① 《中共中央政治局关于给〈解放日报〉写稿与供给党务广播材料的决议》,《中国共产党新闻工作文件汇编》,新华出版社1980年版,第118页。

群众。"①

1942年4月1日,《解放日报》正式改版,在其社论《致读者》中明确指出了改版的目的是要使《解放日报》成为"真正战斗的党的机关报",整个报纸要"贯彻党的路线,反映群众情况,加强思想斗争,帮助全党工作的改进"。

《解放日报》的整风宣传,不是从消息报道开始,而是以评论文章领先。在评论文章的写作有了较大起色后,消息改革便提上了议事日程。一段时间实践以后,消息写作呈现出三个特点。一是采取集纳的形式,把若干条短讯编在一起,标上一个总标题,短小精悍,主题突出,且新闻面广量大,能较快地反映新情况、新经验等。二是以具体的、生活的事实作引导,发挥了党报所特有的指导性。1942年8月4日2版头条消息《联系实际掌握文件精神》,用大量生动的事实,展现了鲁迅艺术学院在整风学习阶段全校师生的讨论热潮,给根据地广大干部群众以极大的指导。三是抓住重大事件,进行集中突出的连续性报道。对陕甘宁边区高级干部会议的报道便是一例。中共西北中央局从1942年10月19日起,召开边区高级干部会议,历时88天,到1943年1月14日闭幕。这是边区党有史以来召开的最重要、最成功的一次大会,也是《解放日报》最集中突出宣传的一个大会。1943年1月31日,《解放日报》用第一版整版和第二版1/3的版面,发表了一条反映大会全程的长新闻,新闻用评述式的写法,既高度概括,又鲜明具体,当天的第二版上,还刊登了一条《大会决议已陆续变成实际》的消息。此后,对这个大会采取连续不断的报道形式,不断发表边区各地委、县委传达贯彻大会的情况,报道大会精神变成实际行动的动人事例,有声有势,有始有终。

4. 通讯与报告文学的昌盛

抗日战争爆发后,通讯与报告文学一跃成为时代的宠儿。"抗战发动以来,社会现实的演变供给了作家们以异常丰富的材料,然而那变动却太急剧、太迅速,竟使作家们没有余裕去综合和概括那些复杂丰富的材料,而且作家生活的繁忙,他们除了写作外,大都还要担负许多实际的救亡工作,而出版条件的恶劣(部分出版业停顿,纸张缺乏,发行困难)也限制了作家写较长的作品;适应着这些客观条件,作家们不能不采取短小轻捷的形式——速写,报告,通讯之类,以把握剧变的现实的

---

① 《毛泽东新闻工作文选》,新华出版社1983年版,第93页。

断片。"①

这一时期,通讯与报告文学内容空前广泛,有描写抗战正面战场作品,如范长江的《卢沟桥畔》《走向西战场》《察哈尔的陷落》《吊大同》等,这些作品后来与孟秋江、小方、溪印写的十几篇战地报告文学辑为《西线风向》出版。这部作品主要反映了平绥线的战斗情况,王芸生先生评价说:"他们几位出生入死,在战地内跑,随着国军的脚迹,冒着敌人的炮火,记录下可歌可泣可悲可慨的事迹。"②这些作品作为历史的记录确实难得,而且作者们的救国忧民之情洋溢其间;不过叙事比较简略。还有描写这场战争给人民带来深重苦难的作品,如曹白的《这里,生命也在呼吸》《在死神的黑影下面》《"活魂灵"的夺取》等,写大批无家可归的难民被安排在停业的电影院、银行中,电影院的业主吝啬地只给开两个电灯,而银行老板干脆拆掉了水电,于是整个装了几百难民的大厅,昏暗、污浊、汗臭、便臭,充满了一屋,难民被称作"猪猡",每天两顿稀饭,不断有人病死,留下成群的孤儿。也有介绍中国共产党和红军的作品,如范长江的《陕北之行》,第一次全面生动地介绍了红军长征的全过程,其中有些情节是珍贵的史料,文风朴素真挚,并无"宣传"的痕迹。在抗战时期,反映军民对敌武装斗争的报告文学、通讯作品占很大比重,优秀作品也比比皆是,如周游的《冀中宋庄之战》、沈重的《棋盘陀上五壮士》、丁奋的《没有弦的炸弹》、柯岩的《铡上的血》、吴伯箫的《一坛血》、杨成武的《一个胜利斗争的回忆》、白朗的《八烈士》等,穆青的《雁翎队》更是其中的代表作。

我国的通讯和报告文学作品,历来以写事为主,辛亥革命时期虽出现过一些写人的作品,但写法过于接近传记。抗日以后虽出现了一批写人的作品,但大多涉及军界人士,普通工人、农民的形象难以进入作者的视线。30年代中期开始,虽有不少作品题材涉及工农群众,但还只是笼统地反映他们的苦难生活,而没有聚集到某个普通的先进人物身上。在中国新闻写作史上,第一个用通讯或报告文学体裁为普通人中的先进人物立传的是丁玲。

丁玲曾因《三八节有感》而受到批评,后来她回忆说:"在陕北我

---

① 《中共中央政治局关于给〈解放日报〉写稿与供给党务广播材料的决议》,《中国共产党新闻工作文件汇编》,新华出版社1980年版,第118页。
② 中国报告文学丛书编辑委员会:《中国报告文学丛书》第二辑第一分册,长江文艺出版社1981年版,第396页。

曾经经历过很多的自我战斗的痛苦,我在这里开始认识自己,纠正自己,改造自己。"她说后来写的一些作品,"是我读了毛主席的《在延安文艺座谈会上的讲话》以后有意识地实践的开端"。① 她写过战斗,写过秧歌剧,都没有成功,后来胡乔木同志鼓励她去写报道,她参加了陕甘宁边区的合作社,写了《田保霖》一文。与此同时,欧阳光也写出了通讯《活在新社会里》。这两篇通讯均引起毛泽东的关注,他热情地给作者们写信说:"你们的文章引得我……一口气读完,我替中国人庆祝,替你们两位的新写作作风庆祝。"并且请他们到自己的窑洞来共进晚餐。②

5. 广播稿写作的发展

1938年年底,国民党中央广播电台迁至重庆。这一时期的中央电台成了反法西斯战线的重要宣传阵地,除"党国"大员外,中国共产党的领袖、著名爱国志士及盟国政治家,先后在这方阵地发出声音。1939年5月31日,周恩来应中央电台邀请发表《二期抗战的重心》广播讲话。当时,抗日战争已进入相持阶段,日本"三个月内灭亡中国"的美梦已经破产,随即作出战略调整,对国民党政权加紧诱降活动,周恩来在这次广播中,考虑到复杂的政治形势,以巧妙委婉的言词、坚定不移的政治立场和对抗日战争胜利的充分信心,准确地分析了形势,痛斥为虎作伥的汉奸,抨击了以反共代替抗日的反动思潮,宣传了中国共产党关于救亡图存的战略思想。在周恩来的倡导和影响下,彭德怀、邓颖超、吴玉章、郭沫若等先后到重庆等地的广播电台发表多次广播演讲。

此外,中央电台还加强对日本和日本公众的广播,组织日本战俘作广播讲话,并经常播出缴获的不满日本军阀、反对侵略战争的日本家信、笔记等,揭露日本帝国主义罪行,将事件真相公之于众,这对于争取日本公众乃至侵华士兵具有一定的成效;特别到了抗战中后期,随着日本人民的觉醒和日军素质的变化,这种"心战"广播收到更大成效。对此日本当局非常头痛,日本广播界人士将这座中央广播电台斥为"重庆之蛙"。

国民党当局在八年抗战中制造了几次反共高潮,这在中央电台的

---

① 张炯主编:《丁玲全集》第九卷,河北人民出版社2001年版,第51页。
② 宗诚著:《风雨人生——丁玲传》,中国文联出版公司1988年版,第199页。

宣传中也有体现,如1940年4月以后,在其节目中取消了《抗战教育》《抗战讲座》《抗战歌曲》等节目,停止播出原来作为开始曲的《义勇军进行曲》等。总体说来,这个"重庆之蛙"曾为中国和世界反法西斯战争的胜利而呐喊,作出了一定的贡献。

1940年12月30日,中国共产党创建的第一座广播电台——延安新华广播电台开始播音,呼号XNCR。中共中央宣传部在1941年5月25日关于电台广播工作的指示中,对广播的报道作了纲领性指示,指出:"1)广播内容应以当地战争及政治、经济、军事、文化、教育等各方面的具体活动为中心,并以具体事实来宣传根据地的意义与作用;2)广播材料应力求短小精彩,生动具体,切忌长篇大论,令人生厌的空谈;3)广播均应采取短小的电讯形式,每节以三百至五百字为适当,至多不得超过一千字。当地负责同志的讲演与论文如有特别重要意义的,应摘要广播,至多亦不超过一千字;4)每节电讯应一次广播完结,不得拖延时日,至多不得超过两天广播的时间"。

延安新华电台在物质异常困难的情况下,本着这一指示,积极宣传党的抗日民族统一战线,对推动抗日根据地的政权建设、揭露皖南事变真相、反击第二次反共高潮均作出了自己的贡献。从1940年年底开播至1943年春停播,延安新华电台前后断断续续播音两年多,时间虽不长,却揭开了人民广播的序幕。

四、解放战争时期

抗日战争胜利后,国统区新闻事业的中心向上海、南京一带转移,发展也比以往迅速。以报纸为例,国民党中央直接主办的报纸即中央直辖报发展到23家,总发行约45万份,省级党报主办的报纸27家,总发行约14万份,此外,国民党人士主办的准党报、县市级党部主办以及国民党军方主办的报纸,也为数众多。与此同时,随着解放区的扩大,解放区新闻事业也出现了迅速发展的局面。但是,随着全面内战的爆发,敌我力量的此消彼长,国民党在大陆的新闻事业日益萎缩,直至终结。

1. 综合性消息的广泛使用

消息写作一般是一事一报,综合性消息则是全面、概括地反映一个时期或某一重大事件的全局性情况,要求点面结合,分析综合,可以多事一报。综合性消息在20世纪30年代还只是零星出现,到40年代我党办的报纸上才大量使用,到解放战争时期,延安《解放日报》《东北日报》《大众日报》等报上,综合性消息已成为消息体裁的主角。综合性消息大致有两大类:一类是报道一个地区、一条战线、一个方面的情况,往往由许多事件(或事实)构成;一类是集中报道一个事件的全过程及这个事件相关的事情。毛泽东在解放战争时期为新华社写的《东北我军全线进攻,辽西蒋军五个军全部被我包围击溃》《南京国民党反动政府宣告灭亡》等新闻稿,比较典型地反映了综合性消息写作的特点。

2. 特写的发展

新闻特写是以描写为主要表现手段,对能反映人和事本质、特点的某个细节或片断,作形象化的"放大"和"再现"处理的一种新闻文体,该文体既不同于一般的消息、通讯,也不同于文学作品,通常归入通讯一类。这种文体早在30年代便初见报端,《晶报》《立报》《救亡日报》等报的新闻特写尤多。

早期的新闻特写以艳情、凶杀、抢劫为主要内容,上海一些报纸尤其突出。初创时期曾很有生气的《时报》在30年代却依靠这类新闻来支持销量;《申报》、《时事新报》、上海《大公报》等大报在本市新闻中也无一例外地以这类新闻为主体,不厌其详地描写这类事件的细节和现场。写奸情的如《皮箱店主妇与司账同卧,被丈夫撞破》(上海《大公报》,1936年9月4日)、《华捕奸拐少女案昨宣判,少女哀哀送情郎》(《时报》,1937年5月15日)、《二女遇暴失身》(《申报》,1936年10月1日)等,把有关过程作绘声绘色的描写和叙述;写凶杀的如《闸北区共和路河面捞起蓝布衫女头颅》(《时报》,1937年5月15日)、《无头箱案》(《申报》,1936年10月16日)等,把血淋淋的凶杀场面暴露出来,令人毛骨悚然。这种表现手法,既非新闻特写题材之必需,相反会在一定程度上对读者和社会造成负面影响。

到了解放战争时期,一大批以社会新闻为内容的新闻特写在反内战、反迫害、反饥饿的斗争中发挥了积极作用,深切地反映了劳苦大众的苦难,强烈抨击了反动当局的专制。如1947年2月9日,国民党特务制造上海劝工大楼血案,第二天《文汇报》便刊出《劝工大楼凶焰冲天,倡用国货竟遭毒打》的新闻特写,以劝工大楼的血淋淋现场和许多目击者的叙述,揭露和控诉了国民党特务的暴行。

3. 三种新闻写作风格

从20世纪30年代后期开始,随着民族矛盾和阶级斗争日趋激化,中国报纸明显地分为三个系统:以《解放日报》《新华日报》为代表的中国共产党领导的革命报纸;敌占区、国统区在我党影响下的进步报纸,如邹韬奋在香港办的《生活日报》、上海的《文汇报》、香港的《华商报》、南京(后迁入重庆)的《新民报》等;国民党统治集团办的《中央日报》《扫荡报》等政党、军队报纸。这三种报纸由于立场、办报方针等不同,因而呈现出不同的写作风格。

(1) 革命报纸的写作风格

共产党领导的报纸不但和商业性报纸有显著区别,而且和以往的政党报纸也有很大不同,它们公开宣布为党的机关报,有明确的政治宗旨,担负着宣传党的路线、方针的任务,形成了观点倾向鲜明、格调严肃庄重、语言通俗易懂的特色。

在文风上,革命报刊上的新闻严肃庄重,一般采取朴实的叙述,描写不多,文字通俗;在内容上,由于处于农村环境、战争环境,因此比较单一,基本上是生产、战争两大类。

(2) 进步报纸的写作风格

从20世纪30年代末到1949年,进步报纸所处社会环境同以前相比,有了显著变化,也形成了自己独特的写作风格。这主要因为:一方面,共产党在全国的影响越来越大,进步报刊越来越倾向于革命;另一方面,国民党的新闻统制越来越严厉,在严峻的控制与反控制斗争中,不得不拥有独特的本领。概括讲,进步报纸的写作风格是:观点力求隐蔽,形式活泼多样,文字轻松自然。如《文汇报》1947年4月8日消息:

胜利以来神经病多
卫生院义务解答

本报南京七日专电 胜利以来,患精神病及轻微心理病者日多。中央卫生院以该项病影响社会秩序以及个人之工作能力,与生活幸福甚巨,特由法院心理卫生室义务解答有关此项病症之咨询……

精神病是一种生理现象,但新闻意味深长地点明"胜利以来"这种病多起来了,抗日胜利了,理当心情愉快,疾病减轻,为什么"精神病"反而增加了?这种弦外之音,读者自然品味得出来。

(3)国民党报纸的写作风格。

解放战争时期,《中央日报》《扫荡报》等越来越堕落,新闻充满了假话、大话、空话,许多消息纯粹用谎言编成。而谎言往往又不能自圆其说,文章显得语无伦次,广大读者根本弄不清他们在说些什么。且看《中央日报》1949年1月15日关于平津战役的一则报道:

津市激战续进行

中央社天津十四日电 今日为天津保卫战之第二十八日,亦即主力战第九日,林匪一、二、三、七、八、九、十、十二纵队及炮兵纵队围攻天津,虽然遭惨败,仍尚未放弃围攻企图,我军士气旺盛,阵地坚强,联络迅速,匪每次猛攻,彼有死伤累累,自食恶果而已……

这条新闻集假话、大话、空话为一体。众所周知,天津之战,中国人民解放军1月14日下午发起总攻,15日下午天津全城解放,何来国民党军队的"士气旺盛,阵地坚强"之说,实乃奇文。

4. 军事通讯写作的一个高峰

军事题材在抗日战争期间已成为通讯的重要题材,到了解放战争时期,它几乎是通讯唯一的题材了。这是因为,决定中国命运的激烈战争一个接一个,且规模越来越大,广大读者和作者最关心的当然是战争的进程和结局,这自然促成了军事通讯写作高潮的形成。在这期间,最值得肯定的是华山。

解放战争期间,华山作为《新华日报》的随军记者一直活跃在战场上,特别是在东北战场上,他写下了《承德撤退》《风雪中来去》《勇士们》《战线纵横》《解放四平街》《家》《英雄的十月》《总崩溃》等一系列作品,这些作品堪称东北地区解放战争的艺术编年史,真实、生动地再现了艰苦激烈的战斗全程,其中《承德撤退》《解放四平街》《英雄的十月》是其代表作。华山同志采访深入,出生入死,作品既大气又细腻,是在全军将士中享有较高知名度的军事记者。

此外,戴邦的《射击英雄魏来国》、刘白羽的《为祖国而战》、王匡的《西瓜兄弟》、张明的《桌上的表》、汤洛的《鸡毛信》等,也享誉军内外。

5. 毛泽东的新闻写作特色

毛泽东虽然不是一名专业的新闻记者，但他也为我们留下了不少十分精彩的新闻作品，颇具写作特色。这些作品是《周恩来同志返延安》(1945年2月17日)、《爷台山战事扩大》(1945年7月25日)、《我军解放郑州》(1948年10月22日)、《东北我军全线进攻，辽西蒋军五个军全部被我包围击溃》(1948年10月27日)、《中原我军占领南阳》(1948年11月5日)、《我三十万大军胜利南渡长江》(1949年4月22日)、《人民解放军百万大军横渡长江》(1949年4月22日)、《南京国民党反动政府宣告灭亡》(1949年4月24日)等。这些新闻的主要特色有以下几点。

第一，短小精悍。选取重大事件，写作紧扣主题，使用极其简洁的文字，报告重要事实，这是消息采写所必须遵循的原则，也是毛泽东新闻写作的一个显著特点。例如，《周恩来同志返延安》一文117字，《爷台山战事扩大》一文203字，《我军解放郑州》一文150字，《我三十万大军胜利南渡长江》一文180字，《南京国民党反动政府宣告灭亡》一文420字，其余几篇也大都在千字以内。

第二，直扑事实。阅读毛泽东的新闻作品，几乎找不到多余的文字，均直接报告事实，读者通过作品提供的具体事实和准确数字获得信息，感到真实可信。如《爷台山战事扩大》在导语之后，就直接报道蒋军又增加一个师的兵力进攻我军，且具体指出这个事实的来源——一是我侦察员报告，二是据敌军逃兵提供，真实性和可信性顿时凸显。

第三，导语简洁。毛泽东十分重视新闻导语的写作，他主张新闻导语"应立片言以居要"，如《爷台山战事扩大》导语仅七个字，《我军解放郑州》导语只十五字，但新闻有关要素及主要事实均已清晰明了。

第四，叙评结合。在报道事实的同时，于关键处融入作者的评论，画龙点睛，加强报道的深度，这种叙评或叙议结合的写作方法，是毛泽东极力倡导并经常运用的。

早在1931年3月12日，毛泽东就在一篇关于《普遍地举办〈时事简报〉》的材料中指出，写消息"也不是完全不发议论，要在消息中插句把两句议论进去，使看的人明白这件事的意义，但不可发得太多，一条新闻中插上三句议论就觉得太多了，插议论要插得有劲，疲疲沓沓的不插还好些。不要条条都插议论。许多新闻意义已明显，一看就明白，如插议论,就像画蛇添足,只有那些意义不明显的新闻,要插句把两句进去"。①

6. 反对"客里空"运动

1947年6月15日,《晋绥日报》第四版整版刊出了苏联名剧《前线》中有关"客里空"情节的片段,作为反对"客里空"的引子。"客里空"是一个惯于弄虚作假、吹牛拍马的战地特派记者,他从不深入现场,而是待在总指挥部,胡编乱造新闻,最后终于暴露了马脚,被广大红军官兵从前线轰走了。《晋绥日报》发起的反"客里空"运动,就是借用这个典型揭露不真实的新闻,反对弄虚作假的新闻作风。《晋绥日报》在编者按中指出:"我们的编者、作者应该更加警惕,并勇敢地严格检讨与揭露自己不正确的采访编写的思想作风,更希望我们每一个读者都起来认真、负责、大胆地揭发'客里空'和比'客里空'更坏的新闻通讯及其作者,在我们的新闻阵营中,肃清'客里空'。"《晋绥日报》向读者公开进行自我批评,1947年6月25日至27日,以《不真实新闻与"客里空"之揭露》为题,连续刊登自我检查出的失实报道和读者的揭发材料,紧接着,一些记者、作者、通讯员也作了自我揭露与检查。

1947年8月28日,新华社发表社论《锻炼我们的立场与作风》(副题《学习〈晋绥日报〉检查工作》),赞扬并推广《晋绥日报》的经验。社论指出:"《晋绥日报》这次反对'客里空'运动,在人民新闻事业建设过程中是有历史意义的,各解放区的新闻工作单位部门及个人,均应普遍在公开的群众性方式下,彻底检查自己的立场与作风,要开展一个普遍的学习运动。"9月1日,新华社又发表社论《学习晋绥日报的自我批评》,强调:"《晋绥日报》的自我批评是土地改革的一个收获,它必将使新闻的工作更加向前推进一步,这种自我批评不仅各解放区的新闻工作者要学习,而且一切工作部门都应向它学习,以便更加改进自己的工作。"从此,反对"客里空"运动,由一般现象的检查进入立场与作风问题检查,并和当时的整党运动结合,开展"三查"(查阶级、查思想、查作风)、"三整"(整顿组织、整顿思想、整顿作风)。

反对"客里空"运动,推动了报纸工作的改进,《晋绥日报》创造性运用编者按语是最为出色的,报纸公开反对"客里空"取得了群众的信任,作者、读者来信来稿大量增加。当时土改和解放战争迅猛发展,解放区

---

① 《毛泽东新闻工作文选》,新华出版社1983年版,第29页。

农村交通不便,要一一调查核对来稿来信的真伪十分困难,为了充分利用来稿,编辑采用了加编者按语的做法,按语或加在一篇稿件的前面或后面,或是三言两语地插在稿件行文的中间,针对稿件中的某一观点和疑难不清的问题,提出编者的意见,或者阐释交代政策,或者表示赞成什么、反对什么,或者提出问题,加以说明或补充。许多按语写得尖锐、泼辣,言简意赅,态度鲜明,很受作者、读者欢迎。

五、新中国成立初期

新中国成立前夕,毛泽东曾说过,"我们熟悉的东西有些快要闲起来了,我们不熟悉的东西正在强迫着我们去做。"[①]就新闻写作来说,也面临着同样的问题:熟悉的题材和写法有些快要闲起来了,不熟悉的题材和写法则强迫着我们去学、去创立。

1. 新闻写作概述

第一,围绕党和政府的工作中心。这一时期的新闻写作目的十分明确,即一切围绕党和政府的工作中心进行。1950年6月25日,朝鲜战争爆发,于是,以抗美援朝为主题的报道成为1950年至1953年全国新闻报道的中心。《人民日报》除了在其他版注重这方面内容外,从1950年12月4日起,在第5版特辟《抗美援朝》专刊(先后为旬刊、周刊、半月刊),到1954年9月共出190期。在报道手法上力求生动活泼、丰富多彩,除新闻、评论(广泛采用述评)、通讯外,还有答记者问、首长发布命令或慰问信等。

第二,突出报道重点建设的成就。经过三年国民经济的恢复,我国开始实行经济建设的第一个五年计划,新闻写作及时配合,运用多样化的报道形式,大力宣传成渝铁路、青藏公路、鞍山钢铁工业基地等一批重点工业的建设。《人民日报》在《建设鞍山的人们》总标题下,发表310余篇通讯,多侧面地反映了农民、转业军人、工长、电焊工、工程师等建设鞍钢的先进人物,体现了"全国支援鞍钢,鞍钢为了全国"的全局思想。

2.《人民日报》1956年改版对新闻写作的影响

1956年7月1日,《人民日报》正式改版。改版是基于两方面的原

---

① 《邓小平文选》第二卷,人民出版社1994年版,第269页。

因:一方面,改版前的《人民日报》,在每天只有1万多字的新闻容量里,不少是公报新闻和政治动态,大多数新闻是"板起面孔说教",读者很不满意;另一方面,社会主义改造基本完成,党中央提出了"百花齐放、百家争鸣"的方针,《论十大关系》对学习苏联经验中的弊端也有了阐述,这些都为《人民日报》的改版提供了良好的外在氛围。

《人民日报》的改版从三个方面展开。

第一,扩大报道范围。在1956年7月1日《人民日报》社论《致读者》中明确提出:"我们是生活在一个充满着变化的世界,各种不同的读者要求从不同的方面了解这个变化着的世界。尽量满足读者的多方面的要求,这是我们的天职。"改版后的第一个月,《人民日报》共刊登新闻2 288条,平均每天74条,在头条新闻中,经济新闻占首位,改变了过去"多谈些政治,少谈些经济"的状况,同时,在第7版首次出现了体育新闻专栏,还增加了社会新闻。

第二,开展自由讨论。《人民日报》在《致读者》一文中称:"报纸是社会的言论机关。在任何一个社会里,社会的成员不可能对于任何一个具体问题都抱有一种见解。党和人民的报纸有责任把社会的见解引向正确的道路。"改版后1个月,《人民日报》收到读者来稿来信3.1万件,比改版前6月份增加9 000件,其中被采用发表的292件,约14万字,平均每天见报约10篇,合计4 000字左右。同时,组织开展了关于百家争鸣的热烈讨论,发表不同观点的文章,第7版的《炎风小语》专栏,三言两语,切中时弊,富有哲理。在第8版的文艺副刊上,刊登了一大批名家作品,所涉广泛,有国际国内的,有文学艺术的,有社会生活的、风土民情的,如茅盾的《谈独立思考》(1956年7月20日)、巴金的《"独立思考"》(1956年7月28日)、曹禺的《埃及,我们定要支援你!》(1956年11月18日)、刘思慕的《从鲍惠尔案看"自由美国"》(1956年10月26日)、叶圣陶的《"老爷"说的谁没错》(1956年7月20日)等,呈现了一派百花齐放、百家争鸣的大好局面。

第三,着力改进文风。在《人民日报》的《致读者》一文中,对新闻写作的文风也大胆提出改进措施,要求报纸上的文字应力求言之有物、言之成理、言之成章,尤其在言论写作上,要求清新活泼、潇洒自由,看不到"八股腔"或"新闻体",文章要写得有条理、有兴味,谈笑风生,文情并茂。

《人民日报》改版为如何办好无产阶级的报刊做出了有益探索,以此为标志和开端,新闻界的改革之风迅即吹遍全国,各地报纸纷纷仿效,从实际出发,改革栏目、文风,一时间,全国新闻界呈现出一片生机勃勃、欣欣向荣的景象。但是,令人遗憾的是,随着反右斗争扩大化,到1957年下半年,这场改革便悄然而止。

3. 通讯写作的勃兴

在全面建设社会主义时期,通讯体裁得到了长足发展,虽然出现了不少"真实地记录虚假"的失实报道,但还是有不少人保持着清醒或基本清醒的头脑,写出了一些较好的作品,如巴金的《一场挽救生命的战斗》、《文汇报》记者采写的《钢铁战士》等。值得一提的是1960年2月28日《中国青年报》刊登的《为了六十一个阶级兄弟》(王磊、房树民)一文,这篇作品生动地记述了山西省61名民工中毒后,北京军地有关部门的职工、战士、飞行员和司机争分夺秒,紧密配合,终于把药品及时送至,使中毒民工转危为安的事情,宣传了"一人有事、万人相助,一处困难、八方支援"的共产主义精神;在写作技巧上,构思新颖,情节紧凑,扣人心弦,也颇具感染力。

从新中国成立到1966年的17年中,通讯的压轴之作,当属穆青、冯健、周原合写的《县委书记的榜样——焦裕禄》(载于1966年2月7日《人民日报》)。作品把主人公焦裕禄放在三组冲突——人与自然灾害,勤奋工作与疾病困扰,艰苦奋斗与特殊化——中表现,充分显示了作者的胆识和采写水平。

特别值得提一笔的是,穆青不仅在采访写作上有过人之处,而且在新闻理论上也有诸多建树。他在1963年《新闻业务》第一期上发表了《在工作中感到的几个问题》一文,论述了用散文笔法写新闻的问题:"有的同志现在尝试着用散文笔法来写新闻,也是力图创新的一种努力。我觉得,从广义上说,新闻即是散文的一种,因为新闻无非是告诉读者发生了什么事,这件事有什么意义,散文中的叙事文不也是如此吗?既然叙事文可以这样写,也可那样写,为什么新闻就非受一定格式束缚不可呢?为什么散文可以有个人风格,而新闻就只能按照死板公式去套呢?我看只要事实交代清楚明白,在写作上可以突破老一套的公式,不一定非得第一段写导语,第二段写背景、第三段……可以百花齐放,大胆创造。当然,我并不是说新闻写作的一些基本要求都不应用了,如开门见山、短小精炼和一定的客观形式等等,这些都还是适用的,我的意思只是说,对其中某些要求我们不必过分拘泥,比如可以不一定写导语,也可以不一定要有新闻根据,可以夹叙夹议,既有形象的细节描写,又允许有少量的议论和记者的感受,在选择角度的时候,既可以从领导角度来写,也可以从群众角度来写,突破了那些不合理的束缚以后,那一套令人生厌的新闻语言也可能随之改变了。""只要我们彻底解放思想,敢于创造,新闻写作上一定会出现一个新的局面,我不相信新闻就只能有一种写法,既然我们在新闻内容上有了很大发展,为什么要受现有形式的束缚呢?"

穆青提出用散文笔法写新闻,明确强调要突破老一套"新闻写作理论"框框的束缚,是对僵化的"新闻写作理论"的一次挑战。"文革"的到来,使这一理论的实践无法开展,直到 20 年后,穆青才又有机会对这一理论进行新的补充和发展,并付诸实践。

4. 中国电视新闻写作的诞生

1958 年 5 月 1 日,北京电视台开始试播,那天晚上播出的新闻节目是中央新闻纪录电影制片厂摄制的反映干部下放的纪录影片《到农村去》。后来,新影厂的《新闻简报》和长短纪录片成为电视台长期的、经常的新闻节目来源。

1958 年 5 月 15 日,北京电视台第一次自办新闻节目——播出了 4 分钟的图片报道《东风牌小汽车》。图片报道是电视台新闻节目的一种形式,图片通常是新华社记者拍摄、电视台编辑加播解说词。同年 6 月 1 日,北京电视台第一次播出记者孔令铎、李华拍摄的新闻片——中共中央刊物《红旗》杂志创刊的新闻,后又播放了第一部电视纪录片《英雄的信阳人民》。1958 年 10 月 1 日,北京电视台首次转播天安门广场的国庆活动,并拍摄新闻纪录片。1959 年 4 月 18 日,首次转播重大会议的实况,即二届人大一次会议周恩来总理作政府工作报告。

1958 年 11 月 2 日起,北京电视台的新闻节目有了质的变化,即开始口播《简明新闻》,每次 5 分钟,由中央人民广播电台提供稿件,但时有时无,断断续续。1960 年元旦,北京电视台实行固定的节目表,设立了每周 3 次的电视新闻栏目,每次 10 分钟,该栏目内容只有电视台新闻片和纪录片,口播新闻和图片报道是不包括在内的。

在 20 世纪 60 年代,中国只有少数高级干部家庭有电视接收机,在公共场所集体收看电视的观众是买票入场的。这一时期,电视台除了重大节日的实况转播或重要活动的新闻报道外,一般新闻纪录片时效甚差,需要送北京洗印的地方台电视片,就更谈不上时效了。电视新闻所反映的社会生活面是比较狭窄的,除了政治、外事活动之外,大多是先进工作经验和模范典型人物的报道。

六、"文化大革命"时期

在十年动乱时期,我国的新闻事业成为发动和开展"文化大革命"的舆论工具,在林彪、江青两个反革命集团的控制下,又成为他们煽动极左思潮、鼓吹个人崇拜、阴谋篡党夺权的舆论工具。体现在新闻写作上,摒弃了我党长期以来形成的优良传统,取而代之的是假、大、空的恶劣文风。

1. 推行个人崇拜

林彪、江青等人在鼓吹"造反"的同时,也掀起了对毛泽东个人崇拜的狂潮,报刊、广播、电视宣传强化和推动了这个狂潮,形成这个时期新闻事业的一个突出点。

"文革"期间,新闻盛行二段式,即毛主席语录加例子,作者不用注重新闻价值的大小和新闻事实的主次,也不用考虑文章的结构和层次,只靠抄一段语录就能"焊接"上下文。例如,在一篇题为《文艺革命的光辉样板》一文中写道:

> 钢琴伴唱《红灯记》是我国工人阶级领导下斗、批、改的伟大成果,是上层建筑各个领域斗、批、改的光辉样板,它的诞生,再一次向全世界展示了我国无产阶级文化大革命的伟大胜利,显示了毛主席革命文艺路线的伟大胜利!
>
> 毛主席教导我们:"无产阶级必须在上层建筑其中包括各个文化领域中对资产阶级实行全面的专政"……

此外,新闻写作还经常引用毛主席的几句诗词作为开头,形成了一种套话连篇的"文革报刊文体"。请看1970年1月3日《人民日报》第二版《迎接伟大的七十年代》的几则新闻导语:"天地转,光阴迫。全世界无产阶级和革命人民,以无比自豪的心情,送别了六十年代,满怀信心地迎来了伟大的七十年代……""四海翻腾云水怒,五洲震荡风雷激。我们工人阶级满怀豪情,以战斗的姿态迈入了伟大的20世纪70年代。放眼全球,展望未来,心潮逐浪高,继续革命的斗志更加坚强……"

2. 典型报道多为政治服务

1969年4月召开的中国共产党第九次全国代表大会,从理论上、组织上、实践上进一步肯定了"文化大革命"。新闻工作也"责无旁贷"地担负起宣传"九大"的工作,为推动"斗、批、改"(斗走资本主义道路的当权派,批判资产阶级和修正主义,改革不合理的规章制度)的开展,中央"两报一刊"反复强调要"抓紧革命大批判"。与此同时,报刊上也陆续报道了一些典型,在为路线斗争服务的口号下,夸大渲染的、虚构编造的、以偏概全的所谓"典型报道"充斥了报刊版面。

"文化大革命"期间的典型报道突出,是由两个因素造成的:一是"四人帮"别有用心编造典型,带有明显的政治目的,往往是用来打人的石头;二是同新闻工作中长期对典型报道的片面认识有关。自1942年延安整风运动以来,通过报刊和其他新闻媒介表扬先进人物和先进典型,一向是我们推进各项工作的有效方法之一,也是党和人民新闻事业的重要职能和任务之一。但是,先进人物和典型经验应是在群众斗争实践中产生的,不能是为了某种政治需要而拔高甚至编造出来的。在报道介绍、推广典型经验的时候,也应从实际出发,绝不能将典型经验绝对化、模式化,成为万能的典型。

当然,"文革"期间也有一批好的典型报道,如1972年12月29日《人民日报》发表的《人民的好医生李月华》,就是一篇力矫时弊的通讯作品。该通讯忠于事实,写得真挚自然,不趋时讨好,至今,不少高校新闻院系仍将该通讯作为好作品向学生推荐。

总的说来,"文化大革命"是一场给党和国家、给全国人民带来深重灾难的内乱,也给中国新闻界带来莫大的混乱。"文革"中的"新闻写作"也是新闻业务史上不光彩的一页,不该把它忘记的,应该加以研究,以史为鉴。

七、改革开放时期

中共十一届三中全会的召开标志着中国正式步入社会主义现代化建设时期,与其相适应,中国新闻事业也开始拨乱反正。进入20世纪90年代后期,面对日趋多样化的竞争,各报、各台纷纷寻找新的出路,报业集团纷纷成立,广电集团也相继建立,在此大背景下,新闻写作也呈现立体化、多样化的表现手法。

1. 新闻本位的复归

在此期间,新闻媒介开始注意按照新闻规律办事,从1978年11月开始,《人民日报》不再刊登大幅领袖标准像及其"语录";从1979年元旦开始,《人民日报》取消"两报一刊"社论及其"编辑部文章",新闻媒介逐渐向新闻本位复归,新闻报道的比例不断大幅增长。

2. 新闻文风的改进和突破

"文化大革命"中,由于新闻信息贫乏,大批判文章充斥新闻版面,形成"小报抄大报,大报抄梁效"的现象——"文化大革命"期间,由北京大学、清华大学组成的大批判写作班子"梁效",是北大、清华"两校"的谐音——导致千报一面、千篇一律的局面。粉碎"四人帮"后,新闻界一度力图改变这种状况,1977年1月21日,《人民日报》发表"读者来信"和"编者按",要求肃清党八股,改进文风。但"冰冻三尺,非一日之寒",到1978年5月,《人民日报》仍然严重地存在着"四多三少"的现象,即会议公报多、领袖长篇讲话多、领袖照片多、追悼与怀念文章多,新闻信息少、自己的声音少、读者反馈少。直到1978年年底,新闻界才真正开始重视文风问题,复刊后的《新闻战线》开辟"提倡短新闻"专栏进行讨论。从1979年起,各新闻媒介努力改进文风,短新闻日益增多,新闻信息量明显增加。《解放军报》在1979年9月19日头版头条登了"短新闻十则",率先吹响了短新闻写作的冲锋号。

3. 新闻体裁的多样化

改革开放以后,新闻工作者对报纸体裁和样式作了大胆探索和创新,报纸上出现了非"倒金字塔"结构的散文式的新闻,既不像通讯和特写,也不像散文的自然文体。此外,系列报道、连续报道、探察式采访、目击式新闻、现场短新闻等都得到加强。

4. 电视报道着力改革

在经历了"文革"十年的停滞之后,改革开放的春风也吹到了电视屏幕上,加上电视技术飞速发展,社会对新闻的需求激增,电视报道的面貌也急速改观。针对电视片"假、慢、长、空"的现状,电视从业人员提出"新、广、快、短、活"的目标,广大观众眼睛为之一亮。

1978年5月1日,北京电视台改称为"中央电视台",此后,以《新闻联播》为标志的全国性电视新闻广播网在各地方台的配合下初步形成,电视报道立体化的格局也日益清晰。

综上所述,改革开放给中国社会带来巨大变化,中国新闻媒介也由此进入一个迅猛发展的时期,呈现出勃勃生机。纵观这一时期的新闻写作,我们可以得出以下启示:第一,在历史转折关头,新闻媒介是时代的记录者、表述者和推动者,但是,受传统观念和习惯势力羁绊,其发展不可能一帆风顺;第二,随着社会的进步与发展,加上受众对信息需求越来越广、越来越深、越来越活,新闻写作呈现多样化、立体化格局,这是不以人的意志为转移的。

八、网络发展时期

最近二十多年来,互联网高速发展并普及,在很大程度上改变着新闻的生态系统与环境,在以互联网为代表的新技术浪潮的推进和市场竞争的持续推动下,新型传播平台不仅要实现新闻资源最优化,而且承担着更深刻、更广泛的改革与创新使命。

1. 短新闻的进一步走俏

新媒体的优势与发展,给传统媒体带来空前的挑战,也带来莫大的机遇。在这期间,受众对报纸等传统媒体新闻传播内容和方式的依赖度极速降低,传统媒体新闻写作的理论与方式已出现短缺,需要在理念、技术和形式等方面不断变革与创新。网络信息非常简洁,加上量大、传播速度快,迫使报纸等传统媒体的新闻也必须尽可能地化繁为简,达到简洁明快的传播效果。况且,中国现代化建设的步子不断加快,广大受众惜时如金,每天用于看报刊、听广播、看电视的时间越来越少。因此,信息快餐化的传播方式受到普遍欢迎。在相当长的一段时间里,中国新闻界大力倡导短新闻的写作,积极开展现场短新闻竞赛等各项业务活动。

随着时间和实践的推移,新媒体时代的新闻竞争已不再全是"短、平、快"的竞争,受众欢迎的也不再全是快餐文化,"满汉全席"式的深度报道日益受到追捧。况且,时下任何重大事件的报道,互联网等新兴媒体在时效上总胜过纸质媒体,当新闻变旧闻时,报纸再跟在后面发布这些新闻,受众一定大倒胃口。因此,在通常情况下,当某一事件或事实出现时,传统媒体的记者已不再把精力花在抢时间、争速度上,而是渐渐地亮出出奇制胜的法宝,即用心对新闻的背景,即新闻背后的新闻,予以深入挖掘和链接,以深度取胜,以独家报道取胜。

2. 深度报道的勃兴

（1）深度报道勃兴小史

深度报道是时代的产物。在英美，深度报道也叫大标题后报道，在法国则称为大报道。中国的深度报道随着改革开放的时代潮流发展而发展，也是网络等新媒体飞速发展的压力下，传统媒体要保持生存和发展空间的一个重要竞争手段。1985年以前，深度报道及其概念还鲜为人知，但当年获全国好新闻特等奖的《有胆略的决定——武汉三镇的大门是怎样敞开的》，以及《中国青年报》在1985年12月13日至28日连续发表的探讨人才成长规律的《大学生成才追踪记》，使读者初识其庐山真面目。时隔一年，中国新闻界尤其是报坛，刮起了一股深度报道的旋风，成为各报竞争的品牌。《光明日报》发表《一个工程师出走的反思》，《中国青年报》发表《第五代》《西北地区贫困探源》，《人民日报》发表《温州风情画》，等等，这些报道以其独特触角和深刻性在读者中引起强烈反响。到1987年，中国新闻界的深度报道已形成高潮，《中国青年报》在这一时代潮中扮演了一个出色弄潮者的角色，该报发表的《红色的警告》（1987年6月24日）、《黑色的咏叹》（1987年6月27日）、《绿色的悲哀》（1987年7月4日），高屋建瓴地透视大兴安岭火灾的深层背景，振聋发聩。同年该报发表《命运备忘录——38名工商管理硕士（MBA）的境遇剖析》（1987年12月2日），强烈呼吁社会各界重视新型人才。《经济日报》发表《关广梅现象》（1987年5月12日），涉及对社会主义初级阶段改革性质的认识。《人民日报》发表《鲁布革冲击》《中国改革的历史方位》《改革阵痛中的觉悟》，探讨重大的、有争议的改革问题。1987年以后，广播、电视借鉴这一报道方式，同样获得了重大突破，以1988年全国电视好新闻奖评选为例，这一年有11个深度报道节目获奖，其中获得特等奖的浙江电视台选送的节目《七号台风袭击浙江》，也是深度报道。可以说，在中国新闻业务史上，1987年是名副其实的"深度报道年"，无论就广度还是深度而言，这一时期的深度报道都达到了一个巅峰状态，《关广梅现象》《中国改革的历史方位》在全国好新闻评奖中拔得头筹，标志着这种报道方式已臻成熟。

深度报道在20世纪80、90年代的中国媒介的崛起，从表面上看，是步入商品-市场时代的媒体竞争使然，但更深层的原因还是社会变革的需要。改革使我国延续多年的政治、经济、文化体制、传统观念发生了深刻变化，新事物、新情况、新问题层出不穷，在新旧体制交替转换时期,各种社会矛盾交织、撞击,不同群体的利益重新分配,这些使得人们对改革既充满了希望,又产生了许多困惑。面对纷繁复杂的社会生活,受众不满足于知道这世界发生了什么事,更想知道这些事为什么发生,意味着什么,与自己的关系如何,从而确定自己的下一步行动。① 变革社会中的动态时局为深度报道的产生和发展提供了丰富的素材,不同社会群体、个体对于一系列经济、政治社会现象的解读之需,为深度报道的繁荣提供了广阔的市场空间。"需求决定生产",社会需要促使新闻工作者用新的眼光来观察现实,用新的思路来思考现实,用新的形式来反映现实。在这种情况下,"以今日的事态核对昨日之背景,从而说出明日的意义来"的深度报道便应运而生。

(2) 深度报道的写作要领

要系统、深入地反映重大新闻事件和社会问题,阐明事件因果关系,揭示实质,追踪与探索事件的发展趋势,要实现将报道对象作为一个整体、一个过程来加以考察,着重回答"为什么"和"怎么样"的目标,深度报道必然对写作提出了更高的要求:求深、求准、求贴近。

第一,着眼整体,博中求深。即记者的眼光不能停留在一时一事一地上,应以系统论的观点,从整体出发,从部分与整体的联系中反映事物,分析事物,认识事物。

第二,精选角度,优化组合。上世纪80年代中期深度报道勃兴后,在取得相当大的成果的同时,也出现了大、偏、玄、滥等不良业务倾向。为了提升深度报道的精炼、深刻、科学程度,在新闻写作时,就必须对角度要精心选择,对材料要优化组合。

第三,精准思辨,深化内涵。思辨是文章之魂,是深度报道的重要特性之一,精准的思辨能使深度报道出思想、出观点、出文采,新闻事实与理论思辨若能有机结合,深度报道必然更有深度和力度。

3. 新闻写作的相互借鉴

综观二十多年的历史,网络新媒体在技术因素上胜过任何单一的传统媒体,但传统媒体也绝不会丧失独立存在的价值。在新闻传播活动中,不应忽略起重要作用的非技术因素,即传统媒体长期积累的经验和可信度等。互联网虽然发展迅速,各类网站如雨后春笋般冒出,但时至今日,大多数网站并不具有正式的采访权,传统媒体在信息的丰富

---

① 杨清:《深度报道采写误区及对策》,《柳州师专学报》,1999年第2期。

性、传播的时效性和互动性等方面又远不如互联网等新媒体，因此，在新闻写作等业务层面有效地建立互动平台，新老媒体互相学习借鉴、共同发展，已成为时代命题。

首先，在形式上，由于没有正式的采访权，因此，在相当长的一段时间里，网络的许多信息发布均依赖传统媒体。

传统媒体在网络等新媒体的冲击下，许多劣势凸显，为了求生存、求发展，于是就"借船出海"，纷纷与网络结缘，在融合上进行多方面的尝试和成功实践。从形式上讲，中国报业与互联网的合作经历了两个阶段：一是1995年至1999年下半年，是报纸网络版（也称电子版）建设阶段；二是2000年以后，则进入以新闻为主的综合性网站建设阶段，所有报业集团目前的结构几乎均呈"N报N刊一网站"格局，新闻资源在集团内实行共享。现如今，在媒介数字化建设的进程中，报纸内容又以移动互联网为中心，构建"一网两微一端"的传播矩阵。

广播电视的线性传播方式有信息稍纵即逝、不易保存和查阅等弱点，大凡遇上事件发展过程曲折、以理性与思辨为特点的深度报道，就难以同报纸竞争。但通过与网络新技术的融合，广播电视传播的信息可以在因特网上变成文字，受众可以随时取读和复制。最近几年，短视频和直播成为网络传播的主流，广播电视应充分利用其视听优势，迅速变革、创新，可以在网络时代拥有一席之地。

其次，在内容上，在具体的新闻内容写作中，传统媒体主动积极地注入诸多网络元素，特别是网络语言个性突出，更具直观性、通俗性，若借用适度和恰当，能使新闻报道更加贴近生活、贴近受众，更加生动活泼、招人喜爱。

与此同时，越来越多地吸收、整合网络传播内容，以丰富自己的报道形式和内容，也日益成为传统媒体新闻写作的一个价值取向。在新闻写作中，或是将网络内容引用为自己稿件的新闻根据，然后再将本报（台）记者采集的相关事实陈述其后；或是将网络内容引用为自己稿件的新闻背景，以增强新闻报道的全面性、客观性和真实性。当然，引用必须合理合法。

随着媒介融合的不断推进，传统媒体和新兴媒体在新闻报道的形式和内容的互相学习、借鉴上，一定会有更加实质性的发展和突破。

二、采访篇

第五章

新闻采访前期活动

要使新闻采访这一社会活动有效率,记者就必须具备良好的意志品质、个性与气质,熟练的活动技能与技巧,同时,必须使自己处于感觉、知觉、想象、记忆、思维、语言、兴趣及情感等正常心理活动状态之中。

新闻采访活动是一个系统工程,一般分为第一阶段、第二阶段、第三阶段,也称为采访前期、采访中期和采访后期。

第一节 新闻敏感的培养

在日常工作与生活中,怎样及时、敏锐地感知和判别新闻,是新闻采访活动中一个十分重要的问题,也是记者称职与否的起码条件。

所谓新闻敏感,即指新闻工作者及时识别新闻价值的能力,也就是新闻工作者对新闻人物、新闻事件、新闻事实所蕴含的新闻价值的敏锐感知能力。这是新闻工作者必备的能力,是一种职业敏感,是长期从事新闻实践的经验和结晶。新闻工作者能不能在纷纭繁杂、浩如烟海的新闻事实中,及时发现与敏锐分辨有价值的新闻事实,其直接着力点靠新闻敏感。西方新闻界通常称新闻敏感为新闻嗅觉,又称"新闻鼻""新闻眼"。

一、新闻敏感的主要内容

有人感叹新闻敏感是看不见、摸不着、神秘又玄乎的东西。其实,新闻敏感并非虚无缥缈之物,而是可感可触、有着实在内容的,具体表现为以下五个方面。

1. 迅速判断某一新闻事实对当前工作的指导意义

这通常称作记者的政治敏感,或叫政治洞察力。即当一个或数个新闻事实出现时,记者应马上将它们同党和政府的中心工作以及编辑部的报道意图联系起来考察,看其对推动当前工作和发展当前形势有何积极、重要意义。这是新闻敏感的主要内容。例如,2020 年 11 月 24 日,全国"最美职工"发布仪式在北京举行,来自新疆的帕夏古丽·克热木成为 10 位获奖者中的一员。新疆日报社的李杨、梁立华两位记者迅速判断出该信息背后的多重社会意义。首先,一段时期以来,新疆的南疆地区受宗教极端思想毒害,女性不能抛头露面,也无法出门工作。加之,以美国为首的西方反华势力污蔑新疆"强迫劳动",帕夏古丽则用自己的实际行动,冲破了宗教极端思想的禁锢,也给了西方反华势力一记响亮的耳光,更是新时代党和国家治疆方略成功实践的典范。其次,帕夏古丽的家乡乌恰县位于帕米尔高原,是"祖国西极",十分偏远闭塞,她敢于举家来到发达地区广东,通过勤劳工作,改变了自己和家人的命运,契合了习近平总书记提出的"幸福是奋斗出来的"论断,她的故事具有启发意义,能够激励更多的人。最后,帕夏古丽在实现个人奋斗的同时,还在 14 年间先后组织家乡 1 300 余人外出务工,帮助 279 户建档立卡贫困户实现脱贫,这又紧密对接了国家精准扶贫的基本方略,对推进基层减贫扶贫工作具有示范效应。基于这三个层面的考量,2020 年 12 月 11 日《新疆日报》刊发通讯《大山深处走出最美"古丽"》,该报道主题重大鲜明,采访细致深入,细节生动感人,人物形象丰满,因而获得第 31 届中国新闻奖"文字通讯与深度报道"一等奖。[①]

2. 迅速判断某一新闻事实能否吸引较多受众

即记者面对新闻事实,要迅速估量出其对广大受众的吸引力。新闻是写给人看的,每则报道能否引起较多受众的兴趣,无疑是一个重要问题。西方记者和新闻学者很重视这一点。在他们看来,新闻敏感首要之点,乃指记者判断某一事实能否引起受众兴趣。随着这些年来的新闻改革,我国新闻界对这一点也日益予以关注,"一报就响"、引起广大受众普遍兴趣的报道日益增多。但是,在新闻的趣味性问题上,我们与西方新闻界在认识上是有区别的,因为他们将此看成衡量新闻价值

---

① 参见中国新闻奖参评材料,中国记协网,www.zgjx.cn/2021-10/25/c_1310261653.htm。

的真正要素,因此,类似《60岁老妇第五十八次结婚》《猫接受百万元遗产》等新闻占据大量版面,甚至更为低级、黄色的新闻也不时充斥版面。但我们所倡导的是健康、高尚的趣味,绝非污染社会及人的灵魂的庸俗、低级的趣味,要力求有趣不俗、有益无害,如《经济学家赶集》《副总理验锅》等新闻,写得既有情趣,又有积极意义,令人思索、回味。

3. 迅速透过一般现象挖掘出隐藏着的有价值的新闻事实

有价值的新闻事实往往被表象或假象遮盖,如何凭借敏锐的新闻眼,着力挖掘出这些有价值的新闻事实,是新闻敏感的又一内容。要做到这一点,记者就必须有相当的马列主义理论水平,要学会运用马列主义的立场、观点、方法去分析与解决问题,还应具有相当丰富的生活经验和较强的新闻追踪能力,同时,较好地发挥逆向思维也十分重要。例如,新闻界老前辈邵嘉陵早年任上海《新闻报》驻沈阳记者,住沈阳啤酒大饭店 6 楼。1947 年 10 月 8 日中午时分,他突然听见飞机轰鸣声,当时,沈阳的客机是很少的,且饭店离北陵机场又远,是很少听到飞机声音的。职业敏感促使他登上 7 楼饭店屋顶北望,只见天空有 8 架军用机分 4 队在盘旋。面对此情此景,邵嘉陵立刻意识到:莫不是什么人来了?且此人来头一定不小!他马上骑自行车上街转悠,同时盘算:蒋介石率一批人马正在北平,是不是他来了?如果是他来了,那么,这个新闻一定得抢!于是,他先来到电报局,随时准备抢发新闻。电报局前的东西向大街正是通往国民党东北行辕、长官官邸、各种公馆的必经干道。邵嘉陵发现,附近军警加岗,便衣东张西望。不一会,一长串车队自东向西开来,警卫车驶过后,后面的一辆车上坐着三个人:左边是傅作义,右边是蒋介石,中间是宋美龄,宋还向外张望呢。邵嘉陵没等车队走完,连自行车都没锁,返身进电报局发出加急新闻电报。10 月 9 日,上海《新闻报》头条刊出"蒋主席昨午飞沈阳、8 架飞机起飞迎接,傅作义随行"的电报全文。国民党败局已定,但妄想封锁消息,没想到记者这么准确、及时、迅速地报道了蒋介石的行踪,最高当局除了气急败坏以外,也只能无可奈何。实践证明,一个真正的记者必须具有突破表象、假象进而挖掘、追踪事物真相的能力。正如美国哥伦比亚大学新闻学教授麦尔文·曼切尔(又译为梅尔文·门彻)在《新闻报道与写作》一书中所说的那样:"记者好像是一个勘探者,他要挖掘、钻探事实真相这个矿藏。没有人会满意那些表面的材料。""他自己的观察一般要比那些没有养成观察和倾听习惯的消息来源更为可靠。"①

4. 迅速判断在同一性质的诸多事实中最有价值的新闻事实

常有这样的情况,几个属同一性质、题材且都有价值的事实摆在记者面前,能否从中判别、提取最有价值的新闻事实构成报道,显然,记者这一方面的新闻敏感强弱,就往往决定了一切。敏感弱的记者,或可能胡子眉毛一把抓,或可能捡了芝麻丢了西瓜;敏感强的记者,则善于将这些事实认真进行比较,从中鉴别出"含金量最高"的事实予以报道。例如,十一届三中全会后,由于党的改革开放和现行农村政策得以顺利贯彻执行,各地农村和城镇都程度不等地发生了可喜的变化,一时间,报刊、电台、电视台冒出了难以数计的由穷变富的典型。今天报道这里农民买汽车,明天报道那里农民建机场,万元户、十万元户如雨后春笋般地冒出来。诚然,这些事实确有价值,也值得报道。但《羊城晚报》的采编人员棋高一着,派记者赴大寨采集新闻材料,不几日,记者向编辑部发了《大寨也不吃大锅饭了》(《羊城晚报》,1982年12月21日)的专电,该报当日下午就予以刊载,在国内外激起了极大的反响。许多海外人士感叹:大寨是中国十年内乱时竖起的一面旗帜,带有很深的"左"的烙印,"文革"一结束,大寨"左"的一套也就"偃旗息鼓"了,如今,连大寨的干部群众都衷心拥护共产党的现行农村政策,欢天喜地地分田分地,可以预见中国日后的变化和发展将是令世界瞩目的。在当年全国好新闻评比时,许多评委由衷地说:如果在获奖作品中再评选一篇当年最佳好新闻的话,非《大寨也不吃大锅饭了》莫属。

5. 迅速在对事件进展过程充分调查分析的基础上预见有可能出现的新闻

这是指记者对新闻事实的发展趋势和本质作出科学分析时所表现出的一种素质,是一种见微知著的能力。在许多情况下,有些新闻事实尚未成熟,但是,这些事实构成新闻的元素却是存在的,况且,事物一般都有因果联系和产生、发展的过程。记者不是凭空想象,而是在对事物进行充分调查分析的基础上,能在大脑中建立起因果联系和事物发展过程构成的事物环链的模型,并凭借自己以往的实践经验和投入的相关智力,那么,当一个事实或事件略显端倪的时候,记者便可顺着这一环链,

---

① 〔美〕麦尔文·曼切尔:《新闻报道与写作》,艾丰等编译,中国广播电视出版社1981年版,第120页。

推测出事物的下一环,直至结局,从而有把握地对事物作出科学预见。这实质上是超前思维的体现。例如,1971年"九一三"林彪叛国出逃、自取灭亡的事件,最早报道的是一名对中国政治情况研究颇深的法国记者,该记者根据一段时间内北京的有关反常政治情况,于9月15日准确地作出判断并发了消息:在蒙古温都尔罕摔死的是林彪及其家人。

在西方,预测性新闻已成为日益时髦的新闻体裁,且预测的内容日趋庞杂,范围日趋广阔,受众的注意力与预测性新闻的关系也日趋息息相关。对于这个趋势,我国记者应当予以注意。

二、新闻敏感的培养途径

新闻敏感不靠天赋,不靠聪明人的偶发性反应,而是靠记者在平时的实践中,自觉训练、培养和对经验教训的总结、积累。根据实践的总结,培养的具体途径主要有以下四种。

1. 要及时学习、掌握党的新政策、新精神

记者要较好地发现与判别新闻,心中必须有把"尺子"。党的新政策、新精神就是这把"尺子"。记者心中只有装上这把"尺子",发现与判别新闻才有依据,才能敏锐,否则,对有价值的新闻事实只能是视而不见,或者乱抓一气。

记者要注意系统地学习政治理论,在远离编辑部时要留心每日报纸、广播、电视、网络的重要新闻和言论。在学习中央和上级党组织文件时,不仅要把自己摆在一个普通党员的位置上去认真学习领会,还要放在一个新闻工作者的位置上,去留心其中的新政策、新精神,从中发现判别新闻的"尺子"。久而久之,记者的新闻敏感,特别是政治敏感,就自然会增强。

为了避免局限,记者要主动创造条件,多与负责报道所在地的党政领导接触、交谈,要与总编、部主任保持热线联系。一位老记者曾说过:"一个不了解省长和总编想什么的记者是当不好记者的。"此话很有道理。

2. 要立足全局看问题

心中有全局,眼力自然强。记者只有立足全局,才便于把某条战线、具体单位的事实和问题,置于全局范围进行考察、比较,从而敏锐地把有价值的新闻事实鉴别出来。不少长期在记者站和基层报道组工作的同志常遇此种情况,手中掌握的材料不少,却觉得没什么好报道的,等到其

他地区记者站或报道组采写的新闻发表了,方感遗憾:"哎呀,这种典型我手头也有啊!"显然,这是心中没有全局以致敏感力不强所造成的。

3. 要十分熟悉点上的情况

在掌握了新政策、新精神和全局动向之后,新闻敏感的强弱就看记者是否深入实际,是否熟悉实际工作、生活中的问题和群众的呼声,即要知道在具体工作、生活中,存在些什么问题和矛盾,哪个最突出,哪个次之,各问题、矛盾之间有些什么联系,已经报道到哪一步,群众反应如何,等等。记者只有对这些情况了如指掌,才能在一个新闻发生时,迅速与党的新政策、新精神及全局情况形成联系和比较,从而敏锐地对该事实是否具备新闻价值作出判断。若是对点上的情况心中无数,即使"尺子"和全局在胸,新闻敏感也难以体现。

4. 要不断增强知识修养

一个记者是博学多识,还是知识贫乏,发现和判别新闻的敏感能力的体现效果往往会截然不同。若是知识广博,就能及时、敏锐地从对方的叙述中判断出哪些是有价值的材料,哪些是没有价值的材料,并能根据对方的谈话,触类旁通,将采访节节引向深入;若是知识贫乏,人家说这个你不懂,说那个你又摇头,那么,一是容易造成"话不投机半句多"的尴尬局面,二是人家谈的是很有价值的新闻材料,但你因为缺乏这方面的知识,不能敏锐判断和捕捉。例如,上海有位记者有次采访著名史学家吴泽,吴先生向该记者谈及对唐末农民大起义的看法及对农民领袖黄巢、王仙芝的评价。这是当时我国史学界研讨的重点、热点,很有新闻和学术价值。但由于记者这方面史学知识贫乏,报道中未涉及这一问题,而是叙述了一些非重要的问题与事实,令史学界人士颇感遗憾。人们知道,人的手指很灵敏,即使闭上眼睛,但不管触摸什么物体,冷的还是热的,硬的还是软的,都能迅速敏锐地产生反应和认识。是何道理? 那是因为手指上密布着血管神经。同样道理,记者大脑里若是密布"知识神经",新闻敏感自然会强。仅就这一意义上说,记者平时也必须勤奋学习钻研,不断拓宽知识面,不断增强知识素养和新闻敏感力。

三、新闻敏感与新闻工作责任感的关系

从总体上说,新闻敏感与新闻工作责任感都十分重要,但从根本上看问题,记者的新闻工作责任感是比新闻敏感还要重要的东西,也可以

说,新闻敏感是新闻工作责任感派生出来的。有些记者发现不了新闻,首先缺少的恐怕不是"新闻鼻""新闻眼"之类,恰恰是工作责任感,即缺少那些对实际工作息息相关的感情和求"新"若渴的工作态度,因而对党和人民的利益、群众的疾苦无动于衷,对新闻工作抱"守株待兔",甚至是麻木不仁的态度。2008年汶川地震中,《中国青年报》记者林天宏在前往地震重灾区映秀镇的山路上,看到一对中年夫妇背着地震中罹难的儿子的尸体"回家"。记者后来在报道中写道:"在那一刻,我的心像被什么东西狠狠揪了一下。"这就是夹杂着记者新闻敏感的一种本能心理反应。诚如林天宏在2018年的一次访谈中所说的那样:"这样三个人的一段旅程,是一种最朴素的,但是最纯粹的情感,一定可以打动人。"由于当时尚有其他的采访任务,所以记者在六天后又赶到当地去寻找这对夫妻。伴随深入的采访,一种强烈的责任感也驱使记者必须将这一家人的故事写出来。2008年5月28日在《中国青年报》"冰点"周刊发表了那篇著名的特稿《回家》。稿子发表后,读者反馈强烈,很多人哭着给记者打电话。冰点的负责人对此稿的评价是:"再广大的悲伤也比不上一个最具体的悲伤。"可以说,《回家》采写的过程传递了一个重要信息:能够持续支撑记者新闻敏感的是作为一名新闻工作者的责任感。

习近平总书记在2016年"2·19"讲话中,勉励新闻工作者要"做党的政策主张的传播者、时代风云的记录者、社会进步的推动者、公平正义的守望者"。这是现时代新闻工作者责任感的源泉和动力,也为我们正确看待新闻敏感与新闻工作责任感的关系提供了重要依据。新闻采访是发现新闻的一个根本手段,而新闻采访的深浅,则主要取决于记者的工作责任感。责任感强了,记者才会像潜水员一样,长期活跃在五光十色的海底世界,觉得有写不完的题材、觅不尽的"宝";责任感强了,有才华的记者才不至于因仰仗自己聪明而忽略学习理论、政策及各类知识,不注重艰辛的新闻采访,以致弄得"双耳失灵,双目失明";责任感强了,才思不怎么敏捷的记者,也会不断增强学习与积极思考的自觉性,通过深入细致的新闻采访,以弥补自己的不足,收取勤能补拙之效。总之,只有责任感强了,才能酷爱新闻工作,才能时时、处处做有心人,才能使发现新闻的"雷达"一刻不停地运转,即便"出门跌一跤,也要抓一把土回来"。例如,有一年的除夕夜,《新民晚报》记者孙洪康在电视机前守岁,当子夜将近,四周爆竹声骤起,他立即离家骑自行车察看环路之内违禁燃放鞭炮的情景。途经上海的大庙玉佛寺时,只见人山人海,都是争烧头香的香客。孙记者好奇地穿行在香客之间,只见一辆辆载着香客的轿车、面包车鱼贯而来,他仔细一看,这些进香车辆中不少挂的是公车牌照,顿时,他心头涌起了采写新闻的冲动,忙不迭地掏出纸笔,不露声色地记录络绎驶来的进香公车牌号。第二天,《新民晚报》就刊出《"公车进香",净土不净!》的新闻。此报道在上海反响极大,也引起市领导的高度重视,各报都相继发表了评论和消息。此文也荣获当年全国晚报短新闻大赛一等奖。

第二节　新闻价值的感知

记者在发现、判别新闻的同时,必须要作出下述处理,即面对众多的新闻素材,哪些值得报道,哪些不值得报道,哪些可以大做文章,哪些则只能作一般处理。当记者在作出上述判断和选择的时候,就是在运用新闻价值规律行事了。

一、新闻价值的定义

新闻价值原是西方新闻学的一个基本概念,被称为记者的"第六感官",即一个记者懂得了什么是新闻价值,在实际工作中又能熟练地运用,与平常人相比,除了眼、耳、鼻、舌、身以外,犹如又多出了一个感官。

在"什么叫新闻价值"这个问题上,历来争论颇大,粗略归纳,主要有下述两方面争论。

1. 前后之争

即新闻价值究竟是在新闻写成之前作为记者衡量事实可否成为新闻的标准,还是在新闻写成之后作为编辑衡量新闻质量的标准,或是新闻在发表以后,受众评价新闻产生的作用、效果的标准。因此又产生了两种看法:一是"鼻子论",即注重判断标准,主张新闻价值存在于新闻记者的"鼻子"里,是记者判断、识别什么是新闻的标准;二是"心坎论",即注重实际价值,主张新闻价值存在于受众的心坎中。

2. 主客观之争

即新闻价值究竟是事实本身决定的一种客观存在,还是由人的主观认识水平、表现能力决定,或是主观和客观的统一物。

应当说,新闻价值是新闻事实所固有的某些属性,是一种客观存在。某个事实有没有新闻价值,不是记者、编辑、受众等任何人可以随意决定的,而是要看新闻事实本身包含的信息能否为社会上多数人所接受,要让事实本身决定。新闻工作者可以发挥主观能动性去发现、挖掘乃至表现某个事实的新闻价值,但决不能制造、扩大或拔高新闻价值。"提高新闻价值"等说法实质上是荒谬的。一个本身没有多大新闻价值的事实,任你怎样扩大、拔高,都不可能指望其在报道后得到多大效果。譬如,一个普通人去世,尽管其亲属悲痛欲绝,或尽管报纸的广告栏里也登了讣告,但恐怕不见得有多少人关注;而赫鲁晓夫、蒋介石去世,尽管出于政治上的考虑,有关报纸只是在不显眼的地方登了一句,但人们也会予以特别注意。同时,世界上每时每刻发生的事实多得不可计数,是否都应报道、都能报道?没必要,也不可能。那么,什么样的事实才能构成新闻进行报道呢?由此便产生了一个对事实进行选择、衡量的标准问题,这个标准就是新闻价值。

综上所述,所谓新闻价值,即指事实构成新闻诸因素的客观存在,是记者判断事实可否成为新闻的尺度。

二、新闻价值的诸要素

一般说来,新闻价值应含有下述五个要素。

1. 重要性

是指新闻事实具有震撼人心、能在某种程度和范围内产生较大影响的特质。重要性是新闻价值的主要因素,也是核心因素,记者要掌握新闻价值,首先应当抓住这一因素。重要性包括了我们通常所说的思想性、指导性和针对性等要求。我国与西方在新闻价值观上的一个显著不同之处正在这里,即西方是以趣味性为新闻价值的核心和基础,而我们则以重要性为新闻价值的核心和基础。其他不说,仅以我国历年评选出的全国好新闻为例,这些冠之以"全国好新闻"的新闻,如果仅从写作角度分析,也许,其中有些未必够格,但有一个显著的共同之点,即都具有重要性这一因素。

2. 显著性

是指新闻人物和事件具有引人注目的特质。很显然,这是指新闻人物或新闻事件有非同寻常之处,即这些人所处的社会地位、名气比一般人要高,这些事的性质及发生后产生的影响非一般事可比,否则,就构不成新闻价值。曾在西方流行一时的"新闻公式"很能解释这一因素。这个公式的基本形式是:

$$平常人 + 平常事 = 0$$

如以游泳为例,张三或是李四,都是平常人,加上游泳,也属平常事,就等于零,构不成有价值的新闻。根据这个基本公式,可派生出下列公式:

$$不平常人 + 平常事 = 新闻$$

同样是游泳,因游泳者身份不一样,如毛泽东畅游长江、邓小平在北戴河游泳,就构成了有价值的新闻。

当然,也不是平民百姓就永远成不了新闻人物。上述基本公式还可派生出另一公式:

$$平常人 + 不平常事 = 新闻$$

例如,某一位武警战士、工人或农民,人虽普通,同样也是下水,但他们是下水救人,事件的意义非同寻常,因此就构成了有价值的新闻。

资产阶级新闻学通常把暴力、犯罪、两性、金钱等都看作是显著性的内容,一味崇尚"名人即新闻",这显然是我们不能全部接受的。我们对上述新闻题材,包括对党政要人、社会名流的重要言行,一般是以于国于民有无关联和益处为前提才决定报道与否的,而不会刻意渲染。

3. 时新性

是指新闻发生的根据具有确定新闻事实的最起码的特质。有些教材把新闻价值的这一因素只是解释为时间性,这是不够科学和全面的。时新性因素应当理解为两层意思。

一是时间性,即新近发生的新闻事实才含有新闻价值,也就是说,新闻的发生与发表之间的时差越小,新闻价值就越大。譬如,2022年6月10日凌晨,河北唐山机场路一家烧烤店内发生一起恶性事件:一男子对正在用餐的四名女子中的一人进行骚扰并殴打,随后与该男子同行的其他8人也冲入店内对受害人进行殴打,并将受害人拖至店外继续殴打。案发后,9名犯罪嫌疑人逃离现场。该事件视频经网络传播后,迅速引发舆论的广泛关注。新华社、《人民日报》、央视等主流媒体均第一时间对此进行了追踪报道。

二是新鲜性,即新闻题材新鲜感强。常有这样的情况,事件本身虽然时间性较弱,或因记者发现晚了,或因某种原因压了,但相比较同类题材,却是最先报道的,且具有新意或合乎时宜,因而同样具有新闻价值。如1976年7月28日,唐山发生了大地震,由于受"左"倾路线的影响,死伤人数及许多内情当时未予公布。时隔3年,即1979年11月下旬在大连举行的中国地震学会成立大会上,才宣布那次地震死亡24.2万余人,重伤16.4万人。这些见报的数字皆鲜为人知,故人们仍争相传阅。

记者在处理这类时间上过时、题材内容仍属新鲜的事实时,应特别注意寻找新闻根据,即新闻报道之所以成立和发布的依据,也即新闻由头、新闻引子,以巧妙地将事实带出来。通常情况下,新闻根据一般从时间上找,或从事物的发展变动中寻,然后由近及远、以新带旧。如地质工作者杨联康徒步考察黄河,当他从黄河源头出发时,有关新闻单位未能及时进行报道。于是,有关记者悉心寻找新闻根据,当杨联康已考察到黄河中下游交界处郑州时,记者便以此为新闻根据,然后在新闻的主体部分再带出这次考察的开始日期、考察的目的等。

4. 接近性

是指新闻事实具有令人关切的特质。这种接近主要是指地理、职业、年龄、心理及利害关系等方面的接近。一般情况下,离读者身边越近、关系越密切的事,就越为他所关注,新闻价值也就越大。这是因为,受众在接受新闻信息强度、对比差异、时新、趣味等因素刺激外,求近心理也是一种重要心理定势。譬如,2022年2月6日晚,在印度举行的女足亚洲杯决赛中,中国女子足球队在上半场落后2球的情况下,下半场连扳3球,最终以3∶2战胜韩国队,夺得本届亚洲杯冠军。该消息经互联网即刻传遍祖国大地,一扫三天前中国男足以1∶3负于越南队的阴霾,国人为之一振。是何道理?接近性在其中起作用也。

同样,民生新闻近几年在各媒体的火爆,也正是应了接近性这一价值要素。2021年9月底,河南安阳一老人被大型犬咬伤,河南广播电视台民生频道的《小莉帮忙》连续做了10期报道予以关注,但狗主人态度冷漠,相关部门也推诿扯皮,出镜记者小莉无奈在第10期节目中哭泣说道:"一直说我们要一帮到底,现在我真的不知道该怎么面对。"舆情由此被点燃,"小莉哭了""小莉加油"迅速登上各大平台热搜榜,最终狗主人登门道歉,相关部门介入调查。助推该事件解决的是河南广播电视台民生频道的《小莉帮忙》。该节目开播于2008年,始终致力于引导帮助民众解决实际问题,经过十余年来的深耕,该节目已成为深受当地群众信赖的生活服务平台。

早在1931年,毛泽东在《普遍地举办〈时事简报〉》一文中就根据受众的求近心理指出:"登消息的次序,本乡的,本区的,本县的,本省的,本国的,外国的,由近及远,看得很有味道。"[①]

5. 趣味性

是指新闻事实具有让人喜闻乐见的特质。西方资产阶级新闻学一般都把兴趣作为新闻的基础和试金石。因此,在他们看来,衡量新闻价值的真正要素乃是趣味性。有时为了追求刺激性、趣味性,不惜让低级、黄色的新闻充斥版面。

我们也讲趣味性,特别是随着这几年新闻改革的逐步深入,情趣横生的新闻报道也日见增多,但我们所倡导的趣味性的原则是健康、高尚,有趣不俗,有益无害,决非庸俗、低级的趣味。

第三节 新闻政策的遵循

经记者发现的、有价值的新闻事实,并非个个都能报道,能否值得报道,还需要记者凭借新闻政策去逐个进行鉴别。

一、新闻政策的含义

所谓新闻政策,即指新闻报道政策界限的规定。新闻政策具体包括:能报道什么,不能报道什么,着重报道什么,一般报道什么,以及报道中应注意些什么,等等。新闻政策中外都有,只不过形式、内容有所不同罢了。新闻政策的某些重要内容,若以法律形式加以规定,就成了新闻法。

我国自1949年以来,至今还没有制定新闻法,也缺乏完整的新

[①] 《毛泽东新闻工作文选》,新华出版社1984年版,第29页。

闻政策条文,但是,有关的新闻政策规定、原则等还是有的。例如,从20世纪50年代的《中央人民政府新闻总署关于改进报纸工作的决定》《中共中央关于改进报纸工作的决议》至80年代的《中共中央关于当前报刊新闻广播宣传方针的决定》,党的十二大通过的新党章第十五条中的有关规定,十八大以来习近平总书记对于新闻舆论工作发表的系列重要讲话等,均属党的新闻政策的范围。在1949年后的新中国的新闻法规尚未制定之前,这些新闻政策对我国的新闻事业均起了作用。

二、新闻价值与新闻政策的关系

新闻价值与新闻政策的具体关系是:新近发生的某个事实能否报道,一要看其是否具有新闻价值,二要看其是否符合新闻政策,两者兼备就报道,缺一就不报道,两者之间应当相辅相成,互为制约。例如,某项重大发明诞生,又正在向国际有关组织申请专利,报道时机就应慎重考虑,一切应从国家利益出发,否则,极易造成被动和损失。

分析以往的有些新闻报道,有两种不良倾向值得我们注意。

一是偏重新闻政策,忽略新闻价值。在相当长的一个时期内,这种现象几乎泛滥成灾,为了某种政治需要,毫无新闻价值的"新闻"频频在媒体"亮相",有些报纸上的许多头版头条均为这些毫无实在内容、近乎某个文件或讲话的改头换面的文章所占据。从新闻实践考察,一则新闻报道后,即产生两种社会效果,第一效果是受众阅读率、收听率、收视率,第二效果是受众阅读、收听、收看后的反应。一般而言,影响和制约第一效果的是新闻价值,影响和制约第二效果的是新闻政策,而第二效果则必须建立在第一效果的基础之上。摆不正这两个效果的位置,媒体就成了政府公文的"转发站",新闻就成了变相的"公文",吸引不了受众。

值得注意的是,有的主管领导从地方保护主义出发,片面强调新闻政策,把一些能祛邪扬善、促进社会进步,但可能影响他们政绩的很有新闻价值的新闻压下。这就需要理顺、明确新闻政策与新闻报道的关系了。

二是只求新闻价值,不顾新闻政策。应当承认,许多事实的新闻价值确实很大,但不符合新闻政策,或因涉及有关机密,或因与全局利益、政策规定相悖,此时,记者理当忍痛割爱。如美国原国务卿基辛格第一次秘密来华,为两国首脑的正式会见作预备性谈判,此属特大新闻,但中美都未发表新闻,因为各自均从自己国家的利益考虑。同样,苏联卫国战争期间,由著名记者波列伏依采写的苏军某坦克部队用大批拖拉机冒充坦克借以惑敌、以寡胜众的通讯,也因泄漏苏军战斗力薄弱的机密而被取消了。再如,2012年12月4日,中共中央政治局召开会议,审议通过了中央政治局关于改进工作作风、密切联系群众的八项规定。此后,"八项规定"遂成为党的十八以后党员政治生活中最为重要的政策与规范。2013年12月,某媒体刊发报道《自掏腰包送礼的纪检干部》,该报道聚焦纪检干部如何践行"八项规定"角度,选择的案例不仅包含纪检部门对其他部门的监督落实,也包括纪检干部本身遇到的新情况——"从2013年下半年开始,不光不发大米,单位什么福利都没分过",显然记者希望以此来反衬纪检部门以身作则,严格落实"八项规定"。表面看来,这篇报道的新闻价值不可谓不强,但其报道效果却大打折扣,究其原因是将党的"八项规定"曲解为取消正常的职工福利。2014年中秋节当天,《人民日报》客户端刊发评论《反腐不应该反职工福利》,明确指出:"中央'打虎灭蝇',腐败分子纷纷落网,效果显著。然而一些执行者却借反腐之名拿掉老百姓应有的福利。一些单位中秋节的二斤简装月饼没了,甚至妇女节女职工的体检也没了。这岂不是歪曲了中央反腐本意?真是歪嘴和尚吹喇叭——经念歪了。"

综上所述,新闻报道应是新闻价值与新闻政策的结晶,失去其中任何一个,都是不合乎要求的新闻报道。当新闻价值与新闻政策发生矛盾时,在我国目前的新闻体制下,常常是服从新闻政策;如果新闻政策有缺陷,则通过一切可行办法力促有关部门进行修订。总之,服从科学和新闻规律,又服从纪律,两者辩证统一。

值得补充的是,新闻价值的理论反映的是新闻工作的一般规律,且有相对的稳定性,任何国家皆可通用,但在选择和判断上却为阶级性所左右。新闻政策则存在多变性。因为它受国家政治制度和法律的制约,因此,各国的新闻政策皆不同。同时,即使同一国家的不同历史时期,新闻政策也因当时情况的变化而不断变化。记者只有深切地熟悉和掌握上述各个方面,发现新闻才能更为敏锐,判别新闻才能更为准确,敏感性、洞察力等才能不断增强。

第四节 报道思想的明确

所谓报道思想,即指新闻报道的目的以及实现这一目的的范围、内容、方法。它是编辑部依据党和政府在一定时期内有关的宣传报道方针、政策、策略而规定的新闻报道所要达到的目的,以及要达到目的的方式方法的大体框架。其中,既体现、包含了新闻从业人员以往科学实践的经验和盲目实践的教训,又在正确揭示客观事物各种规律的基础上,给采编人员指出了日后采写新闻报道时如何克服盲目性、明确目的性的大致方向。

一、新闻采访目的受报道思想制约并服务于报道思想

与动物相比,人不是消极地、被动地适应外界环境,而是根据自己的需要,有计划、有意识、有目的、积极地改变着客观现实。无数实践证明,人在从事某项活动之前,活动的结果实际已作为行动的目的、观念存在于头脑之中,并以这个目的来指导自己的行动。作为个体的人或群体,可作出符合于目的的某些行动,同时又能制止不符合目的的某些行动,并把它当作规律来规定自己行动的样式和方法,使自己的意志从属于这个目的。没有这个明确而又自觉的目的,则失去了人类有意识改造世界的前提。

显然,记者在每次采访之前,明确该次采访的目的,则成了整个采访活动的指南。然而,要明确采访的目的,必须受报道思想的制约。也就是说,记者不能游离于报道思想之外而随意确立采访目的。这是因为,报道思想是实践的科学总结,是对客观事物的各种规律较为正确的揭示,是党和政府在一个时期内的方针、政策、策略在新闻报道中的体现和指导。因此,采访目的的确立若是偏离了这些约束,就容易导致活动的盲目性,就难免犯主观随意性和片面性、表面性的毛病。

采访目的的确立,既受报道思想的制约,同时,它又忠实服务于报道思想。这是因为目的是行动的结果,确立的目的越明确、越妥当,报道思想也就越明确、越妥当,从而便越具社会效果,所引发的意

志行动便越大,采访中便越能抓准典型和突出主题思想。具体讲,因为意志行动的所有环节,如行动计划和方法的采取,执行行动的决心和意志表现等,都受行为目的的影响。如果目的的选择、明确同自己的愿望与兴趣相一致,而且由于目的的实现还可以给个体带来某种满足,这时,个体就会表现出满腔热情的行动、轻松敏捷的动作、勇往直前的活动状态,最终使活动获得较好的效率和结果。从这个意义上讲,采访目的的明确,则一定有助于报道思想在采写活动中的顺利实现。否则,记者在采访活动中会表现得反应迟钝,或是对事物冷漠、消极,最终导致采访失败。例如,湖北荆州地区有一年从地下挖掘了一批极有价值的文物,包括从江陵望山1号楚国贵族墓出土的一件震惊世界的文物——越王勾践青铜剑,虽然在地下深埋了2 400多年,但出土时仍完好如初,寒光逼人。荆州博物馆向湖北各有关新闻单位发出邀请,让记者先睹为快,而后发新闻。一家在湖北很有影响的报社的一位记者,持请柬匆匆赶去博物馆,漫无目标、走马观花地草草看了一遍。当博物馆几位老先生围拢他问及观感如何时,只听他漫不经心地脱口便答:"没啥意思,一堆破破烂烂!"几位老先生被弄得瞠目结舌。殊不知,有价值的文物,其价值或许正在"破破烂烂"中。当其他新闻单位都相继发了消息,盛赞这批出土文物价值时,唯独这家有影响的报纸没有声息。事后问询,这位记者并非无能,只是事先未能明确采访目的从而导致采访失败。

二、报道思想要符合客观实际

采访目的要服务于或服从报道思想,同样,报道思想又须符合客观实际。新闻报道必须注重实际,反映实际,这是根本的大前提,包括报道思想在内的所有新闻活动环节均不能违背。况且,报道思想毕竟是主观的东西,究竟有无道理,最终当受客观实际的检验。

有人把报道思想与主观"框框"看成是对立的东西,认为报道思想是客观实际的产物,而"框框"则是主观臆测的、唯心的、不可靠的东西。这是一种误解。报道思想与主观"框框"实质上是一个问题的两种说法而已。从新闻工作规律来讲,采访之前,记者应当明确报道思想,脑子里应当设计"框框",然后带着报道思想及"框框"深入实际。恐怕问题的焦点不在于要不要带"框框"下去,而在于是将"框框"作为深入实际的指南和依据,并让它接受客观实际的检验,还是将"框框"看成一成不变的教条,硬让客观实际屈从于"框框"。

认识并理顺了报道思想同"框框"以及客观实际的关系,具体采访时则应当注意以下两点。

第一,报道思想和"框框"都是主观的产物,能够引导记者更好地深入实际,有效地挖掘新闻事实,但这仅仅是就一般情况而言。有时,报道思想与"框框"同客观实际也有不符的时候,此时,记者则应当相机修订或改变采访计划,要"入乡随俗",要"框"而不死,断不可将"框框"当成教条去硬套客观实际,甚至看成是现成的结论,带到客观实际中去按图索骥,那么,势必违背事物的规律,失去报道思想和"框框"的存在意义,颠倒客观实际同报道思想和"框框"的主从关系,从而使采访活动无效。

第二,报道思想和"框框"虽然是对以往实践的科学总结,是指导记者深入实际的指南和依据,但毕竟总还是属于"上面的"。作为记者,对"上面的"当然要重视,但相比较而言,记者则应当更重视"下面的",即来自客观实际的第一手材料。记者只有理顺、摆正了"上"和"下"的关系,才能不把报道思想与"框框"当教条,才能在深入实际后,广泛接触各类采访对象,采集、挖掘丰富、扎实的第一手材料,并迅速加以分析研究,从而使"上面的"和"下面的"得以有机地统一,采写出既体现报道思想又符合群众意愿的新闻报道来。

第五节 新闻线索的获取

从心理学角度讲,如同其他所有认识事物的活动过程一样,整个新闻采访活动过程必须从感觉这一比较简单的心理活动开始。感觉是人们认识任何事物的开端,是认识的起点,是一切复杂、高级心理活动的基础。获取新闻线索,正是处在感觉这一心理活动阶段。

一、新闻线索的重要作用

所谓新闻线索,即指新近发生的事实的简明信息或信号。新闻线索不等于完整的新闻事实,不能现成地拿来做新闻报道。它比较简略,没有细节,没有事物的全貌和全部过程,常常只是一个片断或概况,它只是将事物的个别属性反映在记者的头脑之中。

获取新闻线索在整个采访过程中,其位置是处在明确报道思想和进行采访准备之间。当一个记者在明确报道思想和采访目的后,应当立即为此收集大量线索和信息。如果把记者获取线索后即着手准备制定采访计划看成是一个决策过程的话,那么获取线索就是决策的基础。再则,获取和掌握的线索、信息越多,制定可供选择的采访方案就越多,记者的活动选择余地就越大,那么,决策就达到了最优化。

虽然新闻线索只有某个事实的片断或概况,但它的重要作用不容低估:它可以给记者指明到哪里采访、采访什么的大致方向和范围,给记者提供了感知直至认识整个事物的前提和基础。对于记者来说,若是新闻线索源源不断,则采访活动不断;若是新闻线索干涸,"吃了上顿没下顿",则日子就难过。区分一个记者称职与否的标志固然很多,但手头是否能及时获取和储备较多新闻线索,则是一个重要标志。新闻界常有人这样评价:某某记者是"派工记者","脑袋瓜长在编辑部主任肩上"。意思就是指这些记者尚不能主动、及时地获取新闻线索,而是靠编辑部给题目,靠别人给"米"下锅。长此以往,这样的记者是当不好的。

长期以来,新闻界的一部分同志存在忽略新闻线索作用的倾向,这是必须扭转的。要顺利搞好新闻采访与写作,记者除了其他扎实的业务功底外,及时获取并正确使用新闻线索,是一个重要因素。新华社时任总编辑南振中曾说过:"一个优秀的新闻记者,除了睡眠,随时随地都在留心各种各样的事情,随时随地都在发现新闻线索和新闻素材,也可以说,一个合格的新闻记者随时随地都在自觉或不自觉地进行着采访活动。""采访不仅是记者的工作,而且是记者的生活。"[①]

二、获取新闻线索的主要渠道

明确了新闻线索的作用,并不意味着新闻线索就会自己跑上门来,要及时地感知并捕捉它,还得通过一定的渠道。根据实验证明,人们若要产生感觉,得靠刺激物的强度,既然感觉是直接作用于器官的客观事

[①] 南振中:《我怎样学习当记者》,新华出版社1999年版,第26页。

物的个别属性在人脑中的反映,那么,在平时的工作、生活中,记者则应提高眼、耳、鼻、舌、身等这些感觉器官对周围刺激物的感觉能力,以不断扩大、丰富新闻线索的获取渠道。作为刺激物的新闻线索,其获取的主要渠道有以下六条。

1. 通过党和政府的政策、决议及负责同志的活动、讲话

这是因为,这些方面一般都概括和预示着:当前政治形势、经济建设及文化生活等方面的主要情况和问题;政策动向和新的任务等。这些都直接预示着一个时期内即将发生的重要事情,是记者采写新闻的重要、可靠的依据。我国著名记者李普曾采写过不少有影响的报道和评论,据他回忆,许多题材是他当随军记者期间经常与刘伯承、邓小平一起散步时,从他们的交谈中获取或得到启发的。

2. 通过各种会议、简报

大凡会议,一般是与会者汇总各方面的情况、问题、建议等而聚在一起讨论;所谓简报,一般都是基层单位工作情况的简单汇报。会议和简报里含有大量重要、有价值的新闻线索,记者只要留意,是会如愿以偿的。例如,《试错机会是最好的创业政策》就是一篇从会议中发掘的独家新闻。2018年,《长江日报》记者贺亮在杭州召开的一次交通产业会议上,偶然获悉全国最大的公共交通互联网运营商——小码联城公司诞生于武汉,其推出的基于"双离线二维码"技术的电子公交卡,已服务70座城市,市场占比全国第一,值得一提的是,这个创业团队是由一帮从阿里巴巴、高德等互联网企业离职的人员组成。贺亮敏锐地意识到这些信息背后蕴含的丰富新闻价值,他果断舍弃一般会议报道的思路,而是继续深挖,通过历时两个月的采访与写作,终于成稿。这篇报道也因为兼具"独家"和"深度"等特色斩获第29届中国新闻奖三等奖。[①]

3. 通过记者的耳闻目睹

记者看东西、听东西,都应当与一般人不同,无论到哪里,不管接触什么人和事,都必须从"能否出新闻"这一角度,去认真看一看、听一听。所谓"目不斜视、耳不他闻",从采访这一角度来说是与新闻记者无缘的,因为它无益于记者感觉能力的提高。古人云:"处处留心皆学问,人情练达皆文章。"总结新闻实践的经验教训,也可以说是"处处留心皆新闻"。例如,1978年9月23日下午,时任法国巴黎市长、后任总统的希

---

① 参见第29届中国新闻奖参评材料,中国记协网(www.zgjx.cn),2019年6月23日。

拉克先生参观正在施工的秦俑馆工地。当他走进一边基建一边发掘的1号俑坑展厅,看到气势磅礴的秦俑军阵时,不由脱口赞美道:"世界上曾有七大奇迹,秦俑的发现,可以说是第八大奇迹了。不看金字塔不算真正到过埃及,不看秦俑不算真正到过中国。"希拉克发自内心的这一重要评价,被随同希拉克访问的法新社记者乔治·比昂尼克和《世界报》记者安德列·帕斯隆奇立即抓住,率先在巴黎报道,在全世界产生了轰动效应。从此,"世界第八大奇迹"几乎就成了秦俑的代名词。

与此相反,疏忽则是敏感的天敌。例如,1972年美国时任总统尼克松访华前夕,举行了专门记者招待会。作为美国总统,他在公开场合第一次使用了"中华人民共和国"的提法,这意味着美国公开承认中华人民共和国,中美关系将有重大转折。在场的多数外国记者都相继感觉到这一提法的重大意义,奔出去抢发新闻,而在场的中国记者却未能及时感觉、捕捉这有意味的新闻事实,颇为遗憾。

4. 通过对日常情况的积累

记者日常所接触的有些材料,常常看上去小而零碎,暂时派不了大用场,但如果把它们悉心积累起来,并密切注意事物的发展,随着刺激物强度的不断增加,说不定到了某个时候便能触发记者产生感觉,从这些材料中提取新闻线索。例如1935年初,希特勒撕毁了凡尔赛和约,加快重整军备的步伐,迫不及待地企图挑起第二次世界大战。一天,他看到英国军事记者、评论家贝尔特鲁德·耶可普写的一篇长文章后大发雷霆。这篇长文章详尽、准确地记述了希特勒德国秘密重整军备的军令系统和总参谋部的组织人员,其中包括从各军司令部到刚建立的坦克师指挥下的步兵部队的编制,以及168名陆军各级司令官的名单和经历。

希特勒怀疑有人将这些机密泄漏给了耶可普,于是下令将他绑架到德国秘密审讯,追查是谁向他提供了机密军事情报。当审判官审问其情报来源时,耶可普从容不迫地答道:"我从一条讣告新闻中,得知最近换防驻在纽伦堡的是陆军第十七师,师长是哈泽少将;从一条婚礼的新闻里,发现新郎修滕梅鲁曼是个通讯官,而其岳父是第二十五师第二十六团的威鲁上校团长,参加婚礼的有第二十五师师长夏拉少将,师部在斯图加特。"所有材料几乎全部来自公开的新闻纸,言之凿凿,历历可查,让审判官瞠目结舌。

5. 通过广大受众、亲友的提供

相比较而言,这是获取新闻线索的一个最大的且永不枯竭的源泉。中央电视台《焦点访谈》在完成的节目当中,有一半的信息是社会各界用热线电话、信件、Email 或来访的方式提供的。不管怎么说,一个记者接触的社会面总是有限的,加之凭空而降的机缘实在太少,而受众、亲友则遍布或生活在社会的各个角落,直接参与社会生活,记者若是密切同他们交往与联系,那么,触角就多,感受新闻线索的机会就多,感觉能力也就越强。因此,记者应同各界人士广泛地建立私人友谊,私交是一种非常有用的武器,常使记者有意外收获,甚至一举成名。

同时,记者不应仅仅把自己看成是写稿匠,还应看成是社会活动家,要主动接触社会。记者要学"李向阳",到处建立生活点、联络站,以致松井到张庄抓他,他却在李庄出现;特务闻讯到饭店想给他来个突然袭击,他却又去火车站炸毁敌人军用列车,弄得敌人屡屡扑空。是何原因?是广大群众及时向他通风报信之故。抗日战争期间,著名战地记者陆诒有一次去重庆曾家岩五十号找周恩来,谈及新闻题材空乏、新闻线索缺少的问题。周恩来对他说:"当你新闻线索实在贫乏之时,不妨到茶馆里去坐坐,听听群众在谈论什么,想些什么。"陆诒大受启发,随即去访问几个擦皮鞋的儿童、嘉陵江渡口的船夫和市内公共汽车售票员,写了不少访问记和特写,受到读者欢迎。

记者个人是这样,媒体整体也是同理。今天,从报纸、广播、电视,到网络媒体、新媒介平台都设立了"爆料热线""QQ 报料""微博报料""电子邮箱报料"等多种形态,带来了源源不断的新闻线索。

6. 通过互联网搜索

随着互联网技术的日益发达,如今已进入自媒体时代,博客、微博等为媒体的信息传播设置了无数议程,使新闻报道的视野和新闻线索的获取渠道得以空前拓展。2022 年 8 月 31 日,中国互联网络信息中心(CNNIC)发布第 50 次《中国互联网络发展状况统计报告》,该报告显示:截至 2022 年 6 月,我国网民规模已达 10.51 亿,其中,即时通信使用率达到 97.7%,用户规模为 10.27 亿,[①]这表明,我国即时通信已经基本实现普及。基于此,微博、微信等即时通信媒介已成为记者获取新闻

---

① 参见第 50 次《中国互联网络发展状况统计报告》,中国互联网络信息中心(www.cnnic.net.cn),2022 年 9 月 22 日。

线索的重要途径。

专业新闻工作者对此应有足够的认识,并善于从中发现和掘取新闻线索。例如,获得第29届中国新闻奖一等奖的广播消息《农民在国新办新闻发布会上唱主角——首个"中国农民丰收节"中外记者见面会》,最初的新闻线索就是记者在浏览国务院新闻办公室官方网站上发现的。

三、运用新闻线索时的注意事项

由于新闻线索来之不易,加上感觉并不是感知,更不能代替对整个事物的认识,因此,对新闻线索应当务求正确处理、物尽其用。

1. 注重验证,不硬顺藤摸瓜

顾名思义,新闻线索毕竟只是线索,它只是新闻事实的简明信息和信号,绝对不是新闻事实本身。它能促发记者萌发顺藤摸瓜的欲望,但"藤"上究竟有"瓜"没"瓜",或是有什么样的"瓜",则要靠采访实践证实。记者或许摸到了一只"好瓜",但也许不能如愿,因为作为新闻事实简明信息和信号的新闻线索,常常仅是事物的表象和假象,或是因为记者采访迟缓了,新闻事实原先的信息和信号已经"变质",以致被记者的采访实践所否定。因此,新闻线索只能是驱使记者去采访的引子或向导,能激发记者对采访活动产生注意、兴趣,记者应该去顺藤摸瓜。但究竟有"瓜"无"瓜",是"好瓜"还是"坏瓜",则一定要靠实践去验证,千万不可不管三七二十一,硬要摸出个"瓜"来。

2. 尊重规律,不要拔苗助长

有些记者一旦获取某个新闻线索,便急切希望摸出个"大瓜"来。这种愿望固然很好,但新闻事实的产生与发展有其自身的过程和规律,这些记者则不尊重这个规律,等不及这个过程,当新闻事实还处于不成熟、不丰满阶段时,或拔苗助长,或采用某种"催生术",自欺欺人地将新闻线索当作新闻事实去报道。结果,奉献给人们的只是一个"生瓜",甚至是"假瓜"。这方面的教训不胜枚举。

3. 讲究时宜,不要大材小用

有些新闻线索,即使只是事实的某个片段或概貌,但根据以往的经验可以看出,只要稍加采访,就可摸出个"大瓜""好瓜"来。但新闻工作的规律告诉我们,即使是有价值的"大瓜""好瓜",也不是随便抛出去就可卖上大价钱的,得讲究时宜,即通常讲的,新闻报道要讲究"火候",要密切配合形势，要吻合人们的心理需要，要等待最佳时机抛出去，让好瓜卖出大价钱。

4. 合理安排，不要齐头并进

作为记者，平时手头握有若干新闻线索，这固然是好事，但若处理不当，不顾自己的精力、能力限制，不善于对新闻线索分个轻重缓急，而是同时撒网、齐头并进，结果就可能顾此失彼、丢东落西。这是因为人的注意力是有限的，在同时面对几个新闻线索时，记者必须根据他们的成熟、难易程度，予以适当处置。或是先易后难，或是先近后远，或是先采写动态性新闻后采写非动态性新闻。否则，将可能都是蜻蜓点水式的接触，肤浅模糊的认识，即使是重要的、有特别价值的新闻线索，也可能因为得不到合理的、特别的处理，产生不了清晰、深刻的认识，而作了一般化的报道。

总而言之，记者在明确报道思想的基础上，应当视野开阔，广泛获取新闻线索，然后正确处理，认真求实。美国新闻学者梅尔文·门彻曾指出："当记者着手进行挖掘信息的工作时，对报道特性的理解指导着他们：报道是一个通过各种方法（直接观察、采访、研究报告和文件、使用数据库和网络资源）收集、确认和分析相关材料的过程。"[1]作为一名记者，不应把脑袋瓜长在别人肩上，不应满足当"派工记者"，而应把生活及各项社会活动当靠山和源泉，从中不断获取新闻线索。

第六节　采访准备的周到

报道思想的明确和新闻线索的获取，并不意味着采访活动的顺利，更不意味着采访目的的实现，要使采访效率顺利得以兑现，除了精心策划外，还必须精心做好采访准备。正如新华社上海分社集体撰写的《采访问题》一文中指出的那样："事先有研究、有准备，是采访深入、效率高的关键。"为纪念中华人民共和国成立 70 周年，新华社提前布局，组建报道团队，历经半年多调研采访，从革命圣地到改革前沿，从田间地头到工厂企业，采访各行各业的劳动者、专家、企业家、干部群众等约百人。2019 年 9 月 29 日，推出 11 287 字的通讯《人间正道是沧桑——献

---

[1] 〔美〕梅尔文·门彻：《新闻报道与写作》，展江主译，华夏出版社 2004 年版，第 274 页。

给中华人民共和国70周年华诞》,全文以"青春之中国、奋斗之中国、人民之中国、世界之中国、未来之中国"5个小标题结构全篇,以"承袭的历史观回溯70年的风雨兼程,把70年的辉煌成就放在自鸦片战争以来近180年的视野中审视",人物、事件、细节穿插于气势磅礴的叙述之中,宏大历史被置于多维度的细节中一一展现,文笔隽永,激情澎湃,被业界专家评价"一篇写尽70年风云",称得上新华社纪念新中国成立70华诞系列报道的扛鼎之作。稿件推出后,被中央广播电视总台新闻联播口播,《人民日报》等478家媒体采用,主要门户网站置顶展示,超百个微信公众号转发,全网浏览量达2 640万。该通讯因其质量过硬,影响力大,被评为第30届中国新闻奖特别奖。①

采访是一门综合性应用学科,采访活动进行得好与坏,是对记者理论、政策、知识及各方面能力、经验的综合检验。因此,采访的准备,既包括临时准备,又包括平时准备,不仅要"临时抱佛脚",也要"平时多烧香",提倡"平战结合",从而将采访活动推向最佳境地。

一、平时准备

兵要用得好,得千日养之。采访活动要有效率,得依赖平时的各方面准备与积累。

1. 理论的准备

即记者要根据形势发展的需要,有计划、有系统、有针对性地学习由马列主义统领的各历史时期的指导思想,掌握基本理论,熟练运用马列主义立场、观点、方法去研究实际问题,解决实际问题。缺乏理论素养是存在于记者队伍中的一个普遍性问题,这一问题不重视,或不抓紧弥补,必将影响新闻报道质量,甚至损害党的新闻事业,迟早要遭受历史惩罚。这是因为,记者若是个理论上的盲人,实践中必然是个瞎子,或是不辨风向,人云亦云,或是起点不高,问题看不透,只能写一些一般化的稿子,水准总是不见提高。新华社老记者郑伯亚说得好:"提高记者采写水平的决定性环节是提高记者的理论水平。"复旦大学新闻系有一毕业生,在校学习数年间,对马列基本理论的学习几乎到了痴迷的程

---

① 中国新闻奖评选委员会办公室:《中国新闻奖作品选·2019年度·第三十届》,新华出版社2020年版,第27页。

度,以致有些同学不能理解:"划得来吗?"该同学毕业后分到广西新闻单位当记者,几年下来,人们逐渐感觉到:同样的题材,同样的稿子,大家都写,总是他的报道更见深度、力度和厚度。后来,年仅 30 岁的他,被破格提升为一家大新闻单位的副总编。

2. 政策的准备

记者是宣传党和政府方针政策的人,因此,对党和政府的方针政策,记者理应比一般人学习得好一些,理解得透一些。新闻记者除了熟悉党和政府的总方针、总政策外,对一个时期的现行政策,特别是自己分工负责报道的所在战线、行业的具体政策,更应学习、领会和掌握。否则,采访中就没有依据,容易失去方向,不但宣传不好党和政府的方针政策,甚至可能采写出违反方针政策的报道,造成不良影响。例如,一家较有影响的报纸大搞"一家引进,遍地开花""引进、消化、推广"之类的报道,结果违反了知识产权、专利法,弄得我国有关方面负责人费尽口舌,才得以打破谈判僵局。

3. 情况的准备

记者工作不能单打一,要搞"立体作业":既要写稿件,还要采访,又要关注社会动向。

记者要留意与采访写作有关的各种情况:完整的,零碎的;正面的,反面的;上面的,下面的;本地的,外地的;自己经历的,别人介绍的;已经做了的,计划实行的;等等。实践证明,积累、熟悉这些情况,采写新闻时能更好地了解过去,认识现在,预测将来,使新闻报道有新意、见深度、上水平。例如,《人民铁道》报记者朱海燕,20 世纪 70 年代曾去大西北采访铁道兵某部广大指战员的英勇业绩,有两个情况在当时发表的长通讯中未用进去。一个是某团团长为了招待他,将亲友寄来平时又舍不得吃的一条咸鱼蒸熟后端上桌,该团长 10 岁的儿子高兴得直拍小手叫道:"今天可以吃到鸭子咯,好高兴哟!"另一个是某师任务完成转调内地,当火车驶出大沙漠,铁道两旁闪现一棵棵树时,师政委 17 岁的女儿拉着父亲问道:"爸爸,爸爸,窗外这一棵棵是不是树啊?"两个孩子都是父辈进军大西北后生养的,智商并不低,只是缺教育、少见识。8 年后,当党中央发出进一步开发建设大西北的号召时,朱海燕在又一篇《建设大西北的壮举》的长篇通讯中,将这两个情况用上了。通讯发表后,社会反响极大,同行也称赞这篇通讯主题深刻、有突破:广大指战员为了人民的事业,不仅将自己的青春年华奉献出来,而且还将自己下一代的幸福童年也奉献了。

在新闻素材的准备方面,我们不妨学学蒲松龄的"摆茶摊"精神。他20年如一日在家门口设一茶摊,免费向路人提供茶水,细心收集路人所述的各种情况,终于写就《聊斋志异》这样流芳百世的佳作。

4. 知识的准备

记者是博学多识,还是知识贫乏,采访中往往会产生两种截然不同的效果。正如著名记者范长江在《怎样学做新闻记者》一文中所说:"新闻工作之所以可贵,是因为知识广博。"具体而言,平时的知识积累与准备如何,采访时会直接产生如下功效。

第一,有助于同采访对象迅速有效地交谈。记者与采访对象若要迅速有效地谈到一块,恐怕并不完全取决于采访的经验、方法之类,常常起关键作用的,则看记者对采访对象的职业所涉及的知识有否积累和准备。例如,美籍华裔著名学者杨振宁教授有一次到上海访问,上海某大报派了两位资深记者前往宾馆采访。没谈一会儿,采访就告吹了。是何原因?是因为两位记者对杨振宁所研究的领域太陌生,事先又未作认真准备,以致对方尽管拣最基本的知识谈,两位记者也毫无反应,那就只好"话不投机半句多"了。两位记者吸取教训,马上驱车前往复旦大学,请教复旦大学同杨振宁研究同样课题的教授。在知识上做了一番认真准备后,两位记者再次约请杨振宁接受采访,谈着谈着,虽然说不上已熟谙杨研究的领域,但已谈在道上,于是双方谈得很投机。

第二,有助于敏锐捕捉有价值的新闻事实。记者若是知识功底扎实或准备充分,那么,采访对象所述的材料,哪些有价值,哪些无价值,就不难作出判断。否则,就容易导致两种情况的出现:要么捡到篮里都是菜,要么让有价值的材料失之交臂。

第三,有助于深刻揭示新闻主题。欲使新闻主题得到深刻揭示,方法固然不少,但记者知识准备充分,看问题能达到一定的高度、深度,则揭示新闻主题就显得更为有效。例如,《光明日报》记者常河长期关注中国科技大学潘建伟团队,通过对科学家们的采访交流,他逐步与潘建伟团队建立了密切联系。在此基础上,他大量阅读有关量子研究的材料,积累了丰富的量子知识。2019年8月15日,国际权威学术期刊《物理评论快报》以编辑推荐的形式,刊登了潘建伟团队的最新研究成果:在国际上首次成功实现高维度量子体系的隐形传态。8月18日,这一研究成果刚一公布,常河敏锐地感知到这一消息的新闻价值。他迅速对远在海外的潘建伟进行了电话采访,拿到了第一手资料后,他调动个人的知识储备,对这一成果尽可能地进行了"翻译",并请潘建伟团队进行了专业审核。第二天,《光明日报》以《我科学家首次实现高维度量子隐形传态》独家刊发这一消息。① 这篇报道从发现线索到采访写作,彰显了记者建立在专业知识基础上的新闻敏感。

第四,有助于避免犯知识性错误。有些记者由于对相关知识不掌握,又想当然地草率行事,因而常常在采访写作中出现常识性错误。有一年全国"两会"期间,一位年轻女记者几经周折,约见了著名经济学家吴敬琏,一上来就问:"现在各地竞相发展重化工业,化工厂建多了,环境怎么办?"弄得吴老哭笑不得,向她"科普"了重化工业和化工工业的区别后,转身而去。

综上所述,采访绝不是一手执纸,一手执笔,然后一问一答一记而已,这仅仅是采访的表象。真正意义上的采访或谈话访问,是采访双方知识的互换和情感的交流。

二、临时准备

新闻采访作为一种复杂的意志行动,还包括记者头脑中对采访对象相关材料的收集、熟悉,采访活动计划的拟定等复杂心理活动过程,不经历这一过程,采访的目的是难以实现的。再则,采访对象的情况是千差万别的,计划和方法是多种多样的,要求记者作出全面、合理的权衡,制定和选择对实现采访目的最为有利、适宜的计划和方法。因此,除了重视并做好平时准备外,临时准备也必须认真施行。

临时准备又称专题准备或专项准备,具体有以下方面。

1. 收集新闻事件和人物的相关资料

毫无准备,仓促上阵,很可能陷于"盲人骑瞎马,夜半临深池"的尴尬、被动局面。相反,再艰巨的采访任务,精心准备了,相关材料收集了,便可完成得很好。例如,2018年12月3日,在湖北省恩施州来凤县人社局退役军人信息采集点,张富清的儿子在工作人员聂海波的见证下打开了一个红色包裹,里面有报功书和军功章,由此揭开了张富清

---

① 参见第30届中国新闻奖参评材料,中国记协网(www.zgjx.cn),2020年10月23日。

不为人知的红色过往。新华社湖北分社记者在获得这一新闻线索后，经多方核实，确立事迹真实，新华社遂将张富清作为中华人民共和国成立70周年重大典型人物进行宣传报道。报道团队为了收集张富清的资料，从外围开始，采访了军人信息采集员、老英雄的老同事和后辈、妻子和儿子等数十人，挖掘了大量生动翔实的一手信息，记者还独家与老英雄进行了共鸣式的"对话"，更直观地展现了主人公的朴实高尚的人生境界。结合这些资料，团队最终将张富清的精神内核提炼为"本色"，即一个老党员的初心就是他的本色。2019年4月8日，新华社刊播通讯《英雄无言——95岁老党员张富清的本色人生》，报道从不同侧面展现了张富清的可贵品质，主题重大，感人至深，被190多家新闻媒体转载，引起巨大的社会反响。2019年6月，中宣部授予张富清"时代楷模"称号，新中国成立70周年大庆之际，张富清也成为8名"共和国勋章"获得者之一。2020年11月，该报道也获得了第30届中国新闻奖"文字通讯与深度报道"类一等奖。①

2. 熟悉和研究采访对象的基本情况，找准心理差异

采访中，常会出现这样的情形，某记者与某采访对象谈了半小时乃至一小时，费了好大口舌仍谈不到一块，甚至冷场，出现僵局，最后不得不结束交谈。其原因固然不止一个，但采访突破口未选准，是重要原因之一。采访突破口能否选准，直接依赖记者对采访对象特定心理差异的准确判断，而这一判断又直接取决于记者对采访对象基本情况的熟悉和研究程度。采访对象的基本情况通常包括：性别、年龄、职业、经历、学历、特长、兴趣及有关各类文字材料等。这方面的准备相当重要，记者对采访对象的基本情况了解得越充分，研究得越仔细，对其特有心理差异的判断就越准确，从而因人因时因地制宜，调用适当的访问形式和技能，迅速在感情上与对方相通，打开采访通道。

3. 拟定采访计划和调查纲目

这是记者主观愿望与客观实际更能趋向一致、实现采访目的的不可缺少的一步工作。因为活动意识、目的等只是人的主观心理状态，要使采访活动顺利进行并实现预定目的，就必须使记者主观愿望符合事

---

① 参见中国新闻奖评选委员会办公室：《中国新闻奖作品选·2019年度·第三十届》，新华出版社2020年版，第73—74页。

物发展的客观规律。因此,在进入目的的真正实现阶段之前,必须制定达到目的的行动步骤、途径和方法。这是新闻策划与准备的重要一环。

所谓采访计划,即指大体的活动方式,确定要访问的部门、人员及其先后顺序,设想一下写什么体裁、多少字、采写周期等。所谓调查纲目,即指所要提问的大纲细目。

要特别强调调查纲目的拟定问题。采访时若备有细致、周密的调查纲目,就可使记者的思维心理活动过程得到可靠保证,始终处于主动地位,也不至于因采访对象可能出现的干扰而使自己的心理活动产生紊乱。相反,当采访对象心理活动不正常,叙述材料显得杂乱无章时,记者还可及时给予适当调节,以使采访活动顺利进展。值得提醒的是,有些记者缺乏良好的意志品质,单凭经验行事,采访前懒得下工夫去制定采访计划的调查纲目,采访时信马由缰,由于与活动规律相悖,结果势必实现不了采访目的,甚至弄得一败涂地。例如,有两位实习女记者有一次去山东省掖县镁矿采访,到达目的地后,镁矿有关同志送上不少文字资料。晚饭后,她俩照理应该翻阅这些材料,而后制定第二天的采访计划与调查纲目,但她俩竟跑到县影剧院看了一场电影。第二天采访时,当矿长、书记等矿上领导认真接受访问时,她俩竟这样发问:"请问你们矿的年煤产量及开采设备,与山西大同煤矿、安徽淮南煤矿等相比有什么不同?"竟将镁矿误认为煤矿! 弄得采访对象啼笑皆非。

既然下工夫拟定调查纲目,不妨拟得详细些、具体些,以免临时抓瞎。不少西方记者很注重这一点,他们认为,每采访一分钟至少要准备十分钟的交谈内容,比例为十比一,"准备过度胜于准备不足",即使对方只同意谈几分钟,只要记者提问得体,也常常破例。

许多老记者在采访中之所以能审时度势、从容不迫,写作时能一气呵成且颇有深度,均与事先拟好调查纲目有关。著名节目主持人杨澜在谈到采访之前做好"功课"的问题时指出,人的天分是相差无几的,采访前的功课是很重要的:第一,只有做好"功课",才能在有限的时间内采访到最有价值的新闻;第二,"功课"做得好,可以给采访者带来惊喜,从枯燥无味的采访中解脱出来,态度变消极为积极,使采访有所收获;第三,做好"功课"能给人以现场应变能力。因为,问题的顺序在实际采访中往往会被打乱,也有可能在对方回答问题时又延伸出新的问题。这新的问题又会成为一个新的切入点。

她还谈到了对采访"问题"如何处理,有以下六点颇为重要。①要将问题罗列出来。不一定要全部写出来，只要将问题归类、分层次。一个大问题中有几个小问题，切入点是什么？第一个应该提什么问题，同时要让对方兴奋起来，切入要点，使对方放松警惕。②问题要有层次感，由浅入深，层层深入。③在段落与段落之间有转换。要考虑到设计采访问题时，怎样布局才能达到最好的效果。④布局方面，软性问题与硬性问题要结合起来，"软硬兼施"。⑤要有细节，提问的"口子"越"窄"越好。细节会使得采访生色。⑥问题布局时，可以安排一点有戏剧冲突的问题。我们生活的时代需要高潮和戏剧的冲突。

4. 检查有关物质的完备情况

上述各项准备俗称"软件准备"，有关物质的准备则俗称"硬件准备"。中外采访学著作都指出，采访前的准备工作还应包括行装、笔墨纸张等。若是到偏僻的农村、连队、山区、矿区、牧区、林区采访，还要带上雨具、常用药物、干点心等，甚至连鞋子也要备上一双，以防万一。如果随身带手机、电脑、相机、录音机、摄像机等，应先试一试机件是否完好，录音录像带、充电器、各类连接线等带足了没有，备用器具带上没有。这些方面稍有疏忽或出现意外，就会干扰记者正常的采访活动，影响采访对象的活动热情，最终影响采访效率。据北京人民大会堂的有关工作人员介绍，他们常常看到在一些中外记者招待会上，有些记者向他人借笔、借纸、借电池之类，令他们感到不可思议！

第七节　对方心理的明晰

人的心理是客观事物的反映，一切心理活动都是由内外刺激引起，并通过一系列变化来实现以及在人的各种实践活动中表现出来。采访对象接受记者采访，本身就是接受一种外来的刺激，会由此产生一系列心理活动，其中既有主体的心理外部表现，也有内在的心理感受。要使采访活动效率得到提高，记者就必须对采访对象在采访活动中表现出的各种心理特征和内心活动予以准确的掌握并积极地调节，同时对记者自身的心理活动也进行适时、必要的调节。

采访对象遍布社会各阶层，由于各自的生活经历、职业需要、所处环境、知识水平、道德修养、性格习惯、兴趣爱好等不同，因此，其心理状况形形色色,心理活动纷繁复杂。在有限的采访时间里,记者很难对其进行全面的探索与掌握(当然也没这个必要),我们只是摘其主要的、共有的心理现象予以剖析,以便记者掌握对方的心理活动规律,在采访时做到知己知彼,把自己的心理活动与采访对象的心理活动融为一体,以使采访活动获得最佳效果。

一、掌握采访对象心理的必要性

记者掌握采访对象的被访问心理,可使访问准备工作做得更有针对性和更趋完善。如果不知道采访对象的基本情况和心理,只是按照一般程序作一般性的访前准备,很大程度上就会带有盲目性,就可能成为事倍功半的低效率活动。因为记者失去了把握采访对象在接受采访过程中心理活动及其变化的依据,而采访对象的访前心理决不能指望到采访时再去调整和掌握。有经验的记者都应有这样的体会:对调节、自控能力较强的采访对象所外露的表情动作等,并不能完全、真实地当作其心理活动来认识。察言观色虽属必需,但也难免有失误。因此,要使记者的访前准备更趋完善,使采访者和被采访者双方能在真情实感之中进行一场协调的有效采访,记者就不能不剖析并掌握采访对象的访前心理。

二、采访对象访前心理的分类

从性质内容上看,采访对象的访前心理可分为先期性心理与临访性心理。

先期性心理是指采访对象对新闻事业、新闻单位、新闻记者及新闻采访活动的观念。这一观念是构成采访对象访前心理活动的基础。先期性心理通常由采访对象对新闻记者的信任、尊重、爱戴和对记者职业的神秘感、好奇心等所具体组成。

临访性心理是指采访对象接受记者采访请求后的心理,通常也称作采访对象临访期间的原始心理。这一心理一般主要由采访对象对自己在某一新闻事件中所处的"新闻位置"(即中心人物、边缘人物、局内人物、局外人物、新闻素材提供人物、新闻素材佐证人物等)和临访心境组成。采访对象对"新闻位置"的认识如何,在采访中直接起着加剧或减弱其情绪程度、心理活动内容的广泛程度和接受采访意愿的积极程度等作用;采访对象由于工作、学习、生活、身体等因素引起的心境的好坏,会使其情绪分为顺境和逆境,会感染采访对象对一切的体验和活动,以致直接影响采访活动效益。

从表现形式上看,采访对象的访问心理可分为积极配合型、一般协作型和蓄意应付型。

积极配合型是指采访对象按照记者的要求积极提供素材,显得十分主动热情。究其动机,或出于对新闻事业和记者工作的支持,或出于本单位、本部门工作的需要,或感到个人能够获得知晓度、实现自我价值,或纯粹为了交友求知的需要。

一般协作型是指采访对象公事公办,不冷不热,采访活动平静无高潮。究其原因,或是认为记者要了解的事与己无关,出于礼貌与工作关系才接待一下;或可能对记者的作风及行为有看法,却又不得不接待,表现出敷衍、漫不经心的态度。

蓄意应付型是指采访对象根本不愿意接待记者,态度冷漠生硬,拒不回答或故意讲错,甚至与记者唇枪舌剑,挖苦嘲讽记者。究其原因,或可能是怕记者批评揭露,故力图掩饰自己的错误、劣迹与违法乱纪行为,或与记者早有矛盾,成见颇深,因而拒不配合。

世界上有专门从事采访职业的记者,却没有以接受记者采访为职业的专门采访对象。因此,对于采访对象来说,记者总是一种突然闯入的因素,或多或少会影响与改变采访对象原有的心理状态与活动方式。虽然记者力图选择采访的最佳时机,采访中又千方百计地倾心相待,但也难以保证每次都能与采访对象和睦相处、谈到一块。为此,每次采访前和访问中,记者对采访对象的基本情况与访问心理作一番研究,以便采访时能知己知彼、提高效率,实在是一步必不可少的工作。

第八节 新闻报道的策划

进入 20 世纪 90 年代,新闻改革随着中国改革大潮的不断推进而全面深化。在邓小平视察南方之后,1992 年 10 月中共十四大召开,确立了社会主义市场经济体制,标志着中国改革向纵深发展。新闻界也明确了自身改革的总目标,即适应建立社会主义市场经济体制和两个文明建设的需要,按照新闻规律和特点,充分发挥舆论监督和信息服务的功能,更好地为人民服务、为社会主义服务。受此目标的指引,以及媒介自身经历的日益深化的市场化影响,媒体间的竞争不断加剧,媒体及其从业人员无论是在采访理念还是在采访方式上,均不断地开拓创新,整个媒介呈现出一派全新的局面。

随着新闻改革的日益深化,新闻之于媒体的地位与影响得到了空前的提升,媒体作为传播者的主体性的日益凸现,一个崭新的名词——"新闻报道策划"应运而生。

一、新闻报道策划的作用

在中国,新闻宣传报道是带有主观色彩的行为,操作上势必离不开策划,宣传功能的存在也就决定与其伴行的策划的必然性与存在的合理性。新闻报道策划作为一项信息符号优化组合的系统工程,将在当今和未来的新闻竞争中起到日益显著的作用。新闻报道策划是新闻竞争、新闻改革的产物,也必将推动新闻竞争、新闻改革向纵深发展。《人民日报》原副总编辑李仁臣坦陈:"搞好重大题材报道的策划,是新闻单位领导者的责任。策划的好坏,对于重大题材报道的成败,关系极大……决胜千里,需要运筹帷幄。运筹帷幄就是策划。"[1]于是,《人民日报》要求各部门"加强新闻宣传的组织策划工作",并要求成立相对稳定的研究策划小组,负责带有机动性、综合性的重要选题的策划。在组织重大题材报道之前,《人民日报》编辑部上上下下必定经历一场精心策划过程,要求记者、编辑善于从大局出发,观察形势,判断是非,视角独特,抓住要点,体现本质,要力求"决胜于社门之外"。《经济日报》的题材之新,主题之深,版面设计之美,长时间来好评如潮,每当有人问及时,原总编辑范敬宜总是这样回答:注重策划。他还进一步阐释:总编辑的工作,一是把关,二是策划。

新闻报道策划的作用,可用三个"是"、两个"标志"、三个"有利于"作具体归纳。

三个"是"具体为:一是新闻报道策划是使新闻不断出新的重大举

---

[1] 李仁臣:《我在现场:李仁臣新闻作品》,人民日报出版社2002年版,第335页。

措;二是新闻传播实务理论和实践新的增长点;三是我国计划经济走向市场经济过程中新闻报道的又一次成熟。

两个"标志"具体为:一是标志着新闻工作者主体意识和进取精神的又一次增长;二是标志着新闻报道方式和记者、编辑思维方式对市场经济的进一步适应。

三个"有利于"具体为:一是有利于调动、选择最佳信息资源。在如今的信息爆炸时代,各种信息资源每天如潮水般袭来,媒体的主要职能必须体现在从中选择出最有价值、最受受众欢迎的信息资源,然后进行优化组合、合理配置、科学传播,避免优材劣用、大材小用。要达到这些效果,就必须进行新闻报道策划,如伊拉克战争、香港回归十年、抗洪救灾等报道,从选题到选材,从规模、形式到发表时机等,无一不是事先经过反复、精心准备与策划的。

二是有利于促进记者采访作风深入。新闻报道策划效果的好坏,取决于策划者的阅历和丰富的生活底蕴,"好点子""金点子"是在深入生活、深入实际、深入群众中找到的,绝不会是守在办公室里拍脑袋拍出来的。显然,新闻报道策划对增强记者素质修养、改变记者工作作风大有好处。

三是有利于新闻导向正确。新闻报道承担一定的宣传任务,这是我国新闻媒体的职责所决定的。2016年2月19日,习近平总书记在党的新闻舆论工作座谈会上的讲话中明确提出:"在新的时代条件下,党的新闻舆论工作的职责和使命是,高举旗帜、引领导向,围绕中心、服务大局,团结人民、鼓舞士气,成风化人、凝心聚力,澄清谬误、明辨是非,联接中外、沟通世界。要承担起这个职责和使命,坚持正确政治方向是第一位的。"[①]要做到这一点,新闻报道策划是最必需的,因为新闻报道策划一般是有组织、有计划进行的,是群策群力,是集体、团队智慧的结晶,特别是对一些重大、涉及党和政府工作中的重点、难点、热点的题材,通过精心策划,事先在报道思想上取得共识,拟定切合时宜和实际的报道选题、方式和步骤,无疑会对舆论导向的正确起保证作用。

二、新闻报道策划的分类

"策划"一词,在中国古已有之,如《后汉书·隗嚣传》中所言:"是

---

① 《习近平谈治国理政》第二卷,外文出版社2017年版,第332页。

以功名终申,策画复得。"这里的"策画"乃计划、谋划之意。东晋时人干宝撰《晋纪》,内有"筹画军国""与谋策画"之语,意即筹划、出谋划策。看来在古时,人们已谙熟:凡事在付诸行动之前,都要经过一番思考,作出相应的谋划、决策。《辞海》将策划称为"策画",即凡事有计划、讲谋略。

所谓新闻报道策划,即新闻传播工作人员对新闻传播活动及最佳效益的谋划。这是一种把看似孤立发生的客观事物,看似彼此没有内在联系的事物,看似零碎与片断的事物,通过系统、思辨的手段及严密的设想和规划,从内涵上把它们联系、贯串成一体的活动过程。

近三十多年来,关于新闻报道策划的分类不下50个,而实践告诉我们,分类这么多,既不科学,也不切合新闻实践。其实,大致分为两类即可。

第一类:报道题材价值呈显性状态的新闻报道策划。这其中可细分为两小类:狭义的新闻报道策划,意指价值显露的报道题材所进行的视角新、立意高、开掘深、介入及时的战役性、系列性、专题性并能形成新闻传播强势的报道过程的谋划;广义的新闻(报道)策划,意指诉求目标明确的媒体经营管理、公关广告等活动过程的谋划。这不是新闻报道策划的泛化,新闻报道策划理应包含所有新闻传播活动,而经营管理、公关广告等活动历来是媒体生存和发展的重要新闻传播活动,因此,新闻(报道)策划理应将这些活动包括在内。

第二类:报道题材价值呈隐性状态的新闻报道策划。也称"新闻事实、事件、本源策划"或"策划性新闻",即它是在新闻事实(事件)发生之前或事实(事件)价值呈隐性状态之际,由记者、编辑主动介入、设计并促成事实(事件)价值显露的策划行为。

对第二类新闻报道策划的分类,目前我国学界和业界持异议或反对意见者居多,但新闻传播实践告诉并呼吁我们:应当肯定,应当倡导。

综观20世纪的新闻传播活动,记者的报道活动基本停留在后馈式思维状态,即事实发生、发现后,记者才闻风而动,这本质上是一种守株待兔式的思维和活动方式。今天,我们倡导的理应是超前式思维方式,要主动出击寻找、挖掘信息。现实告诉我们,许多事实(事件)一时可能未必成为原型,但构成事实(事件)的元素是存在的,且呈分散、无序、无形状态。记者的职责是,根据议题设置理论,通过科学的采集手段,将事实(事件)从分散、无序、无形的状态转换为集中、有序、有形的状态,也即进行一项信息"碎片"的优化整合工程。应当说,这是信息时代记者负责任的标志,是思维、工作方式根本变革的标志。例如,党的十八大以来,习近平总书记多次实地考察黄河流域生态保护和发展情况,多次就三江源、祁连山、秦岭等重点区域生态保护建设提出要求。2019年8月,习近平总书记在甘肃视察期间,专门调研了黄河流域生态和经济发展。9月,他在郑州主持召开黄河流域生态保护和高质量发展座谈会并发表重要讲话,亲自擘画治黄大计。这些都显示出党和国家对黄河流域生态保护与高质量发展的高度重视。2019年9月底,甘肃日报社、甘肃新媒体集团在全国率先启动开展了"守护母亲河、建设幸福河——推进黄河流域生态保护和高质量发展系列报道"全媒体大型采访。该活动历时两个多月,行程2万多公里,深入甘肃省内10个沿黄流域市州和四川、青海、宁夏、陕西、内蒙古、山西、河南、山东八个沿黄省区的26个地市32个县区、近70个单位部门采访,多角度、全方位、深层次地展现了甘肃及黄河沿线省市坚持"绿水青山就是金山银山"的理念,着力加强黄河流域生态保护治理、保障黄河长治久安、促进全流域高质量发展、改善人民群众生活、保护传承弘扬黄河文化,推进黄河生态环境大保护和黄河流域大治理,努力把黄河建设成为造福人民的幸福河的实际举措和成功做法。该组系列报道是《甘肃日报》成功运用重大宣传主题策划研判机制和全媒体宣传报道机制策划的一项重大主题宣传采访活动。稿件刊发后,人民网、新华网、学习强国、澎湃新闻、凤凰网等均进行转发,《中国纪检监察报》将《甘肃日报》关于黄河甘南段的四篇稿件融为一体,于2019年10月22日整版刊发题为《甘肃奏响"黄河首曲"新乐章》的深度报道,并配发编者按,对位于黄河上游的甘肃省坚持生态优先、绿色发展、因地制宜、分类施策,推动黄河首曲生态保护和高质量发展给予了积极评价。《中国新闻出版广电报》2019年11月19日以题为《全媒体记录"母亲河"守护故事》报道了《甘肃日报》沿黄跨省采访。[①] 这组系列报道因其主题重大、策划缜密、报道全面而获得第30届中国新闻奖"文字通讯与深度报道"一等奖。

值得强调的是,在当今时代,媒体面对的信息资源几乎是相同的,

---

① 参见中国新闻奖评选委员会办公室:《中国新闻奖作品选·2019年度·第三十届》,新华出版社2021年版,第53—63页。

弄不好便使媒体报道同质化现象突出。通过新闻策划,使媒体有自己的"独特报道",这是我们需要追求的。例如,2019新冠疫情爆发后,各大媒体均投入这场"没有硝烟的战场"。在这种同题竞争之下,新闻报道策划就显得尤为重要。新华社通过精心策划,连续推出《党旗,高高飘扬在防控疫情斗争第一线》《武汉,负重前行——"封城"七日记》《荆楚战"疫"直击》等重点报道,同时深入挖掘坚守防控一线先进典型,播发《拼渐冻生命 与疫魔竞速——记疫情"风暴眼"中武汉金银潭医院院长张定宇》《八旬老人请战!"小汤山"经验直达"火神山"》《驰援武汉!除夕夜,他们告别家人出发》《他们的选择,点燃我们的信心!》等暖心佳作,被媒体广泛采用;在立春之际,回顾展示抗击疫情以来的感人瞬间、经典画面,推出《国家相册》特别节目《冬去春会来》等融合报道精品,全网浏览量超过1 000万。①

三、新闻报道策划的流程

在回答"新闻报道策划应该如何操作"这个问题之前,有必要弄清新闻报道策划究竟适合于哪些类型,弄清它的层次构成。

(一)新闻报道策划是一项有层次的系统工程

1. 从报道客体(被报道者)的性质来看

必须区分两类不同性质的策划:一是重大题材或问题的报道策划,一般由新闻单位的领导或者有关部门负责人、其他相关人员共同策划,如党代会、人代会的报道等,新闻单位自上而下作出总体策划,统一部署,统一行动,展开大规模的战役报道;二是题材的涉及面相对较窄、规模较小、时间较短的报道策划,一般由一个或几个部门的负责人进行策划,展开"局部"战役,如《南方日报》的"包机救人"报道等。

2. 从报道主体(媒体)来看

必须把握报道时机、方式、人员组成三个方面。一是主体对报道时间长短所作的划分和报道时机的把握。从报道时间的长短看,可分为长期、中期和短期报道策划。新闻报道策划一般针对重大题材和热点、难

---

① 丁以绣、杜一娜、隋明照:《凝聚万众一心力量 展现同舟共济精神——新华社抗击新冠肺炎疫情报道强信心暖人心聚民心》,《中国新闻出版广电报》,2020年2月10日。

点问题而设定,实施时延续一定时限。从报道策划的时机把握看,报道能否取得良好效果,与报道进行的时间是否恰当直接有关。二是主体对报道组织方式的选定。用什么方式组织报道,也即采用什么方法和形式传播报道内容,安排具体稿件,这是新闻报道策划的重要环节。在新闻报道策划中,常用的报道组织方式主要有集中报道、连续报道、系列报道、组合报道、讨论式报道等等。在具体报道中,可以根据需要选用其中的一种或多种方式。三是对实施策划方案的报道者组成方式的把握,由过去的单兵作战转向多方合作,包括一个新闻单位内部各部门之间的相互配合以及各新闻单位之间的相互配合。

3. 从报道表现形式来看

必须把握报道内容采用何种体裁或手段予以呈现。在新闻报道策划中,对报道表现形式的要求一般是选取消息、通讯、评论、调查报告、读者来信、图片、专栏、广播、电视的现场报道等多种体裁和手段并用,力求灵活多样。①

(二) 就媒介实践而言,新闻报道策划主要针对的题材

1. 战役性、阶段性报道

如国企改制、文明社区建设、科技创新等报道。这类策划是记者在长期采访写作经验和资料积累的基础上,由采访部门甚至整个媒体经过反复酝酿进行的,目标明确,规模较大,时间较长,一般又可分解为若干次小策划。

2. 重大新闻事件报道

这类报道由于影响大,要求高,牵涉面广,政策性强,必须认真、慎重策划。有的事件是可预测的,如中国共产党成立100周年、神舟十三号载人飞船发射等;有的事件是不可预测、突如其来的,如台风、海啸、地震等自然灾难以及领袖人物逝世、安全生产重特大事故、战争爆发等。但无论是否可以预测,对于重大报道,都得进行必要的策划,对版面调整、人员调配、重点报道、图片制作等都要研究。

3. 人物典型报道

重大人物典型是多家媒体追逐的对象,如何体现自己的报道深度与特色,避免和其他媒介雷同,这就要求找准切入点,细心策划。近些年较成功的有关丁晓兵、陈竺等人的报道莫不如此。

---

① 张晓红:《略论新闻策划的层次构成》,《现代传播》,2000年第2期。

就技术性而言,新闻报道策划应当注意以下几点。其一,选题应准,选位应低,切口应小,这是策划成功的前提。其二,采访的时间、报道的密集度、时段的分布务必谋划有度。其三,谨防过度介入。从最根本的意义上讲,记者应是新闻事件的观察者和传播者,除了某些出于道德伦理而不能不为的情况,记者不应该过多介入新闻事实本身,否则,新闻策划与策划新闻之间的界限就会模糊。其四,策划并非万能药,它只是一种手段,不能滥用到新闻报道活动的一切方面。至于日常单篇报道的策划问题,应适可而止。虽然质量较高、影响较大的新闻报道几乎都是经过策划之后才获成功的,但是,不可能也没有必要策划每一次新闻报道。其五,策划必须符合实际。新闻报道策划是新闻报道宣传活动中主观能动性的发挥,主观一定要符合客观。新闻报道策划以对客观情况的判断为基础,客观情况有了变化,新闻报道策划当然要不断修正,如果策划不合实际,或者实际情况变了不作修正,这样的新闻报道宣传肯定踩不上点子,花了大气力,达不到好效果,甚至会产生不好影响。①

(三) 新闻报道策划的运作流程

1. 目标锁定

在策划活动前的构思中,首先要明确目标,找准方向和位置,预测效应,才能进入其后流程。目标又分近期、中期、长期。中、长期主要对战略性策划而言。

2. 制订方案

应当制订几套方案,或是同一目标的不同方案,或是不同目标的不同方案,然后由领导和记者、编辑反复讨论、修订,从中确定最佳方案。必要时可请专家论证、评估。

3. 落实措施

其中包括人、财、物的配置,各部门的分工协作,运行机制的建立,激励奖惩机制的完备。

4. 目标校正

客观世界变化万千,受众需求也不断变换,策划本身不可能预见一切,因此也不能一成不变。人的认识难以穷尽,策划方案执行过程本身就是记者、编辑认识事物的深化过程,因此,要及时注意收集最新信息,适时修订原方案,校正原目标。

---

① 秦绍德:《关于"新闻策划"几点浅见》,《新闻记者》,1997年第9期。

最后需强调说明，为了不使"新闻策划"产生"新闻造假"的误解，建议使用"新闻报道策划"的专用名词。

第九节　网络传播的借力

这些年来，网络传播发展迅速，给传统媒体既造成生存、发展的威胁，也带来新的历史发展机遇。在采访写作及编辑等业务层面如何有效地建立互动平台，新老媒体互相学习借鉴，在积极健康的竞争中，共同拓展各自的生存、发展空间，特别是传统媒体如何以战略眼光，充分借力网络传播的优势，使自己的相关业务水准有历史性的提升，实属紧迫课题。

一、有效强化从网上获取新闻线索的意识

传统媒体在采访写作等业务上虽然有着行之有效的传统方法和手段，但人工成本偏高，且常常显得势单力薄。随着网民的不断增加和微博传播的发展，每个人都是信息的生产者和消费者，每个人都可能成为新闻线人和"自媒体"，他们通过网络论坛发帖、写博客和微博，每时每刻都在提供大量且有价值的新闻资源，特别是微博传播呈蔓延式传播形态，其核心在于转发，传播速度快、范围广，这就无疑成为传统媒体获取新闻线索的有效借力途径。因为微博的特征之一是遵循"微"原则，每条字数在百字左右，加之其他的天然属性，就决定其信息披露有不完整、不充分的缺陷，所以，越来越多传统媒体的记者、编辑将其作为新闻线索，从中选择更有价值的信息，然后通过自己的采写手段予以加工处理。这应当成为现今新闻传播从业人员的意识，即网络传播的迅猛发展，给传统媒体的新闻传播从业者带来的不仅是技术手段的更新，更是意识和理念的提升。

二、积极注入网络元素

相比较而言，网络语言个性突出，更具有直观性、通俗性等特性，若

是运用得当,符合汉语言的表达规范,能使新闻报道的语言更加生动活泼,也常常能使新闻标题更加吸引眼球。近些年来,包括党报在内的我国传统媒体为了使得新闻报道更加贴近生活、贴近读者、贴近时代,在话语体系的建构上着力寻求突破和创新,甚至解放思想,大胆追逐潮流。如"给力"一词是网络走红的语言,类似于"支持""带劲""促进""有力道"等意思。2010年11月10日,《人民日报》头版头条新闻《江苏给力文化强省》,意想不到用了"给力"一词,产生了奇效,近八成网民盛赞《人民日报》编辑的思想解放,感叹党报也"潮"了。香港著名媒体人杨锦麟在微博上也发表评论:"《人民日报》微笑了",一时间,一则新闻引发了一则更意味深长的"新闻",读者普遍感到"给力"。

当然,网络语言的运用应严格执行国家的语言政策,不仅注重语言的创新,也要注重沟通的顺畅和表达的理性,应适度、适量运用和引用,那些"餐具""杯具""菌男""霉女"一类的完全网络化的词汇,媒体则不宜引用。

三、善于采用网络内容

在传统媒体的采编业务实践中,越来越多地吸收、整合网络传播内容,以丰富自己的报道形式和内容,已日益成为一个趋向。如2011年5月6日的上海《文汇报》,当日共出版12个版,刊发新闻的版面为5个,多为短新闻,长新闻较少,在刊发的新华社两篇长新闻中,一篇为《杭州叫停"南宋皇城遗址上建豪宅"》,另一篇为《"醉驾入刑"真能管住酒杯?——网民聚焦"醒"(刑)酒三问》,均大量引用了网络内容。[①]

在通常情况下,采用网络内容的方式主要有两种。

一种方式是将网络内容引用为自己稿件的新闻根据。例如,获得第31届中国新闻奖二等奖的消息《推出"好差评",所有实名差评均已回访整改 上海"一网通办"迈向"一网好办"》,记者就是从网络上的"政民互动"寻找到"新闻由头"的。其导语写道:"'疫情期间,还可以增加更多的不见面服务吗?'市民在网上提出意见没几天,上海'一网通办'就作出了回应:3月9日上线13个'零跑动''零材料'提交事项,包括新版社保卡申请及开通、个人住房公积金查询等与群众生活紧密相

[①] 参见《文汇报》,2011年5月6日。

关的服务事宜,为市民居家抗疫和办公提供了更多的便利。"①主体部分则将记者采访的事实陈述其后。

另一种方式是将网络内容引用为自己稿件的新闻背景。例如,在特稿名篇《永不抵达的列车》中,记者赵涵漠就是借助两位已经罹难的主人公生前在社交媒介上发布的信息来展开报道。在开头的第三段,记者引用了一位主人公的微博内容:"在新浪微博上,她曾经羡慕过早就放假回家的中学同学,而她自己'还有两周啊',写到这儿,她干脆一口气用了5个感叹号。"第六段和第十二段又分别引用了两位主人公在"人人网"上发布的信息——"临行前,这个在同学看来'风格有点小清新'的女孩更新了自己在人人网上的状态:'近乡情更怯是否只是不知即将所见之景是否还是记忆中的模样。'""几乎就在开车后的1分钟,那个调皮的大男孩拿起手机,在人人网上更新了自己的最新信息:'这二等座还是拿卧铺改的,好玩儿。'"②

随着媒介融合的进一步发展,传统媒体和新兴媒体在传播内容的相互引用上,相信会有更加广阔的前景。

---

① 《人民日报》,2020年4月12日。
② 《中国青年报》,2011年7月27日。

第六章

新闻采访中期活动

　　采访活动中,报道思想的明确、活动目的的确立、新闻线索的获取、采前准备的完成及访问条件的创造等,这只是处在采访活动的初始阶段,或称作意志行动的决定阶段。采访活动的实质性阶段,则在采访的第二、第三阶段,即采访活动的中、后期,或称作意志行动的执行阶段。这是一个采取实际行动的阶段,是意识作用的外化和主观见之于客观的阶段。在这当中,行动时的一系列熟练的动作和技巧、技能,就成了意志行动的必要因素和行为方式。本章和下一章各节中阐述的采访方法和技巧、技能等,就是意志行动的必要因素和行为方式。

第一节　访问条件的创造

　　在采访活动即将进入或已进入执行阶段时,除了一些必要的采访方法、技能、技巧要掌握外,应特别注意创造一系列必不可少的、良好的辅助条件,这是采访活动有效率的重要保证。

一、为什么要创造良好的访问条件

　　古人云:功夫在诗外。要搞好采访,功夫也在采访外。任何活动要收到预期的效果,必须要创造一系列相应的良好条件并服务于活动前和活动中。

　　人们常讲新闻采访有相当的"难度",而这个难度则主要表现在访问上。因为记者要在有限的时间内,最大限度地挖掘出所需要的事实材料,然而,采访对象的性格、心理反应等又各不相同。譬如,有的心理反应倾向外部,显得开朗、活泼、善交际和言谈,顺应性也强;有的心理反应则倾向内部,显得保守、沉静、不善交际和言谈,顺应性也弱。愿谈的采访对象则又表现各异:滔滔不绝却谈得不在路上的有之;谈得抽象而不具体的有之;拐弯抹角不吐真情的有之;当面撒谎尽讲假话的有之。不愿谈的采访对象也有多种表现:怕难为情不敢谈的有之;谦虚谨慎不多谈的有之;自恃高傲不屑谈的有之;怕批评揭露拒谈的有之。面对这些心理反应不一的采访对象和种种复杂的采访局面,记者又要限时限刻、有质有量地完成访问任务,除了掌握熟练的采访方法、技巧和具备良好的意志品质外,访问前和访问中还必须创造各种良好的访问条件,否则,访问效益实难兑现。

二、创造哪些良好的访问条件

1. 商定较适宜的访问时机

人们从事任何一项活动,必须先对这项活动产生注意继而靠一定的注意稳定性去支配从事这项活动的兴趣和热情。采访活动也概莫能外,欲使采访对象接待并配合记者采访,就得先使其对采访活动产生注意和一定的注意稳定性。所谓注意,是指人的心理活动对一定对象的指向和集中,即人们在某个时候将心理活动有选择地指向和集中于一定的活动对象,同时离开其他活动对象。注意是一切活动的向导,是外界事物进入心灵的"唯一门户"。所谓注意的稳定性,是指人在一定的时间内,把注意稳定、保持在一个活动对象上。

注意能否产生及其稳定性程度如何,常常与活动时机选择得适宜与否有直接联系。因此,要使采访对象有兴趣和热情接待记者采访,先决条件之一就得看其注意力能否指向、集中并稳定到接受记者采访这一活动上来,而其中的关键又在于记者对访问时机的选定。

新闻界至今有个倾向,即一厢情愿地由记者决定访问时间,如或是打电话通知对方,或是带口信告诉对方,甚至"不宣而战"。有时这对于活动效果颇为不利。譬如,2008年5月12日汶川大地震后,某电视台记者在直播时强行进入手术室,执意要采访已消毒完毕、即将投入伤病员抢救的医生,甚至不顾医生的一再抗议,拦截正欲走向伤员的医生继续提问,造成极坏影响。因此,访问时机应由记者与采访对象商定。

由于采访对象所从事的职业、所处的社会环境不同,工作、生活规律也就不尽相同,所以,记者很难在访问时机上作出统一规定。结合因人、因时、因地制宜的原则,适宜访问时机的选择应掌握两个环节。

一是让采访对象自己约时间。这样做可以直接产生两个功效:第一,采访对象自己约的时间,一般是其感到最空闲、最方便的时间,因而便于注意的指向、集中和稳定;第二,对方一旦约了时间,承诺守信心理随之产生,在这一心理的驱使下,对方便会守约,即使临时又有"程咬金杀出",采访对象因考虑有约在先,也会自觉排除干扰,保证注意的指向和集中。当然,新闻报道有个时效性问题,若是对方所约时间太迟,影响了新闻时效,记者则应说明情况,要求对方适当提前。若是不影响新闻时效,记者则应尊重对方的约定。

二是与采访对象一起工作或生活片刻。常有这样的情况:对方约的时间太迟,记者不能接受,而记者约的时间,对方又不能产生注意。此时此刻,记者不妨"客随主便",与采访对象一起工作、生活一段时间。对方一旦感觉到记者在体谅自己,心理活动容易产生动心现象,会形成心灵交互感:哎呀,我这人真不应该,人家记者也是为了工作,我怎么能为了自己而耽搁人家的工作呢? 于是,对方便可能作出决定:将其他事先搁一搁,等接受记者访问后再说。这样,采访的注意也就产生了。例如,我国著名女中音歌唱家关牧村有一次随团到上海演出,新华社上海分社一记者多次采访了她,并写就了一篇近4 000字的通讯。因文中两个数字要进一步核实,稿子当晚又要发到总社,故记者只得再次去剧场约见她。没等记者将来意讲完,关牧村便不耐烦地说道:"我马上要化妆,等演出结束后再接待你。"虽说两个数字的核实连半分钟都用不上,但记者只得决心花两个小时耐心等了。10分钟后,关牧村化妆完了,看记者一副诚恳而又无奈的模样,便主动提出:"现在我有十几分钟空闲,咱们谈谈吧。"采访结束后,她准备登台,记者回分社发稿,皆大欢喜。

2. 设计较得体的仪表风度

对美的追求是人类的一种共同需要,也是增进采访双方关系的重要因素。有关调查和实验表明,陌生人初次见面时,对方外表的魅力与想再次与之见面的相关系数为0.87,远高于个性、兴趣等相关系数。通常人们称此为"首因效应",或是"第一感觉""第一印象",它关系到交往双方对对方的评价,关系到彼此的交往能否持续。若是首因效应或第一感觉、第一印象好,交往双方就会产生较强烈的交往愿望;反之,则厌恶交往。

首因效应是关于对外表特性的效应、感觉和印象,主要包括容貌、穿戴、气质等,其中,人的服饰打扮起着十分重要的作用。

在有些记者看来,服饰打扮是小事一桩,不值得大做文章,"我从来不讲究打扮,还不是照样当记者"。殊不知,这个小小的条件具备程度如何,往往会对采访活动产生奇特的效应。例如,在美国前总统里根举行的记者招待会上,若要引起里根注意而被邀请提问题,记者就得穿红色衣衫,其根据是《华尔街日报》提出的理论:要想引起里根总统注意,就得穿上总统夫人喜欢的颜色的衣服。实践证明,穿戴是一门学问,一种语言,通过穿戴打扮,可以了解一个人,也可以让人了解自己。美国已有学者在研究、创立"穿戴学",中国记协在1998年也已召开过记者服饰的专题研讨会。

一般说来,记者的服饰打扮有个原则,即得体、大方,同采访的场合与采访对象的服饰习惯相吻合。具体而言,记者的服饰打扮从两个方面予以设计。

一是若到机场、会场、剧场、宾馆等场合采访外宾、领导、专家、演员等,不妨着意修饰、装扮一番,面料、款式、品牌应有所讲究,即便是擦去皮鞋灰尘、抹点鞋油等细节也不应忽略。

二是若到车间、大田、连队、矿井、牧区等场合采访普通群众,则尽可能朴素平常,若是修饰过头,则恐难在情感上与普通群众沟通。

著名记者范长江采访"西安事变"前后的服饰装扮很能体现这一原则。20世纪30年代,范长江在冬天总是一身黑色呢子中山装,披黑色皮斗篷,外加一顶水獭皮帽子。这一装束在当时是流行的"官服",几乎可以成为出入国民党机关衙门的"通行证",要上百块银元才能制作一套。但为了混入戒备森严的西安城以采写"西安事变"的真相,他不惜以物易物,将它们换了一身劳动人民的棉裤、棉袄,趴在煤车上进了西安城,因为西北军不盘查老百姓。

3. 讲究较文明的言谈举止

在采访中,记者稍有不慎,一句话或一个动作,便可能导致双方正常交流受阻。这通常是因为这句话或动作刺伤了对方的自尊心,使采访对象感到受信任程度突然削弱,以致作出改变交往方式和信息编码的反应。实质上,此时双方的相互需要并没有减弱,只是采访对象的情感心理发生了较大变化,感到受辱、困惑,因而报之以怨气。譬如,有些记者在交谈中,会突然摸出香烟、打火机,边点烟边听对方叙述;有些记者则表现得粗声粗气:"你这位同志的记忆力也真是,怎么才发生几天的事情就想不起来了"。试问,有这些言谈举止,采访效果能好吗?

4. 调节较融洽的访问气氛

人们从事任何活动都会产生一种情感,而且,什么样的情感便能导致什么样的活动气氛与效率。情感通常表现为两极性,即肯定或否定、积极或消极、热情或冷漠、紧张或轻松等对立性质。同样是对待记者采访,有些采访对象表现得热情和轻松,有些则表现得冷漠和紧张。

情感的两极性可以在一定的条件下互相转化,即消极可以变积极,冷漠可以变热情,紧张可以变轻松,反之也一样。转化的条件便是使用得体的调节技能。老记者习惯称这一做法为"拆墙",即拆掉堵在记者与采访对象之间情感上的"墙",使沉闷的采访气氛变为融洽。

通常情况下,采访对象对记者来访表现消极、冷漠的只是少数,表现较多的是紧张,特别是一些基层群众,一见记者来访,往往紧张、拘谨得不知所措,甚至见记者镜头对准、录音机开始录音,连原先早已背得滚瓜烂熟的话语一句也想不出来。据实验测定,这类采访对象由于受紧张情感的支配,视觉和听觉会在相当程度上出现失灵,连正常的呼吸比例也严重失调——吸得短而呼得长,甚至出现呼吸暂时停止的"屏息"现象。由此造成的沉闷气氛,对记者顺利打开采访局面十分不利。此时,记者若是不按照科学规律行事,还是站在那里向采访对象大谈一通有关采访的来意、要求之类,或是连叫"别紧张""放松"之类,那么,事情只能越弄越糟,一是采访对象被紧张的情绪缠绕,已听不进或听不周全记者所说的内容;二是只能加剧采访对象的紧张程度。此时,记者应在情感上进行调节。

调节应遵循原则与步骤有序地进行。原则是先避开正题,拣对方最熟悉、最感兴趣、最易回答的事物和问题为话题,与对方闲聊片刻。步骤则一般分为三步:一是只需简单表明身份和来意,如"我是《新民晚报》记者,来采访的",然后自己找个地方坐下来,因为紧张、僵持的双方如果都站着,只会加剧紧张,一方坐下来,可以顿时缓解紧张气氛;二是趁落座之机,迅速用眼光扫视一下室内环境的布置和装饰,然后将视线停留在某件物体上,如或是墙上挂的全家合影照片,或是一幅山水画,或是茶几上放的一只花瓶等;三是以某一事物为话题,与对方闲聊片刻。正如美国新闻学者约翰·布雷迪所说的那样:"谈些无关宏旨而可能引起对方兴趣的事,让他忘掉这是采访。除了那些大忙人以外,对于所有的采访对象来说,谈论琐事都可以顺利地打破僵局。"[1]待对方紧张情感消除后,气氛融洽了,记者再相机行事,转入正题。譬如,1980年8月21日,意大利女记者奥莉娅娜·法拉奇对邓小平的专访就是从"拉家常"式的寒暄切入的。法拉奇首先说:"明天是您的生日,我首先祝贺您生日快乐!"邓小平则反问道:"我的生日?明天是我的生日吗?"法拉奇回答道:"是的,邓先生。我是从您的传记里得知的。"这句话不仅表明法拉奇对邓小平的尊重,更显示出法拉奇对这次采访的精心准备。邓小平的回应则出乎意料:"好吧,如果您这样说,那就算是。我从来不知道我的生日是哪一天。而且,如果明天是我的生日,您也不应该祝贺我:那就意味着我已经76岁了。76岁的人已经是江河日下了!"眼看采访陷入僵局,法拉奇再次显示出她的专业,她说:"邓先生,我父亲也76岁了。但是,如果我对他说76岁的人已是江河日下,他会扇我几记耳光的。"这种表达非常智慧,将自己的父亲与邓小平做对比,自然地拉近了彼此的距离。邓小平的反馈也表明他确实感受到了这种善意,他说:"他干得好!不过您不会这样对您父亲说的,对吗?"于是,采访就这样在轻松的气氛中开始了。

在采访重要事件和重要人物时,有些记者也常会表现出紧张。要战胜别人,首先要战胜自己。此时记者也必须进行调节,调节的原则与方法与对采访对象的调节基本相同。正如美国作家海斯·雅各布斯建议的那样:"在走进他的房间之前,舒展一下身躯,做几次长长的深呼吸。某些不安和紧张的心情就会消失。在走进去的时候,面露微笑,不要匆匆忙忙'言归正传'。不妨闲聊几句——即使谈谈天气也好。"[2]一位美国记者有一次采访美国前总统艾森豪威尔的夫人时,显得有些紧张,于是记者沉住气,挑总统夫人的宝贝小孙子为话题先闲聊起来,结果,夫人高兴得无话不说,气氛十分融洽。

记者遇到上述采访对象若是出现胆怯、气短等紧张心理,可以通过调节使之恢复正常。同时,可在脑子里强化这一意识,即自己是党、政府派往各地的新闻工作者,是人民的记者,而不是到处求人施

---

[1] 约翰·布雷迪:《采访技巧》,新华出版社1986年版,第67页。
[2] 同上书,第66页。

舍的乞丐。坐在你面前的采访对象,不管其级别、身份多高,多么有钱有势,从某种意义上说,都是同志或朋友。这样,记者便会感到理直气壮了,记者的自信力一强,对方的心理便会受到感染,不会讨厌你,更不敢轻视你,从而开诚布公地倾心交谈。退一步讲,为了愉悦对方或活跃气氛,记者即便要夸赞、恭维对方几句,也要掌握原则,即对事不对人。譬如,"哟,周教授,我觉得您真了不起,知识渊博,著作等身。"——糟糕,要坏事;"周教授,您最近出的新闻写作教材,我正在看第二遍,听说新华书店这本书早已卖完了。"——策略,对方容易接受。

5. 摆正较合理的相互关系

采访中,记者与采访对象之间的关系怎么处理,也是涉及采访效果的一个重要条件。在这个问题上,记者的态度端正与否则是关键。记者既要自尊也要尊重采访对象。只有自尊,才能产生提高自身修养的需要;只有尊重对方,才能有深化交往、发展关系的基础。

应当特别强调记者要尊重采访对象,采访对象如果感觉到记者对自己不尊重,那他就会因自我价值未得到记者承认而感到委屈和不快,随即便会对记者产生厌恶情绪,以致原有的需要心理减弱和转移,使采访受到影响。而相互尊重则给人的心理以强化作用,提高了与对方交往的需要。例如,范长江新闻奖、全国十佳新闻摄影记者"金眼奖"获得者、中国《法制日报》摄影部主任居杨,去监狱拍摄《重刑犯》组照,拍摄对象都是重罪在身,杀人、抢劫、贩毒等,根本没人愿意接受居杨的采访和拍摄。从第一次过监室起,居杨就尽力调整自己的心态,尽可能以平和的语调、语气与他们聊天。她认为,犯人也是人,也应受到尊重。在一个多月的时间里,经过一次又一次的交心,这些重刑犯终于去掉了敌意和戒备,愿意接受采访和拍摄,居杨这才端起相机,顺利地完成了组照的拍摄。特别值得提及的是,出于对这些重刑犯人格的尊重,居杨尽量避免拍摄面部,为了不惊扰他们,也没用闪光灯,就靠窗户透进来的那一缕光。《重刑犯》组照后来在平遥国际摄影节上展出时,深得国内外同行赞赏。

综上所述,总的原则应当是:不卑不亢,谦虚庄重。即对任何采访对象都应扫除等级观念,除少数敌对者外,均应以礼相见、以诚相待。具体表现在两方面。

一是见了外宾、领导、名人、专家等采访对象,不要低三下四、阿谀奉承。自卑自贱和奉迎拍马者不会给对方留下好印象,反而招致对方的厌恶和不信任感,产生不屑作谈的心理反应。因为人们一般不会相信感情虚伪的记者能写出真实可信和有分量的新闻报道。无数实践证明,记者一旦失去了采访对象的信任和尊重,其采访结局一般是糟糕的。例如,一位记者去武汉钢铁厂采访,转了一圈后,该记者说开了:"参观了武汉钢铁厂之后,真是大开眼界,武钢规模宏伟,果真是全国最大的钢铁基地呀!"该厂领导连忙纠正:"不,不是最大的。"记者说:"噢,是全国最老的钢厂了。"对方又连忙否认:"也不是最老的。"记者又说:"嗯,对了,那总该是最先进的。"对方更不能接受:"比起宝钢,我们差远了。"记者脸上泛起了红晕,但仍坚持吹捧说:"嗨,你们别谦虚了,各有千秋嘛!"厂里同志微笑但十分认真地回答说:"这不是谦虚,是实事求是。"经这一折腾,厂方接待该记者采访的热情锐减,最后,这位记者果真没有写出稿子。

二是见了基层普通群众,也不要眼睛朝天、盛气凌人。在这类采访对象面前,记者越是以"钦差大臣"自居,对方的自尊心就越受损害,一旦形成心理反馈后,就越不买你的账。在普通群众面前,记者应特别讲究"自己人效应",尽量以普通人姿态与他们交往,努力淡化角色差异,让采访对象将记者看作自己人,那么相互关系自然就和谐、融洽了。我国许多老记者、名记者下乡采访时,不坐小汽车,脚蹬自行车,不住宾馆,跟老乡睡一个炕,这种精神是应当继承和发扬的。

中国近代著名记者邵飘萍生前留下这样一句话:"谦恭不流于谄媚,庄严不流于傲慢。"这是他在采访对象面前处理自己形象与态度的座右铭。应当说,此话至今仍是至理名言。

6. 穿插较丰富的形态语言

记者与采访对象交谈时,并非只是以言语形式作为唯一交流手段,只要留意观察,同时展开交流的还有一种形态语言手段,通常也叫做"非言语手段",新闻界有人称之为"无声谈话"。实验证明,在采访所获得的信息中,来自语言的大概有五成,剩下的五成,则基本靠形态语言。人是通过自己的整个身体表达信息的,采访者在这方面也要充分地调动五官去感受。采访的妙不可言之处正在这里。

这种语言主要由表情手段构成,具体为三个方面。一是面部表情。这是人类最主要的表情动作,在采访活动中起着重要作用。该表情主要集中在眉间、眼睛和嘴这个三角区内,而以眼睛的表现最为丰富。心理学家确认,女记者比男记者与采访对象交换目光更频繁,因而所得的答复与材料更多,男记者从男采访对象那儿所获材料相对少些。二是体态表情。人的站、坐姿态等,均可表达一定的信息。三是手势。这是人们在交谈中用以加强言语效果的表情动作,恰到好处的手势既可传递信息,又可产生强烈的感染力。

在采访中,记者不应只顾埋头记录,应恰当地运用形态语言,常常可以收到口头言语难以达到的效果。譬如,在采访交谈初期,有些采访对象愿意提供材料,但不知道什么是有价值的和记者需要的,虽谈兴很浓,却有一种不安的心理流露出来,正如古人所云:"有思于内,必形于外。"流露的形式便是形态语言;或是眼睛直勾勾地看着记者,或是用手下意识地拉拉衣领,忙乱地交叉着手指等。"言"下之意不外乎是:"记者,虽然我在谈,但不知道谈得对不对路?"此时,记者则应及时、适当地通过形态语言给对方以信息:若是觉得对方谈得对路,那么,或是目不转睛地全神注视对方,或是递上一个会心的微笑、肯定的点头,也可做一个肯定的手势,或在笔记本上紧记几笔,都立即会增强对方的谈话信心;若是觉得对方谈得不对路,那么,一个皱眉、咂嘴,一个漫不经心的眼神,或是一个示意停止的手势,再不就推开采访本、直起身子等,对方的谈兴便顿时会落下去。趁此机会,记者则可用婉转的口吻重新提问和引导,将对方的说话思路调节到记者需要的轨道上来。

总之,在交谈中,记者切忌表情呆板,态度不能过于严肃,不能停留在"公事公办"的神情上,应注重情感的双向交流及与谈话的有机结合。可以断言,记者若是一副泥塑木雕般的面孔,是不可能指望获取较好谈话效果的。

7. 掌握较灵活的注意转换

心理学把注意一般分为两种:一种叫有意注意,即指有自觉目的和通过一定努力、自制产生的注意,如采访对象绞尽脑汁、搜肠刮肚地向记者叙述材料就属这种注意;另一种叫无意注意,即指那种自然发生、不需要任何努力、自制而产生的注意,如记者与采访对象正在交谈时,一个外来的声音,或一个人推门进来询问什么事等,皆会立即引起交谈双方的自然关注,从而分散、转移了原先的注意力,这种现象就属无意注意。在一定的条件下,这两种注意对采访活动都会发生积极和消极的效果,且两种注意随时都能转换,记者若能在采访中灵活机动地处理,则能提高采访活动效益。具体做法如下。

一是强调采访意义。当记者与采访对象刚见面,采访对象的注意力还没有转入有意注意状态时,记者可反复强调这次采访的意义,促使对方明确活动的目的和自身需要的满足程度,因为目的和需要是引起及保持有意注意的主要条件,目的和需要越明确,采访对象对采访活动的愿望才会越强烈,注意力才会越集中。

二是约束神情语态。当采访对象注意力高度集中、谈兴正浓且谈得对路时,记者的表情不宜过于丰富,动作不宜过多,包括倒茶、点烟、吐痰等,能忍则尽可能忍耐一下,因为这些都可能使采访对象产生无意注意,从而影响活动效益。

三是排除外来干扰。记者与采访对象交谈时,常可能发生外来干扰,譬如,记者在某公司采访某经理,忽然秘书推门而入请示、汇报某件事,或是突然来个电话,等等,使采访对象产生分心而不知所云或停止谈话。遇上这类情况,记者干脆搞些无意注意,如借机倒茶等,过片刻后,可用慢节奏语调启发对方,如,"刚才我们谈到哪里啦?噢,谈到……好,请接着谈吧。"这样,就可促使对方有效地进入回忆状态。在这里,倒茶等动作属无意注意,而慢节奏语调的启发和引起的回忆心理状态则属有意注意,两种注意经如此转换使用,原先分散的注意力,即可重新集中到原来的话题上来。

四是变换活动方式。靠有意注意维持的活动,一般不能维持太久,通常在一两个小时之内。因为这种注意是靠紧张、自制的努力维持的,过了一定的时间限度,人们便会产生疲劳,引起一系列功能性紊乱,从而降低活动效益。若要克服、消除疲劳,此时则应适当调用无意注意,双方放松一下,并根据需要和客观条件的许可,变换活动方式,立即奏效。如记者可当机立断地宣布休息,站起来走走,舒展一下身体,或是变原来在室内坐着谈的形式为室外走着谈的形式。只要这么做了,双方都会顿时感觉轻松,那么,接下去的采访活动效果又可得到保证。

上面涉及的诸条件,均需记者主观努力去创造。除了必须掌握采访学、心理学、社会学、人际关系学等基本原理外,记者的主观能动性的发挥是决定因素。

第二节　提问技能的掌握

提问是记者采访活动的主要实施形式,也是关系采访活动成败的关键。2011年1月29日下午3点22分,上海浦东三林镇一民宅爆炸,造成一死二伤的严重后果。一名大二女生正在家里做作业,父亲在床上休息,女儿被炸得生命垂危,父亲也是伤痕累累。从街上闻讯赶回来的一名中年妇女,目睹女儿和丈夫此时的惨状,伤心万分,向记者哭诉说:"已买好去湖北的车票,全家明天正准备回老家过年,现在可怎么办哟?"上海电视台一记者随即询问:"看来这个年你们要在上海过了,请问有何打算?"问得这位妇女目瞪口呆,半响才答道:"还能有什么打算?"场面十分尴尬。

采访中,记者要较好地组织起提问,确实不是件容易的事。老记者周孝庵在《访问》一文中指出:"访问不难,发问实难","发问之如何,足以卜访问之成败。"①著名记者王志也有同感,他在《采访课》中指出:"采访者的高明之处,不在于自己说得如何,而在于如何让采访对象说得精彩。因此,毫不夸张地说,提问,可谓采访实施中最重要的环节和内容。"②因此,为了提高提问的效率,保证整个采访活动的顺利进行,记者必须熟练地掌握提问的技能以及注意事项。

一、提问的三种形式

一般说来,提问的主要技能与方法皆可纳入下述三种形式,即正面提、侧面探、反面激,而且,各种类型的采访对象也基本适用这三种形式。

1. 正面提

即提问要开门见山、直截了当、单刀直入,不要拐弯抹角兜圈子。此形式一般适用于两类采访对象,一是记者熟悉的;二是干部、学者、演

---

① 余家宏等:《新闻学基础》,安徽人民出版社1985年版,第109页。
② 王志:《采访课》,山东人民出版社2020年版,第130页。

员、运动员、外宾等。前者因为熟悉,情感交流早已建立,过于客套、寒暄反而显得见外;后者则有相当的社交经验和社会经历,顺应性一般较强,容易领会记者意图,再则,他们一般公务较忙,惜时如金,因此,记者过于寒暄或启发引导,反而显得多余,甚至招致对方反感。

这一形式是提问的基本形式,使用难度一般不大,只要注意提问切题即可。但是,应当强调的是,即后一类采访对象由于工作、职业习惯,回答问题时往往习惯一二三四地谈原则和要点,虽条理清楚,却比较抽象,具体、实在的东西较少。因为新闻报道要反映的恰恰是具体、实在的东西居多,因此,对这一类采访对象的提问,记者除了事先准备大纲细目时要周密、具体些外,谈话时还应当有意识地按步骤引导与深入挖掘。2021年3月11日,十三届全国人大四次会议后召开的总理记者会上,新加坡《联合早报》的记者提了三个问题:"中国提出要加快构建以国内大循环为主体、国内国际双循环相互促进的新发展格局。请问这是不是中国在美国等西方国家'围堵'下被迫采取的某种战略收缩?另外,在中国发展国内大循环,构建超大规模的国内市场的时候会带来怎样的变化?留给外资的空间未来会不会越来越小?谢谢。"这三个问题具有内在关联,属于直截了当的正面提问。

2. 侧面探

即运用启发引导技能,旁敲侧击、循循善诱地促使采访对象对以往的新闻材料产生回忆。好比打仗一样,正面攻不下来,就迂回包抄,从侧面进攻。该形式通常适用于想谈但一时对往事不能产生回忆的采访对象。在多数情况下,记者采写的是非事件新闻,因而涉及采访对象的回忆过程。但是,往往事情发生已久,加上人皆有遗忘性,采访对象往往对往事一时难以产生回忆,因此,记者必须通过积极启发引导,打开对方的记忆闸门。

遇到这样的采访场景,记者万勿着急,更不应误判,以为采访对象不想谈、不合作,而应摆出一个内紧外松的态势,即思想上积极进行,外部神态则轻松自如,然后发挥"磨功",与采访对象"闲泡",力争做到:他紧张你轻松,他冷淡你热情,他言者无意你听者有心,抓住机会,一举突破。

启发引导通常也称为联想,有具体规律和方法可循。一是接近性启发引导。即记者凭借经验,对在空间或时间上相接近的客观事物形成联系,使采访对象通过一事物回想起另一事物。二是相似性启发引导。即记者凭借经验,列举出在性质上相似的一些客观事物,使采访对象回想起另一些事物。三是对比性启发引导。即记者凭借经验,列举出在性质上相反的一些客观事物,使采访对象引起对另一些事物的回想。

上述三种启发引导的具体方法,可以单独使用,也可以交替使用,只要使用得当,效果将十分显著。例如,在我国一次边境反击战期间,第二军医大学长征医院军医吕士才,身患结肠腺癌,但他瞒着组织,写下决心书,坚决要求上前线,出色地完成了党交给的救护伤病员的任务。回国不久,他不幸因病去世。中央军委根据他的表现,追认他为"模范军医"。消息传出,《解放军报》《健康报》《解放日报》等新闻单位相继采写发表了长篇通讯,《文汇报》则在稍后时间派记者去接触这个题材。后发制人比先发制人有难度,将别人的冷饭再炒出滋味来,显然不是易事。《文汇报》领导派了颇有经验的记者章成钧前往长征医院。当他与曾同吕士才一起派往前线参加救护任务的有关医护人员一坐定,果然不出所料,困难一个个出现了:一位采访对象抱怨说,我们从前线回来,一天都没有休息,天天从早到晚应付门诊还来不及,又得接连不断地接待你们记者,你们各家记者为什么不约好一起来呢?另一位采访对象说得更干脆,你《文汇报》记者再采访,也问不出更新更深的材料了,何不把人家报纸已经发表的报道拿来转载一下,不是大家都省事吗?章成钧虽然不这么认为,但他也承认:这些采访对象疲劳了,对记者采访的厌烦心理已产生了,况且,前线的事发生已久,加上当时大家忙于完成任务,并没对吕士才的事格外予以关注,一时难以产生回忆,也只能停留在各报所用的几个材料上。于是,《文汇报》记者没有再"穷追猛打",而是摆出一副内紧外松的姿势,向采访对象示意:既然如此,诸位也不要过于为难了,我坐一会便走。所有采访对象听此一说,均放松了。记者随即看似轻松随便,实际颇有用意地与对方"闲泡"起来。他说,一般人平时有个头痛脑热的,吃和睡都不太正常,吕医生癌症到了晚期,疼痛是那样的难忍,吃和睡一定是不正常的吧?其实,记者此时已开始有意识地启发引导了。果然,一采访对象回忆起一个细节:有一次吃饭,坐在他一旁的吕士才边吃嘴里边发出"嘶、嘶"的声音,他侧头一看,只见吕士才在大口大口吞嚼辣椒,并难受得满头大汗。记者眼睛一亮,顿感机遇来了,但耐住性子,进一步"闲泡"道:这能说明什么问题,或许吕医生有吃辣的习惯。这一下,几乎所有的采访对象都争着发言了。一医生抢先说道:吕士才是浙江绍兴人,没有吃辣的习惯,在上海当兵18年,我们也从来没见过他有这个爱好。记者感到"火候"已到,便加大启发引导力度说道:"吕士才作为一个军医,应该十分清楚,他患的癌症和因劳累造成的肛瘘大量出血,此时此刻应该忌酸辣还来不及,为什么还要吞吃辣椒?"又一位采访对象抢先解释道:"因为疼痛的折磨,吕士才同志难以吞咽食物,造成体力严重不支,做手术时手臂在不停地抖动。为了保证手术质量,他知道辣椒开胃,于是便一口辣椒一口饭,硬逼自己吃东西。"采访对象回忆的"闸门"终于被撬开了,类似的材料不断涌现出来。由于采访手段得当,《文汇报》所发表的关于吕士才的通讯,虽属后发制人,但材料新颖,主题深刻,读者评价很好。

3. 反面激

即记者通过一定强度的刺激设问,促使采访对象的感觉由"要我谈"转变为"我要谈",从而打开采访通道。此形式通常适用于谦虚不想谈、有顾虑怕谈或自恃地位、身份高而不屑谈等采访对象。

采访中常遇这样的现象,即有些采访对象并不是不善谈,而是因种种原因不愿谈。这时,记者可采用一定强度的刺激设问,使采访活动顺利进展。

在具体实施时,反面激有两种形式。

一是激问。即记者在其所假设的问题中,投入一定强度的刺激,迫使对方感觉朝相反方向转化,然后乘势追问。例如,有一年,河南平顶山矿务局四矿通讯员于志琦到北京出差,住在海淀区的花园饭店。晚饭后散步时,发现院内有两辆汽车车窗上贴有峨眉电影制片厂《咱们的领袖毛泽东》摄制组的标牌,又听说扮演毛主席的特型演员古月同志就住在这里。顿时,他产生了采访古月的念头,于是回忆起古月曾经演过的影片,找出其中的成功和不足之处,同时对古月的材料予以整理,为采访做好准备。第三天晚上11点,他在饭店三楼服务台见到古月,快步迎上去开门见山地说:"胡学诗科长,咱们能交谈一会儿吧?"古月眉毛一扬地说:"你是怎么认识我的?"于志琦不慌不忙地将古月从影前的事说了一些,并说:"当年你搞文化宣传当科长,我是宣传干事,说起来还算是一条战线的人哩!"古月被这句话逗笑了,燃着一支烟想走。于志琦忙就古月在《四渡赤水》《大决战》《开国大典》等影片中的表演为话题谈起,并直言不讳地说他在《大决战》中的表演远远不如《开国大典》成功。原先想谢绝采访的古月立即被此话吸引住了。就这样,两人相互交谈了40多分钟,古月猛然想起第二天早上5点还要外出拍片,只好抱歉地起身离去,临走,主动在于志琦的采访本上题字留念。殊不知,在此之前,即使中央级新闻单位的记者采访古月,也要事先约定的。

　　二是错问。该方式的刺激强度超出激问,而且,要求记者从事实的反面设问,如煤炭明明是黑的,记者故意将其说成白的,促使对方的兴奋程度剧增,迅速产生要否定错误、澄清事实的感觉,于是便讲真话、吐实情。中国台湾学者称此为以误求正法,即记者若不能从正面得到事实真相,则可故意从事实的反面提问,使对方觉得记者所知的是不正确的消息,若不急于改正,便有被刊出、坏名声的可能。例如,江苏《新华日报》有一记者,根据国务院关于搞好安全生产的指示,有一次去南京某厂采访。这是一个有着数千人的大厂,因安全措施落实得好,已连续七年未发生过一起安全事故。由于记者事先得知该厂领导有思想顾虑,不愿在报上张扬,并曾婉言谢绝过其他记者对这一题材的采访,故记者一坐下来就使用错问手段:"记不清在哪里听说了,你们厂今年二月份因为安全措施没落实,曾经触电死过一个人,是不是?"接待采访的是该厂的一位副厂长和厂办主任,本来想通过"打太极拳"再次婉言谢绝记者采访,但听此错问后十分震惊,相互看了看后,两位领导几乎不约而同地转向记者:"我们厂?二月份死过人?不可能!"记者紧追不舍:"为什么不可能?"副厂长显然激动起来,一边示意厂办主任打开文件柜,把该厂历年有关安全生产方面的总结报告取给记者看,一边提高嗓门向记者叙述厂领导抓安全生产的一条条具体措施。采访通道就此打开。

　　当然,错问虽属一种采访技巧,但容易造成采访对象的误解,故记者切记不可突破道德边界,在采访结束时,一定要说明原委,不要留下后遗症。仍以上述实例为例,记者在采访结束时就作了如下解释:"你们厂七年没有发生安全事故,是因为厂领导抓安全生产有具体措施和方法,我们记者如果要使每次采访获得成功,也得调用各种方法,譬如对你们这些谦虚的对象,提问时故意把事实颠倒就是一种方法。"在一阵会心的笑声中,对方的误解消除了。

二、提问的注意事项

　　为了保证采访活动效率的顺利实现,在三种提问的实施过程中,还应当注意下述事项。

1. 提问宜简洁

记者对每个要提的问题,事先在其用语的长短上应当精心设计、推敲,原则是宜短勿长。这是因为人的记忆能力有限,提问一长,采访对象容易前记后忘,以致常常出现这种局面,当记者长长地提问一通后,采访对象只能要求记者:"对不起,请您把刚才的问题前面部分再重复一遍。"

有些记者提问不能简洁明了的一个主要原因是,不善于将所提问题同大段背景材料分开处理,而是像"包饺子"似的将大段背景材料硬塞在问题的中间,以致效果不好。譬如,假设以高校目前校风状况为题材,某记者如此向某校长提问:"校长先生,您认为造成目前我国高校相当部分学生整天逃课甚至纷纷退学而去经商以致学校的教学秩序日趋混乱的局面的主要原因是什么?"这个问题很可能令采访对象难以接受,因为既不简洁也不明了,问题中间塞了一大段背景材料。如果将学生的有关背景材料抽出,放在前面先陈述,然后再问:"请问校长,您认为造成这一局面的主要原因是什么?"效果就好得多。

2. 提问宜具体

任何事物都是错综复杂的,有形成、发展、结束的过程,记者如果笼统、抽象地提问题,采访对象就犹如老虎吞天,难以回答。例如,中央电视台在一次街头随机采访中,逢人就问"你幸福吗?"结果,很多市民因不清楚记者的采访目的,或不知如何作答,或只能回答"幸福",还有人一时没听明白,直接回答:"我姓曾!"

思维活动不是一下子能完成的,得有个具体过程,而具体化是思维的主要组成部分,能促使人们对事物的认识活动深刻、有序地发展。根据这一原理,记者在提问时就应按照事物形成、发展到结束的全过程,将一个大的、总的问题破开,化成若干个具体问题,一个一个地细细问清了,也就是说,提问具体化了,大的、总的问题也就自然解决了。例如,周总理逝世不久,一位记者去采访周总理的警卫员李建明,刚一坐定,记者劈头就问:"老李,请谈谈周总理给你的印象?"对方沉思了好大一会儿才答道:"总理好啊好总理!"尽管记者再三要求对方具体谈谈,但因为自己并没有破题细问,故这位警卫员仍是一个劲地重复"总理好啊好总理",最后,这位朴实的警卫员竟双手捂住脸失声痛哭起来。记者被弄得手足无措,加上感情受到感染,竟也一起陪着流泪,结果,这次采访就以采访者与被采访者哭成一团而告失败。在老记者指点的基础上,该记者在第二次采访这位警卫员之前,就将第一次采访时所提的大问题,从各个侧面化成十余个小问题,如"为什么说周总理生活十分俭朴""为什么说周总理时刻把人民群众的安危装在心里"等等,然后在采访时请对方通过一个个具体实例予以说明,采访进展得十分顺利。

3. 提问宜间接

在具体发问时,可以是直接发问,即就新闻要素中的"什么"要素发问,这属封闭型发问。如"你午饭吃了吗""吃几碗"等等,这种发问方式固然简洁明了,但对方遇此发问,限制性较强,不欲多言,一般以"是"或"不是"之类片言只字了之,新闻内涵较少,交谈形式也较呆板。例如,曾有一美籍华裔花样滑冰运动员随队来中国访问,格外高兴,因为一来可以看看中国,加强两国运动员之间的交流,二来可以探望长期居住在中国的母亲。在北京机场一下飞机,某电视台记者手执长话筒,以直接发问的方式采访了这位运动员:"这是你第一次来中国吧?"对方答:"是的。"记者问:"心情一定很高兴、很激动吧?"对方答:"是的。"记者又问:"听说你母亲现在中国居住是吗?"对方还是答:"是的。"记者再问:"这次回来一定要看看她了?"对方再答:"是的。"显然,这样的谈话提问形式是单调的,也无多少信息量可言。若记者把采访对象看成积极能动的主体,将提问换成间接发问,即针对"为什么"这个要素发问,变封闭型发问为开放型发问,则对方就不能以"是"或"否"答之。记者不妨这样设问:"看得出,对此次来中国访问和表演,你比其他运动员更高兴、更激动,请问为什么?"

4. 提问宜深刻

特别是在采访干部、专家、学者等对象时,提问应有深度,这样,对方才有思考的空间,答得才有深度,往往可以挖出颇有价值的材料来。如《新民晚报》有位记者有一次采访作家王蒙,从第二天见报稿《我们有笑的必要和权利》一文中不难看出,记者事前对对方有较深的研究,采访层层深入,引出一些有深度又有情趣的内容来。请看报道末尾的问答:"《青春万岁》是你的长篇小说,可是为什么要让《被爱情遗忘的角落》的作者张弦来改编成电影呢?"临走,记者又提出一个问题。王蒙略作思索后笑答:"早在50年代我就推荐过张弦;再说我不大喜欢写电影,倒不是怕'触电',而只觉得与其在自己的作品上改来改去,不如再搞个新的小说。"作家似乎言犹未尽,又补上一句:"当然,我这是嫁'祸'

于人啊……"王蒙笑了,记者也笑了。这种良好的采访效果,显然与记者提问有深度有直接关联。

5. 提问宜自然

记者提问与采访对象作答,实际是在进行一场谈话,既是谈话,就必须受"谈话法"的基本方法支配。记者采访的目的在于了解情况,提问则是了解情况最直接、最简捷的方式,问题提得好,不善言谈的采访对象也可能滔滔不绝;反之,极善言谈的采访对象也会守口如瓶。因此,提问是谈话能否顺利进行的关键,提问艺术是记者谈话艺术的概括和集中。采访是真正寓问于谈的交互式,还是搞成一问一答的僵化式,这是检验一个记者成熟、老练与否的标志,也是采访深入、报道深刻与感人的前提。既然是谈话,首先就得有亲切、自然的谈话气氛,而解决问题的关键是记者将所要发问的问题设计成讨论式的,然后,双方就这些问题展开讨论,就容易谈得自然、亲切、深刻。例如,国画大师刘海粟十上黄山时,《黄山旅游》杂志一记者请求采访,刘夫人再三挡驾,最后破例给了 10 分钟时间采访。该记者巧妙地从谈对黄山的印象入手,将提问设计成交谈式,刘海粟先生兴致上来了,一谈便是一个半小时。

6. 提问宜节制

到一个地方采访,记者不能以"无冕之王"自居,提问不能随心所欲,要有一定的节制。具体分为两个方面。

一是提问要得体、贴切。提问的语气处理得如何,直接影响到采访效果。例如,中央电视台要搞一组访精神病患者康复的专题报道,节目编辑问一位原是小学教师的女患者:"你什么时候得的这个病啊?"对方十分敏感地反问:"什么病?"该编辑随口便答:"就这个精神病呗。"对方感到刺激太大,立即起身离去,节目制作只能暂停。再次采访时,当时作为节目制作组组长的赵忠祥则改为委婉、和蔼的口吻问道:"你在医院住多久了?住院前觉得怎么不好呢?"该患者感到记者亲切、可信,便在回答一系列提问后说:"最近,我快出院了,我非常想念我的学生们。我真想快点治好病,能为教育孩子贡献我一份力量。"节目顺利拍摄成功。

二是提问要讲究分寸。这是指谈话提问的内容,要有分寸,不能漫无边际,还得增强保密观念。例如,一实习记者有一次到海军舟山基地采访,俨然像一个大首长视察,大问人家的装备和火力配备情况,还强行向基地首长索要舟山海军的火力配备图,直到上级组织闻讯后,才制止了这场"无法无天"的采访。

第三节 调查座谈的主持

采访活动的基本形式除了个别访问外,通常还采用开调查座谈会的形式。

一、调查座谈会的效果

比较采访活动的其他形式,调查座谈会形式能产生下述明显效果。
1. 节省时间

比较个别访问及其他采访形式,调查座谈会可以用较少的时间迅速收集较多的新闻线索和材料,大型及综合性报道的采访若采用此形式,收效则尤为显著。

2. 互相启发

个别访问时,采访对象若一时产生不了回忆,得靠记者启发引导,虽也能见效,但因为情况不太熟悉,故难免受到局限,记者也颇感吃力。若熟悉情况的几个采访对象在一起座谈时,如果某人对有关材料回忆不出,知情者们稍加启发或提示,便可产生回忆。美国学者奥斯本曾倡导一种集体发挥创造性的方法,即"头脑风暴法",又叫脑力激荡法,它使人们在小组的集体中思考,互相启发,产生连锁反应,最后引导出创造性意见。

3. 及时验证

个别访问时,仅凭采访对象一人谈,即使带有主观偏见或弄虚作假,记者一时也很难鉴别这"一面之词"的真伪。几个人一起座谈时,一个人说得不全面或说错,众人可以补充或纠正,某人想要糊弄记者,即使是说谎老手,脸上不露一丝痕迹,但记者只要心细,也可以从知情者脸上,或多或少地捕捉到"此人在说谎"的信息,以便及时对所述材料进行验证。古人云:"心不正则眸子眊,心正则眸子瞭",眼神是做不了假的。例如,某记者随县委书记等领导去采访该县一座大型扬水站,在座谈时站长说:"我们这个扬水站可以浇地5万亩。"说话前,该站长先望了一下县委书记等领导,说话时目光游移、神情犹豫,县委书记等领导的神态也有些不自然。记者及时察觉这些眼神及神态,于是当即追问:"是已经浇地5万亩,还是可能浇地5万亩?"站长的表情更不自然,连忙答道:"是可能,是可能。"由此避免了一次失实报道。

二、主持调查座谈会的技能

调查座谈会既然是个收效明显的采访活动形式,那么,作为调查座谈会主持人的记者,就必须掌握开好调查座谈会的技能,否则,就产生不了应有的效果。主持调查座谈会需要掌握以下技能。

1. 事先通知对方

即记者要在采访前把座谈的内容、目的及要求告诉对方,以使对方早有准备。前面已经提及,明确活动的目的是活动有效率的前提和保证之一。参加座谈的采访对象,只有事先明确了要谈什么、为什么要谈及怎样谈等事项,才能尽早地集中自己的注意力。

2. 精心选择参加座谈人员

参加座谈的采访对象不是张三李四皆可充数的,记者得精心选择。通常记者应选择下述三类人员参加:一是选择知情者参加,这是记者了解事物来龙去脉、详细占有材料的首选人员;二是选择对某事物持不同意见的人员参加,这样,可以促进记者对某一事物认识的正确性;三是选择那些不仅了解情况而且对新事物热情、对新闻报道工作支持的人员参加,否则,参加座谈会的人员虽然了解情况,但对新事物冷漠无情,对新闻报道工作无动于衷,那么,调查座谈会也活跃不起来。

3. 控制参加座谈会的人数

每次座谈会的人数以三五人或六七人为宜,实践证明,这个人数可以保证谈得深刻、具体,记者也容易主持。若是几十人参加座谈,就难以收到预期效果。例如,有两位记者去上海港某作业区开个调查座谈会,由于事先没有向所在单位明确这一要求,只是在电话中说:"了解内情的都请参加。"结果,对方给他们安排了有150余人参加的座谈会,任凭两位记者一再启发引导,就是没人开腔。因为参加座谈的人员一多,容易导致采访对象产生这样的依赖心理:"反正有这么多人,我不讲有人讲。"再则,一些采访对象不善于在大庭广众面前讲话,故也就免开尊口了。

4. 不要轻易下结论

调查座谈会就某个问题展开讨论,甚至发生争论,是常有的事,也是正常的事,此时此刻,记者千万不可轻易表态或作结论,只能因势利导。这是因为,正在争论的双方,此时正处在极度兴奋状态之中,记者的表态或结论等于刺激,出于对记者的尊重,采访对象心理上就会产生反射——"记者表态、下结论了,我们就不要再争了"。于是,兴奋状态便立即转化为抑制状态,座谈会就可能出现冷场。正如美国一位新闻学者说的那样,有时,记者制服了一个盛气凌人、不服从引导的采访对象,但访问本身却失败了。再则,对某个事物有不同意见的争论,既是记者全面认识事物所必需的,也是采访对象思维活动积极的体现,记者若是轻易表态和下结论,既堵塞言路,破坏对方的积极思维,又妨碍自己对事物获得全面、深刻的认识。

5. 做深入采访捕捉线索的有心人

座谈会上常会出现下述现象:某人叙述到某个问题或事实时,好像有难言之隐,显得吞吞吐吐;当某人在叙述某个问题或事实时,其他采访对象的脸上露出诧异、惊讶或不满等神情。"有思于内,必形于外",这都是某种心理活动的反映,其背后一般都掩藏着什么,甚至有可能是很有价值的东西。记者只要做有心人,这方面的信息都可以捕捉到,待座谈会一结束,再一一作个别的深入采访,往往能有意想不到的收获。

第四节 现场观察的注重

所谓观察,是一种有目的、有计划的知觉行动,是人对现实进行感性认识的一种主动形式,是人们直接用肉眼或者借助于仪器获取信息的过程。

所谓新闻采访的现场观察,是指记者的大脑及眼、耳、鼻、舌、身感觉器官同时运作,以眼为主,使主观认识与客观实际相一致的现场采访形式。通俗讲,就是指记者用眼睛采访。显而易见,记者在进行现场观察时,如何强化视觉功能有突出意义。

一、现场观察在采访中的具体功能

1. 能核实新闻事实的真伪,增强新闻的可信性

《吕氏春秋·察传》中指出:"闻而审,则为福矣;闻而不审,不若无闻矣。"许多新闻报道失实,或是人们感到可信度不强,其主要原因之一,是记者仅凭采访对象的口头介绍或摘编文字简报进行报道。记者没有到现场去看个究竟,心里就不实在;心里不实在,笔下就不实在,故报道的可信度难免不强。若是听了之后再去新闻事件发生的实地看个究竟,事实的真伪就容易验证,笔下出来的新闻报道就能具体、实在,且具有真情实感,人们也就信服了。例如,美国社会一度传闻纽约伯勒克威尔岛疯人院存在虐待患者的严重不法行为,到了骇人听闻的地步。但由于该疯人院对外控制十分严格,事实真相难以搞清楚,故人们对此传闻将信将疑。女记者勒丽·蓓蕾精心装扮成疯子,让人把自己送入了这个疯人院。在入院的近四个月的日子里,她经历了一次又一次令人难以忍受的虐待,目睹了病人们的非人生活。当她把一切真相都核实清楚后,又设法逃离疯人院。因为所有事实皆出于记者的亲自体验,可信度极强,故一经报道,就引起社会的强烈反响,勒丽·蓓蕾也一举成名。

2. 能激发鲜明、生动地表达事物的灵感,增强思维的敏捷性

许多记者都常有这样的感受:有的时候,一般的材料有了,主题也较明确,但苦于找不到鲜明、生动的表现形式,若是细心观察,或许一个很平常的现象也会触动心灵,使大脑豁然开朗,迅速把全部材料有机地组织起来,使观点、材料得到深刻而又新颖的表现。

这一现象涉及人的思维心理活动过程中的豁朗期问题。人在认识事物的活动中,最后必然要进入一个高级思维阶段,这个阶段又具体分为准备、酝酿、豁朗和验证四个时期。苦苦思索某个问题时,说明思维尚处在酝酿期;心灵感到触动,头脑感到豁然开朗,则说明思维已进入豁朗期,灵感活动已出现。所谓灵感活动,即指思维者由于对问题经过充分的酝酿期后,常常因一个细小的事物、场景和一句平常的话语等所触发,产生"牵一发而动全身"的效应,使原先苦苦思索的问题突然得到解决,思维者大有豁然开朗的感觉。例如,牛顿研究万有引力定律,费尽心血研究了多少年,就是不能成功,但于某日偶然看见苹果落地的现

象,触发了灵感活动的出现,万有引力定律的雏型也随之明朗起来了。

　　灵感活动通常突如其来,事先不易预测和把握。但既然是科学现象,就有规律可循。突发性是以长久性的酝酿为基础的,从表面看,人们对寻求解决的问题的思索已停止,但实质上已转化为潜意识,思维活动仍在进行,而且随着时间的推移,表面越趋平静,内部越趋激烈,一旦条件成熟,便会突发。灵感的产生虽然有诸多激发条件,但要数人的视觉因客观事物的刺激而产生的可能性为最大。例如,著名记者黄钢早在1938年就想写一写八路军在抗日战场上可歌可泣的英勇业绩,手头的材料也已收集不少,但就是苦于得不到鲜明、生动的表现形式,索性搁笔不写。1939年春季的一天,组织上派他去八路军总部联系工作。到达总部所在地的当天晚饭后,他出去散步,在总部的篮球场旁,他为这样一件小事所触动:篮球场旁排着长长的队伍,轮番上场打球,每场10人,打15分钟后再换10人。黄钢看见一位50岁开外的老军人也排在队伍里,轮到又一批人上场时,因老军人是排在第十一位,只见排在第十位的一名小战士转身对这位老军人说:"您先上吧,让我等下批。"老军人挥挥手说:"你们来吧,这场不该我。"黄钢凑前一看,这位老军人便是朱德同志。顿时,他的灵感大发,刊登在1940年延安《中国文化》杂志上的报告文学《我看见了八路军》随即一挥而就。报道就从这件小事入笔:"……这就是八路军的最高级的军事指挥员——朱德总司令。"这虽属小事一桩,但它是八路军所以能够驰骋抗日疆场、所向披靡的军魂所在。

　　3. 能加深对主题的理解,增强新闻的深刻性

　　人们对客观事物的认识过程,是从现象到本质、由感性到理性的不断深化的心理活动过程。较好地发挥视觉功能,正是促进这一心理活动的一个必要条件。如《人民日报》记者柏生,在采写《韧性的战斗》一文时,原先她也知道科普作家高士其一生意志顽强,虽早已瘫痪在床,但晚年仍坚持向秘书口授作品而著书立说。这固然是韧性的体现,但柏生总感觉不甚具体、深刻,原因是她没有通过自己的感觉器官去亲身感受主题。于是,柏生改变采访方式,一头扎进高士其老人家里,观察到一系列足以使主题能够深化、认识能够飞跃的细节。譬如,高士其老人每天在病床上都要与一小女孩做来回抛送彩球的活动,每抛送一次,他都得费很大的气力,显得十分痛苦。老人为何要如此自找苦吃呢?因为他知道,一旦自己动弹不了,就也许永远不能活动了,创作活动也

就停止了。所以,他以极大的毅力每天有意识地进行这种手臂、腿脚的锻炼。由此,柏生对高士其老人的"韧性"有了深切的感受,报道的主题也就揭示得入木三分。

4. 能为通俗地解释事物提供前提,增强新闻的可读性

记者在采访活动中常会遇到一些难以叙述的事物,特别是采写科技、经济、军事等方面的活动报道,因涉及的专业术语较多,不太懂此行业的记者就会出现受阻现象,最终导致对事物不能取得认识。若是记者置身新闻事件发生的现场,通过视觉去感受一番,就容易理解、认识,将报道写得通俗易懂。例如,1982年10月7日至16日,我国成功地向预定海域发射运载火箭,这是一个世界领先水平的高精尖科技项目,一般很难报道得通俗易懂,特别是火箭跃出大海、腾空飞翔的瞬间,更难作形象、生动的反映。然而,原先仅有小学文化程度的著名军事记者阎吾,亲临火箭发射场,悉心用眼观察,积极进行思维,最后,对其作了既通俗易懂又栩栩如生的目击报道。请看其中的两段描述:"突然,从海底传来一声轰响,右前方的海面上冲起几十米高的水柱,像宝塔一样兀立在海上。""乳白色的'巨龙',从高大的水柱中飞窜出来,浑身披着水帘,火箭向上飞腾,水帘倒挂下来,犹如悬在空中的瀑布;水珠四溅,像水晶、翡翠在阳光下闪烁,晶莹迷人。"如此形象、逼真又通俗的报道,若作者不去现场,是断然写不出来的。

5. 能使采访对象触景生情,增强认知的可能性

采访时,记者不但要强化自己的视觉功能,同时也应注意调用采访对象的视觉功能,这样,便可加速采访目的的实现。譬如,采访中,一些采访对象吞吞吐吐、欲言又止,往往是一种假象,其主要原因是事情发生已久,一时难以产生回忆。若记者能果断、准确地作出判断,有意识地将采访对象约请到新闻事件原来发生的现场,则往往能促使对方触景生情,迅速产生认知,记者只需稍加启发甚至不用开口,对方的话匣子就能启开。例如,上海某医药仓库发生火灾,一青年工人在扑灭火灾、抢救财物的战斗中表现尤为勇敢,当记者约他到仓库主任办公室采访时,该青年或是吞吞吐吐,或是讲几句"这是应该的""没啥可讲的"之类的话。记者判断该青年不愿谈只是一种假象,于是,请他到火灾现场接受采访。一到当时新闻事件发生的现场,该青年便滔滔不绝地讲开了。

二、现场观察时的注意事项

不是所有到了现场运用视觉的记者都能观察成功的,有的可能慧眼识真金满载而归,有的则可能两眼一抹黑空手而回。问题的关键是记者现场观察运用视觉时的技能与技巧。

1. 明目的

目的明确后,方可有效地把注意力集中起来,指向一定的观察目标。因此,每次到现场之前,记者一定得先用大脑思索一番:我这次是为了什么需要而观察?到现场后应重点观察哪些事物?等等,否则,毫无目的、漫无目标地随便看看,则一定没有观察效率可言。

2. 多请教

在现场观察中,记者应主动请教采访单位的行家或是熟悉情况的人,在可能的情况下,应尽可能请行家陪同观察。常言道:懂行的看门道,不懂的看热闹。所谓门道,即指人对事物的认识程度。记者观察事物当然不是看热闹,但因受行业及知识的局限,也不可能样样看出门道。譬如,看一场京剧或越剧,某演员是师承哪家、什么流派、功底如何等,并不是每个记者都能一下子看明白、说清楚的。若是请位行家坐在身边,看不懂的地方可以随时请教,说错了也可当即得到行家指正。这样,便可提高观察效率,保证对事物认识的准确性。

3. 抓特点

人们在思维过程中,应该将客观事物某些有特点的方面提取出来,然后与有关事物联系起来进行比较,并在此基础上抽出事物共同的、本质的特征进行概括,最后形成概念和产生认识。记者进行现场观察时,应顺应这一思维过程,即在俯瞰全面的基础上,凭借锐利的"新闻眼",突破全面,烛幽探微,抓住富有个性特征的事物,继而达到对事物认识、反映的目的。通俗讲,就是要顺应观察的程序,即先面后点,抓取特点。例如,1945年4月间,苏联红军将希特勒部队反击到德国法西斯老巢柏林后,两军就在柏林的千百条大街小巷里展开了最后的激烈拼杀。要反映这场战斗的激烈程度,一般记者可能作出"炮声隆隆""火舌四射""杀声震天"之类的表面概括,如此,人们对这场战斗特有的激烈程度也就无从认识。在数以百计的记者中,苏联随军记者波列伏依独具慧眼,抓住因战斗激烈而激起的烟尘做文章:"城内的烟尘几乎使人窒息,而且如此浓密",以致两军交战"在白天也不得不使用手电筒"。天下哪有白天打仗使用手电筒的?柏林之战的激烈程度由此可见一斑。

4. 选地点

"横看成岭侧成峰,远近高低各不同。"记者在观察某一目标时,自己应置于何处,这并不是随便可以决定的,应依据一定的科学原理精心设置,否则,将直接影响观察效率。观察点的选择与设置应注意两个方面。

第一,掌握一定的明度,获得较好的感受效应。所谓明度,即指作用于观察目标表面的光线的反射系数,也即通常讲的能见度。所谓感受效应,即指刺激物的强度作用于眼所发生的效应。在现场观察时,记者应这样掌握明度:若是在室内与采访对象交谈,则尽可能使双方坐在靠门、窗或灯光处,便于清晰地感受采访对象的音容笑貌和神情语态等;在观察某一物体时,应尽可能使自己处在物体的感光面,即记者可以背光,而不能让物体或目标背光;在记者与观察目标之间以及目标的背后,不应让过强的光度出现在记者视线内,否则,将会影响视觉的感受效应,即"刺眼"现象。

第二,巧择适宜的视角,增强视觉的敏锐程度。所谓视角,即指观察目标最边沿与眼球节点的连线所成的角。所谓视角的敏锐程度,即指人眼分辨细小、遥远的物体以及物体细微部分的能力。视角决定视觉的敏锐程度。记者在现场观察时,应这样选择视角。

记者与观察目标应正面相对。例如,有经验的记者参加某一记者招待会时,只要不硬性限制,他们往往抢占与会议主持人正面相对的位置。实践证明,这一视角是好的,若从侧面或背面目视会议主持人,视觉的敏锐程度则难免受到影响。例如,七届全国人大四次会议闭幕时,国家领导人出席记者招待会,四点半才开始的记者招待会,三点半之前,前四排的160个座席就全让记者占了。会前5分钟,坐在第三排中间的香港《文汇报》一男记者,冲着占了他位子的美国《商业时报》一女记者大声咆哮,弄得全场愕然。

应尽量接近观察目标,缩短视觉的空间阈限。空间阈限即指距离。记者的眼球节点与物体最边沿点之间的空间阈限越适中,则视觉的敏锐程度越强。一场篮球或足球赛,记者往往将篮架下、球门旁作为观察点,其目的就在于增强视觉对进球瞬间的敏锐程度。

应避免听觉刺激对视觉的干扰。人的感觉神经都是紧密相连、互相作用的,听觉刺激过强,能够使视网膜发生变化,以致影响视觉敏锐度。因此,在可能的情况下,记者应尽量避开人声嘈杂的地点,置身较为安静之处静心观察。

另外,观察时还应当注意动观与静观相结合,既不能东游西荡无固定地点,也不能死守一地,应根据现场情况变化而机动灵活地调节。如上海电视台记者夏进,在采访2011年全国"两会"期间,当众多记者在人民大会堂前将代表、委员团团围住之时,他或是攀上自备的小梯子,居高临下静静地拍摄,或是穿上他精心准备的滑雪衫,使出他以前在学校打篮球时练过的卡位战术,硬是挤到代表、委员面前近距离提问,动静、远近结合,显得十分自如。

5. 善用脑

有些记者身临实地采访,亲眼看了现场,却抓不到有价值的材料,症结何在? 主要是看而不察所致,或者是不善用脑所致。看不同于察,看是指眼睛注视一定的对象,察则指分辨事物,要开动脑筋思索。司马迁说得很富哲理:"不听之以耳,而听之以心;不观之以睛,而观之以心。"大脑是心理活动的主要器官,停止用脑也就等于停止了心理活动,因而视觉也就失去了效应。实践证明,脑勤方能眼尖,心明才能眼亮,那些只有在头脑中反复思考、渴望求之的事物,一旦出现在眼前的时候,记者才能及时感知、辨别和捕捉它。有经验的记者在观察时抓新闻显得很敏感,看上去好像带有某种偶然性,其实,这正是他们勤于、善于用脑的必然结果。如果只是满足身子到现场和眼睛看到东西,而不用脑子积极思维,那么,有价值的新闻事实即使已经出现在你的面前,你也可能视而不见。例如,美国著名记者泰勒在刚入行时,某日,总编交给他一个任务,采写美国一著名女歌星的演出报道。泰勒准时来到演出地点,满以为剧场门口会人山人海,然而却空空如也。他再一看,剧场门边挂了一块牌子,上写"因故停演"几个字。泰勒想,既然演出已经取消,我这采写演出的任务也自然取消,于是,他未经请示便回家心安理得地倒头大睡。半夜里,急促的电话铃声将他闹醒,总编怒气冲冲地训斥:"因为你的失误,使得我们的报纸今天销路大跌,而其他报纸都在头版显著位置刊载了这个女歌星自杀身亡的消息。"泰勒这才明白剧场"因故停演"是女歌星自杀身亡所致。因此,"身入现场"还必须加上"心入现场",才能算是深入现场,从而保证观察的效应。正如19世纪世界著名科学家、微生物奠基人巴斯德所说:"在观察的领域里,机遇只偏爱那些有准备的头脑。"

据说,我国历史上画虎画得最像的是五代后梁人氏厉归真,写虎写得最像的是《水浒》作者施耐庵。尽管两人所处年代不同,做法却都一样:厉归真带上干粮和日常用品,来到老虎居住的山洞前,在一棵大树的树杈上置一简易床铺,花一个月时间,观察老虎进出洞时的各种神态;施耐庵则花半个月时间,做法相同。新闻界应大力倡导这一"居树观虎"精神。

第五节 听觉功能的协调

在现存的中外采访学著作中,几乎没有专门章节涉及记者应当如何重视听觉功能。殊不知,人在获取知识和从外界接受信息中,听觉的功能仅次于视觉。

就一般意义而言,记者,顾名思义,主要是通过发问、交谈,然后记下采访对象所叙述的材料的人。显而易见,在这个过程中,听是起桥梁作用的,因此,听觉的作用是无论如何也不能低估的。也可以这么说,除了现场观察、查阅资料方式外,在个别访问、开座谈会、蹲点、参加会议等采访活动方式中,听觉的作用甚至大于视觉。

为了使听觉功能正常发挥,采访时记者应当注意下述事项。

1. 悉心闻取线索

不言而喻,记者的听觉主要是用以听取新闻的。有人说:新闻是"闻"来的。此话颇有意味。记者无论是在采访交谈中,还是在平时的上下班、节假日走亲访友及出差的车船中,皆应悉心用耳注意周围人的交谈,及时捕捉新闻线索。1980年代闻名全国的典型人物张海迪事迹的最初线索,就是得力于记者悉心用耳而获取的。那是1981年11月27日,山东省引黄济津启闸典礼在东阿县举行,在前往采访的一辆小车上,新华社山东分社记者宋熙文正注意倾听同车的山东画报社摄影记者李霞介绍张海迪的事迹。宋熙文被深深地打动了,引黄济津启闸放水典礼一完毕,他把反映该事件的稿子托山东电台的记者捎回分社,自己便一头扎到聊城,去追寻有关"玲玲"的故事去了。时隔一月,《人民日报》在头版头条刊发了宋熙文采写的长篇通讯《瘫痪姑娘玲玲的心像一团火》。这是新闻单位首次报道张海迪的事迹。若不是宋记者悉心听取的话,这个典型尚不知何时才能得以挖掘。

2. 适时调节音强

实验证明,人的听觉器官对每秒2 000次至3 000次振动的声音的感受性为最大,而在每秒20次以下或20 000次以上,就会听不清声音,若是音强超过了140分贝,耳膜上会有压疼感。因此,记者在采访时就必须注意:所处位置不能离采访对象太远,否则就难以听清对方所述内容;采访对象叙述时,出于主客观原因,声音可能过轻、节奏过慢或是声音过响、节奏过快,这都可能影响听觉的感受性,记者应适时有礼貌地要求对方进行调整;尽可能不在分贝过高、声音嘈杂的环境中采访,特别是个别访问,应建议采访对象换个环境静心交谈。若是遇上实在回避不了的分贝过高的采访场合,应考虑在耳朵里塞上预先特备的棉花球等简易做法,以减弱音强。

3. 着力训练听力

在有些人看来,听力是自然生就的,听别人说话是不吃力的,因此,听力不用训练。殊不知,真正要听好,是得下工夫的,其训练程度一点不亚于看和说。老记者一般都有这样的深切感受,因而平时从不敢忽略听力的训练。要使自己的听力功夫过硬,记者当着力抓住下述三个方面的训练。

一是专心。采访中,只要是专心听采访对象说的记者,一般都有这样的特点:他不但用心倾听对方的语音声调,而且用心思考每句话的情感、含义和价值;他紧追对方的思路,甚至在对方下一句话未出来之前,记者便在努力猜想、思索;他是边听边回味、小结、分析对方所讲内容,是否准确、符合实际和具有新闻价值;他不仅要辨析出对方所讲内容的直接含义,而且要辨析出弦外之音;他边听边产生联想,提出新的问题,将采访引向深入;他边听边对材料迅速进行整理、归类、编码,从而把最有价值的材料记在心里或笔记本上。显然,要体现这些听的特点,并不是每个记者都能处理很好的。有的记者听力虽属正常,采访时所摆架势也好像是专心倾听,但常爱开小差,想些与采访无关的事情,结果只能是收效甚微。真专心与假专心有着天壤之别,其采访效益也有明显差异。因此,记者一定得养成真正专心听讲的功夫,否则,既浪费了采访对象的时间和精力,于自己也无半点益处。

二是虚心。成熟的记者往往具有虚心倾听的态度和谦虚好学的习惯,并善于在采访中给采访对象创造一种畅所欲言的气氛,即使他们有时并不完全赞同对方的意见,仍以平等的态度和商讨的方式与对方交换看法,而绝不会好为人师,动不动就设法堵住人家嘴巴,弄得人家不敢开口。这样,采访对象也就乐意配合记者采访,尽心倾吐记者所渴望的新闻材料。不太虚心的记者往往是对方未说上几句话,就好表现自己,或是百般挑剔人家的讲话内容,或是抢过人家的话题,没完没了地大发议论。这无疑等于堵塞了言路,也等于捂上自己的耳朵,最后,吃苦头的还是自己。

三是耐心。采访需要时间,而大部分时间又是听取采访对象的叙述,他要叙述事件从发生、发展到结束的全过程,还要掺杂个人的意见、想法等;再则,采访对象所叙述的常常并不完全符合实际,也不一定完全可以写进新闻稿中。此时此刻,为了不破坏访问谈话气氛,就需要记者沉住气让对方把话讲完。

第六节 当场笔录的强调

做好采访记录,是记者采访活动全过程中不可缺少的一环。虽然高科技可以使当代的采访工作达到十分先进的程度,但采访中许多场合的现场笔录所创设的亲近感、亲切感、真实感、信任感等气氛,是任何高科技手段所无法替代的。

采访对象所谈的材料,哪些该记?哪些不该记?哪些该详记?哪些该略记?记录中应注意些什么?采用何种记录方式?等等,这些问题,都有具体要求和方法。

一、记录应以笔记为主,心记为辅

采访中究竟应以心记为主,还是以笔记为主?新闻界历来颇多争论。

一种看法是,应以心记为主。理由是:有些采访对象一见记者动笔就心慌意乱；一心不能二用，记者应将精力集中于谈话提问上，且要察言观色，若是埋首记录，势必分散主要精力；事后再着手追记，能去粗取精。

另一种看法是，应以笔记为主。理由是：可以提高采访对象的谈话兴致，因为记者若是不做笔记，有些采访对象会不乐意，会怀疑自己谈得不对路、无价值而干扰正常思路；能保证新闻事实的准确性，因为人的记忆力有限，且都有遗忘性，记者若当场不做笔记，而靠事后追忆的话，则材料难免出差错。

诚然，两种看法都有一定的道理，但两种记录形式的主次之分还是应当有的，即应以笔记为主、心记为辅。

无论何种形式的记录，都离不开记者记忆的支配。而记忆又有三种类型和一个活动规律。所谓记忆的三种类型：一为瞬时记忆，保持时间为一两秒钟；二为短时记忆，保持时间为一分钟左右；三为长时记忆，保持时间为一分钟以上直至若干年。所谓记忆的心理活动规律，即指人们对瞬时记忆所获的信息，予以特别注意后，就可转入短时记忆，然后，将这些信息在大脑中多次进行复述，又可转入长时记忆。显然，记者若要记住采访对象所述的事实和保证新闻报道的准确性，单靠瞬时、短时记忆根本不行，得靠长时记忆。但是，单一事实或少量的信息，人们经过大脑的复述，不用笔录或许能长时间记住，记者采访则不然，每次采访少则个把小时，多则一天或数天，接触的信息不计其数，记者的大脑毕竟不是电子计算机，即使心记的功夫再强，也不可能全部、准确地记住这些信息。况且，采访活动只要不停，信息就会源源不断，记者若是单靠心记，则往往疲于应付。因此，"好记性不如烂笔头"，若要准确、有效地记住所需的信息，记者只有将采访对象所述的有价值的信息，先予以特别注意，然后尽快进行复述并加以笔录。

主张以心记为主的记者，认为一心不能二用，这一理由是不能成立的。其实，只要记者掌握好注意的分配原则，则一心不但可以二用，还可以三用、四用、五用；若是注意分配不好，则一用也难以奏效。所谓注意的分配，是指在同一时间内把注意力分配到两种或几种不同的对象或活动上的技能。所谓注意的分配原则，是指将大部分的、主要的注意力，分配到比较生疏的活动上去。根据这个分配原则来看待记者的采访，问、听、看三个方面相对说来是比较熟练的，因而注意力就可少量分配，而想和记这两个方面相对说来是比较生疏的，则应集中主要的、大部分的注意力。

二、记录内容的主要范围

在具体记录时,记者对所记内容应有所侧重和选择。一般说来,应注意记录以下六个方面的内容。

1. 记要点

采访时,记者不可能也没必要记下采访对象所述的全部内容。因此,注意力首先应当放在记录要点上。所谓要点,即指新闻事实的关键材料或新闻事件发展过程中的关键之处,其中包括:事件的起因、转折及产生的后果,人物及其活动的典型细节,工作的主要经验与教训,重要的背景材料等。

2. 记易忘点

一般包括时间、地点、人名、数字及各类业务的专用术语等。这些材料不易于长时记忆,也容易搞错,应当场笔录。

3. 记疑问点

由于多种原因,造成采访对象所述的事实与客观实际不符,或与记者掌握的、旁人介绍的有出入,使记者产生某种疑问。对这些疑问,记者应及时笔录,可以在所记的该材料旁,用自己熟悉的符号或简短文字注明,等对方谈话告一段落时,再请对方作补充说明,或向知情者核实。

4. 记采访对象的思想和有个性的语言

指记录采访对象思想的"闪光点"和能反映其心声、体现其个性特征的话语。思想是新闻人物从事活动的原动力,语言是新闻人物思维心理活动的生动体现形式。新闻报道在某个关键时候,若能展示一下新闻人物特定的思想"闪光点",或恰到好处地引用一两句人物有个性的原话,一则能展现人物的思想特征与风貌,二则能增强报道的亲切感和可信性。

有些记者直到写作时尚不能把握人物的思想,只是习惯于用一个模式去处理人物的思想,去塑造"高、大、全"的"机器人";由于没有在采访中注意记录采访对象有个性的原话,因而写作时只得自己站出来,从模式里倒出几句"闪光语言",代替人物空喊高叫几声。结果,势必让人感到记者笔下出来的人物,千人一面、千人一腔,虽可敬,但不可近、不可信,更不可学。例如,当年上海媒体有关青年女工陈燕飞下水救人的报道很能说明问题。自她奋不顾身地下水救人后,许多新闻单位都争相进行了报道。应当说,有关报道的作者的本意是好的,但由于采访不深,报道时没能交代陈燕飞本来就会游泳这一事实,也没有展示陈燕飞向所有记者陈述的她之所以敢下水救人的思想和原话,而只是过多地用人为拔高的思想和人们司空见惯的豪言壮语强加在她身上,结果,陈燕飞的形象反而不能令人信服,陈燕飞本人也自感压力很大,有苦难言。几天后,姗姗来迟的上海《青年报》记者何建华所采写的《陈燕飞谈救人前后》一文,却获得意外成功。该文如实地援引了陈燕飞的思想和话语:"我敢下河救人,也是有一定把握的,我小学四年级就学会了游泳,读中学时受过训练,进工厂后又当过两年救生员……事后我跟好多记者都谈过我会游泳,可不知怎的,他们都没写出来。""现在我做了一件好事,人们把我说成英雄,其实我还是我,一个普通的女工。"朴实无华的语言,真挚感人的思想,使一个令人可敬可亲又可信的人物形象呈现在人们眼前。

应当提醒的是,人物的思想和有个性的话语,应当真实地记录,而不应使其经过一道笔记走样、变形。

5. 记观察所得

著名作家刘白羽曾经说过,访问人家,也不是光记,对方的表情、言谈笑貌、特征,房屋的陈设,都应在对方不知不觉中观察得清清楚楚。在西方记者看来,首先是记采访对象的谈话,其次则是捕捉、记录对方的神情、装束及环境布置等,如手势、相貌、动作变化、服饰、环境布置、陈设及天气等自然景物。这对新闻报道生动感人、有立体感,对揭示新闻主题、刻画人物个性常常起到独特的作用。例如,著名记者格洛里亚·斯塔纳姆对世界著名演员迈克尔·凯恩的报道中有如下成功的描述:"他有20副眼镜(可能是他用胶布粘一副破眼镜时学聪明的),但是戴着的这副,镜片上却满是指纹。六尺二的身躯看来颇为高贵,只是头发蓬乱,领带歪斜。当他呷着咖啡又点上一支吉坦烟的时候,没有金色烟盒和打火机的闪光,只看见一些书型火柴和一个压扁了的小纸盒。"[1]寥寥几笔,入木三分地刻画了大演员不拘小节、不修边幅的个性。

---

[1] 〔美〕约翰·布雷迪:《采访技巧》,新华出版社1986年版,第176页。

6. 记者的联想

在听采访对象叙述时,记者常会产生一些联想,如这个材料好,可修订或充实原已选定的新闻主题;那个材料虽不错,只是浅了些,还需要深挖,等等。这些联想可能稍纵即逝,因此,记者必须及时记录在所记的同类材料旁。这实质也是个边采访、边构思和由浅入深、由此及彼的思维过程,采访一结束,稍加整理,便可进入写作阶段。

外国新闻学家普遍认为,所谓记者,不仅是个问者、听者、观者,更是个"记"者,不管采访设备如何先进,记好笔记永远是记者的一项重要技能。在西方多数记者看来,如果你不能做笔记,就不必干记者这一行。即使是在十分困难或对方不让做笔记的情况下,许多记者也要想方设法做笔记。例如,美国记者约翰·甘瑟常在妻子的帮助下暗中做笔记,在东京的一次宴会上,甘瑟感到周围的谈话十分精彩、迷人,就起身道了歉,走进男厕所,迅速在一张信封的背面把内容记了下来。有些记者出席宴会则带一张报纸,掌中藏一支短铅笔,一遇有价值的材料,就偷偷以膝盖当台子,利用广告空白处记录。即使是在录音机普及的今天,记者采访仍然应以笔记为主,因为录音机虽能较准确地录下对方的全部谈话内容,但在写作前要重新播放整理,这就等于再进行一次笔记。同时,对新闻的生动性、时效性尤为不利,正如美国新闻学教授阿伦森所说的那样:"一部电子装置不断冷酷无情地转动着,录下了你的被访者的每一句话,如果他意识到这一点,他讲起话来可能不那么自然了,就会开始做起不是你所需要的讲演来。"

三、记录的注意事项

究竟应如何做笔记,没有定律,应当因时因地因人而异,全靠记者在实践中摸索。有两个事项要注意。

第一,行与行之间的空白要留得宽一些。这便于记者随时插入要补充和改正的同类材料,还可插入记者的思索、联想和认识。

第二,字迹应尽可能工整。在快速的前提下,记者做笔记时的字迹要尽量工整、清晰,特别是涉及人名、时间、数字、符号等关键字眼,应当一笔一笔地记清楚。若是乱涂乱画,当时记录可能明白,事后整理笔记时,恐怕就难以辨认了。

第七章

新闻采访后期活动

较之采访前期、中期,采访后期的活动量看上去虽不算太大,但质的要求不低,因为它关系到对前阶段采访效果的巩固、扩展,又关系到下阶段新闻写作的基础是否扎实、完备。因此,它是一个承上启下的关键阶段。

第一节 深入采访的细致

俗话说:"要想得甘泉,井要挖得深。"新闻采访亦是同理。记者所要得的"甘泉",即抓住事物的特点和本质。这也是深入采访的标志。在深入采访中,记者若想使"甘泉"如愿以偿,除了掌握必要的采访方法、技能外,还应具备思维的广阔性和深刻性等良好的品质。

一、悉心抓特点

思维的广阔性要求人们:要认识某一事物,既要善于抓住问题的广阔范围,进行创造性的思考,同时,又要抓住个别的、具体的细节,因为这些个别的、具体的细节往往是事物本质和规律的鲜明体现,也即事物的特点所在。凡事物都有特点,即此事物与彼事物的相异之处。譬如,同属祖国的名山,但特点各有不同,华山多好峰,黄山多好松,庐山多好瀑,衡山多好云。同是为革命事业献身的女共产党员,刘胡兰是严守党的机密,临危不惧,英勇就义;向秀丽是为了国家和人民的生命财产少受损失,舍生忘死,奋勇献身;张志新则是为了坚持真理,同邪恶势力作斗争,百折不挠,宁死不屈。因此,一个记者是否具有全面看问题的思维，既关系到采访时能否抓住事物的特点，也关系到新闻报道能否克服一般化的通病。

在深入采访中，记者应当怎样抓取事物的特点呢？

一是看准形势抓特点。我们的一部分新闻属于宣传报道，而新闻宣传报道一个时期有一个时期的中心，这个中心就是当前党和政府的中心工作，也即当前形势。记者在采访中要抓取事物的特点，首先得站在这个全局上，围绕这个中心进行。新闻界通常也称形势和工作中心为报道的"火候"。记者只有看清并准确估量形势和中心，才能恰当地估量每个具体事物在这个形势和中心中的地位及意义，抓特点方能有准绳和有的放矢。

二是通过比较抓特点。比较是人们确定事物之间同异的心理活动过程，它在人们对客观事物的认识中具有重要的意义。可以讲，人们对于客观事物的一切认识，离开了事物与事物之间的比较，都难以进行。新闻采访也是一样，离开了对事物的比较，就难以产生认识，也难以抓取特点。况且，有些事物的特点显而易见，容易抓取，有些则较为隐蔽，需要记者下功夫鉴别，而要进行鉴别，则一定离不开比较。比较通常从两个方面进行。首先，通过纵断面的比较，又称顺序比较法。即从历史的角度看问题，将一事物同它过去的同类事物相比较，只要在量和质上找出事物之间的相异之处，就是特点所在。如第二十三届奥运会许海峰一枪定音，使我国实现奥运金牌零的突破，喜讯传来，我国报纸均在头版显著位置刊登，广播电视也是大张旗鼓地报道，并配发社论、评论和贺电等。但同样是在这届奥运会上为中国获得的另外14枚金牌的消息，均未像"零的突破"那样予以突出处理。原因何在？说明"零的突破"有量与质的飞跃，有鲜明的特点和不同凡响的新闻价值。其次，通过横断面的比较，又称对照比较法。即把一事物置于同一时期的同类事物中相比较，继而找出它们之间量和质等方面的相异之处，就是特点所在。例如，发展现代能源是一项重要的国家战略。与国内其他资源型地区相比，内蒙古坚持新发展理念，持续加强煤炭产业转型升级，探索出一条极富特色的发展路径。《内蒙古日报》2020年11月4日的报道《国家战略下的内蒙古煤炭之变》，结合记者的深入调研，运用典型事例和详实数据，诠释了"煤炭之变"现象背后的本质，为国家其他地区发展现代能源产业提供了可资借鉴的发展经验。

三是选择角度抓特点。即把大的、总的报道思想及题材，选择一个最有特色的侧面、切入口,然后深入挖掘,以小见大,通过具体、新鲜的事实表现主题。这是因为,事物是由各个方面的诸多因素构成的,看问题的角度不同,对事物的认识程度就有深浅。因此,要使新闻报道给人留下一读难忘的印象,记者就应善于选择最佳角度去反映事物的特点。例如,某年夏季,江苏、安徽等省发生特大洪灾,一段时间内,抗洪救灾成为新闻报道的热点,成百上千的报道应运而生,反映的主题都是共同的:在特大灾害面前,有党在,有组织在,一切都能得到解决。但平心而论,深刻反映主题、有特色的报道寥寥无几。而《高考史上的奇迹:江苏九万多考生特大洪涝灾害中无一缺考》一文(新华社1991年7月1日播发),在角度选择及深刻反映主题上则令人拍案叫绝:在正常年份,江苏高考往往有漏考的,而1991年在特大洪水使许多地方遭淹的情况下,却无一人缺考,从而有力地证明了党的力量和各级政府的工作。在特大洪水面前,9万多考生居然能安下心来考试,说明灾区群众情绪是十分稳定的,对党和政府是充分信赖的,从而更深刻地揭示了主题。可以说,通过这一角度的选择及对新闻事实的挖掘,使得对新闻主题的揭示胜过千言万语。

二、悉心抓本质

当今时代,新闻报道既要讲速度,也要讲深度,人们看、听新闻,不仅要知道"什么事",也要探究"为什么""怎么样"。因此,就要求记者充分发掘思维的深刻性,深入到事物的本质中去,揭示事物现象的根本原因及其后果,增强新闻报道的力度、厚度、深度,以满足人们的需要。

要深入挖掘事物的本质,当注意两点。

一是对问题要想得宽一点、远一点。即记者采访调查的面要宽广一点,思考问题要深远一点。没有广度,就难有深度。好比一位下棋高手,心中需装着一盘棋,走一步棋的同时,下一步、下两步棋该如何走也已成竹在胸。无数实践证明,记者如果只是看到、想到事物的某一个局部和眼前,手头只有一些零碎材料便急于动笔,而不再从更大范围和更深远处考虑问题,那么,新闻报道就反映不了事物的本质,就不能触及时弊,也容易陷入片面性的泥潭。从某种意义上说,采访的深入和本质的挖掘,主要是动脑筋的结果。例如,每逢毛泽东为雷锋同志题词纪念日（3月5日）这天，许多城市的各主要街头，几乎都设有为群众免费修理自行车、电视机等摊点，许多厂矿企业都派出"青年服务队""学雷锋小组"为民服务。在热闹了一天之后，人们纷纷议论：雷锋精神为什么不能天天发扬光大？"雷锋叔叔"为什么每年只有一天"探亲假"？总之，人们各种议论都有，主题只有一个，即希望学雷锋能落到实处，雷锋精神能扎下根来。《解放日报》一特约记者也在思索这一问题：在倡导发扬光大雷锋精神的同时，能否通过某些行之有效的形式和措施将这一活动固定下来，并持之以恒地开展下去？该记者心往这方面想了，第二天，他腿脚也自然朝这些地方迈。他来到团市委，团市委青工部部长听了记者一番感想后，颇有同感地说："我们算是想到一块了！"根据团市委提供的线索，记者来到了上海自行车三厂和上海无线电十八厂等单位，了解到：这些厂家或把有关街道待业青年请到厂里培训，或派有经验的工人师傅下街道里弄上课、传授有关修理技术，既走出了各厂自己"为您服务"的新路子，又扩大了为群众服务的队伍，还帮助广大待业青年学会了一技之长，收到了"一举三得"的效果。该记者当晚写出《青年服务队热心传技　一批待业青年加入修理服务队伍》一文，第二天，《解放日报》在一版头条位置予以报道，著名编辑、该报原副总编辑陆炳麟还亲自为此文配发了短评《把青年服务队活动水平提高一步》。

二是对问题要钻得透一点、深一点。即记者对问题要钻研得透彻、深刻些，要在所收集的大量新闻素材的基础上，经过感性认识到理性认识的多次反复，把假象的材料予以剔除，直到把问题的本质挖掘出来，而不是浅尝辄止、似懂非懂，让一知半解或误解代替认识。西方记者对此问题讲得既透彻又幽默：采访时当当傻子并非蠢事。不要怕说我不懂，如果不懂装懂，日后可能会付出代价。带着满脑子问号回到编辑部，这才是他们可能干出的最蠢的事儿。

对事物和问题要钻研得深透，采访中就不能轻易满足所得材料，也不要轻易宣布采访结束；谈话提问时，不能一针见血的话，也要打破砂锅问到底。

三、自觉克服有碍深入采访的思想障碍

在深入采访中，记者还应以良好的意志品质，自觉地克服、排除有碍深入的思想障碍。这些思想障碍具体有五种。

1. 盲目自满

明明只是接触了一些皮毛，获得了一些表层的材料，对事物的本质还没有取得真正的认识，却自以为差不多了，稿子可以凑合了。这样，就有碍记者再深入挖掘本质的材料。美国哥伦比亚大学新闻学教授梅尔文·门彻在《新闻报道与写作》一书中说得好："记者像采矿者一样挖掘和钻探有价值的东西，不满足于表层物质。"①

2. 忽略质量

这是单纯的任务观点在作怪，记者满脑子装的只是指标，只是满足于每月多上几篇稿子，而忽略了就一篇稿子在深度、质量上多花工夫。这样，势必不求甚解、粗制滥造。

3. 怕苦畏难

以为下基层、找群众挖掘材料，既费时又费力，事倍功半，还不如跑机关找干部、找简报省事。采访只是浮在上层，深入两字就无从谈起。

4. 先入为主

采访只是硬套框框，不尊重客观实际，毫无灵活性的思维品质可言。因此，眼界难免狭窄，材料难免浅薄。

5. 轻视理论

实践证明，记者的理论修养越好，深入实际就越易发现、提出和解释问题。若是仅凭经验办事，则往往产生想深入却不知道该如何深入的问题。因此，从深入采访的角度出发，记者更应重视平时的理论学习。

古人云：入之愈深，其进愈难，而其见愈奇。中外许多著名记者以他们的实践证实了这个道理。如20世纪30年代的名记者范长江，历经了两年的艰难采访，"脸被风沙吹打烂得连熟人都认不出"，才写下了40余万字的著名通讯《中国的西北角》《塞上行》而流传于后世；斯诺不把"脑袋瓜系在裤带上"深入延安采访，也写不出震撼世界的《西行漫记》。我们当以此为楷模。

---

① 〔美〕梅尔文·门彻：《新闻报道与写作》，展江主译，华夏出版社2004年版，第272页。

第二节　验证材料的严密

如果依照解决问题的思维程序来看,前面所述采访的所有程序和环节,统属于提出假设阶段。由于客观事物的错综复杂,加上采访对象或多或少地受到心理情绪、表达能力、周围环境等各种主客观干扰因素的影响,以及记者采访技能的不熟练程度等,都可能影响这种假设本身的正确程度,以及假设在实践过程中所得效果的正确程度。因此,记者就有必要将前阶段采访所得的有关材料,再放入实践中进行验证,即进入解决问题的思维程序的检验假设阶段。

根据有关原理和实践,验证的方法主要有两种。

1. 投入记者智力

在有些材料不能直接在采访对象面前验证时,就需要通过记者的逻辑推理,凭借以往积累的知识与经验,对有关材料作出合乎规律和实情的检验。譬如,记者对采访对象提供的某个数字认为过大或过小,对某个细节、事实觉得不合情理或实际,此时,就可先在头脑里用以往的知识与经验来检验。这种检验方法虽只是看作判断认识正确与否的一种辅助手段,但是,该方法是可靠的,它并不排斥和否定实践是检验认识正确与否的标准,因为记者所凭借的知识与经验也完全是在人们的实践中产生并在实践中得以验证的。例如,《牛与西红柿结良缘培育出新生命》一文,曾在我国不少报刊上热闹过好一阵子,稍有点生物常识和经验的人即可判断不可能。因为动、植物界之间的亲缘关系非常之远,要使其细胞融为一体并产生一种新生命,目前的科学还做不到,尽管这是英国的《新科学家》杂志刊登在先的,我国有关摘录者也应鉴别其真伪。再则,英国《新科学家》杂志刊登此文是4月1日,这在国外被称作"愚人节",报纸杂志常会杜撰一些新闻同人们开开玩笑,我国摘引者若有此知识,也不至于摘引了。事实上,像猴子牧猪、九旬老人长新牙、百岁老妇怀孕之类的新闻,记者凭借知识和经验是能够鉴别其真伪的。

2. 再直接通过采访实践

应当指出,此时的采访活动与一般的收集新闻素材有很大程度的区别,前阶段的采访是排斥那些没有新闻价值的事实,此阶段采访是排斥那些不是真实事实的新闻。换言之,这是记者为了验证到手的新闻素材而寻找、接近新闻源的采访实践。

一般而言,只要找到新闻源和当事人,新闻材料能够得到验证。但是,有这样一种现象必须指出,即找到了当事人,并不等于接近或找到新闻源。例如,有一年山东有位姑娘跳龙潭被人救起,一位自称救她的青年向记者详细描述了当时的救人情景。稿子写好后,记者送给被救姑娘看,该姑娘也点头认可。但稿子刊登后,却引起了许多知情群众的不满,他们指出:该姑娘是另外四位青年一起救的,只是人家做好事不愿留名罢了。后来,记者再次去问被救姑娘,该姑娘也说不清,因她当时正处于昏迷状态。

实践证明,在许多情况下,要求记者将上述两种检验方法结合起来交替使用,方能最大限度地验证材料的真伪,最大可能地接近新闻源。

再则,在验证材料时,记者一定要克服侥幸心理和主观主义,代之以实事求是的科学分析态度。任何主观武断、先入为主或侥幸、惰性心理,都是验证材料的大忌,都可能造成报道的失实。例如,《云南日报》曾刊发关于该省迪庆军分区原司令员李国忠的失实报道,说该司令员拒绝为儿子安排工作,还说他儿子成了个体户,在大街上卖面包。其实,他儿子已是在押多时的罪犯。这篇稿子是昆明军区某部战士蒋某采写的,该战士说他同李司令谈过,所有材料都是李司令亲口提供的。《云南日报》刊发前也曾想核实并确已找作者本人核实过,一听说是司令员亲口提供的,况且,在这之前,新华社和《中国青年报》已先后播发和刊登,于是,就不再追问了。显然,记者盲目依赖单一信息来源是十分危险的,万一这个信息来源提供的信息是虚假、错误的,那么,记者采写的报道就必定是虚假、错误的。

在验证材料的问题上,西方新闻界的认识同我们没有本质的差别。他们十分强调:要把事实差错消灭在采访阶段,要求记者在采访中始终保持高度的警觉并要求伴随以质疑的习惯,一种反复核对事实的愿望。在验证材料时,他们主张"三角定位法",即如果要确定一事实的真实、准确程度,要通过三个信息来源核准。譬如,记者若是采写一篇关于经济犯罪的报道,仅得到罪犯本人亲口承认的事实还不行,还得去找警察或检察、司法部门,要求他们提供第一手的侦察材料予以佐证。此外,记者还得访问专门从事经济工作的人员,请他们协助验证这些犯罪事实的可能性和可信性。上述三个方面获取的事实若是一致的,这个经济犯罪事实方可予以确定,若是缺一只"角",即缺一个信息来源,就不予以确定。验证材料的工作属"检验员"的性质,在采访中绝非可有可无,而是非有不可。没有这道"把关"工序,前面所有付出的辛劳,都有可能因一个小差错未能剔除而功亏一篑。

第三节　笔记整理的迅速

应当强调,每次采访活动告一段落后,记者不管有多么疲劳,都应当尽力克服之,并毫不迟疑地立即整理采访笔记。这是因为人皆会产生遗忘现象。遗忘的心理活动在进展上有个"曲线"规律——先快后慢,即在对事物识记后的短时间内就会出现遗忘现象,而且以较快速度进行,甚至几乎成垂直线,而经过一定时间后,遗忘则进展得较慢,几乎成水平线。至此,人们对原先识记的事物已遗忘许多,记忆的量已发生很大的变化。譬如,尽管笔记中都是自己的笔迹,但因记得匆忙,加上识记不深,时间一久,恐怕有些字句连自己也难以辨认。美国记者罗伯特·本利奇,有一次在采访几天后才整理笔记,结果,竟觉得简直像是看上古的楔形文字。他试图耐着性子,努力辨认、破译了几次后,终于甩手不干了。事后,他为此专门写了一则小品文,自嘲如何无法看懂自己的笔记。

这还是记者已经见诸文字的笔记,采访中尚有许多靠心记的材料,若不及时回忆整理成文字,事后整理的难度则一定更大。

值得一提的是,在记忆的量发生很大变化的同时,伴随着记忆的质的变化,而记忆的质的变化又是构成遗忘的重要因素。一般讲,人们对刚刚识记的事物,在记忆上属于一个整体,但是,随着时间的推移,记忆的内容就会逐渐分解成有很多裂缝的片断,如果要把这些片断再回忆起来,就必须靠头脑中过去的经验来填补这些裂缝。心理学家通过复述故事的形式进行了专门试验:请某人向大家复述他几天前听过的某个故事,故事的重要情节他都还能记住,但为了使故事真实可信不走样,他就不可避免地凭经验填补记忆内容的裂缝。结果,复述的故事越来越变质,越来越走样——故事的长度缩短或是加长;故事中的人名、地名、称号、头衔等部分或大部分变更与丧失；故事的情节越来越细，且越来越合理；故事中的原有语言，随复述者的语文水平和语言习惯而改变。

因此，记者应当自觉地在采访活动告一段落时，迅速将所得材料，其中既包括笔记材料，也包括心记材料，或是修订，或是补记，然后一并编码、归类。因为此时遗忘现象尚未产生，记者对所记材料容易产生回忆。否则，一过记忆上的这个"黄金时间"，遗忘现象便产生，而且会以较快速度、较大幅度进展，待到那时，记者即使用几倍的努力去恢复已经遗忘的内容，恐怕也难以奏效，差错也将伴随而至。

至于怎样整理笔记，并无定法。总结中外记者有关这方面的实践，大致可分以下几个步骤。

第一，通读笔记，回忆整个采访过程，将心记的内容迅速用文字插入同类的笔记材料旁，并纠正、修订难以清晰辨认的笔记内容。

第二，通读初步整理的笔记材料，标出页码，并在可能用的材料旁作上自己熟悉的标记，如△、★、√等。

第三，根据确定的新闻主题的需要，对材料分门别类，着力使笔记变为写作提纲。最好用不同墨水的笔，将材料根据其归属的部分，分别标出1、2、3、4，或是甲、乙、丙、丁，或是a、b、c、d。

"应迅速整理笔记，不要等笔下的飞龙走蛇变成没有意义的死龙僵蛇。""没有绝对不忘的东西。要趁早动笔，把精湛、细致的采访素材写在纸上进而变成文章，越快越好。成功的采访十分宝贵，容不得耽搁；干这一行，快如风，不误功。"中外记者的这些论述，皆可谓是宝贵的经验之谈。

第四节　剩余材料的积累

每次采访所得的材料，真正用进新闻报道的只是一部分，许多材料则暂时派不上用场。此时，记者应当结合平时的资料积累工作，善于把这些暂时不用的材料积累、储藏起来，以供日后所用。

搞好材料或资料积累，有利于记者在采写新闻时了解过去、指导现在和预测将来，有利于新闻报道更有新意和深度，有利于记者从中产生联想进而获取新闻线索。我们常为一些老记者情况熟悉、新闻线索多、知识丰富、思路开拓而赞叹,更为他们引经据典、文采飞扬所折服。殊不知,这并非一朝一夕之功,平时注重资料积累是一个重要原因。"不积小流,无以成江海",形象地说明了这个道理。一位老记者曾这样说过:"平时积累多了,使用起来,就可以从广阔的历史背景上观察问题,从不同角度对比选择材料。这样他才能挖掘比别人更多、更新、更深的东西,才会有独到的见解,写出有特点的报道。"

曾听有些记者这样谈到,应付每天的采访报道任务还来不及,哪还有工夫去搞资料积累?也听到这样的议论:积累资料是远水解不了近渴,况且又费时又费力,没有必要。其实,这是一种模糊认识,是患了一种"近视症"。古今中外,凡是与文字工作有缘并有所建树的人,都离不开资料积累,都在这方面长期坚持而花费了极大精力。鲁迅先生就很重视资料积累工作,他说他在这方面是"废寝忘食,锐意穷搜",他研究中国的小说史,就从上千卷书中寻找和积累了不计其数的资料。达尔文从1831年作航海考察,经过整整27年的资料积累和分析,才写出了轰动一时的《物种起源》这一划时代的巨著。也有记者提及:如今网络如此发达,资料如此丰富,只要按几个键便要啥有啥,还需要自己去积累资料吗?殊不知,这说的是两码事,资料的属性不一样。网上资料具有广泛性和共有性,且急派用场时也不一定马上能找到;记者自己平时悉心积累的资料具有专一性和私密性,一旦需要,可快速找到并派上用场,产生的价值和意义也往往非同寻常。

积累资料当从点滴入手。记者除了积累每次采访的多余材料外,在平时的看书学习和社会接触中,要留心各种对记者工作有用的资料和情况,并养成随手摘录的习惯。在这个基础上,逐步建立起自己的资料"小仓库",待到要用时,可随时从中选取。例如,1956年,著名女记者金凤被调到《人民日报》国际部当编辑,这对于她来说,业务上是一个全新的领域。为了在国际新闻写作、编辑方面闯出一条新路,金凤日夜抓紧阅读苏联著名作家爱伦堡和萨斯拉夫斯基的政治性通讯、国际小品和随笔,大量阅读美国著名政治家李普曼的作品。同时,她着力收集、研究美国总统和英国首相等人的言论及各类资料。据此,在日后的英法出兵埃及失败之机,她一连写了10多篇风格独特的国际随笔和小品。以致她后来调河北省当地方记者时,当时的河北省委第一书记林铁见到她时问道:"你那些国际小品是在英国写的吧!"其实,金凤没有到过英国,只不过是她收集、积累的丰富资料帮了她的忙。

要搞好资料积累,是有一些方法可以掌握的。其中主要有两点:一是勤奋读书、勤于摘录;二是养成习惯、持之以恒。谢觉哉同志曾经说过:"你们当记者的,每天都要抽一点时间读书,抽半个小时也好。"廖沫沙同志对资料积累也曾作过生动的比喻:"这就像农民捡粪一样,农民出门,总随手带个粪筐,见粪就捡,成为习惯,专门出门捡粪,倒不一定能捡很多,一养成习惯,自然就积少成多,积累知识就得有农民捡粪的劲头。"

记者的采访本是积累资料的良好工具。因为记者平时总随身带着笔记本,遇有价值的资料就随手记下,这是最简单方便的方法。许多老记者每个时期的采访笔记本都保存得很好,晚年写些传记、回忆录什么的,即使是几十年以前的事情,只要一翻那个时期的采访笔记本,往事就可历历在目。已故著名战地记者陆诒,在85岁高龄时还常常发表回忆文章,并出版了30余万字的《战地萍踪》一书,全得益于他精心保存的百余本各个时期的采访笔记本。除了采访笔记本,记者还可搞些活页卡片、剪贴等,这样便于归类、查阅。而在当代电脑等先进的工具日益普及的情况下,记录和整理采访材料更如虎添翼,不仅资料可当场存入电脑,也能大大提高采访结束后的整理工作效率。

为了使资料易于收藏并使用方便,对资料应当不定期地做些整理、分类、取舍工作。随着时间的推移,资料越积越多,容易杂乱,经常地予以整理,是不可缺少的一环。有些资料过时了,应予剔除;有些资料原先记得不完整,应及时补充完善;有些资料原先搞得不确切或有错误,应尽快修正。

对资料要分门别类,如是纸质文本的,可用大纸袋装好,或用大夹子夹好;电子文本的,可刻录成不同内容的光盘,或储存在电脑里。两种资料均应做些标记、目录、索引等。

资料分类的方法多种多样,主要根据自己的工作需要和习惯而定。有人将积累资料工作归纳为10个原则,虽不完全准确,但值得参考。该10个原则是:一是指向原则,即收集资料应有明确的方向;二是优越原则,即要求对资料能够善于分析,去粗取精;三是统筹原则,即对资料要从上下、纵横各个方面统筹兼顾;四是价值原则,即收集的资料要经得起时间考验;五是及时原则,即发现有用的资料应立即做成卡片;六是认真原则,即资料的精确性力求丝毫不差;七是全面原则,即对某一问题应尽可能全面、系统地收集;八是求新原则,即注意收集新动向、新思想、新成就;九是系统原则,即要系统整理、合理编码;十是持久原则,即要作长期艰苦的努力,持之以恒。[1]

---

[1] 载《新闻与成才》,1985年第7期。

三、写作篇

第八章

新闻写作的基本要素

在新闻报道工作中,新闻写作的作用是重要的。但是,相比较新闻采访,其作用和地位是次要的。有人将新闻写作的作用和地位捧到天上,认为记者有一管生花妙笔就行了,这是错误的认识。也有将新闻写作学搞成近乎玄学的,认为新闻结构有几十种,新闻导语的表现方法也有几十个,甚至连新闻背景也分成三四十类,搞得玄而又玄,这是不科学的表现,也不利于对新闻实践的指导。

在新闻写作过程中,只要处理好新闻主题、新闻材料、新闻角度、新闻语言、新闻来源、新闻背景、引语七大要素,那么,新闻写作的基本理论和方法也就基本完备了。

第一节 新闻主题

所谓新闻主题,即指新闻事实所提炼出的主要问题及其表明的中心思想。它是贯穿一篇新闻的主导思想、主脑和灵魂,是决定新闻的思想意义和指导作用的根本因素。新闻主题与一般文章主题的概念基本相同,通俗地讲,即指作品拥护什么、反对什么,肯定什么、否定什么,要解决或说明的主要问题是什么,等等。

一次成功的新闻采访,一篇质量高、价值大、思想指导性强的新闻作品,都与新闻主题的选择、提炼息息相关。

主题的源泉来自生活,是从生活中概括、升华出来的思想和观点。新闻主题是从采访及其所获材料中选择、提炼出来,反过来又统率采访、写作及所有材料。因此,新闻主题又可称为采访写作的"统兵之帅"。

长期以来,在对新闻主题的认识上,有两个问题争论颇大,对此,有必要予以厘清。

第一,一篇新闻究竟允许有几个主题?有人认为,一篇新闻可以有两个或两个以上主题并存,或称为"第一主题、第二主题",或称为"明主题、暗主题"。我们不能同意"两个主题"或"第一主题、第二主题"的说法,而必须强调:一篇新闻一个主题,这是新闻报道的一个原则。这是因为,主题即中心,有了中心,文章就集中、深刻;反之,多主题即多中心,中心多了,文章还谈何集中、深刻?三军之中只能有一个帅,帅多了则等于无帅。同样道理,新闻主题不能搞"多中心",只能强调"民主集中制"。清末作家刘熙载所著《艺概》一书中讲作文有七戒,其第一戒即"旨戒杂",即主题不要芜杂,要集中。

第二,采访阶段究竟要不要选择、提炼主题?有人将采访与主题割裂开来看,认为采访就是跑材料,选择和提炼主题只有在动笔写稿时才考虑。显然,这是不符合新闻工作规律的。譬如,"烧干饭"是主题,那么,就得多拿些米、少放些水;十来个人今天中午要到你家吃馄饨,那么,你至少得买三五斤馄饨皮子,买半斤一斤就不行。采访和主题难道不是同样道理吗?意在笔先嘛。况且,将采访和主题割裂开来,也容易出现两种弊端:一是采访由于缺乏明确主题指导就难以深入;二是写作时常常感到材料不够或不对路,得重新采访。因此,有经验的记者几乎是在采访的同时,已将主题基本确定好了,或是边采访边选择、提炼主题。

在新闻报道中,常有主题处理不当的现象出现,其主要原因有两个。一是主题选择偏杂。主题繁杂,势必就含混不清,报道就不深不透。例如,有一年上海复旦大学发生了一场火灾,某家报纸第二天就作了题为《复旦大学昨扑灭一场火灾》的报道:

> 昨晚8时许,市建204工程队在复旦大学校园内的一处工棚突然起火,校内广大师生和驻沪空军某部七连指战员、消防队员奋力扑灭了这场大火。
> 起火以后,这个学校的生物系、物理系、化学系学生首先从教学楼和大礼堂内冲出来赶到现场扑救。附近正在看电影的驻沪空军某部七连指战员见到火光后,跑步赶到现场,师生和指战员、消防队员一起,经过几十分钟的奋战,终于扑灭了这场大火。这次事故的原因正在调查中。

这篇200字不到的新闻,主题却可以有3个:一是反映军民奋勇扑灭火灾,这就要侧重记叙指战员和师生的动人事迹;二是批评学校消防工作较差,这就要补写诸如消防队赶到后,一刻钟内找不到救火用水龙头等细节;三是描写火灾扑灭的意义,这就必须交代着火的工棚附近有物理系实验室的储氢间,如果氢气瓶爆炸,后果不堪设想,等等。上述三个主题任选一个,配置适当的材料,新闻报道就会更有意义、有深度,而不流于一般的消息报道。显然,这是记者主题没选择好,采访时没能有效挖掘材料所致。

二是议论成分偏多。有些记者不善于通过事实表达主题,而是用议论甚至大段空洞议论直接说明主题,这就使报道缺乏说服力。

高尔基认为:主题产生于对生活的观察,产生于日常生活描述的事实。新闻报道的基本要求之一是坚持用事实说话,那么,通过对事物的描述显示记者的思想感情,这是表现主题的最基本的手段。事昭则情理分明。

当然,关于议论的问题,也不要搞一刀切。有些新事物的意义比较重大,一般群众一时还没有认识到,不发议论不足以说明事物的本质,也难以使主题升华。那么,记者可以适时少量地发几句精辟的议论,但如果滥发议论,特别是对那些不言自明的事也要发通议论,那就画蛇添足了。

要提炼好新闻主题,首先要选择好新闻主题。现实生活既丰富多彩又纷纭繁杂,为记者的报道提供了丰富的题材与主题,但不是所有这些题材、主题都可以报道的,这就要求有所选择。

记者在选择主题时,是有强烈倾向性的。对同一新闻事件,由于记者的政治立场不同,选择主题时也会不同。我们选择主题时所主张的倾向性是政治上重要、为受众所注意、涉及最迫切问题这三个基本原则。

所谓政治上重要,即指具有方向性或对全局有影响的、有一定政治思想高度和政策思想高度的主题。具体而言,它与全国形势紧密相连,对实际工作和社会生活有普遍指导作用或教育意义,是现实生活中的主要矛盾,是时代的精神和主流。当然,政治上重要也并非都指大事件,日常生活中的具体小事,只要与全局关系密切,也能反映政治上重要的主题。例如,2022年2月5日,中国运动员曲春雨、范可新、张雨婷、武大靖、任子威在北京冬奥会短道速滑混合团体2 000米接力赛中,不畏强手,勇夺桂冠,获得中国体育健儿在本届冬奥会上的首枚金牌。这次夺冠不仅展示了中国奥运健儿的竞技水平,也表征了中国从"体育大国"向"体育强国"转型的历史性跨越。因此,怎么评价这场胜利的政治意义都不为过。

所谓为受众所注意,即指回答和解决广大人民群众普遍关注的问题。例如,抑制物价上涨、反腐败等主题,皆属此列。

所谓涉及最迫切问题,即指人们议论纷纷,希望尽快有明确回答、有较强的时间性、指导性的问题。例如,《上海水费为啥涨价》《北京大多数养老机构未设医务室》等,虽属小事一件,却与千家万户的生活密切相关。

在选择好主题的基础上,则应当着力提炼好主题。所谓提炼主题,即记者在占有了大量材料并初步选定了主题以后,开始了认识的第二阶段,即由感性认识上升到理性认识,这种上升或飞跃,就叫提炼主题,也称为深化主题。具体讲就是,选择或确定主题,只是形成了新闻的序幕或雏形。若要把新闻事件反映得更深刻,更有思想性和指导性,还必须对材料进一步作去粗取精、由表及里的综合分析,提示新闻事实中具有普遍意义的思想观点,并在此基础上挖掘事物的本质思想,必要时,还需要作补充采访,这就是对主题的提炼和深化。

提炼主题通常依据两个因素。第一,对全局掌握的清晰度。应当说,对全局了解得越清晰,主题提炼起来就越顺手,因而也就越深刻。例如,2021年2月25日上午,在全国脱贫攻坚总结表彰大会上,习近平总书记庄严宣告:经过全党全国各族人民共同努力,在迎来中国共产党成立一百周年的重要时刻,我国脱贫攻坚战取得了全面胜利,现行标准下9 899万农村贫困人口全部脱贫,832个贫困县全部摘帽,12.8万个贫困村全部出列,区域性整体贫困得到解决,完成了消除绝对贫困的艰巨任务,创造了又一个彪炳史册的人间奇迹!为了更好地书写这一人间奇迹,《人民日报》经济社会部连续多年深入脱贫攻坚一线,脚力、眼力、脑力、笔力"四力"齐发力,既采写出了"走基层·贫困乡村行""脱贫一线新观察""脱贫攻坚乡村行"等系列报道,也采写了《驻村三记》《一个贫困户的脱贫账本》等蹲点调研,还撰写了"攻坚拔寨话脱贫"这样的系列评论,共发表稿件近千篇。① 这些主题鲜明且深入的新闻报

---

① 朱隽、王浩:《人民日报社:用心用情做好脱贫攻坚报道》,https://www.thepaper.cn,2021年4月19日。

道与评论背后,凝聚了该报编辑记者对脱贫攻坚战略全局的精准把握与细致思考。

第二,对材料的认真有序的综合分析。记者在掌握了大量材料以后,必须对其进行认真有序的综合分析。综合分析的好坏,是主题提炼好坏的关键。

所谓综合分析,是指从概念到判断再到推理的逻辑思维活动,最后引起认识的飞跃和升华。这种思维过程具体步骤是:可以对材料和问题从纵的方面分成几个阶段,横的方面分成几个部分或角度,然后与全局情况及报道思想联系起来思考、比较,看看各具什么特点,各能说明一个什么共同的问题。这个特点和共同的问题搞清楚了,主题也就较好地得到了提炼。新华社记者郑伯亚在著名数学家苏步青生前采访他的过程,便是成功一例。记者先阅看了苏步青的大量文章和著作,了解了苏老过去在数学上的贡献和现在正在从事的研究,接着又访问了复旦大学数学系,接触了熟悉苏步青的人,了解了他在教学上的贡献。被访问的有他的同事、学生和新招进来的 15 名研究生。同时,记者又研究了过去报刊上有关苏步青的报道。然后,记者直接找苏步青本人访问。结果,材料十分丰富,概括起来有四个方面:第一,苏步青是一位有杰出成就的数学家;第二,他从事科学研究精神可嘉,几乎到了废寝忘食的地步;第三,他数十年如一日,兢兢业业地把复旦大学数学系及其他的教学工作搞得很出色;第四,他关心下一代成长,不顾年事已高,积极培养研究生。

上述四个方面都是郑伯亚在采访中综合出来的,反映了苏步青本质的东西,但不可能都写,否则就面面俱到,无特点,主题也分散。于是,记者便在分析上下工夫:据科学成就报道科学家,此方面报道已很多,况且,苏步青的科学成就过去的多,现在的不突出;从事科研的精神也主要表现在过去;他热心教育事业虽感人,但无完整的教育学方面的著作。这样,前三个方面便被否定了。记者又接着分析:当前从全国来说,科技人员青黄不接,国家急需快出人才、多出人才。人才怎么出?离不开老科学家的传帮带,而苏老在这方面的事迹又很突出:他对各地的数学爱好者一贯通信指导;热情接待、指点来访的数学迷;邓小平同志支持他培养研究生的计划,他热心指导研究生等。当时,在这方面的报道恰恰很少。这样,记者就把主题确定在第四方面。主题明确后,记者又作了补充采访,使主题进一步得到提炼与深化。

提炼、深化主题有以下三个注意事项：第一，不要强行"硬化"。提炼、深化主题必须紧密结合形势，要符合党的方针政策，但又必须符合事物的原貌。也就是说，必须以事实为前提，事实本身原来所具备的中心思想，是符合形势和政策要求的，才能进行提炼。绝不可把非本质、非原貌的东西，添油加醋地去硬性迎合形势的需要，这就不叫提炼深化了，而叫强行"硬化"。例如，某年我国棉花喜获丰收，产量骤增，究其原因，明明是政府提高了棉花收购价格，政策落实了，棉农积极性有了。但是，许多报道对此只字不提，却大段强调这是农村各级党组织加强对广大棉农思想政治工作的结果，弄得知情人很难信服。

第二，不要分散空泛。主题一定要集中具体，不可分散，不可面面俱到，四面出击，什么都要讲，就可能什么也讲不透，文章就空泛，就无力量可言。《人民日报》老记者纪希晨对此有一很贴切的比方："主线要单一，材料要丰富，这就像一条完整的链子上有许多环节一样，只有环环扣紧，才能成为链子。"

第三，不要雷同浅薄。主题要提炼得鲜明深刻，不能流于一般，更不可轻易雷同，否则，就容易显得浅薄。而要做到鲜明、深刻，善于通过事物的个性来体现共性，则是关键。例如，徐虎和包起帆的共性是：都是共产党员、全国劳动模范，全心全意地为党工作，为人民服务。个性则有不同：徐虎是通过几十年如一日上门为群众排忧解难，默默地作出奉献；包起帆则是几十年如一日坚持科技攻关，为一个个抓斗的诞生，为我国科技事业的振兴，作出一个共产党员的应有贡献。还是如老记者纪希晨在《战斗在生活的激流里》一文中所说的那样："报道的主题，常常是共同的。如果有好坏，差别就在于作者是否会用新的材料说明它，新的方式表明它，用新的感受去充实它，用新的观点、新的角度去统率它。我们的任务就是要在共同的东西之间，发现和表达出某种新的、有特点的东西。"

第二节 新闻材料

所谓新闻材料，就是构成新闻事实的各种原始情况、资料的总称。从某种意义上说，记者一辈子干的活，就是"跑材料"的活，记者成天奔波在社会的各个角落,也主要是为了寻觅新闻材料。再能干的巧妇,也难为无米之炊。同样,再是新闻写作的高手,离开新闻材料,也是难以提笔。因此,在新闻主题明确以后,新闻材料的重要地位就凸显了,它是整个新闻写作的前提和保证。

新闻界对新闻材料通常作如下分类。

第一手材料,即记者亲临现场通过观察、访问等方式所获得的材料,无需任何中转环节。这类材料真实可信。也因为是记者亲手采集,因此,用到新闻报道中去也相对真切、感人。

第二手材料,即记者通过当事人口头或书面提供所得的材料。这类材料也是新闻报道的重要组成部分,但因为不是记者亲眼所见,因而对材料真伪的验证应格外注重。

第三手材料,即记者通过知情者口头或书面提供所得的材料。常常在新闻事件发生时,记者不在现场,等到记者赶到现场,现场情景又时过境迁,加之当事人因种种原因又不能及时提供材料,因此,此时知情者提供的材料就显得弥足珍贵。当然,对这类材料的验证更应重视。

我们提倡记者要抓第一手材料,但也绝对不应忽略第二、第三手材料,在许多情况下,这三类材料是互为补充的,在条件允许的情况下,记者当兼而得之。

材料的选择是一门艺术。有些记者在材料的选择上,不掌握原则和方法,不善于突破采访的全过程,被全部过程和所有材料牵着鼻子跑,最后,只能尽搞些胡子眉毛一把抓、捡到篮里都是菜之类的低效或无效劳动,新闻报道则成了如高尔基先生所说:"把鸡肉和鸡毛炒在一起了。"

材料的选择在紧紧围绕主题、保证真实和显现价值、符合政策的基础上,必须坚持一个原则,即以少胜多。通过由此及彼、由表及里、去粗取精、去伪存真的加工制作过程,最后,能够用一个材料说明问题的,就不要用两个材料,能够用三个例子阐明主题的,就千万不要扯上五个例子。"浓绿万枝红一点,动人春色不须多"(王安石语),"以少少许胜多多许,着墨无多而形神兼备"(郑板桥语),古人讲文章选材是这个道理,同样新闻选材也是这个道理。实践证明,新闻选材一定要少而精,贪多必然面临失败。著名记者魏巍的一次实践,给我们提供了最好的启示。抗美援朝期间,他赴朝鲜做战地记者。一天,他和数十位战地记者接到编辑命令,回国汇报并写稿。因为当时美机空中轰炸、扫射厉害,因此,组织上安排魏巍及数十位记者夜间坐货车回国。数十位记者一坐定,一是因为战场采访十分疲劳,二是车厢里灯光昏暗,因此,没过多久,不少记者就闭上眼睛,考虑回国后怎么汇报、写稿,有些则干脆打上了瞌睡。魏巍一看这情景,打心眼里着急:我们难得聚在一起,总不能就这样一路瞌睡打回去,何不将车厢利用起来,大家互相交流,开成一个研讨会。于是,他就站起来嚷开了:"诸位,诸位,醒醒,快醒醒,我提议,大家各自汇报一下回去后怎么汇报、写稿?"没人理他。魏巍一遍遍嚷嚷,最后,他干脆表示:"我先带头作个发言,我回去准备写个大通讯,材料很丰富,我从100多个例子中挑选了23个,现在一个个复述给大家听,管保你们不再打瞌睡,甚至会掉泪。"第一个例子复述完,车厢两头传来阵阵感叹声;第三个例子复述后,车厢里已没有什么声音。魏巍误以为大家听得入迷了,连"啊、啊"的感叹都顾不上了。于是,他又一口气复述了3个例子。正想复述第七个例子时,坐在他边上的一位年纪稍长的记者用脚踢了他一下,说:"魏巍,停下吧,你还能复述下去吗?没人听了!"魏巍到车厢两头稍微看了看,回到座位上就坐了下去。他看到,打瞌睡的人比原先更多了。身边的老记者提醒他,将23个例子再精选一遍,用几个例子放在通讯里就行了。魏巍在后来发表的《谁是最可爱的人》通讯中,仅选用了3个事例,却收到了以少胜多之效,多少人看了这篇通讯后热泪盈眶!

在采访和写作两个不同阶段,记者对新闻材料选择的态度和方法应当是辩证的,即在采访阶段,要学韩信用兵,以十当一,多多益善。只要时间允许,采访对象所述材料又符合报道要求,那么,记者对其应当来者不拒,照单全收。但到了写作阶段,则要学孙子用兵,以一当十,以少胜多,即训练有素的精兵强将可抵上不派大用场的乌合之众,这叫以质取胜。

第三节 新闻角度

所谓新闻角度,即指新闻事件(实)表现的着眼点和侧重点。记者在充分明确报道思想和识别新闻事实价值的基础上,精心选择一个最能反映新闻主题的侧面作为报道的切入点,从而完成整个事件(实)的写作。

新闻角度的选择和体现贯穿于新闻采访写作的全过程。在采访阶段,称之为选择角度。即在新闻主题的统率下,记者应明确素材搜集的方向和重点是什么。角度选择好了,采访效率则大大提升,否则,茫然无绪,一团乱麻,采访效率大大降低。在写作阶段,称之为体现角度。即记者在充分掌握材料的基础上,明确体现新闻主题的着力点是什么,切入点在哪里。明确了这些,则记者在谋篇布局、材料调动等方面将得心应手、运用自如。否则,新闻报道将可能杂乱无章,一盘散沙。

横看成岭侧成峰,远近高低各不同。同一事实含有多种主题,同样,同一主题又含有多个角度。角度的选择和体现,是记者采访写作水平的重要体现,也是新闻报道成功的重要因素。独具匠心、奇巧别致的新闻角度,能使新闻报道主题体现出入木三分、淋漓尽致之境界;反之,大而化之、平庸俗套的新闻角度,则一定降低新闻报道的感染力和影响力。

在选择和体现新闻角度过程中,记者应当围绕下述三个字下工夫。

一为"比"。即要求记者在明确报道思想和详细占有材料的基础上,先试选几个角度,然后逐一分析比较,看哪个最能体现特色和主题。例如,2017年5月2日,港珠澳大桥海底隧道"最终接头"成功安装,全国各大媒体不约而同地聚焦港珠澳大桥。在海量的同题报道中,《珠江晚报》的消息《创造港珠澳大桥的"极致"》[①]独树一帜。该报陈新年与廖明山两位记者在获悉大桥曾经历过二次"精调"的信息后,经过深入采访,还原了大桥精调的全过程,更为重要的是,记者试图超越当时绝大多数媒体主要关注建设成就的角度,而是将报道角度确定为"追求极致"和"勇于担当"的大国工匠精神,以现场穿越海底隧道的最新事实为由头,引出了"最终接头"、二次"精调"的斗智斗勇过程和令人惊叹的成绩,继而以"创造港珠澳大桥的'极致'"为主标题,以"世界最长海底隧道'最终接头'二次'精调'实现毫米级偏差"为副标题,从而完成了一篇佳作。该报道也因此获得第28届中国新闻奖消息类一等奖。

二为"小"。角度、角度,就是一个角,一个侧面,不能贪大求全、面面俱到,只有这样,新闻报道才能集中突出,深刻具体,并能收取以小见大、一叶知秋之效。否则,就空泛、浅薄。

---

① 《珠江晚报》,2017年5月11日。

三为"异"。即避免雷同、效仿,要精于避熟,要敢于独创、标新立异。只有这样,新闻的特点才能抓好、体现好。例如,作为改革政务服务、优化营商环境的重要举措,上海市于2018年率先推出了"一网通办"。这在当时属于一个新生事物,《人民日报》迅速关注,并在2018年、2019年先后推出《上海:办事创业　一网通办》《上海"一网通办"再升级》两篇头版头条,由此促发了"一网通办"在全国各地的推广与实践,各地媒体也都对这一做法进行了全方位、多角度的持续报道。在此背景下,"后续报道如何突破既有框架,寻找到新的角度"就成为摆在新闻人面前的一个重要命题。《人民日报》刘士安、谢卫群两位记者通过深入采访,敏锐地抓住"好差评"这一新做法,仔细分析后,他们将报道角度从"找政府办事,像网购一样便利"转向"群众评价要像网购用户评价一样管用"。由此,报道主题也从"一网通办"被提炼为"一网好办",消息《推出"好差评",所有实名差评均已回访整改　上海"一网通办"迈向"一网好办"》遂于2020年4月12日在《人民日报》一版报眼位置予以刊发。① 2021年11月,该报道获得第31届中国新闻奖二等奖,其获奖的一个重要因素就在于新闻角度新颖而独特。

第四节　新闻语言

所谓新闻语言,即指适合新闻报道要求、体现新闻特性的语言。

新闻采访写作实质上是一项靠语言作为工具进行人际交流的活动。采访要有成效,离不开语言交流;新闻作品要让受众接受并深受感染,就更离不开语言的传达。"文学创作的技巧,首先在于研究语言。"(高尔基语)新闻写作也应是同理。因此,每一个记者、编辑都必须下工夫认真研究和准确使用新闻语言。

新闻语言区别于文学、评论等语言,更与政治、法律、经济等专业语言不同,是有其鲜明个性的一种语言。其基本特征可概括为准确、通俗、简洁。

---

① 参见第31届中国新闻奖参评材料,中国记协网,http://www.zgjx.cn/2021-10/29/c_1310277685.htm。

一、准确

真实性是新闻报道的基本要求,受众被新闻事实吸引、感染,是因为他们感到新闻报道可信。而没有准确的新闻语言,信息就难以准确真实地传播,受众就会生疑甚至失望。并不是所有记者、编辑都将"准确、准确、再准确"奉为新闻写作格言的,他们会常搞一些"九时许""不久前""上海郊区某地"之类的概念弄得受众印象模糊,甚至常犯一些低级错误,令受众感到不可思议。例如,2020年新冠疫情期间的媒体报道就频现常识性错误。2月15日,《华商报》头条号"华商汉中"刊发的"抗疫大事记"集纳了多位抗疫一线工作人员的故事,其中《孩子出生不到20天,她却主动申请投入抗疫一线……》中提到,刚起床不久的两个孩子稚气地问:"妈妈干嘛去了?"出生20天的孩子开口说话显然有违常理。第二天《华商报》致歉,表示编辑在整合几篇抗疫报道过程中因工作仓促出错,将其中两个事件混淆。再如,2月28日,辽宁卫视《第1时间》节目中,在播报沈阳未来三天的天气预报时,显示的日期为"2月29日、2月30日、2月31日"。还有3月2日湖北卫视在新闻节目中将一位援鄂医务人员信息标注为"江苏省合肥市"。7月13日北京头条客户端报道疫情期间血液供应情况时,将全市4.1万人无偿献血"5.1万单位"误写成"5.1万吨"。[①]

要使新闻语言准确,应当力求做到三点。

(1)叙述信息尽量量化。新闻报道要让受众可感可触,可信性强,信息的叙述就必须尽可能量化,"大家一致认为""质量基本达标"之类语言只能让人迷惑,要慎用。

(2)语言要有分寸感。似是而非的语言不能使用,大话、空话、绝话之类更要杜绝,否则,都可能导致新闻报道失真,受众反感。

(3)新词使用要讲规范。社会大变革时代是新词大爆炸时代,据初步统计,近30年来产生的新词汇达到11 000条,几乎每天就有一个新词产生,彩电、克隆、伊妹儿、大哥大、埋单、大腕、侃爷、托儿、春晚、博导、粉丝、后浪、搞定、捣糨糊、内卷等等,数不胜数。对新词不能抱排斥

[①] 年度传媒伦理研究课题组:《2020年传媒伦理问题研究报告》,《新闻记者》,2021年第1期。

态度,要具有及时采纳的胸怀,但要慎重,要讲究规范,要在民族性、大众化、洁净度等方面和产生的实际社会效果严加考察。若是一个劲地照单全收,则会严重影响新闻语言的准确性。鲁迅先生在《关于翻译的通讯》一文中说得很好,即好的文字应该去除"闲谈的散漫"和"说书的油滑",既要顾及语言的灵活性,又要摒弃其中的杂质。鲁迅先生的这一说法至今对新闻语言的准确性仍不乏启迪意义。

二、通俗

在准确的基础上,新闻语言还要求生动活泼、通俗易懂。

追求新闻报道生动活泼、通俗易懂,是受众的普遍心理需求,也是当今各媒体相互竞争的重要内容。要做到语言通俗,业务手段上当努力体现"六多六少"。

(1)多动词,少形容词。
(2)多细节,少议论。
(3)多比喻,少笼统。
(4)多解释,少晦涩。
(5)多白话,少文言。
(6)多具体,少抽象。

20世纪90年代中期,美国就有新闻学者提出:21世纪国际新闻界千竞争、万竞争,最大的竞争莫过于新闻通俗化竞争。如今看来,这确实是一个有预见性的论断。

三、简洁

新闻作品不同于文学作品,允许较大篇幅去描述细节和事件过程,它只能以较少的篇幅去勾勒细节和概述事件过程。因此,言简而意明就成了新闻语言的又一特征。

譬如,《高亭宇的0.33秒与4年》[①]一文的导语是这样处理的:

  0.33秒,就是一眨眼的时间。但为了争取这一眨眼的时

---

① 中国新闻网,2022年2月13日。

间,高亭宇努力了4年。

这是描写与概括、简洁与明晰的完美结合。

新闻语言要做到真正简洁,在清楚明晰地概述事件的前提下,要注重对段、句、词、字的精心删改,力求做到全文没有废段、废句、废词、废字,正如美国新闻学者梅尔文·门彻所言:"新闻报道应该简洁。叙述精炼的报道深受主编、忙碌的读者和听众的青睐。"①

文字简洁是门艺术。早在1946年9月27日,胡乔木同志就在《解放日报》上发表的《短些,再短些!》一文中指出:"话说得短说得简要,不是一件易事。"新闻工作者当知难而进,不懈努力。

第五节 新闻来源

新闻来源又叫消息来源、信源,是指新闻的出处,可以是"人物",也可以是"机构"或者某种"材料"等。作为人的新闻来源,具体包括新闻事件的当事人、目击者、政府机构的官员或发言人、某一领域的专家学者等。赫伯特·甘斯曾指出:"新闻记者观察与访问的行动者便是新闻的消息来源,包括在电视上出现的受访者,或者在报刊上出现的被引述的人,也包括那些只是提供背景信息或新闻故事议题的人。"②我国台湾学者郑瑞城提出了新闻来源的综合定义:"广义的消息来源泛指能作为新闻素材的任何新闻资料。这些资料是新闻工作者透过人物访问、收集之文件和观察所得。其中,人物访问(以口语资料为主)是最常运用,也是最重要的新闻来源。所以,狭义的新闻来源单指人物而言。新闻来源人物依其角色又可区分为:当事人(undertaker)、举事人(promoter)与评论人(commentator)。"③因此,狭义的新闻来源不单指提供信息的人,也包括在新闻中被引述观点的人。

---

① 〔美〕梅尔文·门彻:《新闻报道与写作》,展江主译,华夏出版社2004年版,第65页。
② 〔美〕赫伯特·甘斯:《什么在决定新闻》,石琳、李红涛译,北京大学出版社2009年版,第98页。
③ 转引自臧国仁:《新闻媒体与消息来源——媒介框架与真实建构之论述》,台北三民书局1999年版,第163页。

作为新闻报道的基本要素,新闻来源的作用和意义主要表现在两个层面。

第一,新闻来源是凸显新闻报道真实性的重要表征。

真实性是新闻报道的生命,新闻来源的性质则是人们判断新闻事实的重要依据,因为新闻来源呈现或隐含了其与新闻事实的具体关联。尤其在当下"人人都有麦克风"的时代,新闻真实性变得越来越扑朔迷离。对于社会大众而言,新闻来源的权威性有助于其判定新闻的可信程度。

第二,新闻来源是彰显新闻专业性的重要标志。

新闻区别于文学的一个重要标志是新闻不能虚构。很多时候,记者不可能第一时间出现在新闻现场,这就需要通过采访加以展现新闻事件,进而探寻真相。因此,专业的新闻写作总是要求记者在报道中首先必须诚实而明确地告知公众:这条新闻究竟从哪里来。"除非属于常识,否则必须始终交代你没有亲眼见到的东西的出处。"[①]这一做法不仅是对新闻来源的尊重,而且还暗含一个重要因素,亦即可以让新闻来源与记者(媒体)共同承担新闻真实性的责任。对新闻职业共同体而言,有无新闻来源是衡量新闻写作专业性的一条重要标准。

在具体新闻实践中,交代新闻来源有三个基本原则。

首先,明确交代新闻来源是专业新闻写作一个近乎强制性的规定,是记者必须遵循的一个最为基本的新闻报道原则。此处的"明确"通常是指"实名"和"具体"。

新华社北京 2 月 24 日电　综合新华社驻外记者报道:俄罗斯总统普京 24 日清晨发表电视讲话说,决定在顿巴斯地区发起特别军事行动。乌克兰总统泽连斯基当天晚些时候发表讲话说,乌克兰决定与俄罗斯断绝外交关系。

普京在讲话中说,俄罗斯没有占领乌克兰的计划,期望议会对在顿巴斯采取军事行动持统一立场。他同时表示,相信俄公民会支持这一决定。

24 日清晨,乌克兰首都基辅上空传来数次爆炸声。乌克兰总统泽连斯基当日凌晨在发布于社交媒体的视频讲话中

---

① 〔美〕梅尔文·门彻:《新闻报道与写作》,展江主译,华夏出版社 2004 年版,第 52 页。

说,乌克兰将实施战时状态。他同时表示,希望民众保持冷静,尽量不要外出。乌克兰最高拉达(议会)随后投票通过关于在乌克兰全境实施战时状态的总统令。

当天晚些时候,基辅市政府在社交媒体发表声明说,基辅的空中威胁暂时解除,提醒基辅市民如果听到防空警报声响起,立即赶往附近防空设施。另据乌媒报道,乌克兰赫尔松州、伊万诺-弗兰科夫斯克州机场当天遭受攻击,切尔卡瑟州政府宣布将疏散民众。

塔斯社援引俄罗斯国防部24日消息报道,乌方军事基础设施正受到高精度武器的打击,但俄罗斯武装部队不对乌克兰城市进行炮击或空袭,行动不会威胁到平民。

本条消息的新闻来源有7个:俄罗斯总统普京、乌克兰总统泽连斯基、乌克兰最高拉达(议会)、基辅市政府、乌媒(乌克兰媒体)、塔斯社、俄罗斯国防部。个人、政府与媒体均涵括其中,这些新闻来源不仅指代具体,就连其发出信息的时间、渠道与方式也——清晰呈现。例如,普京是24日清晨"电视讲话",泽连斯基是24日凌晨"社交媒体的视频讲话"。由此,受众能够迅速判断出本条新闻的真实性与现实意义。

其次,专业新闻写作要谨慎使用匿名新闻来源。很多新闻报道常常会使用"据悉""据了解""一位消息灵通人士""一位政府官员""一位市民"之类的表述,有的是借匿名新闻来源之口来替代记者发言,有的新闻来源甚至根本就是子虚乌有,皆有悖于新闻写作的专业性要求,社会公众也会由此质疑整篇报道的真实性。因此,新闻从业者必须明确:匿名新闻来源的使用并不是一种"率性而为",记者既不能借新闻来源之口说出自己想要说的话,也不能为了报道的便利亲自上阵"扮演"新闻来源。

当然,新闻写作也并非一概不能使用匿名新闻来源。在两种特殊情况下,记者可以酌情使用。一是为了保护新闻来源,法律明确规定,例如未成年人犯罪中的当事人。此外,有证据显示报道会对新闻来源的生命、财产、安全、隐私等造成明显且实际的伤害,也可以选择匿名新闻来源,例如性犯罪的受害者、丑闻的曝光者等。二是为了获得其他渠道无法获取的"内幕"消息,应采访对象要求,如不接受匿名,就无法完成报道,获得真相。这种情形之下,记者一旦同意新闻来源的匿名要求，就必须信守承诺。例如，1972年美国《华盛顿邮报》对"水门事件"的报道中，对匿名新闻来源"深喉"的启用与保护。两位年轻记者鲍勃·伍德沃德和卡尔·伯恩斯坦凭借"深喉"的指引，最终成功地揭开该事件的真相。此报道引发美政坛大地震，最后导致当时的总统尼克松辞职。与此同时，他们也坚守秘密30多年，始终没有透露"深喉"的真实身份。直到2005年，美国联邦调查局原副局长马克·费尔特通过《名利场》杂志公开承认自己就是当年的"深喉"，两位记者随即予以确认。

最后，专业新闻写作应该淡化乃至限制"记者"在报道中的出现。诸如"记者在现场看到""据记者了解""记者认为"之类的表述常常充斥在新闻报道之中，殊不知这是一种"不专业"的表现，不仅不会因此增强报道的可信度与权威性，反而会增大报道的倾向性。

本报讯 记者今天从国家卫健委获悉，4月19日0—24时，31省（自治区、直辖市）和新疆生产建设兵团报告新增确诊病例12例，其中8例为境外输入病例，4例为本土病例（黑龙江3例，内蒙古1例）；无新增死亡病例；新增疑似病例2例，均为境外输入疑似病例（上海2例）。

这篇报道的新闻来源是"国家卫健委"，所以完全没有必要突出记者的"在场"，可以改为"国家卫健委今天发布最新统计数据"。

应当指出的是，当记者作为新闻现场的目击者（例如战地记者）或者隐性采访、体验式报道中，记者作为新闻要素出现之时，记者可以在不影响报道真实性与专业性的前提下，有限度地出现在报道之中。除此以外，新闻报道应尽可能隐藏记者身份。

第六节 引　语

所谓引语，是指新闻报道中直接或间接引述的采访对象的话语。专业的新闻报道要求记者只呈现事实，不能发表个人观点，努力将事实与观点分离。因此，使用引语被视为专业新闻写作的基本规范，引语也就成为新闻报道的有机组成部分。

在新闻写作中,引语主要包括直接引语、间接引语和混合引语三种。直接引述采访对象原话,并用引号标示出来的即是直接引语;对采访对象话语进行整理与总结,加以转述的即是间接引语;在新闻写作中交替使用直接引语与间接引语的即构成"混合引语"。引语的实质是搭建起"报道者、新闻、报道对象、受众"之间的关系,彰显新闻报道的真实性,"如果报道中有参与者的话,读者就会认为这篇报道是真的"。[1] 三种引语也具有各自的特点和作用。

直接引语的特点是鲜活、形象,其作用是能够凸显新闻的客观性与现场感,很多时候,权威新闻来源的直接引语还能够显著增强新闻报道的可信度。例如:

"去年有多少人娶媳妇儿?"总书记问。
"7个,就是'脱单'的大龄青年7个。"郭建群说。
习近平总书记高兴地说:"最近一段时间有些系列报道我都在看,看后也很欣慰,本身也起到示范作用。要以更大的决心,更明确的思路,更精准的举措,打好脱贫攻坚战,如期实现脱贫攻坚目标。"

间接引语常常是对采访对象话语的删繁就简,因此它的特点是简约且重点突出,其作用则是能够精简报道篇幅,保持报道上下文叙事的连贯性。我国新闻界历来"偏爱"间接引语。例如:

今天下午,在江苏盐城市召开的"全市民生补短板会议"上,盐城市委书记戴源表示,如果中小学教室空调配电容量不够,所在学校的属地街道、政府办公楼的空调全部停掉,全市11县市区一周内要督察到位;如果再不够,市政府办公大楼的空调停掉。

混合引语能够增强报道的节奏感,同时,在间接引语中穿插直接引语,实质也是在标示报道的重点内容,以引起读者的注意。因此,一篇

---

[1] 〔美〕梅尔文·门彻:《新闻报道与写作》,展江主译,华夏出版社2004年版,第177页。

报道若能巧妙运用混合引语,使直接引语与间接引语相得益彰,则一定能增强报道效果,"好像潮汐忽涨忽落,从而在相当程度上表明了其独特的意味和文理"。① 例如:

> 荷兰隧道工程咨询公司 TEC 是世界沉管隧道领域的佼佼者,曾笑称"中国企业不会走路就想跑"。5 日,该公司发来贺电,向精准完成这一世界级难度安装的工程建设者们致敬。贺电中说,中国建设者的最终接头施工方案,是对世界沉管隧道技术的重大贡献。

作为新闻写作的基本内容,引语的运用不仅彰显了新闻报道的专业性,也暗含着记者对于新闻事实的理解。那么,新闻写作究竟需要引用哪些内容呢?通常情况下,好的引语往往能够支持导语、主体中的观点与信息,能够契合、凸显、升华新闻主题,包括"显著的评论、有见识的观点、某消息提供者总结性的话、有助于读者想象说话者形象的内容……"② 从实践维度看,使用引语具有四个基本原则。

第一,好的引语应该被置于报道中最显著的位置。

好的引语会令报道增色不少,这不仅取决于引语的内容,也与其在报道中的具体位置有关。因此,记者一旦确定好引语的内容和类型,就必须从报道结构维度对引语进行谋篇布局。

第二,引语要符合人物身份和新闻情境。

很多报道中的引语充斥着各种大话、套话和空话,有的甚至就是变相的"记者代言",大大降低了引语之于报道的价值。因此,新闻写作中使用引语既要符合人物身份,又要与具体的新闻情境相契合。例如,获得第 30 届中国新闻奖一等奖的报道《二百八十一个签名挽留第一书记》在导语之后的主体部分就用了一段直接引语——

> "马永涛是个给群众办实事的好党员,我们舍不得他走啊!这几年,村里的路修了、路灯亮了、广场建了、大棚立起来了。藜麦产业刚刚起步,他要是走了,可咋办啊?"村委会主任

---

① 〔美〕沃尔特·福克斯:《新闻写作——报刊记者指南》,李彬译,新华出版社 1999 年版,第 93 页。

② 〔美〕梅尔文·门彻:《新闻报道与写作》,展江主译,华夏出版社 2004 年版,第 177 页。

赵随合说,大家实在舍不得让马永涛走。

这段直接引语并不是一味地夸赞第一书记马永涛,而是从村民的现实需要和思想顾虑出发,由村委会主任嘴里说出来,就显得更加真实自然。

第三,直接引语必须是采访对象的一(句)段完整的话。

所谓完整,即意味着记者必须如实记录、准确引述采访对象的话。因此,使用直接引语时需要特别留意采访对象话语中出现的停顿、转折、反语等各种改变语句意思的表达。

第四,间接引语必须准确理解采访对象的意思,转述不能有歧义。

尽管间接引语不带"引号",不是对采访对象话语的完全摘引,但并不意味着记者可以断章取义,曲解或改变采访对象所要表达的真实意涵。因此,记者需要在充分理解对方话语的前提下,对其话语进行转述。

结合引语使用的四个原则,我们来具体分析下面这篇报道。

在开幕式上"光膀子"冷不冷? 本尊:手冷

新华社北京延庆2月7日电(记者张骁) 在北京冬奥会开幕式上,美属萨摩亚旗手纳森·克鲁姆普顿无惧严寒,以赤膊涂油、身套草裙、脚踩人字拖的"清凉装扮"亮相。开幕式后,他被中外观众戏称为"冬奥会最扛冻的旗手"。

7日下午,这位男子钢架雪车运动员在国家雪车雪橇中心官方训练中亮相。对于"全网都关心他到底冷不冷",克鲁姆普顿告诉新华社记者,这几天忙着训练,没怎么关注网上的声音。"但实话实说,我手很冷!我的手握着旗杆非常冷。其余就还好,毕竟持续时间不长。"

克鲁姆普顿说,开幕式上穿戴的草裙和挂饰,都是很有历史的传统服饰,希望借助北京冬奥会展示文化和热情。

克鲁姆普顿表示,北京冬奥会开幕式非常精彩,虽然候场时没能观看上半场,但回到房间后立即回看电视,"那真的非常美,非常令人难忘"。

克鲁姆普顿说,非常感谢中外观众对他的关心,希望用好的表现回报大家。第二轮官方训练结束后,他返回了冬奥村。

克鲁姆普顿的个人经历非常丰富。现年36岁的他，出生在肯尼亚首都内罗毕，现居住在美国犹他州帕克城，在瑞士、津巴布韦、澳大利亚都生活过。

但他在个人网站上坦言，他始终认为夏威夷群岛最有家的感觉。"2019年，我发现美属萨摩亚非常欢迎那些与夏威夷有联系的人，于是我抓住机会（代表美属萨摩亚）。"

在个人网站上，克鲁姆普顿将自己介绍为运动员、模特和摄影师。他是名副其实的"运动斜杠青年"，除从事钢架雪车外，还喜欢橄榄球、曲棍球、田径、壁球和滑雪。2021年，他还参加了东京奥运会男子100米比赛。

这篇报道一个显著特征即在于使用了混合引语。整篇报道一共8段，其中直接引语有5处，间接引语有6处。消息标题运用间接引语的形式在凸显新闻主题的同时，也增强了报道的趣味性。导语第一句话概述基本新闻事实，最后一句话直接引述中外观众的话，既呼应标题，也自然引出消息主体的内容。紧接着，第2段第2句以观众的直接引语起笔，引出报道对象克鲁姆普顿的混合引语，不仅再度对接了标题内容，也满足了观众好奇心。第3段和第5段采用了间接引语形式，第4段是混合引语，此三段均是对新闻主题的阐释与拓展。尤其是第4段的混合引语，既承上启下，又增强了行文的节奏感。第6—8段是新闻背景，其中第6段运用直接叙述的方式，介绍克鲁姆普顿的基本情况。第7段采用混合引语形式，阐释克鲁姆普顿担任美属萨摩亚奥运旗手的原因。第8段则是间接引语与直接叙述的组合，交代克鲁姆普顿的"运动斜杠青年"特质，强化其与冬奥会的关联，自然收束全文。本篇报道短小精干，通过多种引语互动的方式，展现并凸显了新闻主题。

第七节 新闻背景

所谓新闻背景，即指与新闻人物及事件形成有机联系的相关环境和历史条件。列宁曾经指出："要真正地认识事物，就必须把握和研究它的一切方面、一切联系和中介。"新闻背景紧扣新闻要素中"为什么"

而展开,对形成新闻事实的来龙去脉、因果关系、诸种矛盾之间内在的辩证关系,在一定的相关环境和历史条件中予以剖析与揭示。通常被称为新闻中的新闻、新闻背后的新闻。从内容上分,主要有政治背景、经济背景、文化背景、社会背景、历史背景等。从表现形式上分,主要有直接背景与间接背景、显性背景与隐性背景等。

长期以来,我国新闻业界与学界对新闻背景的性质、作用的认识是模糊的,甚至是错误的。总以为新闻背景不是新闻报道主体的有机组成部分,而仅仅是一种附加物,是附件。也有人认为,新闻背景只是用于消息类写作,而不适用通讯、评论类新闻体裁。新闻实践与发展证明,这是认识上的两个误区,必须纠正。

受新冠肺炎疫情影响,2020年2月24日召开的十三届全国人大常委会第十六次会议表决通过了关于推迟召开第十三届全国人民代表大会第三次会议的决定。第二天,《法制日报》记者即专访了全国人大常委会法工委原副主任阚珂,其中第一个问题即指涉新闻背景。

问题一:在我国历史上,是否有过推迟召开全国人大会议的情况?

阚珂:在全国人大成立之初的11年间,也即1954年到1964年,全国人大召开了10次会议(1961年没有召开会议)。在1957年后有4次会议(一届四次、二届一次、二届三次、二届四次)召开的时间确定后又更改延期,其中,1962年二届三次会议是经过3次延期后召开的。在10年"文化大革命"中,人民代表大会制度遭到严重损害,全国人大会议不能正常举行。这反映了当时国家政治生活的状况。

党的十一届三中全会开创了人民代表大会制度建设新的历史时期。自1979年五届全国人大二次会议至今,一共召开41次全国人大会议,都是按期举行的。2月24日,全国人大常委会作出关于推迟召开第十三届全国人民代表大会第三次会议的决定,这是40多年来我国首次推迟召开全国人大会议。

值得一提的是,在1979年至1989年的11次会议中,前6次会议举行的时间不固定,在5月、8月举行的各一次,在6月、11月举行的各两次。后5次会议均在3月举行。据此,

1989年七届全国人大二次会议制定的《全国人民代表大会议事规则》规定,全国人大会议于每年第一季度举行。议事规则对具体在第一季度的几月几日举行没有规定,但当时就已考虑举行会议的日期要逐步提前。这样,全国人大会议从1991年七届四次在3月25日开幕到1998年九届一次提前到3月5日开幕(除1997年八届五次会议在3月1日开幕)后,每年全国人大会议都在3月5日开幕。①

在这里,背景材料不仅成了新闻报道的主体部分,也打破了非消息类报道莫属的界线,颇具启迪意义。

新闻背景的作用和类型可细分成若干种,但主要为下述三种。

一、衬托型(性)

也称深度性背景材料。即提供一些鲜为人知、更接近事物本质与真相的材料,与一般性的现实材料作对比、衬托,以增强新闻报道的厚度。例如,2020年10月16日《西藏日报》刊发的消息《西藏历史性消除绝对贫困》一文,就运用了衬托型新闻背景,请看原文。

62.8万建档立卡贫困人口全部脱贫
西藏历史性消除绝对贫困

本报拉萨10月15日讯(记者 潘璐 刘芳) 15日,记者从国务院新闻办公室在拉萨举行的新闻发布会上获悉,截至2019年底,西藏74个贫困县区全部摘帽,62.8万建档立卡贫困人口全部脱贫,年人均纯收入从2015年底的1 499元增加到2019年的9 328元,历史性消除绝对贫困。据第三方评估,西藏脱贫攻坚群众满意度达99%以上。

西藏是"三区三州"唯一省级集中连片特困地区,也是全国贫困发生率最高、贫困程度最深、扶贫成本最高、脱贫难度最大的区域。为确保西藏各族人民同全国人民一道实现全面小康目标,以习近平同志为核心的党中央深情关怀,制定

---

① 《法制日报》,2020年2月25日。

了一系列特殊优惠政策,自治区党委、政府团结带领全区各族干部群众艰苦奋斗,脱贫攻坚工作取得全方位进步、历史性成就。

数据显示,2016年以来,西藏累计整合涉农资金748.48亿元用于脱贫攻坚;实施产业扶贫项目2 984个,带动23.8万贫困人口脱贫;建成965个易地扶贫搬迁安置区(点),26.6万人搬迁入住;推进15年公费教育,连续4年提高义务教育阶段"三包"标准,达到年生均3 720元,累计资助在校贫困大学生4.68万人次;将11万建档立卡贫困对象纳入最低生活保障兜底,实现应保尽保;将所有贫困人口纳入医疗保障范围,"因病致贫、因病返贫"人口实现动态清零。

"这里海拔低、环境好,身体好多了,感觉特别幸福。"70岁的努琼,患有关节炎和痛风。通过自治区极高海拔地区生态搬迁,一年前努琼和家人从海拔5 000多米的双湖县雅曲乡,搬迁到了贡嘎县森布日安置点。努琼高兴地说:"现在的日子跟蜜一样甜,这要感谢党的好政策!大家都撸起袖子加油干,创造更加美好的明天!"努琼的话,道出了全区各族群众的心声。

自治区党委书记吴英杰在新闻发布会上表示,西藏脱贫攻坚取得重大胜利,是习近平总书记关于扶贫工作和西藏工作重要论述在西藏的成功实践,是社会主义制度优越性在西藏的有力体现,是党的民族政策在西藏的生动展示。

今年起,西藏脱贫攻坚工作从集中攻坚阶段全面转入巩固提升阶段,将从严格落实"四不摘"要求、完善防止返贫监测和帮扶机制、大力发展产业、开展就业培训、推进基础设施和公共服务均等化、促进脱贫攻坚与乡村振兴有效衔接等六个方面,探索建立解决相对贫困的长效机制,全力巩固提升脱贫攻坚成果。

消息主体第一段、第二段均为衬托型背景,更凸显了新闻价值,深化了新闻主题。

二、解释型(性)

也称诠注性背景材料。本着一切以受众明白和接受为原则,凡是报道中涉及的可能使受众产生困惑不解的事实,记者应适时提供这一新闻事实产生的原因、环境和条件等背景材料,帮助受众解惑释疑。《纽约时报》前副总编莱斯特·马柯尔曾指出,"我看不出解释和背景有何区别","解释,就是提供新闻的背景知识,从而使读者能够对新闻事件作出客观的判断"。[①]

例如,《光明日报》2019年8月19日刊发的《我科学家首次实现高维度量子隐形传态》,普通读者一般是难以理解这项研究的实质价值。为此,记者在消息主体第二段即提供了一段背景材料:

> 在此之前,所有的量子隐形传态实验都局限于量子态的二维子空间。高维量子态的隐形传态作为完整传输一个量子系统的最后一个待解决挑战,由于其可行性理论方案和实验技术上的双重困难,一直悬而未决。对于高维体系,由于其以维度的平方项增多的贝尔态数量和随之增加的复杂纠缠特性,必须发展出一套全新的可行理论方案。在实验技术上,高维贝尔态测量需要等效地实现独立光子的高维量子态之间的控制逻辑门,这也是量子信息技术的"无人区"。

这段新闻背景有力地解释了"实现高维度量子隐形传态"的意义,尤其是"无人区"的比喻,更凸显了该研究的学术价值。

三、启示型(性)

也称引发性背景材料。即记者在报道中不直接发议论、做解释,只是客观地摆出一些材料,看似与报道的主要事实无直接关联,但含义深远,其引发的弦外之音与该报道主题有着更为密切的逻辑联系。这种引而不发、含而不露的处理方式,收取的是潜移默化的功效,能调动受

[①] 转引自张惠仁:《新闻写作学》,四川人民出版社1986年版,第379页。

众进入宽广的思维空间,进而品悟出更深层次的报道内涵。例如,2020年9月24日《湖北日报》一版刊发调查报道《冲破封锁线——华中数控潜心攻关核心技术纪略》,大量铺陈新闻背景,展示中国制造突破技术、人才与市场的封锁,独立自强、自主创新的故事。此处的新闻背景与新闻事实的结合,拓展并深化了新闻主题。

新闻背景在运用时通常无固定格式,只需讲究根据新闻主题的需要,注意有目的、有针对性地灵活穿插即可。另外,背景材料要精炼,讲究点到为止,万不可枝蔓横生,喧宾夺主。

第九章

消　息

作为新闻报道中最基本、最常用的体裁，消息因其简明、快速等特征，最直接彰显了新闻媒体传播信息的基本功能，因而在新闻报道"十八般兵器"中被形象地称为"短刀"。对于职业记者而言，能够专业地写作消息是其最为重要的基本功。

消息的外在标志是"消息头"，是指消息开头部分，用以标明新闻稿发出的媒体、地点和时间的信息，其作用是凸显消息的版权，显示新闻发生的地点与时间。"消息头"一般分为"电"和"讯"两种。"电"，又叫"电头"，源自早期新闻单位运用电报、电话传播新闻的方式，新闻通讯社通常会冠以"××社××（地点）×月×日电"来显示电头，如"新华社上海3月17日电""美联社北京3月20日电"等。"讯"源自报刊早期通过邮寄或书面形式传递新闻的方式，例如"本报讯"或"本报纽约1月1日讯"等，后来的广播电视媒体会直接标明"本台消息"，网络媒体则以"本网讯"来作为消息的标识。

除了消息头，一篇完整的消息还包括标题、导语、主体、结尾等组成部分，以下我们将逐一分析之，在此基础上展开对消息结构的探讨。

第一节　消息的标题

所谓消息标题，即指消息的题目，是对消息内容进行提炼、介绍或者评价的简短文字。报纸消息标题一般位于报道的顶部、居中位置，广播消息标题则直接由新闻主播口播，电视消息标题会在屏幕下方用文字加以显示，短视频新闻的标题则会在视频画面的显著位置用特殊字体或带有颜色的文字予以突出。

一、标题的作用

"题好一半文",好的标题常常能令报道增色不少。标题在消息中的作用大体包括三个层面。

第一,提纲挈领,揭示新闻主要内容。

一般来说,消息的标题首先要对新闻主要内容进行总结与提炼,为受众提供一个阅读新闻的"路线图",使人一看标题即能大致把握新闻的重点。例如:

(引题)打击谣言、治理算法……
(主题)2022年"清朗"系列专项行动将重点整治这些网络乱象

(新华社,2022-03-17)

第二,先声夺人,引起受众阅读(听)兴趣。

在今天这样一个媒介高度发达的时代,海量的信息每时每刻都在消解着人们有限的注意力资源。"看报看题,看书看皮"可能是人们在"读题时代"最普遍的阅听习惯。因此,很多时候,消息标题能否激发人们的兴趣,就成了影响受众下一步阅听行为的重要因素。为此,很多消息标题通过聚焦、凸显新闻与受众的关系,来吸引人们的注意。例如下面这两则标题:

扫码点餐过度索权仍存,你授权的手机号、位置被用在了何处?

(《新京报》,2022-03-16)

(引题)2021年度个人所得税年度汇算开始啦
(主题)这笔钱,你是可以退还是需要补?

(《新民晚报》,2022-03-02)

第三,叙议结合,彰显编辑部立场与态度。

消息标题常常会基于事实,展开对新闻的评价,进而显示编辑部的立场、观点与态度。例如:

温馨瞬间彰显万众同心抗疫的中国力量

(《新华每日电讯》,2022-03-16)

(主) 惊！险！幸！
(副) 短道队斩落北京冬奥会中国首金！

(新华社,2022-02-06)

二、标题的类型

从形式上看,消息标题一般由主题和辅题构成。所谓主题,又叫正题,是对消息主要内容的总结与概括,起到提纲挈领、点明主旨的作用。所谓辅题,是对主题的辅助与补充,又可细分为引题和副题。引题位于主题之上,又称为上辅题、肩题、眉题,常常通过交代背景、阐发议论等方式引出主题。副题位于主题之下,又叫下辅题,其作用是对主题进行补充、说明、解释、深化等。根据主题与辅题的不同组合,消息标题可分为单一型标题和复合式标题。选择哪种类型的标题,主要取决于新闻的内容以及写作者想要表达的内容的多寡。

(一) 单一型标题

单一型标题又叫单行题,即只有主题,没有辅题的标题形式。这类标题的特点是开门见山,言简意赅,让阅者对新闻的主要内容和核心主题一目了然。例如：

习近平同美国总统拜登视频通话

(《新华每日电讯》,2022-03-19)

我国所有贫困县全部脱贫

(新华社,2020-11-23)

(二) 复合式标题

复合式标题是由主题和辅题组成的标题形式,按照不同组合方式,又分为双行题和三行题。这类标题形式灵活,内容丰富,有时一个标题可以表达多层次意涵。

1. 双行题

双行题可以分为三种形式：主题＋主题、引题＋主题、主题＋副题。

(1) 主题 + 主题

这种形式的标题又叫双主题,亦即两行标题的重要性相同,不分主次。对于重要信息点较多的新闻,为了力求简练,又能够将主要内容表达清楚,很多消息采用这种形式。例如:

(主题)阳春三月春耕忙
(主题)蔬菜大棚春意浓

(央广网,2021-03-20)

(主题)年轻不言败
(主题)探索无止境

(《光明日报》,2022-02-17)

(2) 引题 + 主题

这种形式的标题中,引题主要通过设问、叙述、评论等多种方式,引出主题。例如:

(引题)新冠出院标准"下调"依据是什么?
(主题)国务院联防联控机制发布会回应

(《新京报》,2022-03-19)

(引题)篡改伪造检测报告、核查走过场
(主题)四家机构碳排放报告弄虚作假被通报

(《中国青年报》,2022-03-15)

(3) 主题 + 副题

这类标题中,副题多通过对主题的补充、说明与解释,以展示或丰富新闻事实,凸显新闻主题。例如:

(主题)新冠疫苗最新进展来了!
(副题)部分奥密克戎变异株疫苗已完成临床前研究

(新华社,2022-03-19)

(主题)浙江为"最多跑一次"改革立法
(副题)审议通过全国"放管服"改革领域首部综合性地

方法规

(《浙江日报》,2018-12-01)

2. 三行题

三行题,是指引题、主题、副题俱全的标题,又叫完全式标题。通常适用于主题重大且重要信息点丰富的新闻。例如:

(引题)习近平同拜登视频通话,就中美关系和乌克兰局势等问题坦诚深入交换意见
(主题)引领中美关系沿着正确轨道向前发展
(副题)承担应尽的国际责任,为世界的和平与安宁作出努力

(《新民晚报》,2022-03-19)

(引题)李克强对森林草原防灭火工作作出重要批示强调
(主题)加强源头防范　补齐防灭火基础设施短板
(副题)王勇出席全国森林草原防灭火工作电视电话会议并讲话

(《新华每日电讯》,2021-03-19)

(三)消息标题的新变化

21世纪以来,伴随新闻实践的发展,我国消息标题呈现出新的变化与趋势。我们在对中国新闻奖获奖作品的分析中发现,双行题所占比例最大,单行题有增多趋势,复合式标题形式越来越多样,且辅题有加长的趋势。① 具体来说,有两个新变化值得关注。

1. "引题"篇幅趋长,常以类似"提要""摘要"的形式出现

例如以下两个标题。

(引题)吉林西部不缺水,尴尬的是曾十年九旱。一项工程,让2 400平方公里土地变成了湿地——

---

① 参见刘勇:《中国报纸新闻文体嬗变(1978—2008)》,中国人民大学出版社2016年版,第79—83页。

（主题）河湖连通，这里四季能赏景

（《人民日报》，2019-02-14）

（引题）越来越多90后00后加入校园、社区抗疫队伍，担纲PCR检测志愿者，参与核酸检测现场工作，用志愿服务温暖这座城市

（主题）校园内外，有群青春守"沪"者

（《解放日报》，2022-03-20）

2. 副题的字数显著增多，既有以短行多层题为主的"副题组"形式，也有以大段落文字出现的"摘要式副题"

例如：

（主题）李克强主持召开国务院常务会议
（副题）部署清理拖欠中小企业账款和保障农民工工资及时足额支付的措施
（副题）审议通过"十四五"职业技能培训规划，加快培养高素质劳动者和技术技能人才

（《经济日报》，2021-12-02）

（主题）小区两次核酸阴性为啥还没解封？
（副题）正以街镇为单位，筛查后切块研判 希望市民能够理解，研判结果需经专业部门分析，时间上会存在先后

（《解放日报》，2022-03-20）

三、标题的制作原则

文章千古事，得失寸心知。消息标题制作并没有统一的方法，常常是因文而异，因人而异。结合新闻实践的经验与要求，标题制作应遵循以下三条原则。

（一）具体实在

消息标题必须言之有物，否则就无法让受众即时产生明确的阅读欲望。通常情况下，单行题必须是实题，复合式标题中必须有一个是实题，亦即叙述事实，指向明确。例如：

(引题) 62.8万建档立卡贫困人口全部脱贫
(主题) 西藏历史性消除绝对贫困

（《西藏日报》，2020-10-16）

这则标题采用"引题+主题"的形式，引题叙述了两个基本事实：西藏有62.8万建档立卡贫困人口，如今这些贫困人口全部脱贫。基于此，主题给出明确结论——"西藏历史性消除绝对贫困"。引题与主题都是在叙述事实，引题具体，主题概括，二者实质构成了因果关系。这样，整篇报道的指向性也就非常明确了。

（二）题文相符

消息标题是对新闻主要内容的总结与提炼，因此，题文相符是消息标题制作中最为基本的原则之一，这不仅源自传统的文章规范，也是新闻真实性的具体表现。然而，这个基本原则却常常被"流量为王"所遮蔽甚至消解。例如，在一些社交媒体平台上，我们常常能看到这样的标题："惊天秘密""内部消息""删前速看""最后警告""世界哗然"……为了吸引公众的注意力，这些新闻报道的标题不仅与内容不符合，有的甚至完全出格，极尽夸张、虚假、耸人听闻之能事。这种现象被称为"标题党"，是必须批判和摈弃的不良现象。

（三）简洁生动

如果说前两个原则指涉消息标题制作的内容，那么，"简洁生动"则明确指向了消息标题的制作方式。只有用最简练的表达、最生动的形式制作出的标题，才有可能给受众留下深刻的第一印象。为此，消息标题可以使用多种表达方式或修辞手法。例如，以下几则标题就分别使用了对比、对偶、拟人、双关修辞手法。

(引题) 昔日摆床堆柴禾　今朝架设光伏板
(主题) 吐鲁番房顶之变乐百姓

（《吐鲁番日报》，2019-09-30）

(主题) 英超·利刃出鞘
(主题) 欧冠·怨天尤人

（《东方体育日报》，2022-03-18）

(主题) 这些"钉子树"得逞了　城市更新为它们让步

（副题）大家都想它们像"钉子"一样继续"钉"下去

（《长江日报》，2022-03-17）

（主题）张文宏缺席"读懂中国"
（主题）嘉宾从中"读懂中国"

（《羊城晚报》，2020-11-22）

此外，适当调用古诗词也是增强标题韵味的一个有效手段。2021年4月13日，在奥运会女足亚洲区预选赛附加赛次回合，中国女足在苏州主场迎战韩国女足。上半场中国队0比2落后，下半场中国队王霜一传一射，最终2比2逼平韩国女足，并以两回合总比分4比3压倒韩国队，晋级东京奥运会决赛圈。于是，《楚天都市报》在4月14日以下面这则标题刊发了消息：

（引题）王霜独进两球　女足挺进奥运
（主题）月落乌啼霜满天，姑苏城外韩3∶4

（楚天都市报，2021-04-14）

这则标题巧妙地"化"用了唐代张继的《枫桥夜泊》中的两句，完整地呈现了核心新闻事实和相关新闻要素，不仅应时应景，而且增强了报道的文化意蕴。其中，姑苏即指当晚的比赛地点苏州，"韩3∶4"用了谐音比照"寒山寺"，主标题中的"霜"和"3∶4"均加大字号、标红处理，语带双关，突出了王霜和比赛结果，从而成就了一则年度"刷屏"的好标题。

第二节　消息的导语

所谓新闻导语，即指消息的开头段落，通常是消息的第一自然段，有时也存在导语不止一段的情况，例如"复合式导语"，其导语就是由多段落文字组成，常常是第一段"虚写"，后几段"实写"，提供具体新闻事实，突出新闻主题。

一、导语的特征与作用

导语是消息区别于其他新闻文体的重要特征,属于消息特有的概念和标志,是由最新鲜、最核心的事实或议论组成新闻的开头段落。

导语,顾名思义,导即引导、指导、诱导,导语即起导读、导听作用的新闻开头段落。导语是新闻与受众之间的第一感应媒介,它往往集消息之精粹、写作之灵巧,诱导受众读(听)下文。范长江就曾明确指出:"新闻写作对导语的要求很高,要写得有魅力,令老百姓看了非读不可。"

清代李渔在《闲情偶寄》中指出:"开卷之初,当以奇句夺目,使之一见而惊,不敢弃去。"导语写作同理。导语是消息的"眼睛",是吸引受众阅听全文的"吸铁石",是消息的精气所在。因此,为了吸引受众阅听自己所写的新闻,许多记者在构思导语时几乎是倾注自己的所有智慧,中外新闻界普遍公认:"导语是新闻的生命所在,导语是记者展示其杰作的橱窗。"①西方许多新闻学著作都强调,记者在撰写一条新闻时构思20条导语,并不算多。美国哥伦比亚大学新闻学教授梅尔文·门彻在谈到自己从事新闻报道的体会时说,他"用一半甚至更多时间琢磨导语",他认为"写好导语等于写好消息"。据知名学者刘保全对多位"中国新闻奖"获奖记者咨询,得到的共同回答是:用写整篇新闻的三分之一或二分之一的时间来推敲导语。

二、导语的产生背景和历史沿革

新闻导语是现代化的产物,其发展必然要适应现代社会的变动及发展水平,同时,新闻导语的变革又深化整个新闻写作的变革。纵观世界新闻史,新闻导语产生国际性影响的变革有三次,又称"三代导语"。

(一)第一代导语

即新闻五要素俱全导语。雏形产生于19世纪60年代,到19世纪末期定型并延续至20世纪40年代。第一代导语是由于战争的促进而诞生的。1861—1865年,美国爆发了南北战争,数以百计的记者去战

---

① 〔美〕威廉·梅茨:《怎样写新闻——从导语到结尾》,新华出版社1983年版,第21页。

地采访。在此之前,新闻报道大多是按照事件发展的时间展开,这是源自传统文学的叙事体方式,事件最重要的事实、结果及最新情况通常都在结尾段落出现。为了抢发新闻,各报都争相利用电报发稿。但由于电报发明不足20年,技术可靠性不够,时有故障发生,线路还常被军队优先占用,加之电报线又常被敌方割断,种种因素导致记者发稿时常中断,放在新闻结尾处的重要内容常被延误。痛定思痛,战地记者一改传统写法,尝试在新闻开头部分就突出事件最新、最重要的事实,抢先发出去。此写法后被广泛采用,导语的雏形就此奠定。

经过20多年的实践,导语写作从最初的幼稚逐步趋向完善。1889年3月30日,美联社记者约翰·唐宁发了一条长消息,其开头被公认为标志性导语:

萨摩亚·阿皮亚3月30日电 南太平洋沿岸有史以来最猛烈、破坏性最大的风暴,于3月16日、17日横扫萨摩亚群岛。结果有6条战舰和10条其他船只要么被掀到港口附近的珊瑚礁上摔得粉身碎骨,要么被掀到阿皮亚小城的海滩上搁了浅。与此同时,美国和德国的143名海军官兵有的葬身珊瑚礁上,有的则在远离家乡万里之处的无名墓地上,为自己找到了永远安息的场所。

这条导语后来被奉为导语的典范。因为其囊括了新闻报道所必须的"何时"(3月16日、17日)、"何地"(萨摩亚群岛)、"何人"(美国和德国的143名海军官兵)、"何事"(遇难)、"何因"(遇上了南太平洋有史以来最猛烈的风暴)、"如何"(船被摔碎或搁浅,官兵死亡)这6个最基本的要素。美联社总编辑梅尔维尔·E.斯通将这一新闻开头的写法首次从理论上给予界定,称其为"新闻导语",树为新闻写作的典范加以倡导。至此,"5W"俱全的第一代导语诞生并定型。之后,英、法、德、意、日、俄等国相继接受"要素论"和"导语论",引起了世界性新闻写作划时代的变革。这一写作模式一直延续到20世纪40年代初。[①]

(二)第二代导语

又称部分新闻要素式导语。即从受众兴趣和新闻价值出发,选取

---

① 参见邱沛篁等:《新闻传播百科全书》,四川人民出版社1998年版。

新闻要素中的一个或两个放进导语,先声夺人。该导语形式产生于20世纪30年代,至40年代取代第一代导语,至今仍广泛采用。

第一代导语虽然新闻要素齐全,但重点不突出,因而又被称为"晒衣绳"式导语。受众接触了这样的导语,虽能大体知道新闻的主要内容,但难以抓住重点,自然也很难产生阅听全文的心理冲动,新闻主体也容易与之重复。随着社会发展和人们的生活节奏加快,特别是20世纪二三十年代起,广播、电视相继崛起,极大地提升了新闻报道的简明性和时效性,第二次世界大战的爆发,更激起受众对信息的空前需求。传统报道模式遭受质疑和冲击,新闻写作方法势必要予以变革和创新。于是,第二代导语的诞生与时兴便成了历史的必然。

(三)第三代导语

即表现形式灵活多变的导语,又称丰富型导语或延缓式导语。与第二代导语相比,其限制更少,讲究新奇、丰富和灵活多变的表现形式,追求最佳表现角度、报道手法和传播效果。这种导语通常的表现手段与中国文章写作中的"冒题法"相似,即导语一般不涉及新闻的主要内容,只是设置一个悬念,激发受众的探究心理,然后一段比一段具体并接近主要事实,新闻的主要事实和高潮直到最后段落才和盘托出。这是20世纪90年代后出现的一种导语现象,目前正处在萌生嬗变过程之中。

21世纪初,又有学者提出第四代导语之说,并冠名为流线型导语,即在导语中"突出事实中富有吸引力的一点,将读者的注意力集中与缩小,以几个轻松的段落组成一个戏剧性的开头"。[①] 例如,2019年3月22日,习近平主席访问欧洲,与意大利众议长菲科会晤,《人民日报》刊发的《习近平:我将无我,不负人民》,其导语就选择了一个场景切入——

"最后,我有一个很好奇的问题,不知能不能问一下?"

22日下午,意大利众议院,习近平主席同众议长菲科举行会见。临近结束时,"70后"的菲科突然抛出了这句话。

全场目光注视着他。

"您当选中国国家主席的时候,是一种什么样的心情?"听

---

① 张惠仁:《现代新闻写作学》,四川人民出版社2001年版。

到众人的笑声,菲科补充道:"因为我本人当选众议长已经很激动了,而中国这么大,您作为世界上如此重要国家的一位领袖,您是怎么想的?"

(《人民日报》,2019-03-24)

本篇消息实质采用了复合式导语形式,由四段文字、一个场景构成,写法颇似特写,通过会晤现场的一个问话设置悬念,自然引出习近平主席的回答,以小见大,细腻再现动人细节的同时,生动展现了大国领袖的人民情怀,立体呈现我国在世界外交舞台的风采魅力。由于写法独特,主题宏阔,这篇消息最终斩获第30届中国新闻奖一等奖。由此可见,所谓第四代导语,其实更强调写作的自由度与吸引力。因此,不论导语如何变化,用最恰切的方式呈现核心的新闻事实,始终是导语写作不变的原则。

三、导语的主要类型

导语写作虽然讲究变化多端,追求先声夺人,但分类不宜繁杂,要主张规范。按照表现手法,我们将导语分为三类:叙述型导语、描述型导语和评述型导语。

(一)叙述型导语

即用简洁、朴实的文字把新闻中最主要、最新鲜的事实直接叙述出来,因其契合了新闻报道的客观性原则,所以叙述型导语在导语写作中使用率最高。故而,"在消息中,直接叙述乃消息写作之本,在导语中,又是导语写作之本",这是新闻界的基本共识。

叙述型导语主要包括直叙式和概括式两种。

1. 直叙式导语

即要求开门见山、直截了当地展现最有新闻价值的新闻事实,无需刻意修饰,讲究明白无讳。直叙式导语适合于节奏日益加快的现代生活和受众的普遍口味,采写上的关键环节是记者对新闻事件中某一最有价值的事实的选择,然后直言其事、直言其实即可。例如下面这条导语:

本报讯 经过50多天艰苦卓绝的战斗,3月18日,湖北首次在全省范围内实现新增确诊病例、疑似病例零报告,除武汉市外的16个市州连续14天无新增确诊病例。3月19日,省新冠肺炎疫情防控指挥部召开的新闻发布会介绍,湖北疫情防控形势持续向好,蔓延扩散势头已得到有效遏制,医疗救治工作取得阶段性成果。

(《湖北日报》,2020-03-19)

导语没有任何铺垫,直接呈现了三个核心事实——湖北首次实现新增病例零报告、疫情防控形势向好、医疗救治取得阶段性成果,言简意赅,主题突出。

2. 概括式导语

即要求对新闻事件用简洁文字大笔勾勒,搞成"压缩饼干",令受众一读(听)新闻导语,便对整篇内容有大致了解。事件较复杂、曲折的新闻报道一般以这种导语形式为宜。请看下面这则导语:

新华社北京2月7日电 在7日举行的北京冬奥会自由式滑雪女子大跳台项目资格赛中,中国选手谷爱凌在第二跳出现失误的情况下,第三跳发挥出色,最终有惊无险地晋级决赛。谷爱凌赛后表示,第二跳的失误是受到了风的影响,8日决赛会做出更高难度的动作。

(新华社,2022-02-07)

本条导语仅用一句话,就高度概括了谷爱凌在北京冬奥会自由式滑雪女子大跳台项目资格赛中"有惊无险晋级决赛"的过程。第二句话则通过间接引语,解释失误的原因,之后的主体部分则全面呈现了比赛的具体细节。

(二)描述型导语

指运用白描手法,集中、简洁地再现事件中最有特色的现场情景,以增强新闻感染力和吸引力的导语形式。例如《新华每日电讯》2021年1月25日刊发的消息《治沙英雄郭万刚:一诺千金,一生坚守》,其导语即采用了这种写法:

新华社兰州电 冬天的八步沙林场一片肃杀,远远望去满目黄色。吹在脸上像刀割一般锋利的寒风,让置身其中的人们总是不由地打起寒颤,而年近古稀的郭万刚对这一切早已习以为常。零下十几摄氏度的天气,郭万刚一早就到离林场几十公里外的管护站查看情况,之后又和林场职工一起压草方格,麻利的动作时常让人忘了他的年纪。

(新华社,2021-01-25)

这条导语从写景切入,具体从视觉("肃杀"与"满目黄色")、触觉("像刀割一般锋利的寒风")和感觉("寒颤")下笔,突出天气的寒冷,而"年近古稀"与"习以为常"则暗示了报道对象的坚守与执着。第二句话以写实的方式,"麻利的动作"初步描绘出主人公的鲜活形象,从而奠定了整篇报道的基调。

需要指出的是,描述型导语重在白描,但又不能一丝一缕、精描不苟,而要注重大笔勾勒,用简洁、洗练之笔,呼出传神之情。同时,描写与叙述要有机结合,描写与主题要紧密联系。例如:

本报南宁5月5日电 "一湾相挽十一国",素以面向东盟著称的广西,正加快开放步伐。踏浪而南,斯里兰卡受邀成为中国—东盟博览会特邀合作伙伴;逶迤北去,中亚的哈萨克斯坦,副总理带着130多人的商务团队也走进东博会。5月11日,一趟中欧班列将从广西钦州港火车东站发出,继波兰之后,首次将"南向通道"延伸至德国。从2017年开始,北接我国广袤内地并联通中亚,南下东盟及南亚等地,一条全新的国际贸易物流大通道——"南向通道"开始商业运行。广西的开放大门越敞越开。

(《人民日报》,2018-05-06)

这条导语一共五句话,大体按照总—分—总的逻辑展开。首句总领全篇,"一湾相挽十一国"以一种"写意"的姿态,与广西"正加快开放步伐"的进行时态相得益彰。第二句的"踏浪而南""逶迤北去"与第三句的"'南向通道'延伸"宛如三个特写镜头,通过时空变换,极具动态地对接了新闻主题"广西正加快开放步伐"。第四句是新闻背景,对"南向通道"进行了更具体的阐释。最后一句话以"广西开放的大门越敞越开",不仅自然地呼应了首句"广西正加快开放步伐",而且生动地描绘出一个动态化的过程,有力地彰显了新闻主题,这就是描述式导语的力量。

(三)评述型导语

指在概述新闻主要事实的基础上,记者直接出面予以评议的导语形式。该形式对于受众影响力较大,具有特别导向及导读(听)功能。政治性、政策性较强和重大历史事件、重大发现、重大成果类的题材,比较适用于这一导语形式。例如:获得第 31 届中国新闻奖一等奖作品《从"暂停"到"重启":武汉解除离汉通道管控》的导语——

新华社武汉 4 月 8 日电 这是注定将载入史册的重要时刻:4 月 8 日零时起,武汉市解除离汉离鄂通道管控措施,有序恢复对外交通,人员凭健康"绿码"安全流动。

(新华社,2020-04-08)

显然,"注定载入史册"是对武汉"解封"的评价,其后的文字是事实陈述,构成了对这一评价的支撑。因此,评述型导语必须是在事实基础上进行的评论,所谓有理有据。

除了记者直接评论之外,评述型导语通常还包括引语式(借他人之口发议论)和提问式(针对事实提出某个尖锐问题)两种。例如下面两条导语:

本报墨玉 12 月 25 日讯 25 日上午,在墨玉县扎瓦镇托格拉亚村,村民穆乃外尔·如则瓦柯熟练地发动五菱小货车,拉着客户订做的馕坑,一溜烟向远处驶去。"我们村共有 565 户村民,现在拿到和正考取驾照的妇女有 95 人。从以前不能抛头露面,到过上现代生活,这些年我们女同胞的面貌发生了难以想象的变化!"村妇联主席阿依古丽·米热布都拉说。

(《新疆日报》,2020-12-26)

新华社天津 3 月 14 日电 移动互联网时代,App 成了人们的必备工具。首次下载使用时,点击"我已阅读并同意用户协议和隐私政策"是常规操作。这些协议动辄上万甚至数万字,长度堪比一篇论文,相关调查显示,近 80%的用户很少或从未阅读。复杂的协议文字中藏有哪些"坑"?"3·15"国际消费者权益日来临之际,记者对此展开了调查。

(新华社,2022-03-14)

上述两条导语,第一条是"引语式",最后一句借用村妇联主席的直接引语,对村民扎堆学开车现象进行评论,由此突出了新闻主题。后一条则是"提问式",记者在陈述完现象后,随即提出问题——"复杂的协议文字中藏有哪些'坑'?"一个"坑"字表明了态度,是对新闻事实的有效评论,问句也自然引出了主体的内容。

综上所述,评述型导语与短评、编者按等类型有着鲜明区别,其评论的空间更有限,强调夹叙夹议,叙议结合,因此,评述型导语贵在精要,使用中应以"点到为止、一语中的"为原则。

四、导语写作的基本要求

导语固然重要,写作时必须格外讲究,但导语写作的要求不必罗列太多,多了便繁杂,既不科学,也不便于指导实践。根据古今中外几代记者的写作实践,这里侧重提出三个要求:实、简、活。这三个要求互为补充、互相制约,浑然一体。

(一)实

这个实包括两层含义:一是指事实,即记者下笔直接"扎"在事实里,不要拖泥带水;二是指记者写新闻、写导语的态度要朴实、扎实,不能浮夸。例如:

上海气温14日再创新高,达28.8℃。根据上海气象部门数据显示,从11日至今,已经连续四天打破徐家汇观测站自1872年建站以来同日最高气温纪录。

(中新社,2022-03-14)

这条导语最大的特点即在于"用事实说话",两句话只表达了一个主题——上海连续四天的气温居历史同期最高水平。第一句话交代基本新闻事实,第二句话提供新闻背景,从而烘托了新闻事实,凸显了新闻主题。

（二）简

这是对第一个要求的补充和制约,虽然要求导语下笔就接触事实,但不允许洋洋洒洒地用上几百个字,而是简洁地以几十个字去概述新闻的主要事实。

主体可以详尽,但导语重在简要。将最重要的事实简洁地用一句话构成,其中尽可能包括一个主语、动词和宾语。西方的新闻教科书均指出:新闻的导语要能紧紧地抓住读者,新闻的第一句话要能抓住读者,新闻的前五个字要能紧紧地抓住读者。导语是美国记者发明的,100多年前,他们允许新闻导语用一两百个英文字母完成,后因受众工作、生活节奏不断加快,美国新闻界在20世纪80年代中期提出,导语写作不允许超过75个英文字母,美联社则要求一流记者写导语必须从原来的27个英文字母压缩到23个英文字母。75个英文字母约为30个汉字,可见其精简的程度。以美国不同时期总统遇刺的事件为例,有关报纸对导语由繁到简的轨迹可以从中窥见一斑。

先看1865年4月15日《纽约先驱报》对林肯总统遇刺新闻的导语:

今晚大约9时半,在福特剧场,当总统正同林肯夫人、哈里斯夫人和罗斯本少校在私人包厢中看戏的时候,有个凶手突然闯进包厢,向总统开了一枪。

再看1963年11月22日《纽约时报》对肯尼迪总统遇刺新闻的导语:

肯尼迪总统今天遭枪击身亡。

两则新闻导语时隔近100年,谁繁谁简显而易见。

（三）活

即导语写作要讲究艺术,要产生活力和吸引力,做到"导语一唱歌,读者就跟着哼哼"。实和简前两个要求固然重要,但若用干巴乏味、空洞抽象的文字去概述新闻主要事实,导语就难以产生导读、导听的作用,只有用生动、具体、形象的简洁文字去概述新闻主要事实,这才是具有完整意义的新闻导语。例如：

> 10米,5米,1米……人们的心提到了嗓子眼。武大靖似乎嗅到了意大利选手飞一般迫近的危险,奋力向前,然而他的双腿仿佛被冰面粘住了。
>
> （新华社,2022-02-06）

本条导语第一句运用静态的数字,却产生了动态的效果,阅者在感受到比赛现场紧张气氛的同时,也迅速被吸引。第二句中"嗅"和"粘"两个动词的运用,显示出记者细致、独家的观察能力,也使阅者产生更具体、更强烈的现场代入感。

第三节 消息的主体与结尾

消息的主体又称"新闻躯干",是消息展开新闻内容、阐述新闻主题的部分,通常是导语之后、结尾之前的部分。消息的结尾则是指消息的结束部分,通常是消息的最后一段。

一、消息主体与结尾的作用

中国传统文论中崇尚文章六字法,即"凤头""猪肚""豹尾",恰好对应消息的导语、主体与结尾。作为消息的重要组成部分,主体的作用即在于对导语进行解释和补充,扩展新闻核心事实,提供更全面的新闻事实和新闻背景,从而凸显新闻主题。从这个意义上说,主体是消息的核心构成,一篇消息可以没有导语和结尾(如"一句话新闻""简讯"等),但必须有主体。

尽管倒金字塔结构中,按照事实重要性递减排列材料,其最后一段通常是最不重要的信息,可以随时删减。但是,这并不意味着消息的结尾可有可无。一方面,消息还存在诸如时间顺序等其他结构形式;另一方面,从新闻结构整体性考虑,一篇新闻应当有头有尾。而且,作为收束全篇的部分,结尾的作用不可小觑。所谓"编筐编篓,全在收口",高质量的新闻结尾好似"压台戏",既能使新闻主题升华,又能收"言尽而意不止"之效。

以下我们通过一篇报道来具体分析主体与结尾的作用。

张文宏缺席"读懂中国" 嘉宾从中"读懂中国"

《羊城晚报》讯 2020年"读懂中国"国际会议(广州)21日进入第二天。本应作为嘉宾到会发言的"抗疫明星"——上海复旦大学附属华山医院感染科主任张文宏当天上午却临时缺席了。随后的新闻报道显示,他在上海。

"读懂中国"国际会议是世界了解中国发展战略最具影响力的平台之一。根据2020年"读懂中国"国际会议(广州)先前的安排,张文宏21日上午参加"研讨会五:互联网与美丽中国健康中国",21日下午参加"研讨会十:疫情下生命与健康教育创新实践"。

"抗疫明星"自然备受关注。但当记者们21日上午到达会场后,发现"研讨会五:互联网与美丽中国健康中国"的发言嘉宾名册中没有张文宏的名字。随后,《羊城晚报》记者从会议主办方处得到确认:张文宏来不了现场。

张文宏究竟在哪儿?很快,另一条被多个新闻客户端弹窗推送的新闻给出了答案。当天上午9时,上海市举行第87场新冠肺炎疫情防控系列新闻发布会,张文宏以上海市新冠肺炎临床救治专家组组长的身份参加了新闻发布会。前天——11月20日0时至24时,上海新增两例本地新冠肺炎确诊病例。

"虽然张文宏主任没有到场让大家感到有一些遗憾,但他有更重要的事情要做,大家都能理解。"参加"读懂中国"国际会议(广州)的嘉宾——上海琨源环境科技有限公司执行董事辛增群得知张文宏缺席后表示,习近平总书记曾就疫情防控工作指出,"要把医疗救治工作摆在第一位",提出"人民至上、生命至上,保护人民生命安全和身体健康可以不惜一切代价"。"张文宏缺席上午的'读懂中国'国际会议,本身就是一幕现实版的'读懂中国'。"

21日下午，第十场研讨会上，主办方播放了张文宏当天抽空录制的一则视频，张文宏通过这种方式"参会"。

　　21日晚上，张文宏就当天上午"缺席"一事接受《羊城晚报》记者采访时说，20日晚上，他在机场候机准备前往广州时，"被市里一个电话叫回去了"。

　　"我们医生已经形成了一个习惯——当救治生命与其他任何事情放在一起时，其他任何事情都得让路。我相信每个医生在这种情况下都没得选择。"张文宏补充说，"我知道'读懂中国'国际会议非常重要，参会嘉宾级别都很高，又是国际间的对话。但当我因为不能到现场而对主办方表达歉意时，他们认为我的选择是对的，这说明在'生命至上'方面，大家形成了共识。"

（金羊网，2020-11-22）

　　这篇报道标题一语双关，导语通过陈述两个冲突性的事实设置悬念——张文宏为什么会缺席会议？主体部分第一、二、三段着力展示新闻的来龙去脉，通过提供新闻背景和相关新闻事实，对导语信息进行补充说明，同时解释张文宏缺席会议的原因是"上海新增两例本地新冠肺炎确诊病例"。至此，消息已完成基本事实的揭示，但新闻主题尚未做更高层次的提升。第四段遂引入一段现场采访，借一位参加广州会议的嘉宾之口，呼应标题，揭示出标题蕴含的新闻主题之深意——"张文宏缺席上午的'读懂中国'国际会议，本身就是一幕现实版的'读懂中国'"。事实上，《羊城晚报》纸质版2020年11月21日刊载此稿时，原文即到此结束。但第二天金羊网刊出时，又加了后三段。其中，倒数第三段是进一步补充新闻内容，倒数第二段加入对张文宏的采访，由他亲口证实缺席会议的原因。结尾是一段直接引语，还原张文宏一个"医生"的立场，尤其是最后一句话，有力地深化了新闻主题——"在'生命至上'方面，大家形成了共识"。从整体看，本篇报道中主体与结尾各司其职，作用显著。由此，该报道也获得2020年度广东新闻奖一等奖。

二、消息主体的写作要求

　　消息主体的布局与安排关涉整篇报道的成功，大体需要遵循三个基本要求。

1. 主体展开必须紧紧围绕新闻主题

在写作主体时,首先需要明确新闻主题,规划新闻主题的呈现方式:是在标题中直接表达,还是在导语中明确提出,抑或是在主体中层层深入、结尾最终揭示?不论什么方式,主体的展开都必须紧扣新闻主题,围绕主题安排材料,设置报道结构。

2. 主体内容要避免与导语重复

导语是新闻的"导读(听)",主体是对导语的补充、说明、解释和延展,原本就不应该重复。但在具体的新闻实践中,尤其是"叙述型导语"中,常常会出现这样的现象:导语呈现了全部或主要事实,主体仅是换一种表述,实际是在重复导语内容。这表明记者在写作时缺乏对内容进行统筹规划。一般可以通过三种方式来规避导语和主体的重复:

第一,转换导语类型,亦即采用其他更为灵活的导语形式;

第二,在导语中有节制地提供部分新闻事实,或者突出部分新闻要素,将其他内容放到主体中;

第三,主体部分通过提供新闻背景、不同新闻来源等方式,对导语进行有效拓展。

3. 主体形式上要运用多段落、短段落和短句子

主体是对新闻内容的展开,但这绝不意味着可以"长篇大论"、眉毛胡子一把抓。事实上,长篇幅的大段叙述,既不符合人们的阅读习惯,容易引起受众的抵触甚至厌烦心理,也不利于新闻主题的展现,经常是主体越长越容易"淹没"新闻主题。因此,消息主体写作提倡使用多段落、短段落、短句子。

结合这三个要求,我们来看下面这篇报道。

全省首个卫健系统气膜移动实验室启动
两天完成 29 万余人次核检

本报讯 昨天下午,杭州市滨江区白马湖国际会展中心里,6 个气膜实验室一字排开,来自全市 6 个区(县、市)以及 10 家市属医院的检验人员正在实验室里紧张地忙碌着。

这是全省首个由卫健系统自行运作的核酸检测气膜移动实验室,每日可承担 10 万管核酸样本检测。截至 3 月 17 日

18:30,实验室已完成检测3万余管,共计检测29万余人次。

　　杭州市卫健委医政医管与药物政策处工作人员介绍,为了优化提升检测速度,实验室首次同时配备了28台样本前处理分杯系统和4台全自动点样系统。

　　据悉,该气膜移动实验室启用后,主要接收来自上城区、余杭区、钱塘区"三区"管控范围内核酸样本。80名检测人员24小时持续运作,从收样到出结果最快只需2—3小时。这些医务人员采取三班倒的工作模式,确保实验室能24小时运作。

　　"目前全市医疗机构、第三方机构核酸检测工作均处于满负荷状态,接下来实验室也会陆续接收社会面核酸样本,缓解医疗机构的检测压力。"杭州市卫健委医政医管与药物政策处工作人员介绍。

　　据悉,3月14日,杭州市卫健委启动气膜实验室建设工作,不到24小时就搭建完成。经过设备验收和性能调试后,实验室于15日晚上6时开始接收样本,16日全面投入运行。

(《钱江晚报》,2022-03-18)

　　这篇报道运用描述式导语,有效地避免了与主体内容相重复。主体第一段即揭示了新闻主题,同时,这一段的叙述也是对标题的具体化,主体的2—5段紧紧围绕这个新闻主题展开。第二段通过采访新闻来源,补充了新信息。第三段聚焦实验室启用后的运作情况和实际效果,进一步延展了新闻事实。第四段运用直接引语介绍了该实验室启用的意义。第五段再次补充说明实验室安装调试启用等新闻背景。整篇消息的主体部分直接揭示新闻主题,并紧扣主题安排材料。同时,描述式导语、新闻来源、新闻引语、新闻背景和多维事实性材料的综合使用,有效地避免了主体与导语、标题之间的重复。行文也大体按照多段落、短段落和短句子设置:主体部分分为五段;每段最长三句话,最短一句话;一句话最长有72个字,最短33个字。

三、消息结尾的写作要求

　　与导语、主体的作用相似,作为消息全篇的结束,结尾的好坏同样是衡量消息质量的重要因素。我们认为,好的结尾应当包含两个基本要求。

1. 紧扣主题,干脆利落

消息结构中的标题、导语、主体与结尾是一个完整的整体,共同为展示、深化新闻主题服务,因此结尾不仅要紧扣主题,而且要言简意赅,不能下笔千言,离题万里。

2. 画龙点睛,韵味无穷

消息结尾对新闻主题的呈现与深化,不能是牵强、应景式的,而应该是一语中的、自然显露式的,即所谓卒章显志。同时,优秀的结尾往往还能展现出某种韵味,虽不能余音绕梁三日不绝,但也能够切实增强传播效果,令阅(听)者回味许久。

当然,那些口号式、训诫说教式、无病呻吟式等画蛇添足、狗尾续貂一类的结尾,就应当弃之不用。请看下面这篇报道。

孕期办证心急如焚　广州市白云区龙归街温情送证上门

南方网讯　近日,有市民通过广州白云12345政务服务便民热线反映,市民居住在龙归街夏良村,由于最近办理居住证人数增多,市民无法通过网上预约取得居住证办理号,希望相关部门能够协助其办理居住证续期业务。

龙归街综合服务中心接到市民热线求助后,第一时间致电市民。经了解,该市民目前已届孕晚期且还在上班,居住证即将到期,市民心急如焚,称必须要在分娩前完成居住证续期业务办理。由于情况特殊,热线承办单位高度重视,经过多方沟通协调,特为该孕妇开启"绿色"办证通道,同时安排综合服务中心工作人员上门收取市民办理续期业务相关资料,业务办理完成后,随即安排专人为市民送达证件。

龙归街不断优化工作流程和方式,自开展"绿色通道"送证上门服务以来,已为行动不便与60岁以上老年人服务两百多人次,足不出户续期,足不出户领证,用"同理心"原则积极为市民群众解忧纾困,受到辖内居民的一致好评。

天下大事,必作于细,构建基层社会治理新格局要为市民群众提供精准化、精细化服务。龙归街认真贯彻落实广州市白云区12345政务服务便民热线工作要求，提高政治站位和服务意识，切实做到"民有所呼、我有所应"，确保市民群众反映的问题得到更全面、质量更高的落实，不断提高市民对白云12345热线的满意度。

(南方网，2022-03-22)

这篇消息通过一个案例，来凸显社区街道尽心尽力为市民服务的新闻主题。原本消息的第三段即可收束全文，但写作者却加了一个类似工作总结式、表态式的结尾，不但无法凸显或深化新闻主题，反而让人感觉报道仿佛是从当地街道工作文件中直接抄下来的，缺失了应有的采访与写作的专业环节，甚至有些敷衍了事。因此，这样的结尾就显得过于牵强了。对此，可行的做法是，不要为了结尾而结尾，尽可能自然收束全文。西方新闻界称这一处理方式为"无结尾结构"，即从表面上看，整篇报道没有安排专门的结尾段落，但实质上新闻的"尾巴"还是存在的，是将其前移到新闻主体的末尾，即新闻事件、事实叙述完毕，新闻报道也就自然结束。

事实上，从来都不存在一种"放之四海皆准"的结尾形式，消息结尾具体采取什么方式取决于具体报道的需要，以下我们列举六种较为常见的结尾形式。

(1) 总结-展望式结尾。结尾概括消息主要内容，同时，或预测前景，或展示未来措施，或深化新闻主题等。例如《上海"一网通办"迈向"一网好办"》就采用这种结尾。

2020年，上海"一网通办"将新增接入500项公共服务事项，100项个人事项实现全市通办。把用户满意度作为改革成效的重要标准，不断优化和再造业务流程，"一网通办"正不断向"一网好办"提升。

(《人民日报》，2020-04-12)

(2) 自然收束式结尾。并非刻意结尾，而是顺应新闻的叙述逻辑，水到渠成，自然引出结尾。这种方式多见于按照时间顺序报道的消息中。例如《云南80万毫升爱心血液驰援湖北》就是按照时序式结构展开的消息，事件结束就是报道的结尾。

3月1日1时50分,送血车抵达怀化北收费站,与武汉血液中心完成无接触式交接。

(《云南日报》2020-03-01)

(3) 背景式结尾。通过提供新闻背景,进一步解释新闻事实,拓展或深化新闻主题的结尾形式。例如,《世界气象日:"早预警、早行动"应对气象灾害》就在结尾加入了两段背景材料。

随着全球气候变化加剧,极端天气事件频发。世界气象组织去年发布的《天气、气候和水极端事件造成的死亡人数和经济损失图集(1970—2019)》显示,在过去50年间,全球报告的1.1万多起灾害与天气、气候和水带来的危害相关。不过,得益于早期预警和灾害管理的改进,灾害导致的年均死亡人数从20世纪70年代的超过5万降至21世纪头10年的不到2万。

(《新华每日电讯》,2022-03-24)

(4) 提醒式结尾。根据新闻主要内容,在结尾处提出具体建议或意见,以引起受众的注意,多见于新闻述评、社会性新闻、服务性新闻。例如《杭州城北出现2米大蛇》的结尾。

春暖花开,蛇的活动日渐频繁。杭州消防提醒大家,遇蛇莫慌张,远远避开就好,不可盲目自行处理,若被咬伤,可拨打119或向专业人员求助。

(《钱江晚报》,2022-03-15)

(5) 引语式结尾。结尾运用直接引语或间接引语的形式,借助新闻当事人或权威、专家等之口,来揭示或拓展新闻主题。例如获得第31届中国新闻奖消息类一等奖的《从"暂停"到"重启":武汉解除离汉通道管控》,其结尾借助"抗疫"一线专家的话升华了主题。

"从疫情开始,我们就一直奋战在第一线,在最困难最黑暗的时刻,也没有退缩。胜利的曙光已经来临,我们还将继续战斗。"湖北省中西医结合医院呼吸内科主任张继先说。

(新华社,2020-04-08)

(6) 反差式结尾。结尾提供带有对比意味的信息,以"制造"某种反差,从而凸显主题,发人深省。例如获得第 28 届中国新闻奖消息类一等奖的《创造港珠澳大桥的"极致"》,就通过反差式结尾来彰显了新闻主题。

> 荷兰隧道工程咨询公司 TEC 是世界沉管隧道领域的佼佼者,曾笑称"中国企业不会走路就想跑"。5 日,该公司发来贺电,向精准完成这一世界级难度安装的工程建设者们致敬。贺电中说,中国建设者的最终接头施工方案,是对世界沉管隧道技术的重大贡献。

(《珠江晚报》,2017-05-11)

第四节 消息的结构

消息的结构,即指消息写作中对材料组合与段落安排的特定设计方式。在中外新闻写作史上,比较常见的消息结构为倒金字塔式、时间顺序式、沙漏式、并列式、"华尔街日报体"五种。本节我们逐一介绍之。

一、倒金字塔式结构

所谓倒金字塔式结构,即指按事实重要性递减的顺序安排材料和段落的一种消息结构形式,也称倒三角结构。

倒金字塔式结构起源于 19 世纪 60 年代美国南北战争期间。战地记者们急着要把稿件发回编辑部,但当时的电讯业尚不发达,电报发稿时间、篇幅有限,又时常中断,因而逼迫记者在电报中先要发送最重要的事实和结果,且要简洁明快,然后一段段发下去,一旦电讯中断,也不会影响发稿,因为已经发出的事实也能基本满足受众需求。

倒金字塔式结构主要有两个特点。

1. 打破叙事常规

这种结构形式不是根据事情发生、发展的时间顺序安排段落,而是依据事实的重要程度来决定段落顺序。

2. 呈"头重脚轻"之势

它要求把最重要、最吸引受众的新闻事实放在消息的开端,然后以此类推。

倒金字塔式结构适用范围很广,一般来说,时政、经济、科技、灾难等硬新闻,均可采用此结构。尤其是当重大突发事件发生时,公众需要第一时间了解最重要的事实,新闻报道就必须第一时间呈现最重要的新闻事实,于是,倒金字塔就成为最适合的报道结构。请看下面这篇报道。

东航客机广西坠毁　132人生死未卜

中国东方航空公司一架载有132人的客机,昨天(3月21日)从云南昆明飞往广东广州途中,在广西梧州市藤县山区坠毁并引发山火。至昨晚截稿时间,伤亡情况和事故原因仍不明。

综合中新社、《环球时报》、《北京青年报》、财新网等中国媒体报道,失事客机在下午1时许从昆明长水机场起飞,原定下午3时许抵达广州,但在2时20分左右于梧州上空失去联系。

中国民航网在下午4时30分左右于微博发文,证实飞机坠毁,机上共132人,其中旅客123人、机组9人。机上没有外籍乘客。

广西藤县琅南镇工作人员确认,坠机地点为广西与广东交界附近的藤县琅南镇莫埌村一处山沟。藤县医院急诊科工作人员说,因地形复杂,救援车无法上山,医护人员只能徒步。事故现场没有通电,入夜后一片漆黑,救援人员只能用应急灯展开救援。

一名参与现场救援的村干部说,飞机已完全解体,现场未看到遇难者遗体,飞机坠毁时引发山火,烧毁现场附近的竹子和木头。

广西梧州北辰矿业公司的一个摄像头拍到飞机坠落情况,视频显示,机头触地前,飞机垂直下坠。一名村民则称,午睡时听到"砰砰"的爆炸声,以为是打雷,窗户也在震动。

失事的航班为 MU5735,由 B-1791 波音 737-800 (NG)执行,属单走道喷射飞机,机龄不到七年。空难发生后,东航已下令所有 737-800 执飞航班的飞机停飞。

航空追踪网站 Flightradar24 信息显示,客机从昆明起飞后,一直在约 8 869 米高度巡航。下午 2 时 19 分,飞机的飞行高度和速度在梧州附近骤变。

客机在五秒钟内以每分钟约 9 449 米的速度骤降,但在约 45 秒后,下降速度放慢,并在 10 秒钟内一度从 2 263 米高度爬升至 2 621 米。但几秒钟后,飞机再次以大约每分钟 9 449 米的速度下坠。彭博社报道说,飞行高度骤降会把机内物品抛上机顶,但飞机快速上升则会把乘客压在座位上。客机在 2 时 21 分与地面失联时的飞行高度为 982 米。

(《联合早报》,2022-03-22)

这篇报道是在东航客机坠毁的第二天刊发的,由于事发突然,很多关键性信息尚不明朗,因此,报道选择倒金字塔式结构:导语交代了东航空难的基本信息,主体部分尽可能汇聚多元新闻来源,整合各方信息,提供"支持性材料"对飞机坠毁前后的情况进行补充与说明,结尾自然收束。

倒金字塔结构自问世以来,在长达百余年时间里,在报纸版面上曾呈"一花独放""独霸天下"之势,即使在今天这样一个互联网时代,新闻的呈现方式越来越多样化,但倒金字塔结构依然被视为专业新闻文体的基本结构。"倒金字塔结构可以帮助读者迅速判断他们是否对这则报道感兴趣。网络新闻不像报纸那样受版面限制,读者如果真的对某个报道感兴趣,可以多读一些篇幅,甚至通过链接阅读其他相关报道。"[1]从受众角度讲,随着其工作、生活的节奏不断加快,每天专门阅读新闻的时间会越来越少,以倒金字塔结构组合的新闻报道,他们往往

---

[1] 〔美〕卡罗尔·里奇:《新闻写作与报道训练教程》,中国人民大学出版社 2004 年版,第 202 页。

看一下新闻的第一、二段,有时间、有兴趣就继续看下去,没时间、没兴趣不看也罢,好在新闻的主要内容已经获知,自由方便,非常适合他们的口味。从编辑角度讲,该结构很便于他们对稿件的删减,若是觉得版面有限,则对若干篇这一结构的稿件从后往前删,既无操作上的难度,又不损害稿件的相对完整性和连贯性。有鉴于此,我们认为熟练使用该结构,依然是当今专业新闻记者的"看家本领"之一。

二、时间顺序结构

所谓时间顺序结构,即按新闻事件从开端到结局的时间先后顺序选择材料、安排段落的一种消息结构形式,通常又称为编年体式结构、金字塔式结构。该结构一般用于线索单一的事件,其遵循的原则是事件自身发生、发展到结束的时间顺序,行文中不允许掺入其他方法。这一结构比"倒金字塔式结构"出现的时间要早,始见于西方新闻写作早期,是效仿故事文学的一种写作模式。时间顺序结构的开头段落对受众的吸引力较弱,常常起不到先声夺人的功效,因此,题材的重大就成了关键因素。另外,精心给这类结构的新闻报道配置有声有色的标题,以引起受众的关注和兴趣,也不失为业务上的重要一环。请看获得第31届中国新闻奖二等奖的消息《复兴号奔向"未来之城"》。

复兴号奔向"未来之城"
京雄城际铁路全线开通,京津冀协同发展再添新动能,71项智能化设计彰显中国智慧

本报雄安12月27日电 12月27日10时38分,时速350公里复兴号高速动车组从北京西站开出,奔向"未来之城"雄安新区。几乎同时,雄安站也向北京开出首发列车。这标志着京雄城际铁路全线开通,京津冀协同发展再添新动能。

"古都北京与'未来之城'连得更紧了!"在开往雄安的首发列车上,京雄城际铁路雄安建设指挥部指挥长杨斌回忆起那一幕,心潮澎湃——2019年1月16日,习近平总书记通过大屏幕连线雄安站建设工地现场,向施工人员挥手致意,称赞他们正在为雄安新区建设这个"千年大计"做着开路先锋的工作。

雄安新区是继深圳经济特区和上海浦东新区之后又一具有全国意义的新区。作为雄安新区第一个开工建设的重大交通基础设施项目,京雄城际铁路全长91公里,设6座车站,为打造"轨道上的京津冀"搭建起高速大通道。

"这是一条超级'聪明'的高速铁路。"中国铁道科学研究院集团有限公司首席研究员赵红卫说,京雄城际铁路应用了物联网、大数据、云计算等前沿科技,智能化设计多达71项,首次实现从设计、施工到运营三维数字化智能管理,树立了世界智能高铁的新标杆。

11时09分,列车抵达大兴机场站。在这里,列车穿过一条长11公里的地下隧道。为最大限度减少震动,建设者们在航站楼下方安装了1 232个减震垫。

"在绿色环保方面,这条铁路的创新有很多。"中国铁路设计集团有限公司副总工程师康学东正介绍着,复兴号列车转眼驶入一段长800多米的全封闭声屏障。他接着说:"这条'隔音隧道'把噪声降到了20分贝以下,当列车高速通过时,附近村民可以免受干扰。"

"雄安站到了!"11时28分,列车抵达终点。尽管已为雄安站拍摄了10万多张照片,摄影师任双欢此时仍难掩兴奋,边抓拍边说:"从高空俯瞰,毗邻白洋淀的雄安站形似荷叶上的一滴露珠,美极了!"据了解,雄安站巨大的椭圆形屋顶,本身就是光伏电站,每年能为这座亚洲最大的高铁站提供30%的绿色能源。

雄安站采用站城一体化设计。未来,旅客在这里可"零距离"换乘,半小时到北京、天津,1小时抵达石家庄。

"20世纪80年代看深圳、90年代看浦东,21世纪看雄安。"清华大学交通研究所所长陆化普说,按照规划,京雄城际铁路将与京港台高铁、津雄城际铁路在雄安交会,必将推动京津冀地区快速成为中国经济社会发展新的增长极。

(《人民铁道报》,2020-12-29)

这篇报道即采用了时间顺序结构,以首发车50分钟的车程作为时间轴,用10时38分、11时09分、11时28分三个明确的时间节点加以区隔,再以沿线车站为空间轴,以时间变化带动空间的转换,其间自然融入新闻背景、事实材料与现场采访,结尾用专家的话收束全篇,凸显新闻主题。

三、沙漏式结构

所谓沙漏式结构,即导语先呈现最重要、最新鲜事实,主体部分先按事实重要性递减的顺序组织几个段落,再按照时间顺序排列材料(或者第二段就直接按照时间顺序排列材料),其实质是倒金字塔式结构与金字塔式结构(时间顺序结构)的混合体。与倒金字塔式结构相比,沙漏式结构的主体并不完全按照重要性递减的顺序排列材料;与金字塔式结构的区别在于,沙漏式结构从第二段或主体后几段才开始按照时间顺序展开,金字塔式结构则从导语即开始按照时间顺序行文。因此,沙漏式结构的好处是打破了单一结构的固定程式,符合人们接收新闻的习惯,既快速交代最具新闻价值的信息,也展示新闻的具体细节和详细过程,从而更全面地满足人们的阅听需求。

中国红创造金色历史

新华社北京2月5日电 21时37分,首都体育馆内爆发出震耳欲聋的欢呼声,一抹中国红划过白色冰面,冬奥会历史上首个短道速滑混合接力冠军诞生。

2月5日,北京冬奥会开幕后的首个比赛日。20时32分,首都体育馆数千名观众,鸦雀无声,静静等待短道速滑混合接力在冬奥会上的首秀。

首先进行的是四分之一决赛,中国队范可新、曲春雨、任子威、武大靖踏上冰面。赛场内,观众们报以期待的眼神。

这个在北京冬奥会上首设的项目,在不久前结束的四站世界杯上,留下了深深的中国印记。两金一银一铜,中国队收获满满,其中第一枚金牌就是在首站北京站世界杯中获得,地点就是首都体育馆。

发令枪响,首棒范可新位列第一。意大利队和韩国队作为同组强队,似乎很难干扰中国队的节奏,曲春雨、任子威、武大靖相继接棒,中国队的领先优势没有丝毫变化。

比赛还剩 7 圈,范可新再次接棒后被意大利队暂时超越,位列第二,仅仅十几秒后,接棒的曲春雨便反超再次领滑。

此时比赛已经没有了悬念,最后两棒的任子威、武大靖没有给身后的对手任何机会,以较大的领先优势率先冲线,进入半决赛。此时,大屏幕上第一次出现混合团体接力的冬奥会纪录。

半决赛,中国队的晋级道路可谓曲折。比赛开始没多久,首棒的曲春雨便被反超位列第二。比赛还剩 14 圈时,替换范可新出场的张雨婷在交接棒时受到阻碍,中国队未能顺利交接。但此后的中国队队员继续努力滑行,最终第三个冲过终点线。

偌大的首都体育馆鸦雀无声,所有人都在盯着大屏幕上的最终结果。"中国队出局?"裁判反复观看中国队交接棒时的慢动作回放录像。

一分钟,两分钟。中国队主教练金善台和技术教练安贤洙抬头望着大屏幕,不时交流着什么。

"俄罗斯队多名队员上跑道,引起阻碍""美国队内场运动员阻挡"——裁判作出最终的判罚,中国队以小组第二的成绩进入决赛。场内观众松了一口气,掌声响彻赛场。

21 时 32 分,决赛开始。中国队与加拿大队、意大利队、匈牙利队争夺这个项目的冠军。

曲春雨、范可新、武大靖、任子威向镜头微笑招手,全场观众大喊加油。

发令枪响!范可新在第四道出发,第一个转弯,加拿大队和匈牙利队的队员摔倒,裁判叫停比赛,重新出发。

发令枪再响!范可新出发位列第三,曲春雨接棒后追至第二,任子威接棒后再追至第一。伴随着每一次超越,全场观众发出喝彩声!

比赛还剩最后 10 圈,范可新将差距拉大,此时加拿大队和匈牙利队的队员摔倒,场上只剩下意大利队和中国队。

任子威起速,中国队遥遥领先,武大靖最后一棒!意大利队奋起直追,最后时刻,两队几乎一起冲线。

武大靖振臂高呼,金善台与队员相拥庆祝,中国队员击掌、拥抱!大家举起五星红旗,绕场一周。

此刻的意大利队队员也在举着国旗,并等待最终的比赛成绩。

中国队:2分37秒348。意大利队:2分37秒364。大屏幕打出最终排名,早已站起来的场内观众,挥舞手中的国旗,再次欢呼呐喊!

在赛后颁发纪念品仪式上,武大靖、任子威、范可新、曲春雨、张雨婷向观众致意,中国体育代表团在本届冬奥会上的首金,就此诞生。

(新华社,2022-02-05)

这篇报道的导语开门见山,直接呈现新闻主题:2月5日21时37分,冬奥会历史上首个短道速滑混合接力冠军诞生。第二段即转入对比赛过程的叙述,主体部分从首都体育馆数千名观众等待中国队首秀切入,之后详细展现了从四分之一决赛、半决赛、决赛到颁奖仪式的全过程。虽然只出现了"20时32分"和"21时32分"两个时间点,但是,"首先""发令枪响""比赛还剩7圈""比赛开始没多久""比赛还剩14圈时""发令枪响""决赛开始""发令枪再响""比赛还剩最后10圈""最后时刻""在赛后颁发纪念品仪式上"等表述的运用,实质就是基于比赛全过程、完全按照时间顺序来组织材料,这就是典型的"沙漏式结构"。

四、并列式结构

所谓并列式结构,即指安排两个或两个以上相互独立又有内在联系的材料和段落为同一个主题服务的一种消息结构形式。并列式结构在导语部分对事件或事实作出概述后,主体部分的各段落呈并列关系,并无主次和逻辑顺序之分,通常又称为并蒂结构。实践证明,并列式结构一般适用于经验性、公报式等新闻题材,写作上也比较容易操作。

上海产业部门布局新赛道培育新动能
在数字经济、绿色低碳、元宇宙领域发力,
同时有针对性地支持和培育智能终端

本报讯 记者从上海市经信委获悉,为加快培育壮大发展新动能,上海产业部门已在制定新赛道布局方案,尤其要在数字经济、绿色低碳、元宇宙领域发力，同时有针对性地对智能终端进行支持和培育。

在数字经济赛道，刚刚过去的 2021 年，上海已建成 2 家国家级标杆性智能工厂、5 家市级标杆性智能工厂、40 家市级智能工厂，长阳秀带、张江在线等在线新经济生态园"出圈"，上海数据交易所正式揭牌，全国首个智能网联汽车数据跨境流动操作指引和正面清单发布。根据《推进上海经济数字化转型赋能高质量发展行动方案（2021—2023 年）》，上海已明确到 2023 年，实现集中突破 100 多项关键技术，培育 100 多个智能硬件产品，引育 100 多家新生代互联网企业和数字经济龙头企业，打造 50 多家市值超百亿元的流量型企业。

在绿色低碳方面，上海正在创造诸多第一。比如，国内首台套冷能发电项目——上海 LNG（液化天然气）冷能发电，已在洋山深水港区开建，预计今年年中投产，每年可减少能耗约 7 000 吨标煤、减少碳排放约 1.87 万吨。中国宝武则有望在世界冶金史上留下印记，其历经数年开发的富氢碳循环高炉技术，在延续高炉辉煌的同时，又可同时大幅减碳，将助力宝武实现 2050 年碳中和目标，这比国家碳中和整体时间目标提前了 10 年。目前，宝武富氢碳循环高炉已完成了一、二期中试试验，今年有望开展第三期试验。

在元宇宙新赛道，上海集聚了全国约 50% 的 5G 人才、40% 的芯片人才及 30% 的 AI 人才，元宇宙相关产业生态繁荣，产业链布局完善，一批企业正加快产业"元宇宙化"布局。如商飞正搭建商飞"工业元宇宙"，推动大飞机产业链上下游破除数字孤岛；米哈游正构建覆盖全球 10 亿人共同生活的数字虚拟社区；盛趣游戏所开发的用于治疗儿童注意力缺陷多动障碍的游戏数字药物，已获得美国 FDA 认证。据悉，上海的路线，是以产业和技术"虚实融合"方式，促进形成"由软带硬"产业格局，通过"由平台到生态"的推进方式，逐渐形成具有国际竞争力的元宇宙产业生态集群。

除了新赛道，培育壮大发展新动能的另一大抓手在于智能终端。上海的智能网联汽车、智能服务机器人等具有高集成性、强牵引力的"大终端""新终端"被寄予厚望,且已有喜人进展。去年4月,上汽牵头举办全球首个汽车SOA开发者大会——上汽零束SOA平台开发者大会。目前,零束SOA平台开发者已突破4 000人,上汽与腾讯、OPPO、中兴通讯、地平线等生态伙伴的合作也在积极推进中。在闵行马桥人工智能创新试验区,占地243亩的智能机器人"达闼新镇"已拔地而起,围绕机器人的最关键部件——智能柔性关节,达闼可谓以一己之力,吸引珠三角、长三角十余家上下游伙伴投奔而来。据悉,达闼机器人在安防、物流领域已有广泛应用,疫情中的武昌方舱医院内,装载着柔性关节的达闼智能服务机器人在远程看护、测量体温、消毒清洁等方面发挥主力。达闼智能机器人产业基地建成并最终达产后,牵引集聚的产业生态伙伴有望超过百家,年生产机器人关节预计可达1 000万台套,这将是目前全世界各种工业机器人关节产量总和的2倍以上。

(《解放日报》,2022-01-11)

这则消息首先运用概括式导语,呈现的新闻主题是:上海产业部门正在制定新赛道布局,主要涉及四个领域:数字经济、绿色低碳、元宇宙领域、智能终端。主体部分则是对四个领域的具体介绍和展示,彼此之间构成了并列关系。

五、华尔街日报体

所谓华尔街日报体,是指以一个与新闻主题相关的故事开篇,然后过渡到核心段,引出新闻主题,再综合大量背景材料,对主题展开全面、详细的报道,结尾须再回到开头的故事,如此形成一个完整的闭环。由于该体例是由美国《华尔街日报》记者最早使用,故而被称为"华尔街日报体",又叫"华尔街报章体"。

该结构优点是由点到面,结构安排步步为营、引人入胜,具体并且能实现一定的深度。其缺点也显而易见,亦即报道冗长,逻辑把握难度大;开篇的小故事往往很难寻觅,结尾也很难完全再次呼应开篇的小故事。因此,我国新闻界在使用这个结构时,常常会进行些许改造，譬如，有的开头会加注编者按，或者由一个总括句引领，再嵌入小故事，甚至有的小故事完全与新闻主题没有关联，只是为了强化报道的基调，有的结尾则干脆不再回到开篇的小故事等，我们可以称之为"类华尔街日报体"。① 请看下面这则获得第 31 届中国新闻奖三等奖的消息。

32 岁的"高工"笑了！
甘肃 214 人通过"绿色通道"晋升高级职称

新甘肃客户端讯 对于酒钢集团职工梁克韬来说，这是十分厚重的肯定——近日，年仅 32 岁的他顺利通过甘肃省人社厅组织的专家评审，成为集团最年轻的正高级工程师。

梁克韬职称评审的"绿色通道"，是甘肃省于 2018 年在全国率先启动的一项人才工程——甘肃省特殊人才职称特殊评价体系。截至目前，全省已有 214 人通过这一政策获得高级职称。

梁克韬毕业于东北大学，2011 年进入酒钢集团牙买加阿尔帕特氧化铝公司。参加工作 9 年来，他和团队不断致力于生产技术的创新，累计创造产值 5 000 余万元，实现利税 700 余万元，曾获省级专利奖二等奖。"我们集团 3 万多名员工中，正高级工程师只有五十多人，能够晋升正高级职称，我感到非常荣幸，今后我一定会继续加强学习，为企业多作贡献。"

为全面释放人才活力，甘肃以开放的"胸襟"和敢为人先的魄力，在职称评审上打破常规，面向省内作出重大贡献的人才、从国内外引进的高层次人才、急需紧缺人才、少数民族地区引进的人才、新兴产业人才以及"身怀绝技"的特殊人才等，在政策上实行"全破"，不受学历、资历、台阶、论文、身份等方面的限制，且不占单位高级职称岗位限额，支持优秀人才将"论文"写在陇原大地上，把成果用在社会经济发展中。

"英雄不问出处"。这一政策发挥了人才评价"指挥棒"的

---

① 刘勇：《中国报纸新闻文体嬗变（1978—2008）》，中国人民大学出版社 2016 年版，第 54 页。

作用,树立了西部欠发达地区鲜明的人才评价导向。今年以来,全省已引进8 555名高层次人才和急需紧缺人才。

得益于这一政策,甘肃涌现出省内职称史上多个第一:酒钢公司一线技术工人杜均成为第一个"工人教授",秦安县农民靳志强成为第一个"农民教授",酒泉大禹节水集团股份有限公司王浩宇成为我省第一个30岁以下的正高级工程师……

全省特殊人才评价组的专家之一、甘肃省机械科学研究院正高级工程师韩少平说:"按照一般性评审程序,高级职称的评选指标不多、时间较长、流程复杂,特殊人才的评价方式打破常规,对一线优秀人才给予激励和肯定,用成就感激发他们的使命感和责任感,这对于经济欠发达省份而言,真是一个好机制。"

(新甘肃客户端,2020-12-02)

这篇报道导语首先介绍梁克韬的个人故事,主体部分的前两段实质是导语与核心内容之间的支持性段落:第一段首先提供新闻背景,介绍甘肃启动人才职称特殊评价体系的具体时间,接着进一步提供该政策的最新事实。第二段前两句话提供的是梁克韬的个人背景,第三句话则借助其直接引语,完成向核心段落的过渡。第三段是核心段,展示甘肃人才职称评审如何打破常规。第四、五两段是展开性段落,通过提供事实性材料显示甘肃职称评审的成效。与典型的"华尔街日报体"不同,本篇消息的结尾没有回到导语中出现的"梁克韬"的故事,而是借助专家的直接引语,阐释甘肃实行职称评审政策的原因。

以上五种结构是新闻学术界对新闻职业化写作的总结与提炼,为我们把握消息文体特征、学习消息写作提供了基本"范型"。但是,文无定法。具体消息写作中的结构常常会因写作者、新闻事件等千变万化,尤其在互联网时代,一篇消息往往会超越单一结构,出现多种结构形态融合的趋势。

第十章

通　讯

所谓通讯，是以叙述与描写相结合为主要表现手法，较详尽报道事件的新闻体裁。同消息一样，通讯也是最基本的新闻体裁。因此，能够专业地采写新闻通讯，同样被视为职业记者的看家本领之一。本章将聚焦通讯的特征以及不同类型通讯的写作方法。

第一节　通讯概述

作为一种新闻文体，通讯具有区别于其他新闻文体的显著特征，本节着重分析通讯的特点、组成与结构。

一、通讯的特点

1. 新闻性

作为通讯最基本的属性，新闻性主要表现在三个方面。其一是真实，真实是新闻报道的生命，作为新闻基本体裁，通讯呈现的内容理应是真实的。其二是时效性，即通讯的刊发与新闻事实发生的时间差要力求最短。其三是新闻价值，通讯选题需要考量的一个重要因素就是能否引起公众的共同兴趣，这就是新闻价值。

2. 形象性

通讯不仅可以综合调用叙述、描写、议论、抒情等多种表现形式，而且还可以运用文学化语言表达和各种修辞手法，基于此，通讯也被称为"形象化新闻"。

3. 周详性

与消息相比，通讯需要更全面、更具体地展现新闻事件的全过程，展示新闻人物的成长历程,交代故事的来龙去脉。因此,通讯是对新闻事件、人物等更详实的报道。

二、通讯的构成

与一般文章相同,通讯由标题、开头、主体与结尾组成。

1. 标题

从形式上说,通讯的标题与消息相似,可以分为单行题和复合式标题,复合式标题又可细分为双行题和三行题。从内容上看,通讯标题可以是虚题,也可以是实题,还可以是虚实结合。很多时候,即使是单行题,也可以用虚题。这是通讯标题与消息标题的最大区别。例如:

一颗石榴籽　扎根红土地

(《新疆日报》,2019-12-23)

(主题)爬行的人也能顶天立地
(副题)记"全国脱贫攻坚奋进奖"获得者、贵州印江牛倌王昭权

(《贵州日报》,2020-10-19)

(主题)那朵叫"晓卉"的花,在春天永生
(副题)追记倒在抗疫一线的山东省立医院临床医学检验部原副主任白晓卉

(《新华每日电讯》,2022-03-23)

2. 开头

通讯的开头是指通讯的第一段,或者开篇的段落群。与消息导语相比,通讯开头的写作更自由,篇幅更长,形式也更加多种多样。以下,我们列举七种常见的开头方式。

(1)直叙式开头。即开门见山,直述其事。例如,获得第30届中国新闻奖一等奖的通讯作品《二百八十一个签名挽留第一书记》,其开头仅用三句话就叙述了新闻事件的缘起与发生过程。

5月28日中午,8份摁着红手印的请愿书,被送到了子长县扶贫局副局长侯建军的办公桌上。当天,瓦窑堡街道张家

庄村的村民听说陕西建工集团被调整到陕南扶贫,该集团派驻村上的第一书记马永涛也要走,乡亲们舍不得,立即写下了请愿书。当时,在村里的281名村民都毫不犹豫地签了名、摁了红手印。

(《陕西日报》,2019-06-03)

(2)概括式开头。即用最简短的话语交代新闻事件的发生、发展与结果。这是通讯写作中最为常见的形式。例如,《找回项目"走失"的7亩地》一文的开篇:

需要145亩地,拿到138亩,项目建设的"关键拼图"——7亩地,因与2015年版规划中的道路用地相冲突而"走失",职能部门经过用途调整、控规修编、土地出让等程序后,助其"回到"乐城馨苑康养中心项目。

(《海南日报》,2019-11-30)

(3)描述式开头。即运用白描手法,展示新闻场景或人物状态。例如《2分42秒的坚守》一文就通过对吉他琴弦与列车声响的描摹,以及对主人公与工友互动的描绘,动静对比之间,迅速将读者代入新闻情境。

"献丑啦!"一串吉他的扫弦,倏地打破了黄土地入夜后的宁静。晚饭后工友一起哄,梁鹏辉扭捏一番,便冲大伙儿炫起他拿手的《蓝莲花》。窑洞外,列车时而呼啸而过的声响,仿佛伴奏。

(《人民日报》,2017-01-16)

(4)评述式开头。即夹叙夹议,叙议结合,对新闻事件的性质与意义、新闻人物的事迹与贡献等进行言简意赅的评论。例如,《仁医路生梅:一诺五十载　护佑"石头城"》一文的开头就是先叙述主人公工作地点的转换和年龄的变化,之后"用50年韶华践行了医者仁心的人生承诺"则是对其职业生涯的评论。

从首都北京到陕北县城,从青春芳华到鬓染霜花,女医生路生梅用50年韶华践行了医者仁心的人生承诺。

(《中国青年报》,2021-03-01)

(5) 对比式开头。即运用对比手法,引出新闻事件,突出新闻主题。例如,《湖心岛咋就被"全垦"成这样?》一文的开头就采用了对比手法:前两段通过对同一地点、间隔两个月的不同照片的对比,引出第三段的追问,进而展开记者的报道。

8月18日,漳河水库一座湖心岛植被茂密,绿林覆盖。
10月18日,湖心岛东侧黄土裸露,地表绝大部分植被已消失。
两张照片,反差强烈。照片是读者随信附寄的。短短2个月,位于湖北漳河水库上游的这座湖心岛为何大变样?记者赴湖北荆门市、当阳市进行了调查采访。

(《人民日报》,2019-12-09)

(6) 悬念式开头。即开头不明确呈现主要内容或阐明报道主题,而是运用隐忍、反差、迂回等方式,以激活阅者"紧张与期待的心情"。例如《奥斯维辛没有什么新闻》一文,其开头由三段组成,共设计了三个悬念。第一段用"最可怕"和"居然"来连接由阳光、白杨、草地、儿童建构的美好且惯常的场景,从而设置了第一个悬念。第二段开头第一句话用"一场噩梦"与"可怕地颠倒了"再次强化了悬念,之后两句话则运用对比,突出"人间地狱",由此插入了第二个悬念。第三段以第一句话"世间最可怕的旅游中心",以及其后描述的不同人的到访目的,构成了第三个悬念。三个悬念逐层叠加,交光互影,共同开启了这一"美国新闻写作中不朽的名篇"。

从某种意义上说,在布热金卡,最可怕的事情是这里居然阳光明媚温暖,一行行白杨树婆娑起舞,在大门附近的草地上,还有儿童在追逐游戏。
这真像一场噩梦,一切都可怕地颠倒了。在布热金卡,本来不该有阳光照耀,不该有光亮,不该有碧绿的草地,不该有孩子们的嬉笑。布热金卡应当是个永远没有阳光、百花永远凋谢的地方,因为这里曾经是人间地狱。

每天都有人从世界各地来到布热金卡——这里也许是世间最可怕的旅游中心。来人的目的各不相同——有人为了亲眼看看事情是不是像说的那样可怕,有人为了不使自己忘记过去,也有人想通过访问死难者受折磨的场所,来向他们致敬。

(《纽约时报》,1958-08-31)

(7) 故事式开头。即开头用一个小故事引出报道主题。例如《36小时,一切为了11名矿工兄弟!——山东能源肥矿集团梁宝寺能源公司"11·19"火灾事故救援纪实》的开头就采用了段落群的形式,首先以一个直接引语,牵引出一位从睡梦中惊醒的被困矿工妻子及家人焦急等待丈夫的故事场景,从而奠定了报道紧张的基调。

"每次升井,他都会给我打个电话。"

11月20日6时许,邹城市中心店镇双桥村,胡平平从睡梦中醒来,等来的不是丈夫闫西阁报平安的电话,却是一条让她心惊的消息——梁宝寺煤矿发生火灾事故。

闫西阁就在梁宝寺煤矿。她马上拨打丈夫的手机,没人接。再打,不停地打,依旧没人接。泪"哗"地就涌了出来。"家里有一儿一女,小女儿才3岁,西阁是家里的顶梁柱。这个顶梁柱要是'倒'了,天就塌啦……"一家人赶紧动身,奔向几十公里外的嘉祥。

同一时刻,梁宝寺煤矿地下970米深的作业面上,闫西阁和其他10名被困矿工,也在想念着家人。已被困9个多小时的闫西阁实在太疲惫了,打了一个盹儿,恍惚间做了一个梦:儿子在哭,在喊爸爸。他多么想给媳妇打个电话,报个平安。

闫西阁和媳妇不知道的是,就在此时,一场牵动无数人心弦的生命大救援正紧张有序展开:救援力量争分夺秒向嘉祥这座鲁西南小城开进,大量救援物资源源不断向梁宝寺煤矿集结。

(《大众日报》,2019-11-30)

3. 主体

主体不仅是对通讯主要内容的展开,也是对通讯主题的呈现与升华部分,其质量高低是决定整篇通讯成功与否的关键。一般来说,一篇优秀的通讯,主体要与开头、结尾构成有机整体,其写作需要达到如下标准:主题设定集中鲜明,材料组织详略得当,结构设置疏密有致,逻辑清晰,表达流畅。以下,我们以《人间正道是沧桑——献给中华人民共和国 70 周年华诞》[①]为例,来进一步阐释优秀通讯主体的写法。

这是一篇获得第 30 届中国新闻奖特别奖的通讯。全文共 11 287 字,开头由七段文字构成。开篇以"历史是最好的教科书"与"1949—2019"两句起笔,凸显报道的时间叙事脉络。之后连续三段排比铺陈,每段设置一个问题——"中国共产党为什么能?马克思主义为什么行?中国特色社会主义为什么好?"三个问题引出一段习近平总书记的直接引语,开头的最后一段则再次以一个追问句式突出新闻主题,引出下文。

主体由五个对称的小标题区隔为五个部分,依次为:"青春之中国——70 年,古老中国焕发蓬勃生机,拥有 5 000 多年文明史的中华民族抵达新的高度""奋斗之中国——70 年,人民共和国阔步走在中国共产党领导人民开创的'人间正道'上,前所未有地接近实现中华民族伟大复兴的目标""人民之中国——70 年,始终坚持以人民为中心,一切为了人民、一切依靠人民,全体中国人民在实现民族复兴伟大征程中共享幸福和荣光""世界之中国——70 年,见证中国全球坐标的深刻位移,中国需要世界,世界更需要中国""未来之中国——70 年,新的起点上开启复兴新航程,必将在新时代创造出让世界刮目相看的新的更大奇迹"。五个小标题均提炼了新中国成立 70 年来的一个独特"面向",再辅之以精准的特征概括与阐释,不仅有效地统摄了每个部分的具体内容,而且奠定了本篇通讯的基调。整体观之,主体部分写作呈现出三个特点。

第一,聚焦主题,脉络清晰。

作为新华社纪念中华人民共和国成立 70 周年华诞系列报道的扛鼎之作,本篇通讯主题鲜明,即在历时展示中华人民共和国 70 年探索历程和发展成就中,阐释"中国共产党为什么能?马克思主义为什么行?中国特色社会主义为什么好?"基于此,主体部分聚焦该主题,依循

---

① 新华社,2019 年 9 月 29 日。

时间脉络,融通历史、现在与未来,将新中国成立70年的辉煌进程置于自鸦片战争以来近180年的历史大视野中加以审视,撷取相关新闻背景、历史事件与新闻事实进行对比,全景展示中国共产党诞生之日开启的中国革命与建设的道路探索,同时,将中国共产党的领导与中华人民共和国的历史进行紧密勾连,彰显了中华人民共和国70年的发展成就与历史必然。

第二,起承转合,过渡自然。

主体的五个部分既在各自的框架中自成一体,同时又浑然一体,共同建构了整篇通讯。各部分之间的连接依靠了一种更具逻辑性的过渡方式。第一部分"青春之中国"的最后一段,先用一句"70年春华秋实"总结前文,接着又运用一段直接引语——"正如习近平总书记所说:'无论是在中华民族历史上,还是在世界历史上,这都是一部感天动地的奋斗史诗'",从而引出第二部分"奋斗之中国"。本部分的结尾运用了对仗的修辞——"百年大党,风华正茂。泱泱大国,气象万千"。短短两句话不仅展现了中国共产党与中华人民共和国的勃勃生机,也指向了二者之间的内在连接——"人民",从而引出并对接了第三部分"人民之中国"的深刻内涵。该部分最后一段中明确提出:"中国共产党和中国人民有雄心、有信心朝着民族复兴伟业奋勇前进。""民族复兴"的着眼点是"世界",其实质是将叙述视角转向中国与世界的关系,从而自然地过渡到第四部分"世界之中国"。这一部分与第五部分"未来之中国"的过渡,则依然采用了一段直接引语——"今天,习近平总书记如此宣示:'未来之中国,必将以更加开放的姿态拥抱世界、以更有活力的文明成就贡献世界'"。

第三,点面结合,行文流畅。

通讯主体以1949—2019年为时间纵轴,在不同横切面上选取重大历史节点上的标志性人物与事件展开叙事:从梁启超激情写下《少年中国说》到其子梁思成站上天安门城楼见证开国大典;从李大钊奋力疾呼"吾族今后之能否立足于世界,不在白首中国之苟延残喘,而在青春中国之投胎复活",到毛泽东在天安门城楼宣告新中国的诞生;从毛泽东1956年发表影响深远的《论十大关系》,到下放江西的邓小平在"小平小道"上思考谋划改革开放的基本设想,再到习近平2005年提出"绿水青山就是金山银山"的著名论断;从开国大典前宋庆龄在参加中国人民政治协商会议第一届全体会议时说:"我们达到今天的历史地位,是由于中国共产党的领导",到2018年3月,十三届全国人大一次会议将

"中国共产党领导是中国特色社会主义最本质的特征"写入国家根本法;从1949年清华大学航空系第一批学生程不时带着自制的"纸飞机"参加开国大典游行时的潸然泪下,到2017年程不时见到中国自主研制的大飞机C919落地时的再一次落泪;从1981年同样在大阪中国女排首夺世界冠军,到2019年中国女排在日本大阪获得第十个世界冠军……凡此种种,不一而足。主体中一共穿插了43个有名有姓的人物,由点到面,点面结合,通过历史与现实之间的细节对比,借助叙述、抒情、议论多种表达方式,结合排比、比喻、对比、反复等多种修辞手法,运用短句子、短段落、多段落呈现形式,凸显并升华了报道的主题。

4. 结尾

作为通讯的有机组成部分,结尾具有收束全文、深化主题、拓展信息等作用。结尾写作的好坏同样能够影响整篇通讯的质量。通讯结尾的写作需要围绕主题,画龙点睛,表达清晰,文简意丰。以下,我们列举四种常见的结尾方式。

(1) 总结-展望式结尾。即结尾在概括通讯主要内容的同时,对未来的前景进行展望,宣示一种希望,从而进一步升华深化通讯的主题。例如,《滴水穿石三十年——福建宁德脱贫纪事》一文的结尾由两句话构成,第一句是总结福建宁德的脱贫效果,第二句则是对全中国脱贫攻坚战略的展望。

三十年奋力摆脱贫困,闽东已经别开生面。而十三亿多中国人民,五千年文明史的中国,终将在2020年彻底与绝对贫困挥别。

(《光明日报》,2019-06-23)

(2) 抒情式结尾。即结尾运用直接或间接的方式,抒发情感,表明态度。这种方式往往能够达到升华主题、增强报道气势的效果。例如,《人间正道是沧桑——献给中华人民共和国70周年华诞》的结尾就抒发了浓厚的情感——

听吧,新长征的号角已经吹响。此时此刻,我们的耳畔仿佛又响起国歌激昂的旋律——

我们万众一心,冒着敌人的炮火……前进!前进!前进！进！
前进，英雄的中国人民！
万岁，伟大的中华人民共和国！

(新华社，2019-09-29)

(3) 呼应开头式结尾。即结尾从内容、形式等维度照应开头，或是对开头的回答，或是对开头的强调。例如《奥斯维辛没有什么新闻》一文结尾的第一句话点明题旨，第二句话则是在对开头的重复与呼应中进一步深化了主题——

在奥斯维辛，没有新东西可供报道。这里天气晴朗，绿树成荫，门前还有儿童在打闹、嬉戏。

(《纽约时报》，1958-08-31)

(4) 引语式结尾。即引述他人话语、官方文件等内容作为结尾。例如《73岁诸暨蔡大伯第一个跳江救人 后来又齐刷刷跳下4个热心人》一文就是用公益项目"天天正能量"的"颁奖词"全文来收束全篇——

天天正能量给他们的颁奖词里写道：
大桥上纵身一跃，男子决定放弃生命。
萍水相逢的老人却为了迷途的他，选择奋不顾身！
明明已年过古稀，
那个一步步迈向深水区的背影里，
没有一丝犹豫，没有一丝畏惧，
有的，是挺身而出的坚定，
有的，是好人变老后的热血勇敢依然！
我们从不提倡舍己救人，
但当年迈的他为生命不惜以身犯险，
这份无私的善良，让我们心疼又心生崇敬！
向老人致以深深的敬意，也向四位接力救人者致敬。
生死之间，挺身而出，你们都是响当当的英雄！

(《钱江晚报》，2022-03-03)

三、通讯的结构

通讯的结构是指通讯写作中材料安排与谋篇布局的方式。一篇通讯选择什么样的结构方式,主要取决于写作者对信息材料的把握、新闻价值的判断以及新闻主题的确立等。与消息相比,通讯写法更加多元,其结构方式也更加灵活。在此,我们选择最为基础的三种结构加以阐释。

(一)纵式结构

纵式结构,即按照新闻事实发生、发展的时间顺序或者逻辑递进顺序安排材料,谋篇布局。这种结构的优点在于报道逻辑清晰,叙事线索单一,行文一目了然,便于阅者迅速把握新闻事实的来龙去脉、理解新闻主题的基本内涵。

依循时间顺序设置结构是最为常见的方法。例如,荣获第30届中国新闻奖二等奖的作品《36小时,一切为了11名矿工兄弟!——山东能源肥矿集团梁宝寺能源公司"11·19"火灾事故救援纪实》(《大众日报》,2019年11月30日)就采用了这种方式。

该报道以山东"11·19"火灾事故救援全过程为时间主线,以一个明确的时间点——"11月20日6时许"开篇,在描述一位矿工妻子的梦的同时,运用"同一时刻"和"就在此时"两个时间状语,将矿工妻子与被困矿工、事故与救援紧密连接,从而引出新闻主题"36小时,一切为了11名矿工兄弟"。主体由三个部分组成,三个小标题分别为:"紧急命令,火速驰援""救人!争分夺秒救人!!尽最大努力救人!!!""不能等,咱们一起走"。各个部分均以救援过程为主轴,运用如下时间点进行串接——"20日早""时针指向6时50分""这一刻""20日凌晨""时间回到19日20时46分""21时17分""20日6时30分许""这天上午""21日早""已过8时50分""8时56分""时间回到两小时前""被困30多个小时了""9时12分",由此不仅清晰地勾勒出报道脉络,而且有效地推动了报道进程。此外,在时间叙事方面,本篇通讯还具有两个明显的特色。

其一,顺叙与插叙相结合,灵活过渡,实现时间维度的勾连与统一。主体第一部分借助插叙方式,从报道救援人员与物资集结转向对事故发生之时基本情况的叙述,这部分叙事依然是按照时间顺序推进。结束这段插叙后,记者仅用一句话——"灾情就是命令,时间就是生命"——即完成了从"事故"到"救援"的过渡,也实现了两个时间点的连接。

其二,报道将"调度中心钟表"作为意象的时间轴,巧妙勾连主体的三个部分,实质是对新闻叙述时间的表征。文中有三处提及了"调度中心钟表"。

> 20日早,梁宝寺煤矿生产调度楼三楼生产调度中心,大屏幕上显示着矿区各重点区域的实况,左上角的绿色电子表上,时针指向6时50分。
> 20日,生产调度中心,大屏幕的电子表分秒不停。
> 21日早,生产调度中心,人头攒动,大家心都揪着。电子大屏幕上的时钟,已过8时50分。

以上三段分别出现在通讯主体三个部分的开头。第一处中的"6时50分"指向救援运冰车辆赶到事故现场的时间,暗示实际救援的开始,也标示了记者到达现场的时间。第二处的"分秒不停"显示出救援任务紧急,呼应了本部分的小标题——"救人!争分夺秒救人!!尽最大努力救人!!!"第三处的"已过8时50分"与后文"指挥部正准备召开第四次会议""救援人员仍未接近被困人员""会场气氛凝重"等表述相呼应,进一步凸显了救援的难度与紧迫性。事实上,这个时间点已接近最终救援成功的"8时56分",用在第三部分开头,意在显示一种紧张的氛围,有效地增强了报道的故事性。

纵式结构中,还有一种常见的方法是根据新闻事实的某种逻辑递进顺序来架构全篇。例如,获得第31届中国新闻奖三等奖的作品《"迟到"的公示终还高中生清白 合肥一男生制止醉汉骚扰女乘客反成犯罪嫌疑人,多部门联合认定他见义勇为》[①]就采用了这种结构方式。该通讯开篇运用"时间最近点"原则,经由主人公母亲的一句直接引语,引出一则迟到的"公示"及其背后的故事。主体被三个小标题切分为三个部分:"【公示】事发两年,高中生成见义勇为拟表彰对象""【刑案】醉酒男子重伤,高中生被列为犯罪嫌疑人""【撤案】多部门认定高中生属见义勇为,不负刑责"。三个部分之间呈现出的正是一种逻辑递进关系。

---

① 《新安晚报》,2020年11月3日。

（二）横式结构

横式结构，即基于同一主题，选择不同空间、不同侧面、不同问题、不同层次等维度展开写作，彼此之间为横向、平行的并列关系，其实质是一种块状结构，强调通过对新闻事实（事件）不同横切面的呈现来展示、凸显新闻主题。这种结构需要记者充分采访，尽可能多地掌握材料，同时能够充分发掘新闻事实、新闻背景与相关材料之间的内在关联，寻找剖析、诠释新闻主题的最佳路径。具体新闻实践中，横式结构一般包括空间组合和侧面组合两种方式。

空间组合，即通过空间变换的方式，将不同空间的人或事进行组合，从而呈现新闻主题。例如，获得第29届中国新闻奖三等奖的通讯《"三界碑"看新变——京津冀协同发展的一个乡村视角》[1]就使用了这种组合方式。该篇通讯主题重大，视角独特，以京津冀交界处的"三界碑"为焦点，借助记者采访过程中的"移步换景"完成空间的变换，客观记录了"三界碑"下三地（北京、天津、河北）四个村庄（河北省兴隆县陡子峪乡前干涧村、天津市蓟州区下营镇前干涧村、北京市平谷区金海湖镇红石门村和彰作村）的人和事，以小见大地展示了京津冀三地的巨大变化，从而凸显了京津冀协同发展战略给三地带来的发展机遇和协作融合。

侧面组合，即并列展示同一事物的不同方面，以此架构全篇。例如，《十年再看"单改双"》[2]就采用了这种方式。2020年，我国双季稻种植面积连续递减十年后，停止缩减开始增加。本篇通讯聚焦我国农业生产的"单改双"模式（即水稻种植由单季稻改为双季稻，一年多种一季），围绕"究竟是什么原因导致'单改双'形势转好、农民又开始恢复种植双季稻"这一核心问题，从"单改双"模式的三个具体问题（侧面）切入，以对这三个问题的解答来结构全篇。每个部分的小标题分别为："种植意愿低？政策来托底——保证农民种了不吃亏"；"种植效益差？科技在进步——单产提高种了就划算"；"劳动力短缺？服务来帮忙——生产托管种了更轻松"。这三个小标题均按照"问题-解答"的方式列出，每个部分也按此逻辑展开，共同诠释了"单改双"对于我国粮食生产的意义与价值。这篇通讯主题明确，结构清晰，叙述精炼，因而荣获第31届中国新闻奖二等奖。

---

[1] 《河北日报》，2018年2月21日。
[2] 《农民日报》，2020年12月28日。

（三）纵横交叉结构

纵横交叉结构，即将纵式结构和横式结构"熔于一炉"、复合使用的结构方式。该结构融合了纵式结构和横式结构各自的特点，多用于内容复杂且时空跨度大的报道。通讯《滴水穿石三十年——福建宁德脱贫纪事》[①]就采用了纵横交叉结构。该报道开篇即通过时空转换，直截了当地呈现了新闻主题。

从福建宁德市区到宁德寿宁县下党乡，车向西北行，至少要经过 15 条隧道。白沙隧道、江家渡隧道、铜岩隧道、岭头隧道……每个隧道，都代表着闽东一座山。

1989 年 7 月 19 日，时任宁德地委书记习近平用另一种方式来到这里。在坐车颠簸几个小时后，路没有了。他沿着山中小径徒步两小时才进村，现场召开扶贫办公会，又用了 3 个小时披荆斩棘走出这片深山。

那是他就任宁德地委书记的第二年，是中国提出"帮助贫困地区尽快改变面貌"的第五年。在宁德期间，他以脚步丈量了闽东的山容海纳，开启了带领贫困群众走出大山的"凿空之旅"。三十年后，当宁德贫困发生率已降至百分之零点零几，由闽东大地策源的脱贫思想，正在推动 21 世纪的中国迈向第一个一百年奋斗目标——

当年的"滴水穿石"，与今天的脱贫攻坚呈现着同样的战略定力；

当年的"靠山吃山唱山歌，靠海吃海念海经"，凝练为今天的精准扶贫思想；

当年的"要想脱贫致富，必须有个好支部"，发展为今天的"加强党对脱贫攻坚工作的全面领导"；

当年的"把心贴近人民"，今天有了更为有力的表达：坚持以人民为中心。

三十年前赴后继，三十年一以贯之。脱贫路上的宁德样本，由此被历史地放入了更大的时空坐标中。

通讯开头由八段文字组成。第一段交代福建宁德的地理方位，

[①] 《光明日报》，2018 年 5 月 31 日。

"15条隧道"凸显了当地的建设成就。第二段和第三段前两句话是新闻背景,披露出一段重要信息,即习近平1989—1990年担任宁德地委书记时开启了带领当地贫困群众走出大山的"凿空之旅"。第三段第三句话客观呈现30年后宁德脱贫的现状,与之前的新闻背景相勾连,引出第四段到第七段的今昔对比。这四段运用排比手法,彰显了"闽东大地策源的脱贫思想"与"21世纪第一个百年奋斗目标"之间的逻辑关联。第八段呈现的是本篇报道的主题。开篇既有空间的转换,又接入历史-现实的纵向对比,为全篇纵横式结构奠定了基础。

主体包括三个部分,每个部分的小标题均引自习近平的原话,也是其宁德时期脱贫思想的提炼——"滴水穿石、弱鸟先飞""靠山吃山唱山歌,靠海吃海念海经""必须有个好支部",三个标题不仅生动,而且从三个维度呼应了新闻主题。从整体看,主体部分主要按照记者采访、调研的空间变换展开,从下党乡到赤溪村,再到柏洋村,每个部分对应宁德的一个地方。因此,三个部分彼此之间则呈现出的是空间组合的横式结构。每个部分又借助采访对象的回忆以及对相关资料的引用,展现了习近平脱贫思想在闽东地区的产生历史与践行过程。因此,主体的三个部分各自又是按照纵式结构展开。

第二节 不同类型通讯的写法

作为一种新闻文体,通讯一般可分为人物通讯、事件通讯、工作通讯、风貌通讯四种类型。本节将逐一介绍这四类通讯的写作方法。

一、人物通讯

所谓人物通讯,即指较详尽反映新闻人物活动与思想的通讯体裁。根据报道对象的不同,大体可以分为三类。

第一类是先进人物(包括个人和集体),即正面典型报道。作为我国传媒的"独特景观",典型报道是1942年延安《解放日报》改版的重要成果,已成为中国共产党领导下的"党媒"的优良传统和重要报道类型,80年来产生的名篇层出不穷。例如,《县委书记的榜样——焦裕禄》

(1963年)、《生命的支柱——张海迪之歌》(1983年)、《领导干部的楷模——孔繁森》(1995年)、《百姓心中的丰碑——追记公安局长的楷模任长霞》(2004年)、《索玛花儿为什么这样红——记优秀共产党员、木里县马班邮路乡邮员王顺友》(2005年)、《李保国的最后48小时》(2016年)、《生命,为祖国澎湃——追记海归战略科学家黄大年》(2017年)、《一粒种子的初心与梦想——追记优秀共产党员、复旦大学教授钟扬》(2018年)、《英雄无言——95岁老党员张富清的本色人生》(2019年)、《大山女孩的"校长妈妈"——记云南丽江华坪女子高级中学校长张桂梅》(2020年)等。

第二类是反面人物,主要指那些违法犯罪、危害社会的人。这类题材一般会通过剖析人物的蜕变过程,从而达到警示社会的作用。例如,《周永康的红与黑》(2014年)、《"五假副部"卢恩光政商沉浮录》(2017年)、《赵正永的两手》(2019年)等。

第三类是中性人物,即那些难以简单划归正面或反面范畴、处于"中间地带"的报道对象,通常是由于其身上具备"新闻性"而被媒体关注,这也是近年来人物通讯的一个重要拓展方向。因此,亦可称之为"新闻人物"。例如《立定跳远跳出1米8 放到中考都能拿7分 杭州这位小学一年级女生,冲上热搜同城榜第一》[1]一文,其主人公就属于典型的"新闻人物"。

不论是哪一种人物通讯,在具体采写中都需要注意以下事项。

(一) 主题明确,特点鲜明

社会生活中的每个人,由于社会经历、生活轨迹各不相同,所以生活、行为等方式也不尽相同,各有特点。记者在采访时,只有悉心捕捉到人物的与众不同之处,并据此提炼新闻主题,主题才会明确,特点才会鲜明,报道的才真正是"这一个"。著名记者田流曾指出:"报道一个劳动模范……应该研究这位劳模和别的劳模有什么不同,一定要找出这个'不同'来,有了这个'不同',那些最能表现这个劳模本质的材料、事迹,就站到前列来了,那些别的劳模都会做、都要做的事迹、材料——对我们要报道的这个劳模说来是次要的事迹、材料,就容易被区别开来,就容易被淘汰了。这样,我们虽然只写他一两件事,反而更能表现

---

[1] 《钱江晚报》,2022年3月22日。

这个劳模的特点。"①这番话至今仍不失启迪意义。实践证明,人物的特点捕捉得越鲜明,人物通讯的主题就提炼得越明确,作品给人的印象就越深刻。先进人物雷锋、焦裕禄、王进喜、栾茀、孔繁森、任长霞、张富清等人物使人印象深刻,无不与主题明确、特点鲜明有关。

(二)精心选材,富有气息

人物通讯与人物传记的重要区别在于,人物通讯要有新闻性,要体现时代特征,要富有时代气息。穆青同志曾说过:一篇好的人物通讯,往往会起到人物的某一段传记、时代的某种记录的作用。他认为,能否高瞻远瞩地提炼出能够反映时代特征的主题,并且从这个高度来表现英雄人物的革命精神和思想风貌,就成为决定人物通讯成败、优劣的关键。实践证明,要使人物通讯体现时代特征、富有时代气息,就必须在主题明确的基础上,精心选择同当前工作和形势密切相关、群众关心和呼吁的人和事,使人物通讯具有强烈的现实意义,使形势的需要、时代的呼唤同新闻人物本身所具有的特点得到完美结合。

(三)抓好情节,带动全篇

人物通讯能否波澜曲折、引人入胜,人物形象能否充实、饱满,主要取决于情节及其处理。可以说,记者抓取了有特色的情节,并对其进行了有张有弛的艺术处理,人物及人物通讯就立得起来,反之,就可能苍白无力。所谓情节,就是事情的变化和经过,它是由一系列能显示人物与人物之间、人物与环境之间的复杂关系的具体事件所组成,由诸多细节所构成。

(四)重视环境,兼顾群体

任何一个新闻人物,总是生活在一定的社会环境之中,其成长总与这个社会环境有着千丝万缕、密不可分的联系,换句话说,其思想言行是对其所处社会环境作出的自然反应。再则,任何人物的成长,总与领导的关心、群众的支持有着不可分割的联系。因此,人物通讯不能脱离社会环境而孤立地去表现,否则,新闻人物的许多思想言行就显得不可理解,人物就会失去生活的原型。另外,要实事求是地反映领导与群众对新闻人物的关心、支持与影响,要突出一人、兼顾群体,不要抬高一人、贬低一片。

以下我们以新华社 2019 年 4 月 8 日发表的人物通讯《英雄无

---

① 田流:《我这样做记者》,人民日报出版社 1984 年版,第 198 页。

言——95岁老党员张富清的本色人生》(节选)为例,来阐释人物通讯的写法。

英雄无言——95岁老党员张富清的本色人生

71年前,他是西北野战军的突击队员,冒着枪林弹雨,炸掉敌人四个碉堡,战功卓著,是董存瑞式的战斗英雄。

64年前,他退役转业,主动选择到湖北省最偏远的来凤县工作,为贫穷山区奉献一生。从此,赫赫战功被他埋在心底,只字不提。

7年前,他88岁,左腿截肢,为了不给组织添麻烦,更为了让子女"安心为党和人民工作",装上假肢,顽强地站了起来。

现在,他95岁,仍然坚持学习。他说:"人离休了,政治上思想上绝不能离休。"

……

所有这些,只因他是一名共产党员。

他就是原西北野战军359旅718团2营6连战士张富清。

(一)

2018年12月3日,来凤县城。

来凤县委政法委干部张健全,小心翼翼地怀揣着一个包裹来到县人社局。彼时,县里正在按照上级统一安排,开展退役军人信息采集工作。

张健全带来的东西,是父亲张富清一生珍藏的宝贝。

……

(二)

"永丰战役带突击组,夜间上城,夺取敌人碉堡两个,缴机枪两挺,打退敌人数次反扑,坚持到天明。我军进城消灭了敌人。"

这是立功证书对张富清1948年11月参加永丰战役的记载。

……

(三)

陕西、新疆、北京、南昌、武汉……

几经辗转,1955年初,已是连职军官的张富清面临退役转业的人生转折。听说湖北西部恩施条件艰苦,急缺干部,他二话不说:"我可以去!"

听说来凤县在恩施最偏远、最困难,没有丝毫犹豫,他又一口答应:"那我就去来凤。"

……

(四)

瞒得再紧,瞒不过最亲的人。

妻子孙玉兰最清楚丈夫身上有多少伤。右身腋下,战争中被燃烧弹灼烧,黑乎乎一大片;头顶的伤疤至今依稀可见……

……

(五)

张富清是"战斗英雄"的消息,在来凤迅速传开了。

不少人感到震惊。"只知道他当过兵,没想到他是那么大的英雄。"

……

(六)

在张富清简陋的家中,珍藏着一个打满了补丁的搪瓷缸。

一面是熠熠生辉的天安门、展翅飞翔的和平鸽;一面写着:赠给英勇的中国人民解放军——保卫祖国、保卫和平。孙玉兰说,这是丈夫最心爱的物件。

从1954年起,这个搪瓷缸就是张富清生活的一部分。如今,补了又补,不能再用,张富清就把它认真保存了起来。

上世纪80年代初,张富清一家搬到现在仍居住的建行宿舍。30多年过去,楼上楼下、左邻右舍都已翻修一新,老两口的家还是老样子。

……

(七)

战争年代不怕牺牲、出生入死,张富清靠的是一个党员的信仰——

"我一直按我入党宣誓的去做……满脑子都是要消灭敌人,要完成任务……所以也就不怕死了。"

……
　　　　　　　（八）

　　时光回溯到 2018 年 3 月 17 日。

　　北京人民大会堂。十三届全国人大一次会议表决通过关于国务院机构改革方案的决定。

　　近一个月后，退役军人事务部正式挂牌。

　　组建退役军人事务部，是以习近平同志为核心的党中央着眼党和国家事业全局作出的重大战略决策。

……
　　　　　　　（九）

　　新疆军区某红军团，张富清当年战斗的英雄部队。年轻的官兵，正紧紧围绕听党指挥、能打胜仗、作风优良强军目标，学习老前辈张富清英雄事迹，立志做新时代革命军人。

　　3 月 2 日，部队派员专程到来凤，探望老战士张富清。

　　是夜，平素内敛沉默的张健全抑制不住内心激动。眼含热泪，他写下深情的记录——

　　部队来人了

　　老兵心中掀起波澜

　　面对军装上的军徽

　　老兵用一条独腿坚强站立

　　缓缓举起右手

　　庄严地行上军礼

　　作为新华社推出的中华人民共和国成立 70 周年重大典型人物报道，本篇通讯于 2020 年获得了第 30 届中国新闻奖通讯类一等奖，其写法涵括了优秀人物通讯的基本特征。

　　第一，报道主题重大，人物特点鲜明。本篇通讯的主人公 95 岁的老党员张富清系原西北野战军 359 旅 718 团 2 营 6 连战士。革命战争年代，他多次荣获一等军功、"战斗英雄"、"人民功臣"等荣誉。退役转业后，他主动申请到最艰苦的地方工作，淡泊名利，扎根大山。60 多年来，张富清刻意尘封功绩，深藏功名，连儿女也不知情。这样一位先进典型生动诠释了优秀共产党员、时代楷模的精神内涵。本篇通讯聚焦张富清的"初心本色"，这个主题不仅重大且具有强烈的时代性，既是对张富清鲜明特点的高度提炼,也彰显了国家主流意识形态的核心价值。

第二,结构清晰,细节丰富。通讯开头按时间顺序,言简意赅地展示出张富清的先进事迹,"所有这些,只因他是一名共产党员"一句话则点明主旨。通讯主体分成九个部分,主要采用类似电影场景转换的方式展开,脉络清晰,错落有致,彼此之间构成了纵横交叉的结构关系。每个部分均选用真实生动的素材,内容安排上详略得当,字数最多为第二部分,共533字,字数最少为第九部分,共182字。此外,本篇通讯的最大的特色即在于精心选择细节,并以此作为展开各部分内容、推进故事情节的重要"抓手"。

第一部分再现了张富清事迹被偶然发现的场景细节,记者没有简单罗列张富清的各种荣誉,而是选择张富清儿子向县人社局提交父亲材料的时刻,"在聂海波注视下,张健全郑重地一一取出包裹里的物品",接着自然地展示出张富清的各种荣誉。

第二部分截取了立功证书上记载的一次战役,经由记者的采访,以张富清回忆的形式,展开叙述。对于张富清参加的其他战斗,记者没有一一呈现,只在最后一段写道:"1948年3月参军,8月入党,在壶梯山、东马村、临皋、永丰城等战斗中都冲锋在前——这位陕西汉中小伙子历尽了九死一生。"

第三部分讲述张富清退役后响应国家号召,在贫困山区奉献一生,60余年深藏功与名的故事。这部分记者依然没有过多渲染,只是在结尾处交代了一个重要细节——"证书和军功章被他藏在一个随身几十年的皮箱里,连儿女也不知情。"

第四部分聚焦张富清的家庭,讲述妻子儿女眼中的张富清。描述孙玉兰与张富清的感情时,记者选择了两个材料:一是当年被爱情召唤的孙玉兰,追随张富清到了来凤,"这一来,就是一辈子";二是上世纪60年代,为给国家减轻负担,担任三胡区副区长的张富清率先动员妻子从供销社的铁饭碗"下岗"。展现子女与张富清的关系,记者也选用了两个材料:一是四个子女没有一个在张富清曾经任职的单位上班;二是小儿子用"平凡"来概括父亲。这些点点滴滴的细节,都是对张富清党员本色的最好注脚。

第五部分展示当地干部群众眼中的张富清。记者没有过多的"旁白",而是通过一段段鲜活的直接引语来展现当地干部群众对张富清的敬佩与尊重之情。

第六部分展示张富清简朴节约、爱学习看报的晚年生活。"一个打满了补丁的搪瓷缸"与"斑驳的墙壁,褪色的家具"显示了张富清的简朴。"特别爱看《半月谈》"表现他爱学习,结尾处直接引用张富清学习《习近平总书记系列重要讲话读本》所做的"标记"——"要不断改造主观世界、加强党性修养、加强品格陶冶,老老实实做人,踏踏实实干事,清清白白为官,始终做到对党忠诚、个人干净、敢于担当"——来凸显张富清的精神写照。

第七部分以"战争年代不怕牺牲、出生入死,张富清靠的是一个党员的信仰"起笔,总结张富清一生先进事迹的出发点皆出于"一个党员的信仰"。尤其在谈到个人功劳时,报道直接引入张富清的原话——"和我并肩作战的战士,有几多(好多)都不在了。比起他们来,我有什么资格拿出立功证件去摆自己啊?!我有什么功劳啊?!"并辅之以现场细节——"这位95岁的老人声音颤抖,泪水溢满了眼眶",情真意切,感人至深。

第八部分交代张富清被发现的背景,亦即国家组建退役军人事务部,有效推进退役军人管理保障工作。同时,借助习近平主席的直接引语——"军人是最可爱的人""不能让英雄流血又流泪"——展现党和国家对军人的关怀与关心,从而深化了新闻主题。

第九部分写张富清所在部队派员来看望他,经由张富清儿子的讲述,用一个老兵敬礼的细节来凸显张富清的军人本色——"老兵用一条独腿坚强站立,缓缓举起右手,庄严地行上军礼"。"老兵""一条独腿""庄严""军礼"构成了报道的一个重要意象,那就是信仰的力量,是一个老党员对党的无限忠诚。

总体看,这篇通讯采访扎实,选材精当,主题突出,精心结构,写作考究,多视角、立体化地呈现了老英雄的先进事迹和高贵品质。

二、事件通讯

所谓事件通讯,即指较详尽反映具有典型意义的新闻事件的通讯体裁。要求记者选择某一典型事件,全面、客观地反映其来龙去脉,集中、深刻地揭示其思想主题和社会意义。按照事件性质,该体裁通常分为三种。

一种是以表扬、歌颂为题材,用以反映重大事件中所体现的时代精神、社会风尚和人们的思想境界及道德水准。如《73岁诸暨蔡大伯第一个跳江救人　后来又齐刷刷跳下4个热心人》①一文，聚焦的事件是浙江诸暨一小伙子因感情问题一时想不开，73岁的蔡大伯和另外4位市民先后跳江救人，最终小伙子转危为安，蔡大伯因肺部感染被送进医院治疗。

另一种是以批评、揭露为题材，用以触及社会生活和工作中的弊端，起催人猛醒、驱邪扶正等作用。例如，通讯《赖小民案涉案财物近17亿元已追缴》②通过深入采访，结合大量事实，呈现了赖小民巨额贪腐资产刷新纪录背后的原因、涉案财物追缴处置情况，在此基础上，着重展现了该案对于整个金融行业反腐的警示意义。

还有一种介于表扬、歌颂与批评、揭露之间，即通过报道某一事件，揭示现实社会与生活中存在的问题、矛盾、热点或事件的意义，起活跃思想、启发思路等作用。例如，《工人日报》刊发的通讯《哈尔滨一场专为非公、小微企业量身定做的焊工比赛，却只有两家企业参加———些私企为何不愿参加技能竞赛？》，③通过记者在一场技能大赛上的现场观察，经过深入采访，提出了目前体制机制上需要注意的问题，具有较强的现实针对性。

根据事件通讯的特点，采写时当注意下述事项。

1. 典型性强，要精心选材

大千世界，每天发生的事件成千上万，若是全部拿来报道，一无必要，二无可能，这就需要选择具有典型意义的新闻事件予以报道。例如，2019年3月30日，四川木里发生森林火灾，31名扑火人员牺牲，其中有27名森林消防指战员。4月2日，凉山州森林消防支队西昌大队退役消防员刘荣基专程从山东赶到西昌送别昔日的战友。通讯《1个人和27个人生死对话》④全程记录了刘荣基"送别"战友的悲伤历程——"无言旅途时间：4月2日9：15　地点：昆明长水机场"；"手足情深时间：4月3日10：35　地点：西昌市体育馆"；"生死对话时间：4月3日17：00　地点：西昌市殡仪馆"。这个过程中，记者细致观察，客观记录、展现了多个动人场景。如在航班上，当刘荣基发现坐在身边的是

---

① 《钱江晚报》，2022年3月3日。
② 《中国纪检监察报》，2020年8月14日。
③ 《工人日报》，2019年11月14日。
④ 《华西都市报》，2019年4月4日。

牺牲的副班长汪耀峰的父母时,"这一次,刘荣基没有和这对夫妇打招呼,他看着他们一直在发呆,然后长长地叹一口气。这时候,不打扰,就是最好的问候。一个眼神,相互都懂"。寥寥几笔,凸显出悲恸无言的氛围。类似的场景还有多处,这些场景的叠加,辅之以人物对话,更深刻地展现了新闻主题。因此,从某种意义上说,事件及涉及的人物是否具有典型性,关系着事件通讯的成败。

2. 突发性强,要闻风而动

有些新闻事件固然可以预测,因为事先有预谋、有预告或有预兆,但就大多数新闻事件而言,突发性强,难以预测,如龙卷风袭击、飞机失事等事件就很难预测,因此,记者在采写事件通讯时的快速工作作风,就显得特别重要。2019年5月29日,国际著名学术组织——美国电气和电子工程师协会(IEEE)发出通知,禁止华为员工参与旗下期刊的编辑和审稿工作。这一事件的大背景是中美贸易摩擦,当年年初美国将华为等公司列入管制"实体名单",禁止美企向华为等出售相关技术产品。IEEE的行为显然挑战了学术底线,国内科技领域的专家学者纷纷提出抗议。《科技日报》张盖伦、操秀英两位记者发现这一线索后,第一时间联系向 IEEE 提出抗议的张海霞教授,并采访了多位了解 IEEE 的学者和科研人员,并于5月30日发表了通讯《IEEE 挑战学术底线 损害学界声誉》。[①] 该报道不仅客观呈现了整个事件的来龙去脉,而且最早向世界展示了中国科学共同体的基本态度,从而引发了科技界的巨大反响,6月3日,IEEE 不得不发表声明,解除了对华为员工正常参与编辑和审稿的相关限制。对于这样一起突发事件,倘若记者动作迟缓一些,作风拖拉一些,那么,新闻事件就可能时过境迁。因此,从这个意义上说,作者的反应迅速与否,往往又是事件通讯成败的决定因素。

3. 思想性强,要深入挖掘

事件通讯旨在揭示现实生活中的问题和矛盾,引出一定的经验和教训,思想性较强,因此,报道反对面面俱到,忌讳就事论事,得靠记者深入挖掘材料,然后提炼一个集中、深刻的主题统率全文。很多时候,如果记者能够把单个事件放到社会大背景中去展现,着力反映事件的广度与深度,那么,事件通讯的主题也就能得以集中、深刻地开掘。如

---

① 《科技日报》,2019年5月30日。

《这家企业接二连三遇到"窝心事"》①一文,表面关注的是一家企业接二连三遭遇的"窝心事",实则聚焦国家深化"放改服"改革进入深水区的大背景下,相关部门以及部分公务人员在优化营商环境、改善政务服务环境等方面存在的庸懒散慢拖等问题,通讯结尾借助企业负责人对比式追问——"无锡、舟山的政府部门已经派专人与我们接洽,让我们把这个项目落户无锡和舟山,并且承诺从报审到立项再到签订多方合作协议,3到10个工作日内就可以完成,青岛市相关部门规定的审批时间也不长。同样是审批,为什么我们的项目在蓝谷却是这么长时间?"——不仅凸显了新闻主题,也增强了报道的思想性。

4. 具体性强,要破题细问

与消息体裁相比,作为通讯体裁的事件通讯,应当讲究具体形象,可感可触,令读者有如经其事、如临其境之感。而要做到这一切,全靠记者在采访中,在注意主题需要和清晰把握事件脉络的前提下,仔细询问和观察,将一个个材料及细节弄得具体、实在。如通讯《找回项目"走失"的7亩地》②一文,讲的是因与2015年版规划中的道路用地相冲突,海南自贸区建设的一项目用地比规划少了7亩,相关职能部门经过用途调整、控规修编、土地出让等程序后帮助该项目找回了"走失"的7亩地。这篇通讯全文仅800多字,通过记者细致的采访与核实,不仅客观呈现了许多真实细节,而且生动再现了诸多场景,具体而不流于琐细,生动而不显得刻意。

5. 政策性强,要注意分寸

相当部分的事件通讯是批评揭露现实生活中的问题和矛盾的,这就要求记者注意掌握政策和揭露、评判上的分寸,既要使问题和矛盾得以揭露,又要积极促使问题的解决与矛盾的转化,不能只图一时痛快,把话说绝,甚至连一些该适当保密的材料、有可能产生不良报道效果的材料也全部抛出,就欠妥了。例如,《长五YF-77,如何走出至暗时刻?》③就是一篇政策性强、分寸恰当的优秀通讯。该报道讲的是:2018年4月16日,长征五号遥二火箭飞行失利故障原因基本查明,故障出自火箭的液氢液氧(YF-77)发动机。为此,长征五号工程研制团

---

① 《青岛日报》,2019年11月30日。
② 《海南日报》,2019年11月30日。
③ 《中国航天报》,2019年12月27日。

队开始全面落实故障改进措施,历经 908 天,连续进入三次"归零",终于成功修复故障,保证了长征五号遥三火箭的顺利发射。本篇通讯关涉国家机密的火箭发射,同时还包含大量专业知识,记者独家采访长征五号火箭副总设计师王维彬及妻子吴平,通过吴平的视角,结合对相关航天人的采访,全面、客观、专业地展现王维彬及其团队 908 天的艰苦付出和艰辛的心路历程。报道中涉及火箭的描述,既注重专业性与通俗性的融通,又杜绝泄密行为,分寸把握得恰到好处。

6. 延续性强,要跟踪追击

许多新闻事件固然是一次性的,记者可以搞一锤子买卖,但相当部分的事件具有延续性、连续性,或是处理防范不当,又接二连三地发生。遇此情形,记者要发扬连续作战的作风,深入事件的内部,弄清事件的真相与背景,揭示深层次的原因,甚至挖掘出事件中的"事件"、新闻背后的新闻。例如,2020 年 7 月 12 日,《宁夏日报》记者鲁延宏途经银川阅海国家湿地公园西岸,发现这里的湖岸突然被高大铁丝围起来,严重影响了阅海国家湿地公园及周边环境和景色。第二天,记者再次赶到该地,用卷尺对铁丝网高度以及铁丝网眼尺寸进行了测量,实地进行观察,并采访了公园的管理部门和一些游人。7 月 14 日,一篇题为《阅海公园"围湖圈景"挡了风景伤了游客　管理方:将在沿线筑网区预留通道供群众通行观景》①的通讯在《宁夏日报》4 版头条位置刊出,社会影响显著。当地政府迅速展开督查整改,记者持续跟进采访,7 月 16 日,再次在《宁夏日报》4 版头条刊出后续报道。

三、工作通讯

工作通讯是报道工作中的成就经验或矛盾问题,并以此指导、推动实际工作的通讯体裁。按照报道内容,工作通讯一般可以分为三种。

第一种是成就经验型工作通讯,即对某一工作成就、先进典型经验进行总结与介绍。例如,《芝麻花生的事儿能做多大》②一文就是从基层的实践中总结经验,具体介绍了河南平舆县蓝天芝麻小镇"以农为根,以工为干,以商为花"的典型做法,并将之提炼为"田园综合体、农业

---

① 《宁夏日报》,2020 年 7 月 14 日。
② 《河南日报》,2019 年 6 月 30 日。

新业态"。

第二种是问题矛盾型工作通讯,即揭示当前工作中的矛盾、不足等。例如,《案件频发,源于不设防》①一文重点聚焦黑龙江人防系统系列腐败案件,通过大量深入调查,完整、准确地呈现出整个黑龙江人防系统腐败案件的主要特点,深刻剖析了导致全系统腐败案件频发的根本原因在于"对腐败不设防"。

第三种是批评型工作通讯,即针对工作中出现的反面典型进行揭露与批评。例如,通讯《一拨未走又来一拨,基层考核何其多》②通过记者深入一线的明察暗访,客观呈现了基层督查、检查、考核过多过滥的问题,揭露了形式主义与官僚主义在具体工作中的表现。

工作通讯首先属于新闻报道范畴,不属于单纯的工作总结或工作计划,不能有"工作"无"通讯",更不能仅是"材料+观点"的简单组合。因此,工作通讯写作要跳脱单纯的"公文写作"框架,真正实现"三化"。

1. 成就经验"亮点化"

所谓"亮点化",就是要求记者首先要能"吃透"工作成就或经验的实质内涵,继而寻找其在同类工作中的独特价值或特征,最后尽可能用准确且引人注目的表述来提炼这种"独特性"。

"云"解塬上渴

中国人均水资源量是世界人均的1/4,而西海固,又是全国人均的1/23。西海固苦旱,吃水最难。然而去年以来,已有10多个省份派人来西海固,到宁夏固原市彭阳县学农村"吃水经"。

在脱贫"贫中之贫"、吃水"困中之困"的地方,能有什么"吃水经"?

彭阳从城到乡,织起一张"活"的水网——传感器遍布泵站阀门,流量水压等数据汇入物联网,管控靠云计算,调度实现自动化。

彭阳解答了一道农村饮水的难题。农村面积广,村民分布散,彭阳近20万人分散在2 533平方公里土地上。山大沟

---

① 《中国纪检监察报》,2019年12月26日。
② 《浙江日报》,2018年10月29日。

深,入户管线行走在千沟万壑间,跑冒滴漏等故障频发,向农村延伸越深,成本越高,人力越不够。

水管员张志亮对当年的"难供""难管"记忆犹新:爆管、漫水、冲坏庄稼时常发生;管子在野外,排查时要翻山越岭,小股跑漏很难发现,有时荒野长起一片草,才知道下面漏了水。

前些年抄表收费时,有农民质问:"水送成这样,还好意思要钱?"2009年腊月,张志亮修完一家水管,两裤腿浸的水已冻成冰碴。第二家爆管,他赶到时水已漫出房子,等急眼的人冲他兜头就打。"管水管到挨打,当时真不想干了。"

2016年,宁夏中南部饮水工程建成,为西海固4县区114万城乡居民送来了解困水源。彭阳县干支管线从3 000公里延长到7 109公里,缺人管、漏损大、收缴难等问题更加突出。

没水受困,有了水还要继续受困?

习近平总书记2016年7月在宁夏考察时强调:"越是欠发达地区,越需要实施创新驱动发展战略。"思路打开,宁夏着力搭建"水利云"平台,彭阳着力探索用好这个平台。

经过两年多建设运营,彭阳智慧水网逐步成熟。3.94万处传感器对流量、水位、压力、水质等数据进行采集,主管网和全部设施24小时自动运行,4.3万户农家水表每5分钟传输一次数据,"水利云"随时汇总、分析,进行精准管控。损漏能及时被发现,水管员手机接单,数小时内便能到位维修。如今彭阳管线漏损率从35%降至12%,运维人力从90人降至40人,水费收缴率从60%提高到99%。

水质、水量、水价手机上随时看,水费随手缴。如今畅饮的不仅是安全水、平价水,更是明白水、智慧水,水价也降至2.6元/立方米。据估算,水网年运维成本节约20%,并仍有下降空间。

水有了保障,生产和生活也悄然改变。"过去没水,别说养牛羊,人喝水用水都困难。"彭阳县扶贫办主任陈宗惠说,水有了,也助力精准扶贫。去年4月,彭阳县摘掉了贫困县的帽子。如今,走在乡间,3万多农户房顶上的太阳能热水器成为新景观。

人们描述渴望时会说"如大旱望云霓",西海固在干渴中一代代望云祈雨,如今终于在网络时代,用"水利云"为千百年的干渴画上了句号。

(《人民日报》,2020-09-11)

这篇工作通讯的最大特色就在于对彭阳县"吃水经"的"亮点化"处理。据了解,此稿历经一年时间的修改与打磨,才最终得以刊发。原稿主要从当地"没水喝"写起,时任《人民日报》地方部副主任的费伟伟则明确指出:"我国是极度贫水国家,西海固更是贫中之贫。这篇报道最大的价值,就在于这样一个极度缺水的地方利用互联网技术把管理难度最大的农村用水也管起来并管好了。因此,报道的重心要放在怎么用'云'管的……请嘱分社不必从没水喝说起,冗余信息都可删去,不要单纯追求生动,最重要的是把这是一个什么样的'真经'说清楚。由祈云送水到用'云'管水。"①基于此,成稿即围绕"云"展开。标题"'云'解塬上渴",生动上口且一语中的,开门见山地呈现了新闻主题:"云"即是对依托互联网、"智慧云"自动化管理水资源工作经验的精准且独特的提炼。由此,这个"云"不仅构成了报道的主要内容和独特价值,而且直接生成了通讯的主题。报道通过记者的深入采访,结合新闻背景和相关数据、材料的对比,客观展示了彭阳县的先进工作经验。对比式结尾呼应标题,也形象地点明了题旨。

2. 矛盾问题"焦点化"

所谓"焦点化"即是要求记者首先要具备"问题意识",能够迅速准确地发现并梳理出当前工作中出现的矛盾与问题,在此基础上,能够对这些问题进行去伪存真、去粗取精、由表及里、由此及彼的分析,找到其中若干焦点问题,借此确立主题,具体报道也围绕这些焦点展开,从而确保报道主题集中,切中肯綮。例如,通讯《版图意识这根弦儿一刻不能松》②聚焦新闻出版行业地图使用现状,经过深入采访以及对大量个案的细致分析,该报道化繁为简,将新闻出版单位在"问题地图"中常出现的问题概括为两个焦点问题,亦即"未经审核"和"错误表示",进而集中在这两个问题上展开原因分析,最后提出提高"版图意识"、快速识别

---

① 费伟伟:《人民日报记者说:好稿怎样讲故事》,人民日报出版社2021年版,第57页。
② 《中国新闻出版广电报》,2019年8月6日。

"问题地图"的路径与方法。

3. 工作批评"具体化"

工作通讯最忌讳空话套话。尤其是开展工作批评时,记者应该扎实采访,深入调研,既能发现真实存在的矛盾,又能抓住主要矛盾,精准提炼出问题,行文中要将这些问题具体化呈现。因此,只有选用丰富且典型的实例,批评才能有的放矢,切中要害。针对货车"行路难"的问题,新华社记者跟随国办督查组在河北、河南、山东等地调查,采写了暗访报道《不能过的杆、不好办的证、不让走的路……实地暗访货车行路难》。[①] 该文通过记者的细致观察与深入采访,结合部分真实、鲜活的案例,辅之以各种数据,客观展现了暗访地区"缺乏统筹平衡和精细化管理,令不少企业和货车司机苦不堪言"的现状与问题。报道主体由四部分组成,分别是"不能过的杆:造价动辄数十万元,到底拦住了谁?""不好办的证:'拎着猪头都找不到庙门'""不让走的路:违规设卡随意执法""整改:'限'字不是灵丹妙药"。前三个部分是记者对暗访区域具体问题的揭示,第四部分则是对前三个问题的统一提炼,同时也是对这些地方管理方式的具体批评。整体看,该报道揭露的问题一目了然,对问题实质的分析入木三分,集中反映出批评类工作通讯的特点与功能。

四、风貌通讯

所谓风貌通讯,即指用以反映社会变化及风土人情的通讯体裁。一般用于反映某个地区、单位发展变化中的新貌,从而帮助人们开阔视野、增长知识。不少风貌通讯所反映的风情状貌,是概略、轮廓画式的,因而风貌通讯有时也被称作概貌通讯;许多风貌通讯是作者旅途所见所闻及感受的记录,因而风貌通讯又叫旅行通讯。另外,媒体上常见的"巡礼""风闻录""纪行"等体裁,也属风貌通讯范畴。

风貌通讯的采写,既有通讯体裁采写上的一般特点与要求,也有其自身的采写特点与要求,通常为下述四点。

1. 强调一个"跑"字

跑,意指不要习惯坐办公室,要出去多走走,多看看,与事件通讯、人物通讯及工作通讯相比,记者采写风貌通讯所跑的路往往更多,从一

---

① 新华社,2020年10月9日。

定意义上说,风貌通讯是用脚板跑出来的。瞿秋白不跑到苏联去,写不了《饿乡纪程》与《赤都心史》;范长江不深入西北,写不出《中国的西北角》;斯诺不跑到中国来,不闯进延安去,也写不了《西行漫记》。单篇的风貌通讯采写也都是同理。例如,获得第30届中国新闻奖三等奖的通讯《元宝村:续写土地改革新传奇》①,为了展现元宝村70年来的历史巨变,《黑龙江日报》的来玉良、吴玉玺两位记者深入该村,吃住在村里,一周时间内深入农家、田间、工厂、养殖场、植树现场等进行调研采访,从而使历史细节与现实场景在报道中交相呼应,彰显并升华了新闻主题。因此,记者在采写风貌通讯时,要比平时更为勤快。

2. 围绕一个"变"字

首先,风貌通讯从选材到谋篇布局,必须紧紧围绕一个"变"字,写某地、某单位的新变化、新面貌、新气象。历史情况、背景材料不是绝对不要,可以少量选用些,用以衬托今日的发展变化。总之,要以"变"字为轴心,记者的头脑及笔要围绕"变"字团团转。

其次,记者要善于写出动中之变。即不要将风貌通讯写成平面式介绍的说明书等,而应向读者展示正在变动的立体式画面。

再则,写变也不是面面俱到,不是包揽万象,在众多的变化中,作者应选择具有代表性、特征性的变化来写。

不妨以《这个海岛不一般》为例,来剖析风貌通讯的"变"字。

这个海岛不一般

"渔民抓抓鱼,前线站站岗,海边旅旅游。"这曾是外界对东海之滨浙江舟山的一贯认知。现如今,这个海岛城市不仅是我国首个国家级群岛新区,还成为承载多项国家战略的枢纽岛、能源岛。

毗邻国际航道,往来如梭的船舶,陆续停靠在舟山的深水良港加油锚地上,等待加注保税船用燃料油;鱼山岛上的绿色石化基地,一座钢铁"不夜之城"拔地而起,打破了日韩等国对芳烃、乙烯等重要石化原料的垄断;在六横岛上的液化天然气接收站,数以万计的清洁能源,正源源不断向长三角地区输出……

今天,如此场景已经是海岛舟山的日常。而在5年前,舟

---

① 《黑龙江日报》,2019年5月15日。

山还是"不产一滴油",从"零"做起。鱼山岛、六横岛等海岛产业单一,以渔业捕捞、养殖为主,舟山其他海岛大多也是冷库、冰库、水产加工厂、渔轮修造厂等。随着多项国家战略及项目落地,舟山群岛脱胎换骨、旧貌换新颜,主要岛屿大桥架通,渔业已成为辅助产业,现代制造业、国际物流业、海岛旅游业等产业方兴未艾。2017年4月1日,中国(浙江)自由贸易试验区(以下简称"浙江自贸试验区")正式挂牌,实施范围119.95平方公里全部位于舟山。

从此,作为浙江自贸试验区的"发源地",舟山开始做起了"油气"能源文章,其背后的原因是"国家所需、地方所能"。

浙江自贸试验区舟山管委会副主任夏文忠介绍,我国是全球第二大石油消费国、第一大石油进口国。但一直以来,石油存在储备能力不足、市场活跃度不高、缺少与国际规则相适应的交易平台等不足。而舟山具有区位优势,拥有较为完善的储油设施、输油管道、集疏运体系等,具备发展油气全产业链的基础条件。

"船小好调头,舟山经济总量不高、风险可控,试错的成本较低。"浙江自贸试验区研究院副院长易传剑表示,把对外开放的压力测试放在舟山先行先试,不会影响国内大局。

在建设之初,浙江自贸试验区舟山片区便按照"一中心三基地一示范区"的既定思路,打造国际油气交易中心、国际油气储运基地、国际石化产业基地、国际海事服务基地和以油气为核心的大宗商品跨境贸易人民币国际化示范区。

目前,舟山在炼化加工、油气储备、海事服务等各领域呈现龙头引领、链条延伸、辐射带动的溢出效应,万亿级油气产业集群正加速崛起。目前,累计集聚油气企业9 300余家,2021年油气贸易额达7 379亿元,挂牌5年来贸易额累计超1.9万亿元,年均增长83%,成为名副其实的能源岛。

在中国石化近日发布的全国港口油气名单中,舟山港、青岛港和惠州港被列为中国三大油气港,其中舟山港2021年实现石油、天然气及制品吞吐量1.33亿吨,成为我国油气吞吐量第一大港。

大港口、大战略、大基地、大项目,探寻舟山的发展轨迹,一直带有浓重的工业色彩。在高质量工业建设进程中,舟山的生态环境保护也齐头并进,2021 年 PM2.5 浓度值全年平均在 20 左右,空气质量位居全国前列。

舟山依海靠海,还在探索合理开发和利用海上风电、潮汐能、潮流能,为国家改善能源结构、发掘绿色新能源提供助力。

(《新华每日电讯》,2022 年 5 月 17 日)

这篇通讯即围绕"变"展开。全文共 11 段,却只有 1 100 多字,在有限的篇幅内,通过新闻背景、引语、数据材料等方式,客观详实又简洁生动地展现了舟山的巨大变化。开头仅两句话就引出了新闻主题——舟山今天的新定位与新变化。第 2 段运用白描的手法,既言简意赅,又具体实在地展示了舟山的样貌。第 3 段承接第 2 段的描述,交代新闻背景,展示舟山 5 年前的样子以及定位得以转变的重要契机。第 4 段只用了一句话,即实现了承上启下的作用,不仅完成了对前文的过渡,而且揭示了舟山之变的核心原因——"国家所需、地方所能"。第 5 段和第 6 段分别采访浙江自贸试验区舟山管委会副主任夏文忠和浙江自贸试验区研究院副院长易传剑两位专家,结合这两个权威、专业信源的间接引语和直接引语,进一步阐释了舟山战略转变的原因。第 7、8、9 三段运用数据和事实,聚焦舟山之变的设计规划与建设成就,提供支撑性信息。第 10 段转向舟山岛的生态环境,用数据说话,凸显舟山岛在高质量工业建设中的环保意识。结尾承接第 10 段,摹画舟山岛的未来发展之变,从而呼应了通讯的整体基调。

3. 融进一个"情"字

风貌通讯是反映风土人情的,要使该体裁真正、深深地打动人和感染人,作者应饱含热情,应尽量进入角色,做到物我相融。在具体表达上,作者在以叙事为主的同时,可以较多地穿插议论与抒情,力求叙议结合、情景交融,从而激起读者感情的波澜和心理的共鸣。通讯《半条被子暖中国 一湾碧水连民心 沙洲村:因水浸润的幸福模样》[①]的字里行间就渗透了这个"情"字。有关"半条被子"的故事,新闻媒体已有过丰富的报道。本篇通讯却独辟蹊径,从水利工作的视角出发,从灌溉、饮水、防洪、河流生态治理等几方面展现了新时代沙洲村所发生的

---

① 《中国水利报》,2020 年 12 月 30 日。

新变化——"翻天覆地的变化和百姓的幸福生活里,处处都有水的印记"。整篇报道强调用事实说话,虽文字平实,却处处洋溢着浓郁的情感——既包含记者对红色传统和革命先辈的缅怀,也包括了当地百姓对小康生活的幸福感和获得感。记者在表达这些情感时,则使用了两种基本方法。

一是"用事实说话"。基于对事实的叙述,借助采访对象的话来展示情感。例如,通讯第三段在讲述"半条被子"的历史故事时,记者只用了寥寥几笔,不仅描摹出了这段历史韵味,更将人民对于中国共产党的历史情感深埋其中——"长征中,三名女战士借宿徐解秀老人家中,临走时,把她们仅有的一床被子剪下一半留给老人。老人感慨万分:什么是共产党,共产党就是自己只有一条被子也要剪下半条给老百姓的人。"又如,在叙述沙洲村解决生活用水问题、通上自来水后的场景时,记者并没有过度渲染村民的喜悦之情,而是通过汝城县水利局局长邓耿祥的回忆,选择当时村民的行为和直接引语切入,节制的表达却凸显了村民的幸福感和对党和政府的感激之情——"周边的群众用手电筒照亮喷涌的水流,举起手机记录下这幸福的时刻:'终于像城里人一样用上高标准的自来水了!'"

二是直抒胸臆。在客观叙述沙洲村各种变化的同时,记者也会通过直接发表评论来表达主题。例如,通讯的最后两段:

> 百姓身边的干部什么样,百姓心中的党就是什么样。曾经,红军战士用"半条被子"告诉群众什么是共产党,今天,许许多多奋战在沙洲的党员干部,正用行动诠释初心,兑现承诺。
>
> 这一方红色的土地,珍藏着社会进步的记忆,绽放着因水描摹的幸福样子。

这两段不仅是对全文内容的总结,也是对前文的呼应,更是对新闻主题的彰显与升华。评论性文字常常用来表达较为强烈的情感。此处的两段虽是评论,但是记者的表达并不显得过于主观,承接前文的客观叙述,第一段文字更似"新闻述评"中的"评论",言之有理,论之有据。第二段则运用了拟人的修辞手法和抒情的表达方式,既点明了报道主旨,又含蓄地展示了贯穿全文的情感。

4. 兼顾一个"识"字

介绍各地的风土人情和发展变化,本身就是介绍历史、地理等知识。受众喜欢风貌通讯,是因为风貌通讯有他们感兴趣的有关知识,既然受众不可能事事阅历、处处亲临,那么,要"见多识广"的话,求助于新闻媒体的介绍便是一条很好的途径。况且,如今的受众求知欲特别旺盛,风貌通讯在满足受众这一心理需求时,有着得天独厚的优越条件。因此,记者在叙述各地风土人情、发展变化时,莫忘适时地穿插有关知识,以使受众获得更多的满足与享受。例如在《待渡山前说待渡》①一文中,作者首先结合大量历史资料,细致考证"待渡山"名称的由来。主体部分则以"渡"为核心,基于对"渡"字内涵的诠释——"从此岸到彼岸,跨越江河湖海",以四个追问式标题,从四个维度展开——"待渡待渡,为何而渡?""待渡待渡,渡向何处?""待渡待渡,渡在何方?""待渡待渡,渡今安在?"具体行文中,每一部分皆融入不同时期的历史故事,涉及唐朝僧人鉴真东渡、苏轼贬谪、南宋朝廷流亡、慧能南下、陆秀夫负幼帝蹈海,以及彭湃、周恩来、叶挺、聂荣臻等党的领导人在此地的革命活动等,史料与故事熔于一炉,叙述纵横捭阖,荡气回肠。尤其是每一部分结尾的处理,更彰显了作者丰富的知识与独到的见识。以下是通讯主体每个部分的结尾——

> 夜晚从待渡山上远眺,山前不远处海面渔火点点,山后镇上灯火通明,摩托车轰鸣从山下经过。不知七百余年前此山上的皇帝,夜晚远眺时所见何物?那时山上是否如七百余年后一样长满酸甜的覆盆子,整日流离受惊的年幼皇帝,是否曾经采摘品尝?山下甲子港的海浪呜呜,依旧拍打岩石堤堰,一如七百余年前。
>
> 这是生命的个体对于人生终点的回应,铿然有声。而土石的寿命太过于冗长。因此宋灭元亡,明来清往,待渡山还存在于甲子门。对于一座山丘而言,不用考虑终点。待渡山下有儿童数人聚集于贩卖零食的小摊灯下,购得心仪食品后,返回待渡山前"登瀛"大石攀爬嬉戏。毫不在意此石年龄比他们多了三万七千岁,且经历了无数沧海桑田、白云苍狗。而他们

---

① 《新华每日电讯》,2022年6月10日。

或宁静或不凡的一生，才刚刚开始，如船初渡。

　　此地亦文风蔚然。有多个书画社，有的古旧祠堂内还设书房琴室。老人聚集巷头以八音弦乐自娱，普通百姓也以家中悬挂名家字画为荣。镇上的第一中学由清代嘉庆年间创建的甲秀书院发展而来，孔子塑像旁百年书声琅琅。而新建成的高中是全镇占地最大面积建筑，数年间校园新栽树木已成荫。更有一座规模不亚于大城市艺术馆的文化艺术中心，常有书画展览。戴草帽的农家老翁携幼孙看展，与名家并肩而立点评章法用笔，没人觉得不妥。老辈人说待渡山上小塔是镇上"魁星笔"，书写小镇数百年不衰的文风。

　　远处海面上是万千年前的月亮，秦王汉武看过，李白苏轼看过，与年幼的赵昰从待渡山上看到的一模一样，与崖山投海的十万宋人活着时，夜晚劳作归家途中抬头所见的那一轮，也毫无差别。亘古不变的月光温柔地倾洒下来，海面上浪潮一波波从时空尽头翻涌而至，长途跋涉抵达待渡山下，触碰坚实的岩石，化为或大或小的柔软浪花后，便又融入深邃大海，永无停息。去国怀乡、满目萧然也罢，心旷神怡、宠辱皆忘也罢，逝者如斯夫。

　　通讯主体四个部分的结尾皆回到现实，同一地点的古今比照，不仅展示了待渡山今天的风貌，古今勾连也凸显了历史传承与发展，而且在历史与现实之间，呈现出沧海桑田、物是人非的时代变迁，实质传递出一种深刻且生动的历史观，一种独到的智识。

第十一章

特　稿

作为一种新闻文体，特稿因兼具新闻与文学的双重特质而呈现出巨大的文体张力，因此特稿的写作更为复杂，要求也更高。获得美国报纸编辑协会"特稿作品杰出写作奖"的《华尔街日报》资深头版撰稿人威廉·E.布隆代尔就曾指出，"和突发事件、重大新闻比起来，特稿写作'砸锅'的可能性往往更大"。① 从这个意义上说，能否专业地采写特稿是衡量记者专业能力的重要表征。

第一节　特稿概述

"特稿"（Feature）是一个地道的"舶来品"，其特征与技法在中西方的演进中逐渐得以形构。本节将从特稿的发展简史切入，展开对特稿内涵的分析。

一、特稿简史

特稿是20世纪60年代兴起于美国的"新新闻主义"潮流的产物。所谓新新闻主义，其实质是运用文学（尤其是小说）的技法，高扬人的主体性旗帜，突破基于客观性理念为核心的新闻文体范式。

1963年，美国记者汤姆·沃尔夫在《时尚先生》上发表了一篇长达49页、关于改装汽车的报道《糖果色橘片流线型宝贝》。这篇报道运用细致的观察、幽默的表达、自创的词汇等，打破了传统新闻报道的客观

---

① 〔美〕威廉·E.布隆代尔：《〈华尔街日报〉是如何讲故事的》，徐杨译，华夏出版社2006年版，第77页。

性原则,迅速拉开了新新闻主义的帷幕。此后,杜鲁门·卡波特的《冷血》(1965)、诺曼·梅勒的《夜幕下的大军》(1968)等成为新新闻主义的代表性作品。这些报道不再拘泥于客观报道的限制,强调故事、场景、对话、细节以及心理描写等多维方式。1973年,沃尔夫与约翰逊遴选出21位记者的报道作品,将之结集出版,并冠名为《新新闻主义》。从此,"新新闻主义"开始进入学术界的视野。汤姆·沃尔夫也因此被誉为"新新闻主义之父"。

当然,由于新新闻主义对于美国新闻传统近乎全盘否定,尤其在实践中对于新闻真实性的背离,导致其仅仅持续了十年即告终结。"新新闻学在反传统、反权威时选择了极端的方式,在很多地方都显得单薄、脆弱,一旦反击的力量横扫而来,新新闻学便不堪一击地退缩到历史的角落里,从此一蹶不振。"①但是,新新闻主义对于"故事"的青睐,对于文学表现手法的灵活运用,都对新闻文体产生了巨大影响。1978年普利策新闻奖设置"特稿写作奖"(Feature Writing)就是对新新闻主义合理成分的继承与开拓。1978年12月12日,《巴尔的摩太阳报》刊发了记者乔恩·富兰克林撰写的《凯利太太的妖怪》,该报道记录了一次失败的手术,全文细致入微地展现了手术过程中的每一个细节,17次描摹凯利太太心跳的变化,令报道悬念迭出,阅者无不为之动容。最终该报道获得首届普利策特稿写作奖。以此为范本,特稿的特征开始在美国定型,并伴随译介逐步被引入中国。

20世纪90年代以来,特稿在我国经历了两次繁荣。

第一次繁荣以"冰点特稿"为起点。1995年,《中国青年报》创办"冰点·特稿"栏目。所谓"冰点",就是"关注那些被忽视、被遗忘,甚至被屏蔽的人与事。冰点,不是焦点或热点。然而,我们又是以最深的情怀去关注这些故事、以不'冰'的方式把它们传递给读者,让阅读感受不'冰'、让引发的思考不'冰'。所以,冰点,讲的其实是有温度的故事"。② 事实上,从第一篇报道《北京最后的粪桶》开始,"冰点特稿"的旨趣就一以贯之:题材取自真实事件,细致的观察与细腻的笔触背后蕴含了对人的生存状态的关注和对人的内心世界的尊重——"记者以一个普通人所具有的同情心,基本使用'白描'手段,客观、真切、栩栩如生

---

① 芮必峰:《论新新闻学》,《潍坊学院学报》,2002年第1期。
② 徐百柯:《冰点·特稿2012—2013》,中央编译出版社2014年版,第2页。

地描述出采访对象的苦难和希望,极大地唤起了善良人群的共鸣。"①对于"冰点"在特稿文体上的探索,《南方周末》特稿版原主编杨瑞春曾给予过高度评价:"在改革开放之后的新闻界,进行自觉而严肃的探索的媒体大概只有《中国青年版》的《冰点》和少数其他媒体。"②

"冰点"带来了新时期特稿的第一次繁荣,也初步奠定了特稿文体的"行业标准"。按照首任主编的说法,特稿的文体特色主要包括:"首先,题材本身有重大关系,要有张力,要判断读者会不会感兴趣。题材的重要性大概占50%;然后,标题要吸引人,标题作用多大呢,要管500字。一个好标题,能让读者看500字;那么,开头这500字写得好,产生'阅读惯性',然后让读者读接下来的1 500字;阅读疲劳通常产生在1 500字左右,这时候,你得让读者喘口气,甚至在1 500字的结尾处理下某种伏笔,再吸引读者读下去,直至读完。"③"重大""张力""阅读惯性"等关键词,集中展示了特稿的非虚构性质和类似文学作品的"可读性",于是,"讲故事"就成为冰点特稿的重要呈现方式。从这个意义上说,其时新闻界对于特稿的理解,更多停留在"把新闻写得更好看"的形式层面。

2003年,《南方周末》记者李海鹏发表《举重冠军之死》,这篇被称为第一篇真正意义上的"特稿",开启了该报"中国式特稿"的探索之旅。此后,《南方周末》"特稿"专版以"追求文字的美,呈现复杂的真"为基本定位,选题聚焦人物类、人群类、话题类、事件类题材,将"戏剧性高度集中"作为选题基本原则,强调"主题事件化,事件故事化,故事人物化,人物性格化"的特稿操作路径,形成了一批有影响力的特稿作品,例如李海鹏的《悲情航班MU5210》(2004)、南香红的《两个男人的20年"婚姻"》(2005)、关军的《一封27年等不来的感谢信》(2005)、曹筠武的《系统》(2007)、叶伟民的《山寨春晚变形记》(2009)等。

与此同时,一大批传统纸媒诸如《中国青年报》《新京报》《南方人物周刊》《人物》《智族GQ》《时尚先生》等相继加入特稿生产行列,由此带来了特稿文体的再度繁荣。包丽敏的《无声的世界杯》(2006)、林天宏的《回家》(2008)、赵涵漠的《永不抵达的列车》(2011)、王天挺的《北京

---

① 李大同:《冰点故事》,广西师范大学出版社2005年版,第71页。
② 南香红:《野马的爱情》,南方日报出版社2011年版,第292页。
③ 张志安:《记者如何专业》,南方日报出版社2007年版,第33页。

零点后》(2012)、袁凌的《血煤上的青苔》(2015)、魏玲的《大兴安岭杀人事件》(2015)、林珊珊的《黑帮教父最后的敌人》(2016)、杜强的《太平洋大逃杀亲历者自述》(2016)、卫毅的《白银时代:一桩连环杀人案和一座城市的往事》(2016)等成为其中的代表作。其中,《大兴安岭杀人事件》与《太平洋大逃杀亲历者自述》,微信号阅读量均达到 3 000 万+。《太平洋大逃杀亲历者自述》《黑帮教父最后的敌人》更是被影视公司分别以百万元买断版权。《白银时代:一桩连环杀人案和一座城市的往事》连续获得腾讯"年度非虚构写作大奖"和网易"非虚构文学奖"。2019 年,杜强在腾讯谷雨发表的《废物俱乐部》获得瑞士伯尔尼记者节首届"真实故事奖"第三名……这些作品切近社会现实,写法上各具特色,有的擅长对真实细节的描摹,有的聚焦新闻人物的内心世界,追求历史时空中多维度、多关联的真实。总体看,这些特稿大多强调新闻框架内对文学手法的征用,很多作品直接借鉴小说的创作方法,综合运用第一人称叙述、人物和对话的发展、冲突与张力的构建、对事件场景的重现以及对语言的重视,努力寻求新闻实录与文学审美双重价值——"特稿文体折射出的新闻价值理念获得普遍认同,其原因在于,事件的叙述具有人的维度,有人情味;其次在于,文学化的新闻写作样式为读者喜闻乐见;最后在于,对时代的进步意义,经得起历史的检验"。①

二、特稿的特质

"特稿的选择,是记者对世界的理解方式的选择,是记者对新闻的解读方式的选择,同时也是记者对新闻呈现方式的选择。"②基于此,特稿写作首先建立在记者对特稿本质的深刻理解与精准把握的基础之上。与特稿丰富多彩的实践相比,对于"什么是特稿"这个问题,中西方新闻学术界却并没有一个统一的定义。美国新闻界将除了纯新闻(Straight News)以外的新闻文体,都称之为特稿(Feature),同时又将特稿分为新闻性特稿和非新闻性特稿。戴维·加洛克在《普利策新闻奖·特稿卷》中开宗明义,强调"一篇杰出的特稿首要关注的应该是高

---

① 杨瑞春、张捷:《南方周末特稿手册》,南方日报出版社 2012 年版,第 3 页。
② 南香红、陈丰:《特稿二辨》,《南方传媒研究》,2013 年第 42 期。

度的文学性和创造性"。① 美国新闻学者梅尔文·门彻在其教材《新闻报道与写作》中指出："特稿旨在娱乐或以侧重讲故事来提供信息。"②长期以来，我国新闻界对特稿的界定也众说纷纭，有的将特稿等同于"特写"，有的将特稿与通讯、报告文学不加区别，有的则将特稿解读为来自特殊渠道的"特别报道"。直到1995年《中国青年报》推出"冰点·特稿"，新闻界才逐渐将特稿视为一种新的新闻文体。新华社知名记者刘其中在其专著《诤语良言：与青年记者谈新闻写作》中指出："特稿是用文学手法报道新闻事件或新闻人物的特殊文体。"③李海鹏在《在南方周末做特稿》一文中则对特稿的特质做了如下阐释："特稿很难定义，不过可以描述为一种文学性的新闻，题材不强调硬度，截稿时限更宽松，通常不超过一万字。"④通过中外新闻学术界对于特稿所做的相似的描述，结合对不同特稿作品的考察，我们大体可以归纳出特稿的三个基本特质。

1. 新闻性

作为一种新闻文体，特稿首先具有新闻性，即特稿的选题应着眼于具有新闻价值的事实，特稿呈现的内容必须完全真实。特稿写法上无论是从新闻来源的选择，还是新闻背景和引语的使用，抑或是新闻主题的展现，所有的写作环节与写作技巧都必须遵循新闻文体的基本规范，诚如李海鹏所言——"就算你有太平洋那么多的技巧，也只能装在新闻这只小瓶子里。"⑤

2. 文学性

文学性是特稿区别于其他新闻文体的重要标志，优秀的特稿常常又被称作"对抗时间的新闻美文"。诚然，作为一种特殊的文体形态，特稿本质上属于新闻，其文学性更多表现为特稿写作对文学技巧的征用——"特稿突破了依靠事实罗列的传统新闻手法，将文学技法引入新闻写作，把故事讲述得引人入胜，富有感染力。……文学性是区分特稿与其他新闻文体的关键要素，但文学性需要服从新闻的专业规范。文

---

① 〔美〕戴维·加洛克：《普利策新闻奖·特稿卷》，曾丽等译，李彬校，新华出版社1999年版，第4页。
② 〔美〕梅尔文·门彻：《新闻报道与写作》，展江主译，华夏出版社2004年版，第216页。
③ 刘其中：《诤语良言：与青年记者谈新闻写作》，新华出版社2003年版，第311页。
④ 杨瑞春、张捷：《南方周末特稿手册》，南方日报出版社2012年版，第327页。
⑤ 李海鹏：《大地孤独闪光》，南方日报出版社2011年版，第120页。

学技法的引入并不必然就会伤害新闻的真实、客观……当然,特稿记者在使用文学技巧的同时,也需要审慎和节制。"①从这个意义上说,"新闻为体,文学为用"是特稿的应有之义。

3. 深度旨趣

特稿是对一般新闻的展开,无论是题材的选择,还是新闻背景的调用、细节的挖掘,特稿都比一般新闻更具深度旨趣。名记者南香红认为"特稿需要再现一个完整的世界"——"一般的新闻可能是从事件发现出发,向未来的维度里寻找,而特稿还必须向历史的维度开掘,向未来的反方向寻找;一般的新闻可能更多地把眼光集中在这件新闻本身,而特稿可能就要兼顾左右,在看起来不着边际没有多大的关系的事件里发现。"②因此,优秀的特稿不仅能够呈现复杂的真实,而且能够搭建人与人之间、事件之间的认知桥梁,发掘那些隐匿的关联性,从而帮助读者加深对于新闻事件、新闻人物的认识与理解。诚如《南方周末》特稿编辑张捷所阐释的那样:"面对中国转型时期的复杂现实,客观上需要借助特稿,特稿具有表现弱冲突或隐性冲突的先天特性,对转型期中国复杂现实的表现力强大。"③

三、特稿类型

从题材上看,特稿一般分为以下三类。

1. 人物类特稿

所谓人物类特稿,即以个体或群体人物为报道对象,展示人物的生存状态,探寻其内心世界,使读者能够从人物故事中感受悲欢离合、人情冷暖,产生心理共鸣。人物类特稿的报道对象不仅包括新闻人物、社会名人,还包含那些有着不普通的际遇、命运的"普通人"。例如,1995年《冰点》的开山之作《北京最后的粪桶》④,讲述的就是一群北大荒的老知青返回北京后当掏粪工人的故事,他们"忍受着生活上的窘迫、工作中的重负和心灵上的委屈",反映的却是"一代人独有的活法儿"。报道见报后,随即产生巨大的社会反响,越来越多的被社会热点

---

① 包丽敏:《特稿的魅力》,《南方传媒研究》,2013年第42期。
② 杨瑞春、张捷:《南方周末特稿手册》,南方日报出版社2012年版,第320页。
③ 同上书,第296页。
④ 《中国青年报》,1995年1月6日。

所遮蔽的普通人逐渐经由特稿文体"被看见"。例如,特稿《一位网暴受害者的不幸与幸运:"取快递被造谣出轨"后这两年》①讲述的就是一位遭遇网络暴力的谷女士如何抗争、如何疗救自我的故事。

2. 事件类特稿

所谓事件类特稿,即以新闻事件为中心,通过深入采访,挖掘背景与细节,在展示事件来龙去脉的同时,多层次、多维度彰显事件的逻辑与关联,使读者能够了解事件真相,理解新闻事件的意义。具体实践中,这类特稿常常更多聚焦突发新闻事件,且事件多具有公共利益指向。例如,《21世纪经济报道》刊发的特稿《郑州36小时》②,报道的是郑州"7·20"特大暴雨事件。该文通过多路记者的深入采访,展示了郑州暴雨的36小时中,十多位普通市民自救、被救以及救助他人的故事,也从市民角度初步探查了此次灾难应对中出现的问题——"回过头看,直到20日下午16时之前,郑州市的人们对这场暴雨都没有足够的认知。"同样是报道郑州暴雨,《南方周末》的特稿《"大水如浪涌来",郑州地铁五号线的生死三小时》③则将报道重点放到"这场灾难到底是怎么发生的?是否可以避免?"等维度,通过聚焦被困地铁三个小时的乘客们逃生的过程,结合对隧道设计专业人士的采访,初步分析地铁事故的可能原因不是地铁的设计问题,而"更可能出现在非工程措施"。

3. 社会现象/问题类特稿

所谓社会现象/问题类特稿,即围绕某一社会现象或问题展开报道,强调通过细致调研,深入剖析社会现象/问题的成因、影响与趋势等,其目的是通过揭示社会发展中重要且易被人们忽略的现象与问题,帮助读者把握现象背后的本质以及问题的实质,以警示社会,继而实现"促进社会进步"的目标。例如"冰点特稿"《活在表格里的牛》④一文揭露的就是扶贫工作中存在的"数字造假"现象。记者通过深入采访与调研,以详实的证据展示了宁夏西海固地区普遍存在的"借牛骗补"现象,同时结合大量真实的细节,鞭辟入里地揭示出"数字脱贫"的原因和危害,具有很强的警示意义。

---

① 《南方周末》,2022年6月23日。
② 《21世纪经济报道》,2021年7月22日。
③ 《南方周末》,2021年7月21日。
④ 《中国青年报》,2019年11月13日。

四、特稿写作的基本要求

作为一种特殊的文体样式,特稿兼具了文学与新闻的双重特质,常常凸显出文学与新闻之间的巨大张力,因为"文学可以探索无疆界,新闻却不得不受制于职业规则"。① 当这种张力"投射"在特稿写作上,就表现为"自由"与"尺度"之间的博弈。②

所谓"自由",强调的是特稿的文学面向,即"我手写我心"的写作境界、个性得以恣意挥洒的写作状态、文学技巧得到充分运用的写作实践。常以记者的个性化言说、风格化表达为表征,突出记者对于文学传统的尊重以及文学技巧的调用,其背后凸显了每一位特稿写作者的"执念"——即使如李海鹏所言,"新闻是个瓶子",但记者们仍想在瓶中求新,甚而打上自己的烙印。"敏锐的观察力和感受力、出色的判断和分析,恰当地搭建框架并选用语词,能够如同化石树脂一般,将信息紧紧包裹,抵御时间。词语的外壳是透明的,也需要是坚硬而精巧的,它能让新闻作品最终像艺术品一般精美。"③

所谓"尺度",彰显的是特稿的新闻面向,呈现的是记者在文体实践中对新闻专业规范的遵从,其背后凝结的是新闻理念与职业规范,"新闻是由以组织方式而进行工作的专业人员来采制和传播的。所以,新闻必然是新闻工作者通过机构程序并遵循机构规范而生产的产品"。④ 从筛选新闻线索、进行新闻价值判断,到采访写作新闻,每一个环节都浸润了新闻行业的"惯例"。这些构成了记者特稿实践的"尺度",它从根本上规定了记者文体创新的边界——"特稿的文采是真实下的文采。在真实的边界里,特稿可以动用一切的手法:小说的情节之曲折,戏剧的冲突之激烈,诗歌的动词诗眼之灵动,舞蹈、音乐等的艺术语言,甚至数学、逻辑之冷峻,无所不可拿来一用,只要用得妥帖而又没有超过真实的边界。"⑤

---

① 杨瑞春、张捷:《南方周末特稿手册》,南方日报出版社 2012 年版,第 114 页。
② 参见刘勇、邹君然:《在"自由"与"尺度"之间:特稿的实践之维——基于对李海鹏系列作品的考察》,《新闻大学》,2017 年第 4 期。
③ 范承刚:《特稿写作:尴尬的炼金术》,《南方传媒研究》,2013 年第 42 期。
④ 〔美〕盖伊·塔奇曼:《做新闻》,麻争旗、刘笑盈、徐扬译,华夏出版社 2008 年版,第 32 页。
⑤ 南香红、陈丰:《特稿二辨》,《南方传媒研究》,2013 年第 42 期。

因此,特稿写作的实质就是在"自由"与"尺度"之间进行"提纯"——"提纯就是个浓缩的过程,结构、情节、起承转合,包括文字,所有的要素都可以集中在一个尺度里,碰撞、冲突、跌宕,文章自然就会变得好看起来。"① 与此同时,特稿写作的逻辑起点与最终归宿都指向了公众的社会诉求。这是因为,作为公共知识和读者接受对象的存在,特稿不仅对现实具有强大的表现力和解释力,也承担着影响、教化与引导社会公众的功能,其意义最终也应在此汇合。可以说,没有自由的特稿容易失去吸引力,没有尺度的特稿势必失去规范性,而没有社会诉求的特稿则必将失去其时代性和指向性。优秀的特稿大体应该具有如下特质:①题材重要,揭示时代的本质;②不断指向事件背后的终极推动力;③关怀公共利益;④信息的收集、择取和推演过程与事实本身相符;⑤具备吸引眼球的亮度;⑥具备艺术的真与美。② 一言以蔽之,特稿写作的基本要求即是在"自由"与"尺度"之间追寻"文字的美",呈现"复杂的真"。

第二节 特稿的写法

由于特稿介于新闻与文学之间,与消息、通讯相比,特稿写作更自由,故而很难形成比较统一的格式。但无论如何,一篇完整的特稿总是包含开头、主体和结尾三个部分。对于一篇优秀特稿而言,这三个部分的写作一定非常出色,常常是既各自独立,又浑然一体。本节从特稿各部分的写作入手,阐释特稿的写作技法。

一、开头的写法

特稿的篇幅一般在 3 000—10 000 字,超长的特稿甚至会突破 20 000 字。因此,特稿能否从一开始就吸引住读者,就显得至关重要。对此,中西方记者都表达了相似的感受。我国记者南香红指出:"特稿

---

① 杨瑞春、张捷:《南方周末特稿手册》,南方日报出版社2012年版,第114页。
② 邓科:《南方周末:后台(第一辑)》,南方日报出版社2006年版,第179页。

是新闻的展开;特稿是对新闻关节点的深入;特稿还是一个好故事。这种新闻的展开可能就须要借助文学或小说的手法为整个故事搭起一个好的结构框架。它可能有一个平白朴素但意味深长的开头,也可能有意安排一个戏剧性的开头,总之,它的开始不会像消息导语一样总是一个模式,然后安排后面的故事。但有一点是不可忽略的,如果头三段还不能将读者抓住的话,那这个文章就死定了。"[1]美国记者德内恩·L. 布朗在《开头的开头》一文中,阐述了他写作开头时对自己的连环追问:"当我构思如何开头时,我问自己:故事是关于什么的?主题是什么?我能利用什么很快在一个场景中安插一个角色?怎样吸引读者?我怎么样让读者进入角色的思维,分享他/她的感觉?"[2]事实上,特稿内容的开启方式丰富多样,但无论使用哪种方式开头,其目的都趋于一致,亦即引出正文同时设置阅读兴趣点。以下,我们介绍六种常见的特稿开头方式。

1. 梗概式开头

所谓梗概式开头,是指在开头即对特稿中的主要事实进行简要概括。这种开头方式的优点是能让读者迅速把握新闻事件的基本情况,缺点是如果开头叙述不够吸引人,则势必阻断读者对后续特稿内容的阅读。因此,使用梗概式开头的一个重要前提是报道题材本身具有足够吸引人的特质:或涉及公共利益,或触及社会情感,或饱含强烈的故事性,或展现丰富意涵……不一而足。例如,《南方周末》刊发的特稿《一位网暴受害者的不幸与幸运:"取快递被造谣出轨"后这两年》[3]就采用了这种开头方式。

> 先是"寻亲男孩"刘学州在三亚海边服下大量抗抑郁药物,后是打赏外卖员200元的上海女子Joshua从楼上一跃而下。
>
> 自杀之前,他们都曾经在微博上经历漫长的"审讯"。刘学州剖白,自己不是想要房子,而是想要个家;Joshua解释,自己不知道外卖员此前的波折,对方也拒绝了她提出的补偿。

---

[1] 南香红:《特稿之特》,《中国记者》,2006年第1期。
[2] 〔美〕马克·克雷默、温迪·考尔:《怎样讲好一个故事》,中国文史出版社2015年版,第140页。
[3] 《南方周末》,2022年6月23日。

但他们依旧无法抵挡互联网上汹涌的讨伐,倒在网络暴力的潮水之下。

每一次这样的新闻出现,谷女士都会被带回2020年的8月。当时,那份被转发了成千上万次的聊天记录传到她的手上,内容是已婚女性向快递员示好,还配上了一段9秒小视频,镜头中唯一的内容,就是谷女士在快递架边等待取件。

已婚、出轨这两件事通通和谷女士挨不上边,她只是出门取了个快递。但两个陌生人——便利店店主郎某偷拍的小视频、郎某、何某假扮快递员和谷女士并捏造二人多次发生不正当性关系的微信聊天记录,彼时已经通过微信群和社交媒体平台传播了一个月。如果互联网有记忆,会记得那时"少妇出轨快递小哥"谣言的喧嚣和网民对谷女士宣泄的恶意。

"你抑郁?我也抑郁,谁不抑郁呢?"她拿出自己被确诊为"抑郁状态"的证明试图要个说法,却受到质疑。当痛苦不被理解,主张权益也成了无理取闹。"她现在一次又一次曝光,是因为想当网红吗?"在一次采访里,造谣者的朋友说。

越是这样无中生有的问题,就越让人难以回应。两年过去,这个问题终于没有回答的必要。在调解无果之后,谷女士收集证据,对两名造谣者郎某、何某提起刑事自诉,案件在2020年12月由自诉转为公诉,公安机关对两人涉嫌诽谤案立案侦查。2021年4月30日,两人因诽谤罪被判处有期徒刑一年,缓刑两年。2022年2月,"杭州女子取快递被造谣自诉转公诉案"入选最高检指导性案例。

本篇特稿的开头由六段文字组成。第一段和第二段首先提供了两个发生在2022年的同类新闻事件,这其实是将一个业已发生的事件重新拉回"现在"的有效方式,即"时间最近点"原则。更为重要的是,这也是引出报道主人公谷女士及其故事的有效方式,因为这三个事件的起因都指向了"网络暴力"。后四段则用最简洁的话语,呈现了"取快递被造谣出轨"事件的过程与结果。如果把这个开头单列出来,就是一篇完整的消息。主体部分则聚焦谷女士艰难的司法维权过程,亦展示了她艰辛的心路历程,其中还穿插了她现在的工作与生活情况,多维信息与细节的引入,拓展并丰富了开头的内容。

2. 悬念式开头

作为文学创作的一个重要技法,悬念实质指涉的是读者对文学作品中的人物、故事等未知情节所持的一种"阅读期待"。巧妙的悬念能有效地增强作品的精彩程度。基于此,特稿写作中也广泛地采用这种方式。所谓悬念式开头,即在特稿开头选择报道中的一个或多个重要情节作为"诱饵",悬而未决,引而不发,从而激发起受众的好奇心,吸引其主动阅读特稿的主体。例如,记者杜强撰写的《太平洋大逃杀亲历者自述》①就采用了这种开头方式。

我们当中的大部分人都过着循规蹈矩的生活,以为别人即使不像自己一样对世界安之若素,也不会离经叛道到哪里去,并在庸常的时日里养成了一种根深蒂固的见解:平平常常是人生的常态。善,平平无奇,恶,也大半属于所谓"平庸的恶"。这种观点固然不算错,但需要一点小小的修正。

2014年临近霜降的时候,为了四年前的"鲁荣渔2682号"远洋杀戮事件,我在东北一座小县城的郊外找到了"赵木成"。

为受访者考虑,此为化名。当时的船员赵木成因卷入杀戮事件被"判处有期徒刑四年",我去找他时他刚好羁押期满。初次见面地点是条寒风吹拂的乡村公路。他不满30岁,面庞粗糙黝黑,眼角耷拉,矮壮的身躯裹在土黄色的夹克里,像是从一百年前的照片里走出来的人,带着那种时不时望向你背后的、犹疑的眼神。他问我,想知道些什么?答案是显而易见的:我想知道人。

"杀人的过程,还有刘贵夺这个人。"我说。

我们在他家乡的柳河堤坝上钓着鱼,就像某种对比和象征——当初把他引向灾祸的正是遥远秘鲁和智利海域的钓鱿作业。他似乎时常感到焦躁,四下无人,仍不时回头、站起,在身后的空地兜转一圈,又坐回去,继续呆呆地盯向水面。

他终于开始向我讲述4年多前的亲身经历。

---

① 《时尚先生》,2016年1月刊。

这篇特稿讲述的是 2010 年发生在远洋渔船"鲁荣渔 2682 号"上的恶性杀人案件。记者在开篇并没有直接进入这起杀人案，而是设置了一系列的悬念。第一段看似轻松的叙述，实则贯穿全文的主旨，最后一句话"这种观点固然不算错，但需要一点小小的修正"是第一个悬念，看到这里，读者一定会追问一个"为什么"。第二段引入本篇特稿的主人公也是故事的讲述者"赵木成"。第三段对赵木成外貌的生动描绘——"像是从一百年前的照片里走出来的人""那种时不时望向你背后的、犹疑的眼神"——迅速将读者代入情境，并产生疑惑："这个人究竟隐藏了怎样的故事"？这是本文设置的第二个悬念。本段引入的记者与赵木成之间简单的对话，以及第四段记者的回答，再次设置了第三个悬念，亦即"刘贵夺是谁""哪些人被杀""杀人的过程如何"……这些问题必然构成了读者的阅读期待。第五段第一句话详细描摹了采访的场景，记者有意将采访现场的"钓鱼"与当初把主人公引向灾祸的"钓鱿作业"相比照，一种强烈的宿命感油然而生，读者在此处也会产生深深的疑惑，这是报道的第四个悬念。本段第二句话集中描绘主人公接受采访时的行为举止——"焦躁""四下无人，仍不时回头""站起""兜转一圈""坐回去""呆呆地盯向水面"，向读者展示了当事人那种心有余悸的焦灼感。于是，"他为何如此害怕"就成了读者内心深处的一个大大的疑问。这是开头部分设置的第五个悬念。第六段仅一句话，既承上启下，又是记者设置的第六个悬念，吸引读者进入故事，探寻赵木成四年前的亲身经历。

3. 故事式开头

所谓故事式开头，是指开篇即引入具有冲突性或戏剧性的故事情节，以增强特稿的可读性与感染力。这是特稿写作中使用较多的一种开头方式。例如，被称为《南方周末》第一篇"中国式特稿"的《举重冠军之死》[①]就使用了类似小说的故事式开头。

> 这天是 5 月 31 日，早上 4 点，布谷鸟刚叫起来，商玉馥梦见儿子喊她："妈呀，妈呀，你给我蒸俩肉馅包子吧，给那俩人吃。"在梦中，老太太最初以为儿子又像往常一样饿了，可是一阵突如其来的心慌让她猛然害怕起来。果然，儿子马上又重

---

① 《南方周末》，2003 年 6 月 19 日。

复了那句让人难以理解的话,"给那俩人吃!"商玉馥惊醒了,透过没有窗帘的窗子看了看微明的天色,心里堵得难受,叫起了老伴才福仲。这天清早老两口心情压抑,在租住的郊区房附近的野地里,紧抿着嘴,一言不发地走,一走就是好几个小时。等他们回到家,吃了稀饭,就接到了儿子的电话。

这篇特稿聚焦举重冠军才力死前一日的轨迹,开头细致描绘了才力母亲的一个不祥的梦,精心选择的"布谷鸟""突如其来的心慌""猛然害怕""心里堵得难受""心情压抑""紧抿着嘴""一言不发地走"等表达,凸显了特稿的故事性,也为全文奠定了压抑、悲情乃至宿命的基调。此处的"梦"更似一种悲伤的意象与隐喻。诚如本篇特稿的作者李海鹏所阐释的那样,"无论这个梦来自母亲的本能预感,还是源自某种迷信,甚或是来自一个伤心的母亲的事后的臆想,它都是事实。要么说明厄运的一直潜在,要么说明带来的剧烈痛苦的不可抗拒"。[①] 此后,越来越多的特稿开始采用这样一种故事式开头,例如,《南方周末》2021年5月20日刊发的特稿《寻亲记:"错换人生28年"事件前传》[②]的开头:

事后回顾时,许敏将找到亲生子郭威视为"天意"——它缘于若干个偶然,只要其中任何一个不具备,就不可能找到。

如果不是因为姚策28岁时罹患肝癌,许敏不会想到"割肝救子";如果不是想"割肝救子",就不会进行血型配对,进而也不会做亲子鉴定,那么她将永远无法发现和证实姚策不是亲生子,也就不会有后来的寻亲故事。

但发现姚策不是亲生子并不意味着能找到郭威。如果没有警方的DNA大数据库,以及姚策的血亲中碰巧有一个人因犯罪导致其DNA样本存入了这个数据库,姚家会被郭威的假年龄误导,将其从寻访目标中排除。

但有了这些还不够。如果不是因为遇到一个乐于助人的民警,而这个民警恰恰又与郭威曾在同一个单位,那么姚家就不可能轻易见到郭威。如果面都见不了,一切将无从谈起。

---

① 杨瑞春、张捷:《南方周末特稿手册》,南方日报出版社2012年版,第77页。
② 《南方周末》,2021年5月20日。

即使见了面,如果郭威不同意做亲子鉴定,姚家同样无计可施。

但在命运的安排下,偏偏所有的偶然都发生了。

本篇特稿讲述的是两个孩子出生时被"抱错",从而"错换人生28年"的真实故事。报道开头第一段选择其中一位母亲许敏的"事后回顾",将"天意""偶然"作为整个故事的主旨。之后四段连续使用"如果……那么"句式,详述故事中的各种"偶然性因素",最后一段则呼应开头,再次强调"命运的安排"。开头设置的这些"戏剧性"表达显著地增强了本篇特稿的故事性。

4. 场景式开头

所谓场景式开头,即运用白描、叙述等方式,在特稿的开头部分设置一个与新闻主题相关联的场景,从而增强报道的现场感与感染力,凸显新闻主题。很多时候,一个有效的场景式开头,常常能令报道增色不少。例如,《南方人物周刊》刊发的特稿《庄文强:故事操控者》①的开头:

1997年7月1日,雨,香港回归。庄文强和几个朋友在南华会天台喝酒,电视里直播着回归仪式。滂沱大雨中,军枪轰鸣,英国国旗降下,爱尔兰风笛声回荡在维多利亚港上空。

庄文强并未被电视和风笛声吸引,他正在和太太冷战。喝醉后打电话给太太,说了一些话,声音淹没在雨中,他大哭一场,泪水迅速和雨水混在一起。"那是个复杂的场景,背景舞台那么大时代,而我却在烦恼一些很无聊的事情。"

这篇特稿的主人公庄文强是香港导演,标题即展示新闻主题——"故事操控者"。开头两段所展现的这个带有故事性的场景,既充满画面感,又契合了其时庄文强的生存状态和精神世界,更展现了报道主题。同时,记者选择1997年7月1日也别有深意,不仅能够凸显报道的时代感,更重要的是,本篇特稿正是将庄文强视为"香港回归"后香港电影导演的代表。这个时空交织的场景,也暗喻了时代变迁对个体的

---

① 《南方人物周刊》,2020年10月9日。

冲击与影响。从这个意义上说,场景式开头实质也是在为读者提供一种理解新闻主题的认知途径,借此迅速引导读者"入戏"。请看"冰点·特稿"《上海:转千弯,转千滩》①的开头:

> 在上海滩,海关大楼的钟敲了94年。6月1日零点的钟声格外穿透人心。
>
> 当12响浑厚的钟声穿过灯火通明的群楼,越过滔滔不绝的黄浦江时,重回外滩的人们驻足静听。紧随其后的,是汽车疯狂的鸣笛和人群的欢呼雀跃。在外环,庆祝解封的烟花冲上天空,发出阵阵巨响。脚步踢踏,车轮滚动,连跨江大桥都有些震颤。
>
> 这一刻,上海的无数双耳朵等了两个月。

这篇特稿聚焦的是2022年6月1日的上海"恢复常态"时刻。开头由6月1日零时海关大楼的钟声切入,首先呈现了一组动静结合的画面——浑厚的钟声与外滩上人们驻足静听,彰显人们对这一时刻的重视与期待。之后则突出了一个热闹、动态的场景——疯狂鸣笛的汽车、欢呼雀跃的人群、阵阵巨响的烟花等,凸显了人们的喜悦心情。这个场景的接入,生动记录了"上海静默"结束的焦点时刻。

5. 引语式开头

所谓引语式开头,即以报道对象或新闻来源的话语作特稿开头的重要组成部分,这些引语担负"呈现新闻事实、突出新闻主题"的功能。这种开头方式有两个注意事项。其一,须引用新闻中主要人物的话语,一般以直接引语居多,使用间接引语时,最好与直接引语搭配使用。其二,引语不仅要内容真实,而且要与新闻主题密切相关,引语的内容可以是对新闻的介绍,也可以是对新闻的评价等。例如,特稿《逃离拼多多的年轻人:"它的文化是不吝于用最强的恶意去揣测你"》②的开头:

> "我不知道是从什么时候开始,有点恶意地对待身边发生的所有的事情。我觉得可能在拼多多这两年,让我对很多事

---

① 《中国青年报》,2022年6月8日。
② 《时尚先生》,2021年1月刊。

情都充满了一种警惕性,因为它的文化是不吝于用最强的恶意去揣测你,就算是自己的员工。"一位离职员工如此说道。

另一位员工离职时,主管试图向她传递奋斗文化:我们拼多多就是这样的,它可能会让你不舒服,但只要你做好了就一定能在这里获得相应的报酬;又说:你觉得你很厉害,那你这两天投(放)的东西投(传播)得好吗?

这篇特稿开头仅两段文字,第一段是直接引语,引自拼多多的一位离职员工之口,以其自省个体的变化来凸显拼多多的企业文化。为了突出主题,记者将此引语的核心部分直接放到本篇特稿的标题中,既开门见山,又强化了读者对于新闻主题的印象。第二段是间接引语,是通过一位离职员工之口,转述其主管的话,从另一个向面展现了拼多多的企业文化,也再次强化了读者对于新闻主题的认知。

6. 复合式开头

所谓复合式开头,即综合调用梗概式、场景式、悬念式、引用式等多种开头形式,打造传播"合力",在吸引读者注意力的同时,更有力地展现新闻主题。例如,记者从玉华在《最倒霉的家庭》[①]中就采用了这种开头方式:

这个住在窑洞里的家庭实在太倒霉了。用女主人韩爱平的话来形容,差不多每刮一阵风,都会刮到她家。

有人用32个字的简洁语言,就讲完了这个倒霉的故事:"高长宏的大儿子注射乙脑疫苗后,得了乙脑。小儿子喝了三鹿奶粉后,患上结石。"

短短的两句话!

可只有从太原坐上大巴,走高速路、柏油路、搓板路,换三趟车,再走一段灰尘能淹没整个小腿肚的山路,坐在山西省交口县回龙乡高长宏家掉着墙皮的窑洞里,这两句话的温度才算刚刚升上来。

再多一点儿耐心,等到两岁零一个月大的伟伟午睡醒来,九岁的壮壮放学回家,揉着面团的女主人打开话匣,男主人熄

---

① 《中国青年报》,2010年4月14日。

了烟,重重地叹气……

　　这个倒霉的家庭的故事才开始清晰起来。

　　这则报道的开头第一段仅仅两句话,其中第一句话是记者的评论,陈述了故事梗概;第二句话是间接引语,实质设置了阅读悬念。第二段是直接引语,既简约地讲述了故事,也为第一段提供了佐证。第三段是过渡句,第四段、第五段是场景描绘,第六段则再次设置悬念。总体观之,本篇特稿的开头综合使用了梗概式、悬念式、故事式、场景式、引语式开头方式,真实客观、形象生动地引出了报道对象,突出了新闻主题。

二、主体的展开

　　作为特稿的核心部分,主体担负着故事讲述、人物呈现、主题展现等多项功能。由于特稿是一种饱含记者创造力、充满灵动的新闻文体,因此很难用一种固化的结构、写法来加以总结与分析。我们结合代表性的特稿作品以及知名记者的文体实践,着重从四个维度来聚焦特稿主体的写作。

　　1. 用"集中"聚焦戏剧性,凸显故事性

　　所谓故事,是指"按实际时间、因果关系排列的事件"。[1] 透过故事,我们得以认知外在于自我的世界,得以感知他人的情感与经验,得以建构对于自我的想象与定位。简言之,故事串联了自我、他人与社会。因此,对于特稿写作而言,如何讲好故事就成了一个重要命题。戏剧性是故事性的重要表征,其实现途径主要有二:一是新闻故事本身具有高度的戏剧性;二是写作时戏剧性手法的运用。前者依赖于选题以及对选题的提炼,后者则更多依靠叙事技巧。有研究者将此表述为:"主题事件化,事件故事化,故事人物化,人物性格化。"[2]

　　名记者李海鹏就善于用"集中"的手法凝聚特稿的戏剧性。《举重冠军之死》[3]强化的是时间上的集中,呈现了才力死前19个小时的经历,记者刻意将这个戏剧性的一天与其戏剧性的一生连接起来;《车陷

---

[1] 申丹:《叙述学与小说文体学研究》,北京大学出版社1998年版,第14页。
[2] 杨瑞春、张捷:《南方周末特稿手册》,南方日报出版社2012年版,第293页。
[3] 《南方周末》,2003年6月19日。

紫禁城》①则从空间维度,集中描述了北京道路上的堵车之旅,巧妙地将大城市的繁华同堵车的现实性命题戏剧性地勾连起来;《一个农民富豪的乌托邦》②则聚焦人物的集中,集中展现了一位农民富豪企图回乡建设新乡村的戏剧性经历,突出反映了在乡村发展过程中建设者和本地农民之间在致富理念与生活方式上的种种冲突。

不妨再来考察三位记者的成名作。林天宏在《回家》③中,将汶川地震给当地造成的巨大伤害集中到一个家庭的丧子之痛中,因为"再广大的悲伤也比不上一个最具体的悲伤"。赵涵漠在《永不抵达的列车》④中,将报道重点集中在两位年轻大学生的故事上,他们原本并不相识,却在同一场灾难中罹难——"在 D301 次列车发生的惨烈碰撞中,两个年轻人的人生轨迹终于相逢,并齐齐折断。"王天挺的《北京零点后》⑤则将报道集中在零点后的几个小时中,北京不同人群的生存状态。这三篇知名特稿都使用了"集中"的方法,从而切实增强了特稿的戏剧性,凸显了故事性。

2. 用"细节"推进主体叙事

所谓细节,是指特稿中描绘人物性格、事件发展、问题现象等最小的组成单位。好的细节不仅能表现新闻主题,帮助读者理解新闻的意义,还能增强特稿的生动性与可读性。因此,优秀的特稿总是在字里行间展现出细节的力量。诚如李海鹏指出的那样,特稿写作最核心的特质就是"精到的细节佐证、深入的开掘功夫和成熟的叙述表现"。⑥ 概而言之,捕捉具有某种独特性的细节,并且运用最精准、最生动的表达方式将之呈现,是有效推进特稿主体叙事的重要手段。例如,"冰点特稿"《一位医生种下 117 只耳朵》⑦中一段对于手术过程的描绘:

> 手术开始进行。只用了一分半钟,负压泵就将小女孩皮下鼓胀的水袋抽空了,新长出的皮肤瘪瘪地褶皱起来。
>
> 郭树忠用一把钢尺,仔细度量了小女孩完好的左耳,比照

---

① 《南方周末》,2003 年 10 月 16 日。
② 《南方周末》,2004 年 9 月 16 日。
③ 《中国青年报》,2008 年 5 月 28 日。
④ 《中国青年报》,2011 年 7 月 27 日。
⑤ 《人物》,2013 年第 2 期。
⑥ 杨瑞春、张捷:《南方周末特稿手册》,南方日报出版社 2012 年版,第 75 页。
⑦ 《中国青年报》,2022 年 3 月 2 日。

着,在右侧皮肤表面"以对称为标准"画下线路。另一位医生接过手术刀,沿郭树忠画好的线做了一个直角切口,护士迅速清理了刀口的血液,透明的皮肤扩张器暴露出来,旋即被一手术剪夹出。

在无影灯下,被三把剪刀包围的切口,出血量很小,视野清晰,这是注射的肾上腺素的作用。与此同时,师俊莉带领的另一手术团队在小女孩的左胸下方,切开一道小小的口子,准备取肋软骨。

"就像剥洋葱一样剥开骨膜。"郭树忠曾比喻,"啃过排骨吧,那些半透明的脆骨就是肋软骨。"

师俊莉解释,做耳朵,用到的软骨主要在第6号、第7号和第8号肋骨上。如果量不够,可能还要取第9号的。它们的长度、硬度、弹性、厚度都相对合适。做左耳要用右侧的肋软骨,反之同理,这是为了利用软骨天然的弧度。

7号条件最好,会被用来做耳朵的主支架,6号做底座,8号、9号做耳轮和对耳轮。人的外耳天生沟壑纵横,重建时如果追求仿真,要将所有细节构建出来。师俊莉说,太小的孩子,肋软骨量不够,长大了又会钙化、变硬,60岁以上"就成了豆沙雪糕,酥掉了"。

有人耳朵大,用料多,有人耳朵贴头皮,用料少。但每个人的耳朵都拥有独特的形态,"医学需求的外耳再造,追求的不是美,而是'像'。"师俊莉说,参照物就是对侧那只耳朵。

郭树忠自称"赝品制造大师",他把西安美术学院雕塑系的教授请来给团队授课,让学生练习雕萝卜、芥菜、羊和猪的排骨,自己也去美院刻木头、捏陶土。

此刻,他接过小女孩的第一段肋软骨,放置在一块巴掌见方的白色操作台上。

孩子的软骨是粉白色的,看上去非常纯净,郭树忠用手术剪刀轻轻修去上面残留的组织,拿起一份1∶1制作的小女孩左耳的透明模版,比对着那段软骨,画下轮廓。

11号刀片登场了,它削过骨面,白色碎屑随之掉落,软骨开始显露出优美的弧线,那是在模拟耳轮的外缘。

手术室里,心电监护仪发出均匀而响亮的滴声,背景音则是交替播放的情歌、古典乐和春节序曲。郭树忠一边雕刻着骨头,一边讲起整形外科的历史——一战时,不少士兵遭受近距离枪伤,面部损毁严重,"孤悬于身体之外的耳朵格外容易被打掉"。

这篇特稿讲述的是一位耳朵整形医生和他的患者的故事。上述文字展现了一次整形手术的全过程。记者通过细致观察,聚焦手术中的关键细节:从负压泵抽空小女孩皮下鼓胀的水袋到新长出的皮肤瘪瘪地褶皱起来;从医生用钢尺度量完好的左耳,到用手术刀切开直角切口、用手术剪刀夹出透明的皮肤扩张器;从无影灯下被三把剪刀包围的切口出血量,到去除第一段粉白色肋骨后,医生将其放置在一块巴掌见方的白色操作台上制作透明模板;从 11 号刀片登场,到手术室心电监护仪的滴声以及交替播放的情歌、古典乐和春节序曲的背景音……这些细节是对专业手术过程的独家、精准的呈现,有力地推进了主体内容的展开。此外,记者在呈现现场观察细节的同时,还穿插了报道对象的直接引语和间接引语,这些既是对关键细节的解释与说明,也切实拓展了报道的信息量。

3. 用"对话"展现人物特征,推动情节发展

作为小说的重要技巧,"对话"在 20 世纪 60 年代被"挪借"到新闻界,成为"新新闻主义"浪潮下新闻报道的重要手段。诚如"新新闻主义之父"汤姆·沃尔夫所说的那样:"逼真的对话比其他任何东西都更能吸引读者。它也比其他任何东西都能更快、更有效地表现角色的特点(狄更斯有一种在你头脑中塑造人物形象的方法,以至于你感觉他入木三分地刻画了描写对象的外表——如果你回过头来再看一遍,你会发现,他实际上只用了两三句话描写外表,其余的都是他用对话完成对人物的塑造。"[1]尽管"新新闻主义"仅持续了十年即"退潮",但"对话"却被特稿所保留。特稿写作追求"展现",而非单纯的"讲述"。"对话"则是展现人物特征,推动情节发展的重要手段。例如,《时尚先生》刊发的特稿《天才花滑少女和她的虎妈》[2]就在文中使用多处"对话",让"对话"展开叙事,用"对话"塑造人物。下面是其中的一处对话。

---

[1] 〔美〕梅尔文·门彻:《新闻报道与写作》,展江主译,华夏出版社 2004 年版,第 177 页。

[2] 《时尚先生》,2020 年 7 月刊。

那天妮妮练习合乐，张爱君倚着围栏，沿着探向冰场的脖颈，她把清亮有力的喊声抛向妮妮："你别废话，老天让你多合几遍！"妮妮站在对面，以一种自言自语的口气小声反驳，"能不能别老天老天的"。

"我需要这样的土壤活着。"张爱君说。她信佛，训练时，习惯用"渡劫""老天""修行"这些词向妮妮解释她所面对的事，"要一边练一边讲人生"。当妮妮在冰场上摔倒时，张爱君会这么解释：

"老天安排就是让你渡劫的，就是不让你成，让你多练，你要感谢老天！……你要真成了比赛就摔了，这就是修行……你的劫数并不因为你的痛苦而减少，那山，不会因为你刻苦就低了，你知道吗？"

当她在妮妮训练中踢东西，显得躁郁时，张爱君说，那其实是在帮助妮妮，"我们是没有妈妈、孩子这种阶层概念的，我们是灵魂的相互成就。"

"我作为一个妈妈，我走过了所有女人所走过的路，只不过更加极限，更加极端，更加焦虑，当有了这一切之后，我所学会的就是我的劫不会停止。艺术是通过缺陷来打磨的，艺术之花，你的劫有多深，你的花就有多美，就是一朵莲花，它会长在大粪上，它会长在刀尖上，我们就是在大粪里、在刀尖上修行，不但要扛疼，还要扛臭。"

这五段文字记录了张爱君与女儿的对话以及记者与张爱君的对话。第一段是母女对话，展现张爱君的"虎妈"形象。后面的四段实质是记者与张爱君的对话，但隐去了记者的话，专以张爱君的"独白"方式呈现，并且将张爱君的直接引语置于两种情境之下，一种是"当妮妮在冰场上摔倒时"，另一种是"当她在妮妮训练中踢东西，显得躁郁时"。基于此，这些"对话"不仅展现了张爱君"虎妈"形象背后带有某种偏执的"信仰支撑"，而且有效地推动了故事情节的展开。

4. 文学化表达彰显特稿的审美价值

如前所述，特稿追求运用"文字之美"呈现"复杂的真"。因此，主体部分常常通过文学化表达来凸显特稿的"文字之美"。

(1) 制造"节奏感"促发新闻话语的视听化呈现

和具象的影像相比,文字是抽象的,单一的呈现方式容易让读者陷入阅读疲劳。在李海鹏看来,"控制"着读者的不是内容,而是"细密的、有智性的逻辑链,是剪辑技巧,是节奏感"。① 只有这种"节奏感"才能实现新闻话语的视听化呈现。例如,特稿《满语消失的最后一瞬》②的倒数第三段就使用了这样的表达:

> 墨绿色的玉米在风中伏低、摇摆,伏低、摇摆,像梦境一般枯燥又永无休止。于是整整一天屯子里再无生气。直到夜里9点半,整个屯子上炕睡觉。这就是一个不停地遗忘着的地方拥有的东西:现在。

这段文字描写了整个屯子一天的生活,那"伏低、摇摆,伏低、摇摆"重复动作的玉米暗喻着那里生活的百无聊赖,展现出屯子毫无生气的画面,字里行间着力营造出的慢节奏,却快速吸引读者的注意,最后一句话则引导读者在被遗忘的"现在"与终将消失的"满语"之间建构关联。再如,《无情戒毒术》③的第三部分"脑内战争"中描述手术过程的文字:

> 两根射频针的顶端为裸露金属,相距 6 毫米,平行进入大脑,分别释放正、负电极并每秒钟转换上百万次,使得靶点区域内的正、负离子高速往来,摩擦生热并达到 72 ℃,杀死神经元,在周围形成一个 8 毫米高的椭圆形"死海"。
> ……
> 第 5 次、第 6 次、第 7 次、第 8 次,钝头探针深入赵雷的大脑,烧死他的一些意识。

与前两部分相比,这部分段落明显变短,短句增多,节奏加快,顿号的连续使用迅速将一台"快、狠、准"的脑部手术"画面"呈现在了读者面前。

---

① 李海鹏:《大地孤独闪光》,南方日报出版社 2011 年版,第 122 页。
② 《南方周末》,2007 年 7 月 26 日。
③ 《南方周末》,2004 年 4 月 1 日。

(2) 调用文学修辞强化传播效果

"特稿的文学性,体现在它必须最大程度地调动读者的感官。……人的视觉、听觉、触觉、想象力和好奇心,统统被唤起。"[1]李海鹏在他的很多特稿作品中都使用了比喻修辞手法。例如,在《车陷紫禁城》[2]中,北京被比喻为"庞大的章鱼""巨人",堵塞的道路被比作被堵住的"水管";在《人工盲童》[3]中,盲童的眼球被比作将萎缩的"干苹果";《无情戒毒术》[4]的手动颅钻被比作"汽车的手动摇把",等等。形象的比喻在增强特稿文学性与生动性的同时,也让抽象的概念变得易于理解。在《举重冠军之死》[5]文末处的比喻,更是将才力亲人在得知才力过世时的震惊以最具象的方式呈现出来:

这时病房里所有的家属都看见,一直俯身做胸压的护士停止了动作,转过身来对他们说:"你们准备后事吧。"他们在最初的一段时间里都没有听懂这句话,就像被截断了一条肢体之后以为它还在那里,很难相信自己已经失去了什么。

作为该篇特稿的结尾,李海鹏将亲人离世之痛比作断肢的切肤之痛,痛难自持但仍无法相信,记者言语间虽尽力克制,但这种复杂的情绪已然蔓延开来,读者也更能体悟其中的情感。

再请看"冰点特稿"《颐和园"捉虫人"》[6]的开头部分:

一只虫子想要在颐和园里藏身太过简单:这里光乔木和灌木就有 6 万多株,山上的树连着山下的、门里的树连着门外的,阳光很难从叶子的缝隙漏到地上。相比慈禧太后,虫子是这片领地更早的统治者。

270 余年后,这座现存最完好的古代皇家园林成为普通市民的"后花园",园艺队里的植物保护班肩负起"找虫子麻烦"的工作。他们要有鹰的眼睛、侦探的推理能力和猎豹的行

---

[1] 蒯乐昊:《奢侈的特稿》,《南方传媒研究》,2013 年第 42 期。
[2] 《南方周末》,2003 年 10 月 16 日。
[3] 《南方周末》,2004 年 2 月 19 日。
[4] 《南方周末》,2004 年 4 月 1 日。
[5] 《南方周末》,2003 年 6 月 19 日。
[6] 《中国青年报》,2022 年 5 月 25 日。

动速度,才能让园子里的植物每天以最佳状态迎接游客。

他们是守护植物健康的最后一道防线。这个团队有从园子里老军工厂转业的工人,也有985高校毕业的博士,他们既要跟"出生就当妈妈,7天就当姥姥"的蚜虫赛跑,也要应付捅马蜂窝、赶蚂蚁和各种鸡毛蒜皮的小事儿。一代代人把自己放在这座活古董的运行齿轮里,守着1 600多棵古树和遍地绿植。

这三段文字,综合使用了拟人、拟物、比喻的修辞手法。第一段中"虫子是这片领地更早的统治者"、最后一段中的"出生就当妈妈,7天就当姥姥"的蚜虫,均使用了拟人修辞。第二段中的"他们要有鹰的眼睛、侦探的推理能力和猎豹的行动速度"使用了拟物修辞手法。第三段中的"一代代人把自己放在这座活古董的运行齿轮里"则使用了比喻修辞手法。这些形象生动的表达,增强了报道的可读性和趣味性。

三、结尾的方式

对于特稿而言,一个好的结尾不仅意味着报道的结束,还是记者强化报道主题、引起读者共鸣的重要机会。美联社国际写作指导布鲁斯·德西尔瓦为我们提供了四种好的结尾:

(1) 一个生动的场景;

(2) 阐明文章主要观点的、令人难忘的奇闻逸事;

(3) 一个生动的细节,它象征着比它自身更大的东西,或者暗示故事可能的发展方向;

(4) 一个用心安排的令人信服的结论,在这个结论中,作者亲自向读者讲话,说:"这就是我的观点。"①

概而言之,特稿的结尾不是可有可无,更不是对于报道的简单收束,而需要记者深入思考,精心设计。结合新闻界的特稿实践,我们介绍以下五种有效且常用的结尾方式。

1. 结果式结尾

所谓结果式结尾,即有始有终,在特稿末尾处交代主人公的结局或

---

① 〔美〕马克·克雷默、温迪·考尔:《怎样讲好一个故事》,中国文史出版社2015年版,第160页。

事件的进展等情况,以满足读者的阅读期待。因此,结果式结尾实质体现了对读者的尊重。这类结尾常常会在展现结果中凸显或深化新闻主题,一般有三种展开方式:第一种是直陈其事,直接叙述结果;第二种是借助主人公的话语来陈述结果,凸显主题;第三种是通过场景和细节来呈现结果。请看下面的三个案例。

《王凤雅事件全复盘:谣言、网络暴力和一个无计可施的底层家庭》①一文经过缜密采访,在呈现了大量事实之后,结尾直接陈述该事件的结果,最后一句话虽简单平实,却暗含了记者的态度,也凸显了新闻主题:

> 此后,双方由此产生了一系列冲突,经过陈岚等大V放大以后,掀起一场对王凤雅家属的舆论审判。如今,随着更多信息被媒体曝光,陈岚等大V纷纷发表了致歉声明。但并没有过去多长时间,那一条致歉的微博,便淹没在他们不断更新的微博之中。

《逃离拼多多的年轻人:"它的文化是不吝于用最强的恶意去揣测你"》②的结尾则首先回应了读者的关切,交代小郭与小N的离职去向。通过对小N话语的直接和间接引用,一方面展现了互联网企业中的年轻人的职业观和价值观,另一方面也凸显了行业"内卷"的大背景下,年轻人择业的无奈与焦虑,从而深化了新闻主题。

> 离职顺利的小郭正在享受假期,小N也开始了新的工作。
>
> 小N知道,工作是一个非常复杂的事情,自己天天投身于此。她自认有点工作狂,互联网行业的增长速度符合她对工作的预期,她也想过,或许再过两三年,她会觉得生活更重要,她会慢慢往后退,或许会出国读书,再回来当老师。
>
> 提离职时,主管试图向小N传递奋斗文化,他这么劝小N:我们拼多多就是这样的,它可能会让你不舒服,但只要你

---

① 《中国新闻周刊》,2018年5月29日。
② 《时尚先生》,2021年1月刊。

做好了就一定能在这里获得相应的报酬;又说:你觉得你很厉害,那你这两天投的东西投得好吗?总言之,他想告诉小 N,可能很辛苦,但只要你够强就一定能站在顶端。小 N 觉得主管已经被洗脑了,她不认同这种以事业成败、赚钱多少为标准的评价体系,因为成功是杂糅了很多复杂因素的一件事,她拒绝把评价自己的权力交给如此简单的头脑。

至于工作,小 N 最在意的是公司老板尊不尊重人。以前,小 N 对工作的底线是做正确的事,如今底线已经降低,"反正这个行业已经这么卷了,可能很多事情都是为了做而做。你也就只能差不多得了呗,就是稍微能做点喜欢的事情就可以了。"她也想过转行,但习惯了互联网的高薪,突然转入别的行业,拿一份不上不下的薪资令小 N 焦虑。

《改判无罪后的张志超和他失去的 15 年》①一文的结尾通过聚焦主人公拿到临时身份证时的场景,结合对张志超动作与表情的细致描绘,既呈现了他重获自由后的真实状态,又从细微处展现了自由的弥足珍贵:

重获自由的第四天,张志超有了新的身份证,虽然还是临时的,他捏在指尖笑笑。民警喊他名字,他接过一沓纸,一张一张把户口页插进户口本,又拿起临时身份证笑起来,很灿烂。

2. 评述式结尾

所谓评述式结尾,即是指记者在特稿结尾运用夹叙夹议、叙议结合的方式,直接对报道对象或新闻事件展开评论。请看"冰点特稿"的开山之作《北京最后的粪桶》②的结尾:

蔡三中的女儿 16 岁,在北京一所市属重点中学读初三。好多孩子交足了赞助费,找遍了关系才能进这所学校,自己的

---

① 《时尚先生》,2020 年 6 月刊。
② 《中国青年报》,1995 年 1 月 6 日。

孩子完全是凭真本事考进来的,这是蔡三中最大的欣慰。

跟他一样,樊宝发、殷健康都有着令人自豪的女儿们。在吃了二十多年的苦之后,这些出生在北大荒的孩子们成了他们的希望所在,他们觉得苦没白吃。

樊宝发说,什么是强者?强者就是什么都能忍,在别人面前挺得直腰板!

他们忍受着,忍受着生活上的窘迫、工作中的重负和心灵上的委屈。因为他们虽然还背着时传祥的粪桶,而时传祥的时代氛围已不会再现。他们也许是粪桶最后的北京传人了。可他们挺直了腰板。之所以如此,是因为早在26年前,他们就开始用自己的青春和热血为国家分担灾难,分担忧愁,分担痛苦。这是一代人独有的活法儿。

他们还将这样走下去。

本篇特稿的结尾由五段文字组成。第一段和第二段的第一句话介绍了三位掏粪工人引以为豪的女儿们,记者据此在第二句话展开评论,初步揭示掏粪工人艰苦工作的源泉和希望所在。第三段展现的是一位报道对象的间接引语,从而构成了第四段和第五段评论的"由头",而记者的这两段评论实则点明了本文的主旨。总体观之,本篇特稿结尾叙述部分客观具体,评论则建基于叙述,点到为止,恰到好处,很好地处理了"评"与"述"的关系。此后,评述式结尾遂逐渐成为特稿写作中的一种常见方式。例如,2020年那篇"刷屏"的特稿《外卖骑手,困在系统里》[①]就采用了这种结尾方式:

美团市值突破2 000亿美元的新闻发布后,一片惊叹声中,有人再次提及王兴对速度的迷恋,还有他曾提起过的那本对自己影响很大的书——《有限和无限的游戏》,在这本书中,纽约大学宗教历史系教授詹姆斯·卡斯将世界上的游戏分为两种类型:有限的游戏和无限的游戏,前者的目的在于赢得胜利,而后者则旨在让游戏永远进行下去。

系统仍在运转,游戏还在继续,只是,骑手们对自己在这

---

① 《人物》,2020年第9期。

场无限游戏中的身份,几乎一无所知。他们仍在飞奔,为了一个更好生活的可能。

这篇特稿通过历时半年的采访与调研,通过对外卖骑手群体的关注,详细解剖了外卖平台使用的智能算法系统,探索的核心问题是,"数字经济的时代,算法究竟应该是一个怎样的存在?"本篇特稿的结尾仅两段话,第一段是"述",第二段是"评"。第一段叙述了两个重要事实,一是美团市值突破2 000亿美元,二是介绍美团CEO王兴推崇的一本书及其主要内容,从而构成了第二段评论部分的论据。第二段的评论承接上文,有理有据,言简意赅,意味深长,凸显了记者对算法系统的深刻反思。

3. 呼应式结尾

所谓呼应式结尾,是指特稿的结尾与开头形成彼此关联、相互照应的关系。当然,这不仅仅是文字上的简单重复,而是顺应全文的叙述逻辑,是对新闻核心内容的再次确认,也是对新闻主题的再次强调。例如,《人物》杂志的特稿名篇《北京零点后》[①]就采用了这种结尾方式:

当太阳升起,地铁开动,人们出门上班,深夜的一切仿佛从来不曾出现过。但如果你用心,也许会发现,饭店门外摆着一箱箱等待清洗的肮脏碗筷,马路还留有些许渣土,刚刚出街的报纸上登着夜里的新闻,医院门口,一对夫妻抱着刚出生的孩子回家,露出欣喜而略带疲惫的面庞。这便是它深刻存在且不容忽视的证明。

这篇特稿聚焦零点后北京的"众生相",其开头就是从"孕妇"起笔——"在北京的深夜,大多数即将临盆的孕妇都要拨打急救电话,然后搭乘呼啸而来的急救车前往医院,接受助产士们的帮助。急救车上的人员标准配置是一名医生、一名司机、一个担架工。"结尾处则落笔在一对夫妻抱着刚出生的孩子回家这一细节,展示着零点前后的变化,继而用最后一句话点明题旨,使全文首尾连接,文脉贯通,结构上也形成了一个完整的"闭环"。

---

① 《人物》,2013年第2期。

呼应式结尾因其结构紧密，逻辑明晰，主题突出等优点，在特稿写作中被广泛采用。请看前文所提及的《太平洋大逃杀亲历者自述》[①]的结尾：

  我们当中的大部分人都过着循规蹈矩的生活，以为别人即使不像自己一样对世界安之若素，也不会离经叛道到哪里去，并在庸常的时日里养成了一种根深蒂固的见解：平平常常是人生的常态。
  但是在太平洋上，或者说世界的某个深处，事情并非如此。

无论是从意涵，还是从表达上看，这篇特稿结尾部分的第一段与开头部分的第一段十分相似。所不同的是，开头第一段多了一句话——"这种观点固然不算错，但需要一点小小的修正"。那么，如何修正？正文部分予以了细致回答，而结尾部分的第二段则再次进行了强调，从而在呼应开头中实现了题旨的再突出。

4. 悬念式结尾

所谓悬念式结尾，是指结尾留下一些悬而未决的问题或带有某种象征意味的细节，从而激发读者的阅读共鸣，引发读者的思考，有效地增强了特稿的传播效果。这种结尾方式常常适用于两类特稿，一类是尚处于发展中的人物或事件类特稿，因其带有不确定性，所以常常运用悬念式结尾。例如，李海鹏的特稿名篇《悲情航班 MU5210》[②]的结尾：

  11月23日下午，对于记者提出的飞机在起飞前夜未检修的问题，东航处理此次事故的负责人拒绝回答。在24日下午的新闻发布会上，有记者再次提出此问题，李丰华仍未明确回应。

这篇特稿是在"包头空难"发生四天后刊发的，关于空难的很多信息都处于不明朗的状态，因此特稿的最后一部分专门聚焦了关于空难

[①]《时尚先生》，2016年1月刊。
[②]《南方周末》，2004年11月25日。

的"各种传闻"。基于此,记者在结尾部分单独拎出一个最重要的问题,亦即"飞机在起飞前夜是否未检修?"但在连续两天的采访中,都没有获得东航方面的回应。阅读至此,读者一定会产生一系列的疑问:这个传闻是否为真?东航方面为何不回应?……结尾所设置的悬念,既是公众的关切,又是后续调查的重点,虽暂时没有答案,但列在结尾,实质也表达了记者和媒体的态度——"在报道天灾造成的伤害之外,还探究'人祸'的有无"。①

另一类是故事性较强的特稿,悬念可以增强其戏剧性。例如,《寻亲记:"错换人生28年"事件前传》②的结尾:

> 4月30日,江西九江一家酒店,在数家媒体见证下,两个家庭认亲,姚策与亲生父母首次见面。记者的摄像机镜头捕捉到一个细节:姚策与杜新枝并排坐在一起,儿子把手搭在了母亲的左手手腕上,但略显紧张的母亲握紧拳头,没有回应。

看完整篇特稿,读者最关心的问题莫过于:骨肉分离28年,寻亲成功之后,两个孩子与他们的亲生父母会如何相处?身患重病的姚策能否获得亲生父母的照顾和救治?……对此,该文的结尾刻意呈现的这个细节,实际加深了读者的疑虑,更为这个故事的后续增添了些许戏剧性,给人一种意犹未尽的感觉。这就是悬念式结尾的魅力所在。

5. 隐喻式结尾

所谓隐喻式结尾,即在结尾处设置某种关联性意象,以展现特殊意涵,凸显新闻主题。例如,下面两篇特稿的结尾:

> 之前同病房的家属知道了,为她的小屋安上了一盏太阳能灯。这名家属是个电工,装上灯后,这间屋子不会再陷入彻底的黑暗。
>
> 夜色已将张爱君包裹。冷风吹起,明亮的灯盏从街的两边沿向天的四方,凝滞许久的东西仿佛瞬间化开了。此刻,在张爱君别在脑后的马尾上,头发随风飘浮,它们仿佛生来就是

---

① 杨瑞春、张捷:《南方周末特稿手册》,南方日报出版社2012年版,第47页。
② 《南方周末》,2021年5月20日。

那样,飘荡着,在夜里隐现出一个风尘仆仆的背影。

第一段是"冰点特稿"《等待醒来》[①]的结尾,该文讲述了一位母亲照顾因车祸变成植物人的女儿的悲情故事,结尾处看似平实,实则匠心独运:装上灯的房间"不再陷入彻底的黑暗",隐喻的正是这对母女最重要的东西——"希望"。从这个意义上说,这是一个充满温暖且具有人文关怀的结尾。第二段是《时尚先生》刊发的特稿《天才花滑少女和她的虎妈》[②]的结尾,该文讲述的是一位望女成凤的母亲如何训练女儿成为花样滑冰冠军的故事。特稿通过深入采访,细致入微地刻画了张爱君的"虎妈"形象。结尾部分记者"定格"张爱君在夜色中行走的背影,"夜色已将张爱君包裹""马尾上的头发随风飘浮""风尘仆仆的背影"皆是对张爱君野心与牺牲的一种隐喻,展现着她的野心"与生俱来",她的牺牲也"义无反顾"。

---

① 《中国青年报》,2022年3月23日。
② 《时尚先生》,2020年7月刊。

四、场景篇

第十二章

国际新闻采访与写作

第一节 国际传播与国际新闻

传播学作为一门学科源于新闻学研究。传播学学科成立后继续发展,出现了人际传播、小团体传播、组织传播和大众传播的分类,进而又将"新闻"放入"大众传播"一类中。本章内容是国际新闻的采访与写作,国际新闻属于国际范围内的大众传播,是国际传播的重要部分。因此我们谈国际新闻,不可避免地要先谈国际传播。

一、国际传播和国际新闻的历史

国际传播有广义和狭义之分。广义的国际传播指一切形式的跨国信息传播活动,其传播主体包括政府、组织、群体和个人,传播方式包括大众、组织、群体和人际传播。广义的国际传播古已有之,如早期的社会政治集团之间的信息传播活动,最早的外交传播、文化传播,帝国间、文明间的使节交换,贸易、宗教传播,探险旅行、战争、人口迁徙等。近代如15—16世纪的地理大发现、印刷术的普及等,都可以算是国际传播。美国麻省理工学院(MIT)国际研究中心将国际传播定义为"通过言词、印象和观念的交换去影响不同民族国家之间彼此的态度和行为",显然属于广义的国际传播定义。

狭义的国际传播指"有组织的跨国信息传播活动",主体包括政府以及与国家关系紧密的组织化媒体机构,传播方式主要是大众传播,即通过大众媒介进行的跨国信息传播活动。狭义的国际传播是随着现代国家以及跨国大众传播的出现才出现的,因此在人类历史上存在的时间比广义的国际传播短得多。

1648年,《威斯特伐利亚和约》的签订催生了由各主权国家构成的国际体系,这使得各国之间高速和高密度的信息流动成为必须。从19世纪初到20世纪中期,电报、电话、广播、电视、卫星通讯等现代信息与传播技术的出现则满足了这些需求,全球朝着"地球村"的方向发展。这一发展过程中的重要助力者就是国际新闻通讯社,包括英国的路透社、美国的美联社和中国的新华社等。

德国人路透(1816—1899)于1850年创办了路透社,1858年正式开始向报馆供稿。一个半世纪以来,路透社善于对国际重大事件进行及时和详实的报道,因而获得了巨大的国际声誉。例如,路透社抢先发布了美国总统林肯遇刺消息、拿破仑三世警告奥地利的国会演说词和第一次世界大战停火、1944年法国诺曼底登陆以及德国柏林墙的建立与倒塌、20世纪90年代伊拉克入侵科威特等事件。对突发事件的报道使得路透社在国际新闻界声名鹊起,为以后的发展奠定了坚实的基础。

路透社对全球东西方信息流动也形成了较大的影响。例如,与其他各国通讯社相比,从19世纪60年代至第二次世界大战前,路透社在亚洲地区的影响力始终呈现出压倒性的优势地位,是欧美各国认识和了解东亚地区政治、市场与文化的重要媒介,故而也对东亚各国的政治、外交、新闻传播等领域产生过重要影响。"昔日赫赫有名的大英帝国已经变成一个普普通通的国家,而路透社却与此相反,从一个平平常常的小通讯社迅速发展成能对全世界的宣传报道产生巨大影响的规模庞大的国际性通讯社。"①

美联社是美国联合通讯社的简称,是美国最大的通讯社,也是世界上规模最大的新闻采访机构之一。该社1848年创立于芝加哥,前身为港口新闻联合社,由当时纽约《太阳报》等6家报纸组合而成,1875年更名纽约联合新闻社,1892年经过改组后使用现名。该社由1 300多家报刊和3 600余家电台、电视台合股而成,是合作公司制的通讯社。

路透社和美联社从小到大的发展与它们积极采纳最新的信息与传播技术密切相关。两者在建立初期均派出记者到国内和欧洲各大城市采集新闻并用信鸽和信号系统发回,19世纪中期使用电报后加速发展,最终从最初的办事处发展成世界性通讯社,进而助力形成了今天西

---

① 孙未:《无冕之王》,花城出版社1994年版,第87页。

方国际传播霸权与信息垄断。

新华社前身是 1931 年 11 月 7 日在江西瑞金成立的红色中华通讯社(简称红中社),1937 年 1 月在陕西延安改为现名。初创时期,红中社的工作条件极其简陋,1933 年年初,中央军革委拨了一部电台给红中社,3 月才建立起自己专用的新闻台。最初新闻台只有两三名工作人员,每天只能发几条新闻电讯。除了播发电讯外,工作人员还要抄收国内外新闻,编辑油印成《无线电材料》(后改名《参考消息》,亦称《每日电讯》),供中央领导同志参阅。[1] 1955 年,毛泽东指示新华社"尽快做到在世界各地都能派有自己的记者,发出自己的消息,把地球管起来,让全世界都能听到我们的声音"。[2] 今天,新华社建立了覆盖全球的新闻信息采集网络,形成了多语种、多媒体、多渠道、多层次、多功能的新闻发布体系,集通讯社供稿业务、报刊业务、电视业务、经济信息业务、互联网和新媒体业务等为一体,每天 24 小时不间断用中文、英文、法文、俄文、西班牙文、阿拉伯文、葡萄牙文和日文 8 种文字,向世界各类用户提供文字、图片、图表、音频、视频等各种新闻和信息产品。

从 20 世纪中后期到 21 世纪初,信息与传播技术(ICT)快速发展,越洋电报、国际电话、卫星电视和互联网等先后出现并普及,导致传播活动全球化,传播过程中的 5W 出现了多主体、多渠道、内容多样、受众多元、效果不一的局面。例如,1980 年 6 月,美国有线新闻电视公司(Cable News Network,CNN)正式开播,成为世界上第一家全天 24 小时连续播出新闻的电视台。1991 年 1 月,CNN 对海湾战争的现场直播开创了世界战争史上对战况进行即时报道的先河。1 月 16 日美国东部时间晚上 9:30,美国国防部长切尼在首次战况记者会中被问及美军飞机轰炸巴格达的情况,他半开玩笑回答说:"到目前为止,最详细的报道来自 CNN。根据 CNN 记者们从巴格达的旅馆发出的报道,这次空中攻击的准确度很高,相当成功,至少 CNN 的报道是这么说的。"

以上国际传播"运动场"的参与者每天向遥远的国家和不同的文化传播大量的文字、图片和音视频内容,在全球范围内形成了新的"流动空间",催生了"网络社会"的兴起,并服务于当今的全球权力结构。我们已经处在一个日益相互联系、相互依存和不平等的全球化世界。

---

[1] 宋兵:《岁月里的故事——新华社 80 年通信技术发展历程图片展侧记》,《中国传媒科技》,2011 年第 10 期。

[2] 《毛泽东新闻工作文选》,新华出版社 1984 年版,第 182 页。

二、单向的国际新闻流动

1965年,两位北欧学者加尔滕和鲁格发表了论文《国际新闻的结构:四份挪威报章对刚果、古巴和塞浦路斯危机的呈现》。该文章开创了"国际新闻流动研究"的先河。研究提出了一些关于国际新闻背后的新闻价值的假设,例如,"国际新闻报道的多半是有关精英国家中的精英人物的事情;负面消息比正面消息更多被报道;一个国家在地理及文化上距离'本国'越远,它被报道的频率就可能较低"。① 该篇文章是最早的、也是被引用最多的关于"国际新闻流动"研究的论文。

国际新闻流动的单向性和单一性与国际新闻媒体多被发达国家所控制这一事实有着必然关系。进入互联网时代,越来越多的发展中国家的新闻机构通过自己的网站发布新闻,使其传播到世界的各个角落。因此,互联网似乎对于改善以上局面是一个利好消息。传播学者詹姆斯·凯瑞在《互联网和国家的传播系统的终结:对于不确定未来的不确定预言》中指出,自从19世纪末以来,传播系统便被少数国家所掌控,因此并未真正全球化过,而互联网建立了一种"新型的媒介生态",因此我们已经将其视为"第一个真正的全球化的传播系统"。②

但是,我们也应该清楚地看到,国际新闻的流通传播不仅仅是一个简单的技术问题,同时它也涉及各国的政治、经济和文化因素。文森特·莫斯可在《互联网的迷思和力量》一书中认为,虽然互联网和计算机在受众和新闻事件之间建立起了一座便利的桥梁,但是,这并不意味着互联网会自动地忽略国际新闻流动传播中所涉及的国与国、地区与地区之间的社会、文化、政治和经济隔阂。③

在这个媒介化世界中,西方新闻机构、跨国媒体公司占据着支配地位,统治着对新闻价值的定义,把控着新闻的流动,造成世界媒体生态

---

① Johan Galtung & Mari Holmboe Ruge, "The Structure of Foreign News: the presentation of the Congo, Cuba and Cyprus crisis in four Norwegian newspapers", *Journal of Peace Research* 2, pp.64-91, 1965.

② Carey, James W., "The Internet and the End of the National Communication System: uncertain predictions of an uncertain future", *Journalism and Mass Communication Quarterly* 75(1), pp.28-34, 1998.

③ Mosco, Vincent, "Webs of Myth and Power: connectivity and the new computer technopolis", in Andrew Herman Mowlana, Hamid, *Global Information and World Communication: New Frontiers in International Relations*, London: Sage Publications, 2000.

中的权力偏向和内容同质。这激发了一些抗争的行为和声音,比如区域性媒体以及互联网空间中反西式全球化声音的出现。

1996年2月,卡塔尔成立半岛电视台(Al-Jazeera)。它先因其自由度极高、辩论性质极强的谈话节目在阿拉伯世界走红,随后因其对"沙漠之狐"军事行动和巴勒斯坦第二次民族起义的报道开始进入西方媒体和观众的视线。2001年"9·11"事件后,它的独家报道被全球观众所熟知。半岛电视台作为阿拉伯世界的新生事物,在国家形象塑造方面获得了非凡成就,在成立不到20年间,它让世界人民看到了一个全新的阿拉伯世界,被称为"中东地区的CNN"。

2005年12月,俄罗斯国际电视新闻频道"今日俄罗斯"(Russia Today)成立。今天,它已成为CNN和BBC外最有影响力的非西方国际媒体之一,对欧美在国际新闻传播领域的霸权地位构成了有效挑战。

2016年12月31日,中国环球电视网(CGTN)成立。它是中国国际电视台集中优势资源重点打造的外宣旗舰频道,以"台网并重、先网后台、移动优先"的战略通过多语种向全球播送新闻、评论和访谈节目。

三、国际新闻的概念和类型

所谓国际新闻,即在国际间流动的新闻报道。

凯认为国际新闻包含三种:由国外媒体报道的国外新闻;由国外媒体报道的国内新闻;由国内媒体报道的国外新闻。[1] 刘笑盈立足中国,从决定新闻的三个要素(媒体、内容和受众)出发区分出三种"国际新闻"类型:"向中国说明世界"的国际新闻报道,涉及本国媒体、境外内容和本国受众;"向世界说明中国"的对外新闻报道,涉及本国对外媒体、国内内容和境外受众;"向世界说明世界"的国际或全球新闻报道,涉及国际化媒体、国际事实和国际社会受众。[2]

基于凯和刘笑盈的分类,我们这里所说的国际新闻是指:"向世界说明中国",即对外新闻报道,涉及中国外宣媒体、中国内容和外国受众;"向世界说明世界",即国际或全球新闻报道,涉及中国外宣媒体、国际事实和外国受众。

---

[1] Kai H., *Die politische Dimension der Auslandsberichterstattung*, Baden-Baden: Nomos, 2001.

[2] 刘笑盈:《国际新闻学:本体、方法和功能》,中国广播电视出版社2010年版,第13页。

随着中国国际经济地位的上升,世界对中国的新闻需求越来越强,越来越多样化,因此中国迫切地需要向世界说明中国,同时中国的外宣媒体也需要走出国门走向世界,通过"向世界说明世界"来建构自己的国际形象和声誉。

第二节 国际新闻的特点

国际新闻因为"国际"和"新闻"两个组成部分而具有以下特点。

一、国家利益性

尽管发展中国家的传播力量在逐渐上升,但在全球范围内,西方发达国家始终在国际传播上占据优势地位。例如,西方四大通讯社播发的国际新闻占据全世界国际新闻报道的80%;以新闻集团、时代-华纳集团为代表的西方国际传媒巨头在报纸、杂志、电视、网络、电影等各个领域遥遥领先,并且已经渗透全球。其资本、管理、技术优势形成了其全球新闻信息内容生产和传播的绝对优势。在社交媒体上,外国人获知中国形象大多也是通过西方主流社交媒体,如Facebook、Youtube、Instagram,但中国人在这些平台上的声量却不大。以YouTube的粉丝数排名为例,粉丝数前100的账号中没有中国机构,进入前1 000强的中国账号分别是李子柒和宝宝巴士,中国媒体完全没有。

当代世界体系理论(World System Theory)的创建者之一、美国经济学家伊曼纽尔·沃勒斯坦指出:"在全球系统中,所有国家通过交往相互依存和联系,经济一体化将各种文化、政治整合在一起。然而经济力量的差异导致了国与国之间交往的不平等。发达国家总是利用自己经济、政治等方面的优势,将一些不平等的新闻交流条件强加于发展中国家头上,并对发展中国家予取予求,使得富者愈富、穷者愈穷,从而造成了发展中国家对发达国家在各方面的依赖。"[1]

---

[1] Frank, A. G, Wallerstein, I., *The Modern World System*, New York: Academic Press, 1974.

国际传播格局源于国家实力、体现国家实力并以维护国家实力为目的。西方发达国家和新兴发展中国家正在加强自己的硬实力，并通过控制国际传播格局来确保自己硬实力发展的空间。一国通过自己的传播内容的吸引力、传播内容的数量和传播渠道的广度和强度来影响国际传播格局。

一国的国际新闻媒体向外报道国内或国际新闻都需要投入巨大的成本，很难说这样做是为了超越其所属国家的利益而服务于整个国际社会。效仿克罗齐"一切历史都是当代史"的话，我们可以说，"一切国际新闻都是国家利益"，所以并不存在超越国家利益的纯粹客观中立的国际新闻。

国际新闻报道与一国国家利益的关系体现在如下几个方面。

首先，一国的国际新闻报道并非仅仅是对本国国内和全球事务的"镜像"般的报道，它也直接或间接地与一国国家政策相关，受国家利益、政党派别、国际关系、地缘政治等因素影响，因此具有政治性、宣传性和斗争性。在国际社会，一国的国际传播为本国利益服务不是例外而是常态。据统计，2021年国际主流媒体前300强均来自美国等西方国家，它们把控了涉华的国际话语权，形塑了中国目前的国际形象。例如，在新冠疫情爆发以后，西方政客鼓吹"中国病毒"，炒作"口罩外交"和"疫苗外交"，CNN则针对新疆棉花炮制出"强迫劳动"和"种族灭绝"等阴谋论，BBC则在将镜头对准中国时故意加入"灰黑滤镜"，导致中国的国际形象遭遇巨大的扭曲。

其次，一国的国际新闻报道能反映该国对于某个国际问题的态度和立场，进而影响到国家利益。例如，国际社会（尤其西方国家）特别关注我国媒体对国际重大事件的报道，据此来推断我国政府对这些事件的态度，然后以其为依据表达自己的态度。

最后，媒体作为一种强大的社会结构性力量，它的报道框架影响着受众的认知和价值选择，进而影响到国家利益。国外普通民众无法亲身体验到某国国内发生的事情，只能通过其本国媒体的相关报道来了解该国，从而形成自己对该国的态度。例如，由于西方主流媒体和社交媒体的塑造，中国的国际形象日趋负面。国外民众对一国的态度无疑会影响其行为，例如是否购买从该国进口的商品、是否去该国旅行或留学等，进而会影响到该国国家利益。

二、新闻性

既然被称作"国际新闻"（而不是国际宣传），那么"国际新闻"在坚持"维护国家利益"这一终极目标的同时，也应该是新闻或至少具有"新闻"的特征而不是纯粹的宣传品。

一般新闻具有的特征——重要性、显著性、客观性、时新性、接近性、趣味性——也适用于国际新闻。完全不具有新闻性而只有宣传性的内容，只能是宣传品，让受众抱有警惕并敬而远之，最终也无法实现其宣传性。

由于国际新闻的终极目标是维护国家利益，常常被误认为其"手段"也应具有宣传特征，进而认为国际新闻报道可以不坚持新闻性。这显然是错误的认识。宣传性作为一种传播效果是客观存在的，而达到这种效果的手段则不一定非得是"宣传腔"。姚遥在《新中国对外宣传史：构建现代中国的国际话语权》中写道：

> "宣传（性）"无罪，"宣传腔"有罪。传统的"对外宣传"存在着"单向灌输"的倾向；"对外传播"和"公共外交"则更加灵活，能够体现信息的交流与主客体之间的互动。正因如此，就未来而言，中国的"对外宣传"确实需要在理念与方式上做出改进；至于名称，则实在只是个形式问题。……倘若只是在名字上做文章，而不对"假大空套"的"宣传腔"进行修正，那么，即便有朝一日"对外宣传"在官方名称上也改弦更张了，恐怕届时原本被认为先进的"对外传播"和"公共外交"，也终究难逃被玷污与厌弃的命运。[①]

国际新闻中的新闻性和宣传性如何能够兼得？我们认为，国际新闻的新闻性要求它"要有事实"，即用事实本身的力量去打动读者；宣传性要求则体现在"要会说话"，这种"说话"不是直白的立场宣示，而是以某种叙事逻辑（或称"框架"）巧妙地表述和安排事实来表明立场。从这

[①] 中国新闻奖评选委员会办公室：《中国新闻奖作品选（2016年度·第二十七届）》，新华出版社2017年版，第403页。

个意义看,国际新闻是"用新闻做宣传",也即用"事实"(新闻)来"说话"(宣传)。事实和说话,两者相辅相成,缺一不可。其中事实是客观存在的,说话则体现在通过国际新闻报道的选题、角度和详略等来反映我们的立场和倾向。

一位美国新闻学者指出,优秀的新闻报道以真实生动的事实以及事实排列的逻辑性吸引读者;仅仅有生动的事实并不能当然构成优秀的新闻作品,因为它尽管可以调动读者的阅读兴趣,却无法将之推向高潮。这位学者所说的"事实排列的逻辑"也就是传播学中的"框架"实践,即记者以通过对新闻事实的串联排列来影响受众对这些事实的理解以及对整个新闻事件中权利与责任的归因,从而达到"宣传"的目的。因此,我们不能用做一般国内宣传的方法来做国际新闻报道,尤其不能用简单片面的政治观点或政治口号来代替国际新闻报道,否则必然违背国际新闻的"新闻性"原则。

三、国际性

国家、地域、民族、宗教、文化、语言和习俗是多种多样的,具有不同的价值、观念、审美、思维和心理。国际新闻是面向国际受众的新闻内容,因此要符合多样的国际受众特征,否则很难做好国际新闻。

1977年,"英中了解协会"副会长、中国的朋友费里克斯·格林在他的第14次访华行程中,专门在新华社"对外部"作了一次谈话,谈他对中国对外宣传的意见。他说:"我在这里坦率说话是作为一个中国的朋友的责任。我坦率地说,你们的对外宣传是失败的。你们的对外宣传没有说服力,有的东西反而引起误解……我希望对外宣传尝试一下,对不同的对象,写法也应有所不同。"格林说,从事对外宣传的每一个作者、翻译和编辑,都应该在他的写字台上放一个标语牌,上面写着:"外国人不是中国人。"

简言之,国际新闻传播要"内外有别,国际表达"。

关于"内外有别",我们可以区分"内容的内外有别"和"形式的内外有别"。在无远弗届的互联网时代,国际信息流动类型增加,速度加快,使得我国的"内宣"和"外宣"很难做截然不同的区分。例如,某些专门的"外宣"内容被转到国内成为"内宣",某些专门的"内宣"内容很快被翻译成英文而成为"外宣",产生了国际影响,因此在宣传工作中已经无法坚持"内外有别"了。这不无道理,但这属于主体模糊和可控性弱的民间国内外信息流动,对我国主流外宣媒体而言,内容和形式上的"内外有别"仍然必须坚持。

"国际表达"就是要在新闻写作和报道中意识到和体现出"外国人不是中国人",要有受众意识。比如,中国在对外传播中发出和平的声音时,来自拉丁美洲的专家却说:"你们对我们说中国要和平,我们拉美人从来没觉得你们中国人要战争。"对这种"对牛弹琴"的外宣工作,新华社前社长朱穆之有个形象说法:"你想说的都说了,我想知道的你都未说。"

互联网时代,我们不但要继续坚持"内外有别"原则,还要进一步提出"外外有别"原则。例如,我国"一带一路"倡议的推进,亟须我们对世界各国进行深入的国别研究和区域研究,培养对其中某一个国家或地区有全面了解的综合性人才(同时具备该国语言、文化以及特定专业领域知识),让他们在国家发展、对外关系和国际传播之间发挥联动作用,服务于中华民族伟大复兴的战略全局。

四、专业性

国际新闻报道具有广泛和复杂的议题和水平各异的国际受众,记者要获得注意力,媒体机构要获得公信力,都必须依靠其专业的国际新闻报道水准,否则,永远只能成为西方媒体的传声筒而无法设置国际议程。

例如,新华社曾误报2020年奥运会东京出局的新闻。问题出在记者不了解国际奥委会对奥运会举办权的投票程序。首轮投票,东京以42票晋级,马德里和伊斯坦布尔以26票平手。时任国际奥委会主席罗格宣布在马德里和伊斯坦布尔之间加投一轮,选择一座城市与东京争夺主办权。在伊斯坦布尔和马德里之间进行加投后,罗格宣布伊斯坦布尔以49票多数胜出,在场的一些记者误以为伊斯坦布尔最终胜出,却不了解它实际上还需与东京做最后的角逐。

如今中国已经成为世界第二大经济体,世界经济日趋一体化和中国化,中国因素、中国故事越来越受到海外媒体的广泛关注。中国外宣媒体的驻外分社数量庞大,并还在增加,但这些驻外记者在报道国际事务时,仍多采用编译以及引用西方大报的方式。如果记者自身不够专业,就需要及时获得专业信源的支持。随着中国的日益强大,中国各类人群的意见也成为国际媒体的关注点。在国际问题研究中,存在着大量智库,这些智库提供了原创性思想,通过快速接近原创性思想的发源地,国际新闻报道就能增强客观性和专业性,从而占领国际报道的思想制高点。比如"北京共识"的提出者乔舒亚·雷默(Joshua C. Ramo),是英国对外政策研究中心的分析人员,他之所以能够创造出这种新概念,与他长期接触中国、从中国本土获得第一手原创性的思想分不开。随着全球化日益扩散到各地,注重本地特色成了抓住受众市场的关键点,国际报道也很有必要从发源地捕捉新兴事物和变革。①

五、人类兴趣

国际新闻的"国际表达"一般是通过"人类兴趣"(human interest)体现出来。"人类兴趣"也被翻译成"人情味",但并不准确,因为它并不完全指"人情",也不仅是"味",②还包括人对于自己同类的关心,如对他人的不幸和苦难的同情,对友谊和爱情的渴求乃至对人类进步事业的关注。"所有被视为伟大的故事,都来自伟大的创意;几乎在所有伟大的故事创意中,都有一种人性的展现"。③

国际传播是跨国家、跨文化和跨语言的传播,其面临的挑战是:如何在传者和受众之间形成共情?有两条思路:一是让信息尽量宏观、抽象,例如,2008年北京奥运会的主题"同一个世界,同一个梦想"(One World, One Dream),2012年伦敦奥运会的主题是"激发一代人"(Inspire A Generation);二是尽量贴近共同的"人类兴趣",国际新闻既体现国家利益,但同时也作用于人,为其提供监测社会、联络关系、社会动员、文化传承和娱乐等共同功能,尤其应该突出人性和人情味。例如,在报道奥运会时,"人情味报道"会避开"金牌至上,白热化竞争"的

---

① 钟飞腾:《如何准确、及时、专业地报道南海问题——关于占领国际事件报道制高点的几个视角》,《中国记者》,2012年第6期。
② 沈苏儒:《对外传播的理论与实践》,五洲传播出版社2004年版,第122页。
③ 〔美〕布隆代尔:《〈华尔街日报〉是如何讲故事的》,徐扬译,华夏出版社2006年版,第213页。

框架,塑造丰富立体、生动鲜活的运动员形象。在报道中,记者会描述运动员个人成长中的经历、对体育的不懈追求和勇于超越自我的精神,这是人类共通的情感体验,因此也最能打动人,这样的报道能激发西方读者的共鸣,获得好的传播效果。①

又如,上海报业集团旗下澎湃新闻的英文版"第六声"(Sixth Tone)的深度报道栏目"Deep Tone"的选题甚是关注人情味。2020年4月9日,在武汉疫情暴发的高峰时期,"第六声"选择了武汉的朱虹一家进行报道。朱虹一家五口在意外情况下全部感染新冠病毒,朱虹的公婆不治而亡。她的故事不仅在国内引起共鸣,更得到国外受众的广泛关注,成为疫情期间极具生命力的一个中国抗疫形象。另一篇文章《我在武汉ICU的七周经历了什么》,通过一名援助武汉的广州医生的视角,报道了中国医生在人类对新冠病毒了解极少的情况下,如何通过各种务实的实验性治疗获得经验并分享给全球医学界同行的,此报道被全球医学同行广泛转发。"第六声"的其他深度报道,如陕西西安道士的环保活动、广西长寿村的长寿旅游业、在深山里自己挖隧道联通外部世界的贵州村民、孤独的海上灯塔守护者、回故乡重建土楼的福建小伙、中国军嫂的生活、黑龙江的湿地护鸟人、西藏的拍鸟和尚等,都关注和折射人性,引起了国外受众的关注。这些报道多采用丰富的非虚构叙事技巧,以细腻、生动和感人的英语将普通中国人的故事展现在世界面前。

第三节 国际新闻的选题

一、国家性

国际新闻具有较强的国家利益属性,从不同的国家利益出发,不同国家的国际新闻传播的主体对"什么是国际新闻"以及"什么是最重要

---

① 刘朝霞:《〈纽约时报〉和〈人民日报〉2008年北京奥运会报道的比较——框架理论的视角》,《首都体育学院学报》,2011年第4期。

的国际新闻"均有不同的理解,这自然会体现在它们的新闻选题上。例如,2020年是一个全球重大事件频频爆发的一年,但对"2020年十大最重要的世界性事件",不同国家的机构则各有看法。例如,表12-1是美国外交关系协会的列表。

表12-1 美国外交关系协会的十大世界性事件(2020)

美国外交关系协会(CFR)2020年10个最重要的世界性事件[①]				
1	新冠疫情暴发	6	特朗普斡旋促阿联酋与以色列签署和平协议
2	拜登当选美国总统	7	OPEC+国家减少石油产量
3	中国在世界舞台崛起并日益强大	8	美国-伊朗关系紧张
4	全球气候变化后果日益显著	9	白俄罗斯民众抗议总统选举舞弊
5	美国人乔治·弗洛伊德被警察杀害,引发BLM运动	10	美国国会宣布"特朗普的弹劾指控"无罪

表12-2是中国三大中央级媒体的列表。

表12-2 中国三大央媒的十大世界性事件(2020)

	新华社2020年国际十大新闻	《人民日报》2020年国际十大新闻	央视2020年国际十大新闻
1	世纪疫情冲击全球考验担当	中国元首密集开展"云外交",推动国际抗疫合作,促进经济复苏	新冠肺炎疫情全球大流行,尊重科学、团结抗疫成国际共识
2	人类命运共同体彰显感召力	世界经济陷入严重衰退,中国推出一系列扩大开放政策措施	联合国成立75周年,国际社会呼吁坚持多边主义,加强全球合作
3	中国元首"云外交"促团结合作	中国脱贫成就举世瞩目,加快推动全球减贫进程	世界经济遭受严重冲击,中国成为唯一实现正增长的主要经济体
4	种族矛盾暴露美国人权痼疾	历时8年RCEP成功签署,全球最大自贸区扬帆启航	亚太15国签署RCEP,区域自贸合作提振世界经济信心

[①] "Ten Most Significant World Events in 2020", https://www.cfr.org/blog/ten-most-significant-world-events-2020,2021-09-15.

(续表)

	新华社 2020 年国际十大新闻	《人民日报》2020 年国际十大新闻	央视 2020 年国际十大新闻
5	安倍时代落幕政策基本延续	联合国纪念成立 75 周年,国际社会重申坚定维护多边主义	美国对伊朗极限施压,中东地区格局与秩序重构不确定性增加
6	联合国峰会举多边主义旗帜	美国频繁"退群""毁约",破坏国际规则体系	《巴黎协定》签署 5 周年,中国积极应对气候变化,展现大国担当
7	纳卡硝烟再起,侵蚀地缘安全	数字技术赋能经济发展,全球数据安全治理备受关注	非洲自贸区将启动交易,非洲一体化迎来重要里程碑
8	世界经济遭重创,陷深度衰退	多国航天项目取得进展,人类太空探索不断推进	种族对立、两党对峙、贫富分化,美国社会撕裂之势愈演愈烈
9	RCEP① 签署为多边合作增添动力	东京奥运会延期举办,现代奥运会首次因非战原因推迟	多国加入月球和火星探测,人类探索宇宙翻新篇
10	英欧达成协议,避免"双输"	全球自然灾害频发,亟须团结应对气候变化	纳卡地区爆发冲突,阿亚两国依然处于敌对状态

从以上两个列表我们可以看出,不同国家的国际传播主体对何为最重要的国际事件或国际新闻有着巨大的区别,其排序与国内政策关系密切;即使是国内的不同媒体机构,它们的排序也不一样,从而体现出不同媒体机构之间的细微差别。

国际新闻选题维护国家利益是毋庸置疑的,关键在于以何种方式维护国家利益。我们认为,可以区分当下利益和长远利益、表面利益和实质利益。有些媒体报道内容和形式非常"硬",看似维护了国家当下和表面的利益,但可能违背了国家长远和实质的利益;有些国际新闻,非常"软",却获得了很好的传播效果,在长远和实质上维护了中国的国家利益。又如,报道中国的边缘群体和少数群体,不能将其等同于报道

---

① 2020 年 1 月 15 日,东盟 10 国和中国、日本、韩国、澳大利亚、新西兰正式签署区域全面经济伙伴关系协定(RCEP),建立了世界上参与人口最多、成员结构最多元、发展潜力最大的自贸区。这是东亚区域合作具有标志性意义的成果。

中国的负面新闻,而是恰恰体现出中国承认这些群体的存在并在努力改善他们的生存条件,这又是对中国的正面报道,维护了中国的国家利益。无论如何,我国国际媒体都应该尝试更丰富多元、更平和友善和更贴近人性真善美的报道方式来传播中国故事。

二、关联性

在全球化时代,文化、国家、社会和个体都被卷入一个共同的大网中。因此我们今天很难说一事与另一事毫无相关,尤其是在发生国际重大事情时,如发生在美国的"9·11"恐怖袭击事件、新冠疫情事件、苏伊士运河被堵事件等。

例如,2021年3月23日,一艘隶属中国台湾的货船经过苏伊士运河时发生事故,将运河堵了个严严实实。苏伊士运河是欧、亚、非三大洲之间海洋物流的关键通道。据估计,有约12%的世界贸易量由此通过,其中,通过这条运河的液化天然气、原油和成品油等能源出口占全球出口量的5%—10%。搁浅事故造成超过400艘货船滞留,运河每堵塞一天,给埃及方面造成的损失约为1 200万—1 400万美元。每天被堵在航道两端的船只,其装载货物总值高达81亿欧元,每堵一天,就会给全球贸易多造成60亿—100亿美元的损失。

这对中国经济有何影响?中国沿海地区很多商品是通过苏伊士运河转运到欧洲,而且中国从欧洲进口的汽车等产品也要走苏伊士运河。苏伊士运河如果堵塞,短期会造成集装箱费或大幅上涨,物流成本提升,长期还会冲击中欧之间的产业链和供应链。

这对我们普通中国人的生活有何影响?由于能源运输和纸浆受阻,全球面临石油和卫生纸短缺。中国木浆进口依存度在60%以上,2020年前11个月中国针叶浆进口量下降1.44%,由此中国国内油价和卫生纸的价格都可能上涨。

我们怎么也想象不到,发生在中东苏伊士运河的堵塞事件竟然会以如此涟漪式扩展影响我们的日常生活,甚至导致厕纸涨价。

普通人却很难意识到这种相关性,而国际新闻报道就是要将这种隐蔽的、抽象的和看似遥远的联系以读者能看明白的方式揭示出来。对此,中新社和《环球时报》都用类似于《苏伊士运河"世纪大堵船",对中国有啥影响?》的主题做了报道。《中国日报》由此发出英文报道,指出"苏伊士运河危机凸显'一带一路'的重要性"。

有时候,这种相关性需要记者去挖掘。例如,2020年新冠疫情暴发,美国纽约于3月1日出现第一例新冠确诊病例,随后确诊数量节节攀升。进入4月,纽约市共有超过4万例确诊病例,有1 500余人死亡。纽约随之开始采取严格的防控措施:大型活动被限制,所有学校被关闭,纽约州封州,纽约市封市。然而,这些措施并未让纽约迅速恢复。从3月1日到6月8日,纽约一直是美国乃至全球新冠肺炎疫情"震中"。

2020年6月8日,距纽约第一例新冠确诊百日,纽约进行第一阶段重启。随后,6月22日、7月6日进行第二、三阶段重启。与重启随之而来的,《南方周末》记者脑中冒出了一个问题:疫情对生活在当地的华人产生了什么影响?

记者通过查询资料发现,纽约这座超级大都市有839.9万(2018年)人口,汇聚了除亚洲以外最多的华裔人口。2018年数据显示,将近840万纽约人中,有48.6万华人。在新冠肺炎肆虐的纽约,华人是"特殊"族群。他们最早对疫情产生警惕,也在异国他乡遭受着无助、焦虑和歧视。

重启之后,华人的生活是否恢复了正常?疫情期间他们如何度过?疫情给他们带来哪些影响?这些是记者关注的问题,也构成了最初的选题意识。在通过大量的资料查阅和对纽约中国留学生和华人的采访后,记者最终写成并发表了长达8 731字的《纽约重启:华人和他们经历的生死百日》一文。①

从这个例子中,我们似乎看不到纽约华人群体与中国本土有任何直接关系,其实,这个选题通过关注新冠疫情中的普通纽约华人和中国留学生的遭遇,传达出对紧张的中美关系的关注,间接服务了中国外交和中美普通国民的正常交往利益。

三、新颖性

国际新闻报道选题还要注意新颖性。在全球媒体缩减预算和驻华

---

① 《纽约重启:华人和他们经历的生死百日》,《南方周末》微信公众平台(https://mp.weixin.qq.com),2021年9月18日。

记者人数,而外部世界对于中国的信息需求却与日俱增之际,持续产出发自中国现场的一手报道,同时不断拓展国际新闻题材的广度和丰富性,对于进一步提升中国故事的国际传播力和吸引力显得越发重要。

在国际新闻传播中,我们不能总是报道太极拳、包饺子、剪纸和京剧等。这些主题即使要报,也要以新的视角引入。例如,李子柒通过拍摄古法美食、古韵装扮和古时手工艺等走红,成为传播中国传统文化的一个经典案例,这些"古风"的内容拍摄方式和传播方式(短视频)上都非常新颖。

需要提醒的是,在国际新闻报道中追求选题新颖有趣,一定要避免陷入"东方主义"的陷阱。"东方主义"是西方为了自己的经济、政治、文化利益而建构的一整套对东方的理解,本质上是西方人文化上对东方人控制的一种方式。东方主义视野中的东方与东方国家的真实面貌几乎毫无关系,总是落后的、羸弱的和愚昧的。例如,2018年意大利奢侈品牌杜嘉班纳的系列广告宣称"意大利传统的玛格丽特披萨是伟大的",而中国的筷子不过是"小棍子形状的餐具",传递出杜嘉班纳品牌对意大利文化的盲目推崇和对中国餐饮文化的蔑视。

我国的国际新闻传播一方面要努力吸引西方受众的注意力(这就需要有一定的迎合),但另一方面要注意避免陷入"东方主义"陷阱。一个负面的例子是,我国某英文媒体曾经在头版登过"一个可读性很强"的案子:某男子已有两个女儿,但一直想要一个儿子。他老婆又怀孕了,由于医院规定不能做除医学需要以外的性别鉴定,因此他找到了一个"赤脚医生",希望可以帮他老婆做个胎儿性别检查,然后决定取舍。"赤脚医生"检查后说胎儿是女婴,于是就给孕妇做了流产手术。结果手术后发现流掉的是个男婴,而且由于手术原因,孕妇再也不能怀孕了。男子一气之下将那个医生绑架,索取赔偿费。[①] 该报记者不仅报道了此案,事后还评论道:"这个案子不大,但让人读来却在苦涩中发笑,发笑中增加了对中国传统观念、民间习俗的了解。"但事实上,这篇比小说还离奇的案件报道,很明显迎合、强化了西方人的"东方主义"印象,产生了很差的传播效果。

---

① 苏嫣娴:《报道好给老外读的本地社会新闻——〈上海日报〉社会新闻版的定位与特色》,《新闻记者》,2006年第7期。

四、意识形态属性

国际新闻具有国家性,不可避免地涉及意识形态。

在 2021 年 5 月 31 日的中共中央政治局就加强我国国际传播能力建设进行的第三十次集体学习中,中共中央总书记习近平在主持学习时强调,我国的国际传播要"加强对中国共产党的宣传阐释,帮助国外民众认识到中国共产党真正为中国人民谋幸福而奋斗,了解中国共产党为什么能、马克思主义为什么行、中国特色社会主义为什么好"。这些内容显然属于意识形态内容,对这些内容,我们在国际传播中面临的问题不是"是否报道",而是"如何报道"。

在这一点上,上海报业集团旗下的中国第一家全数字英文媒体"第六声"在这一点上作出了创新,积累了经验。2021 年,"第六声"连续 6 个月推出了"中国共产党成立 100 周年"特别报道,其主要报道策略是:用内容或形式上的新鲜感塑造中国共产党求真务实、善于创新的现代化政党形象;用历史类题材向国际读者"科普"中国近现代历史和党史;邀请优秀青年学者作为作者,以科学、理性和学术的方式与西方媒体展开意识形态上的正面交锋。这种报道策略取得了很好的效果。① 例如,"第六声"发布的《共产党在私营部门的发展》一文介绍了中国共产党在私营企业的党建工作;《培养中国下一代领导人的海外学校》一文阐释了中国共产党对干部的海外培训机制。这些文章的目的是告诉海外读者,中国共产党不是一个教条主义、僵化守成的政党,而是一个思想开放、求真务实、善于创新、敢于开拓的现代化政党。

当然,"新鲜感"不只是内容,也可以是形式。比如,"第六声"推出的深度报道《革命的孩子:中国模范共产党员的生活》,内容是关于上海曹杨新村的三代劳模,算不上特别新鲜,但"第六声"辅之以精心制作的人物漫画,取得了非常好的传播效果。

许多西方人长期受西方主流意识形态的影响,将中国想象为一个异质又抽象的"红色大国",对于中国革命及中国近现代历史并无基本

---

① 吴海云:《自信与谋略——英语媒体"第六声"的建党百年特别报道评析》,《对外传播》,2021 年第 8 期。

了解。针对这种情况,"第六声"发表了一些介绍中国革命历史的文章,对海外读者进行"科普"。在2021年7月1日那一天,"第六声"发表《中国如何得到马克思》一文,介绍和梳理了中国共产党正式成立之前,马克思主义在中国的早期传播过程。文章有意识地拒绝构建宏大叙事及理论,用史实说话,配以珍贵的历史图片资料,阐释了中国共产党成立的历史大背景。"第六声"还刊登了一篇题为《为中国而战的犹太难民》的文章,介绍了一些参与中国革命的犹太友人,可以说是一种另辟蹊径的新闻策划。

此外,上海广播电视台(SMG)也前后拍摄发布了《中国面临的挑战》《东京审判》《百年大党——老外讲故事》(上海解放特辑)等涉及意识形态纪录片节目,其处理方法都很具创新。

《中国面临的挑战》的特点包括:深入研究了国际受众关注的领域,选取国际社会关心的、有国际传播价值的节目内容;摄制团队深入一线采访,通过事实说话,答疑解惑;内容上大题小做,通过具体故事反映宏大主题;邀请"中国通"罗伯特·库恩先生任专家型主持人,增强信任感和代入感;采用中外合拍模式,表达方式突出纪录风格。

《东京审判》纪录片的特点有五个:国际视角,采访东京权威专家;借嘴说话,为在国际社会传播中站稳脚跟;史料挖掘,用大量庭审原始影像资料,在事实证据面前凸显审判公平公正;最新发现展现最新历史成果;平台矩阵,抓住国际传播时机,拓展多种传播形式。

《百年大党——老外讲故事》(上海解放特辑)一共分为六个部分,分别是"旧上海的末日""紫石英号事件""解放""为了光明的上海""第一印象""新上海的诞生"。该特辑的创作特色有四点:第一,转换视角,从在沪西方人视角,客观、独家讲述我党接管上海、管理上海,经受住执政大城市初考验的故事;第二,采用西方主持人,邀请中国近代史学者,同时具有东亚史学背景的美国人费嘉炯(Andrew Field)教授担纲特邀主持;第三,采用全英文史料,首度集中使用在沪发行的英文报刊如《字林西报》和《密勒氏评论报》的新闻报道,以及当时驻上海外交官及亲历者的回忆录、日记、未出版口述史等;最后,采用年轻人喜欢的微记录,在创作过程中建立情感共鸣。

我们认为,宣传中国主流价值观应体现出三个特点:一是高度务实,既不回避问题更不恶意揣测提问者的动机,而是理解、尊重并认真回答外国人的合理疑惑;二是"手头有内容,心中不慌张",报道文章或分析文章的内容、扎实、严谨;三是表达方式流畅地道,与国际接轨。只有这样,才能理性、建设性地解释中国,取得良好传播效果。

第四节 国际新闻的采访

国际新闻采访与国内新闻采访的差别主要在"国内"和"国际"之间。这里我们就结合国际新闻记者所需要的能力,通过实例来论述国际新闻采访的特点。

一、专业力

国际新闻报道具有很高的专业性,要求记者对其所报条线的历史和现状较为熟悉,并且掌握关键的信源。

对于国际新闻机构来说,国际政要的言行是重要的新闻源,媒体对他们的报道往往能够产生较大反响。以美国 CNN 和英国 BBC 为代表的强势媒体能设置其他媒体、公众和国家的议程,是因为他们通常能获得国际政要提供的新闻,并通过报道国际政要来提升自己对国际舆论的影响力。因此,我国国际媒体的驻外记者必须具备自己所在条线的专业知识、职业敏感和采访技能,才能在全球新闻竞争中发出中国媒体的声音。

例如,如果记者事先了解"欧盟委员会主席"这一欧盟首脑职位的国际影响力,以及该首脑关于中国的观点、态度和行为对欧中关系大局的影响,那么,当记者得知 2004 年时任欧盟委员会主席的普罗迪在中国大年三十的前一天晚上到中国驻欧盟使团大使的官邸作客,而且还得知这是普罗迪上任五年来第一次接受中国大使的邀请到大使官邸作客时,就能敏锐地意识到,这表明中欧关系已经开始进入一个更新的阶段。2005 年是中国和欧盟正式建交 30 周年,中欧双方将举办一系列的庆祝活动。中央电视台记者王银桩在欧盟所在地布鲁塞尔驻站三年多后,就有效地利用了自己丰富的关于欧盟的知识和中国春节这个由头,促成欧盟首脑人物连续三年通过中央电视台向中国人民拜年。欧盟首脑人物给中国人民拜年,实际上是一种外交姿态和政治态度,这一举动从一个侧面反映出欧洲"中国热"的升温。同时,在春节这样一个特定的节日,中央电视台给中国观众带来了国际高层领导人的祝福,反映出中国国际地位的上升,较好发挥出作为中国强势媒体的作用。①

国际新闻记者的专业能力还体现在其提问的水平上。在中国,受采访人或单位一般会很喜欢记者问一些"软问题"。提问时记者越"配合",越会受到青睐,并不断受到邀请;如果记者总是提"难问题",以后就不会再受到邀请了。在欧美,总提"软问题"的记者会被受访人或单位视为"不专业",被其他记者瞧不起,被公众视为"托",最终无法正常开展新闻采访工作;但如果记者能提出"难问题",就会被受访人或单位重视,甚至给予专访机会。所以,中国记者在采访外国重要人物时一定要敢于提"难问题",以展示自己专业懂行,从而获得受访者的尊重和重视。另外,记者也要注意与受访对象保持合适距离,如果关系过近,对方一方面给你不断塞料,引导你的报道方向,另一方面对你的专业能力评价会越来越低。当然,记者提"难问题"不等于提"纯粹刁难性的问题"。记者善于提出"难问题",需要首先对所在条线、具体议题和公众关切相当了解。

二、应变力

与国内新闻报道不同,国际新闻记者往往会面临不同的语言、文化、思维、法律和生活习俗。这要求记者在国际新闻报道中具有更高的应变能力,特别是在独立采访时。独立采访变数极大,突发事件会随时发生,要求记者随机应变,否则就会失去采访机会。应变力包括感知力、判断力、决断力和行动力。应变力在新闻采访实践中体现为:记者在遇到突发新闻事件时,新闻敏感性强、形势判断准确、决定果断、行动迅速。当然,应变能力既可以体现在记者个体身上,也可以体现在一个报道团队上。

比如,中央电视台国际新闻记者董志敏回忆:

有一次,我在伊拉克拍摄刚刚被轰炸过的现场,现场已被军警封锁,大批记者被堵在外面。这时,空袭警报再次响起,

---

① 王银桩:《驻外记者与采访国际政要》,《中国广播电视学刊》,2008年第2期。

人们瞬时间四散而去,现场顿时冷冷清清只剩下几个人。"走？还是不走？"我必须迅速做出决断。几秒钟之内,我决定不走,必须拍到镜头,最好是轰炸的近景。于是我留了下来,架好机器等待。可能是我们的勇气感动了军警,过了一会儿,一名军警朝我们几个留下来的记者招手,示意允许拍摄。等我们拍摄完毕,解除警报响起,大批记者又蜂拥而至。此时,我们已在赶回驻地发片子的路上。无疑,我们的新闻一定会比晚到的记者先发向世界,从而在国际新闻新闻竞争中占到上风。①

又如,2010年2月,听说建筑设计大师贝聿铭先生荣获英国皇家建筑师协会金奖,中国新闻社英国分社社长魏群马上打探他何时到伦敦来领奖。几经联系,最终通过一个特殊渠道,他以嘉宾而非记者身份进入颁奖现场,且是进入现场的唯一中国记者。他回忆说:

在颁奖仪式前的酒会上,我上前跟一直"心向往之"的建筑大师"套瓷"。老人家倒是和蔼可亲,怎奈围观者众,皇家建筑师协会的"保镖"寸步不离。我一次只能问一个问题,我只好问一个停一停,找个空挡,再问一个。好在自己平时对有关话题一直关注,老人家还有问必答。这样时断时续,见缝插针,终于把一篇稿子的"料"凑齐:贝先生对中国新建筑的看法,对北京古城保护的意见,自己不会再在中国设计新作品,否认所谓南京某博物馆是其"封刀之作"。差不多了,我扭头看那位"保镖大爷",他正冲我瞪眼,估计心里在骂:这家伙怎么回事,这么多人等着跟大师说话、合影呢,他怎么话这么多？我本想在跟老人家的夫人再套套近乎,她一听我的记者身份,立即回答:"我们家有一位说话的就够了。"我碰一鼻子灰,没关系,在颁奖结束后,我再上前问候大师,顺便问了其养生之道。②

---

① 董志敏:《浅谈记者在国际采访中的应变能力》,《中国广播电视学刊》,2007年第2期。
② 魏群:《"没事找事"——国际新闻现场采访"六法"》,《新闻研究导刊》,2013年第4期。

依据以上获得的信息,魏群最终写成稿件《专访贝聿铭:中国的新建筑缺少中国自己的文化味道》,被多家海外媒体刊用。

三、情感力

记者职业的主要内容是倾听和转述,尽量保持客观中立是其必备的职业素养,但这并非意味着记者要冷酷无情。为获取第一手的新闻素材,有时记者需要用真情打动被采访者,引导其情愿吐露所思所想。在特定场景下,记者"提问"无效时,这种方式往往能起到更好的效果,资深记者大多对这一点有着深刻认识。2009年,中国新闻社记者魏群年逾不惑,已经离开通稿采写业务八年,但2009年4月,他又重新披挂上阵,奔赴英伦,以中新社英国分社社长的身份投入新闻战场第一线,历时三年。回到国内后,他记录下自己是如何通过"几份小小的圣诞礼物"获得一次难得的采访机会的:

> 2011年10月起,伦敦爆发了大规模的"占领伦敦"抗议行动。直到当年圣诞节,依然有一百多位示威者占据圣保罗大教堂门前广场。在平安夜,我所关心的是,这些抗议者舍弃和家人团聚的机会坚守在冰冷的帐篷里,心里到底在想什么,是什么支撑着他们如此执着的行为?
>
> 当晚,我婉拒了朋友一起吃圣诞大餐的邀请,带着几份小小的礼物,一个人来到广场前,走近这些抗议者。
>
> 在这个万家团圆的圣诞夜,圣保罗大教堂门前显得格外宁静、平和。虽然处于英国有史以来第二个暖冬,但夜晚中的这片空地,仍令人感觉阴冷。
>
> 一个名叫凯伊的抗议者正与一位访客在他不足两平米的帐篷中聊天。我加入其中,局促的空间显得更为狭小。简陋的小桌上,一支白色蜡烛在饮料瓶上燃烧,旁边的盘子里放着两块面包、一根香蕉。凯伊说,这是他今晚的圣诞大餐。
>
> 接过我送上的一份圣诞礼物,凯伊显得非常感动。他对我敞开心扉,谈及他在此坚守的目的。曾经当过艺术学教授的凯伊说,他实际上并非反对资本主义,而是发现现有的财富分配系统出了问题,他想通过"占领行动"告知人们该如何改

进这个系统。滔滔不绝讲述着自己的理论,凯伊的目光变得坚毅。

我问他,在平安夜没有和家人在一起,是否觉得有些失落?凯伊略显尴尬地说,他已经多年没和家人在一起了。①

魏群总结说,这种"以情动人"采访法的要诀在于:要真情流露,令采访对象感受到真实的关切②。新闻采访属于人与人的情感交流,我们不能忽视采访中的情感因素,有时候记者仅仅是向受访者表达情感上的慰问,买一碗面、一杯奶茶或一杯咖啡就能拉近距离,打开后者的话匣子,收获难得的新闻线索。

四、说服力

在重要的国际新闻采访中,记者的身份和地位往往低于新闻采访对象,后者在很多时候是一国政要、国际组织负责人或国际企业高管。这些人工作繁忙,日程紧张,往往既无意愿又无时间主动给予记者采访机会。这就需要记者能在新闻现场抢得提问或者采访机会,或者能够通过四处走访获得关键新闻线索,或能独自说服新闻当事人接受专访,这样的记者被视为有"很强的突破能力"或"很强的说服力"。

关于"说服"有一系列的理论,可以区分"说服"(persuasion)和"影响"(influence),前者指诉诸理性的显性说服,后者指绕开理性的隐性说服。由于在新闻现场记者很少有充分时间以显性方式从理性上说服新闻当事人,因此使用得更多的是隐性的"影响"。例如,美国社会心理学家罗伯特·西奥迪尼就提出了六种"影响"他人的方式:互惠、承诺一致、社会认同、喜好、权威和短缺。其各自的含义大致如下:互惠是指先给人以恩惠,对方便会有回报的压力;承诺一致是指人人都害怕被人指责说话不算数,因此都力图说话算数;社会认同是指人人都有从众心理,害怕被孤立;喜好是指人人都希望自己能被他人喜欢,被他人喜欢时心情会很好;权威是指人人都倾向于尊重和服从权威;稀缺是指人人

---

①② 魏群:《"没事找事"——国际新闻现场采访"六法"》,《新闻研究导刊》,2013年第4期。

都害怕稀缺，从而力图先下手为强。①

另外还有一些影响力技巧，如"先提大要求，被拒后再提小要求"和"先提小要求，同意后再提出稍大的要求"和"沉默成本"等。

由于这些"影响力"手段很微妙，需要使用者有很高超的技巧和丰富的人生阅历。这里我们举例说明。中央电视台驻欧盟记者站首席记者王银桩曾撰文讲述他 2004 年是如何采访到当时的欧盟委员会主席普罗迪的。他在采访前中后综合应用多种影响力方法，获得了很好的效果。他写道：

> 作为欧盟的首脑人物，他们的言论具有国际影响力，他们对中国的观点、态度、行为往往影响到欧中关系的大局。
>
> 普罗迪是现任意大利总理，2004 年时任欧盟委员会主席。那年的春节前夕我了解到，普罗迪大年三十的前一天晚上要到中国驻欧盟使团大使的官邸作客。这是普罗迪上任 5 年来第一次接受中国大使的邀请到大使官邸作客。这个信息表明，中欧关系已经开始进入一个更新的阶段。
>
> 我立即向中国驻欧盟使团提出采访愿望，罗迪拒绝接受正式的采访，但没有拒绝拍摄造访活动（记者显然先提出了"接受正式采访"的大要求 A，被拒后，马上提出"拍摄造访活动"的小要求 B，获得同意）。我请使团进一步沟通，请他通过电视镜头向中国人民问候新年（小要求 C），普罗迪高兴地接受了这种采访方式。（B 和 C 能够被普罗迪"高兴地"同意，一方面是因为普罗迪最先拒绝了 A，内心有歉疚，另一方面，B 和 C 都是看上去并不麻烦的小要求，同意也无妨。）
>
> 2004 年春节除夕前一天，我 7 点半到大使官邸等候。9 点 15 分，普罗迪的汽车停在中国大使馆官邸门口。他下汽车，直接进入会客厅，与大使进行礼节性的交谈。我迅速跟进拍摄会见的画面，然后回到会客室旁的大厅，架好机器，等候普罗迪出来。
>
> 15 分钟后，他和中国大使一同走出会客室。我赶紧走上

---

① 〔美〕罗伯特·B. 西奥迪尼：《影响力：你为什么会说"是"？》，张力慧译，中国社会科学出版社 2001 年版。

前去对他说:"您答应过在电视上向中国人民问候新年,现在是否能在摄像机前说几句话?"他说:"现在?好吧。"(注意,记者此处说"您答应过……"这是非常重要的一句,从而让"承诺一致"的影响力原则发挥作用。)

我问道:"主席先生,明天是中国的除夕,您可能知道,春节是中国人民最重要的传统节日,中国人民对春节非常重视,请您通过中央电视台的镜头向全中国人民问好。"(这里记者发出了一个非常隐蔽的讯息——您是一位尊重多元文化的人,而一个这样的人一定不会拒绝……该隐蔽讯息让"喜好"的影响力原则发挥作用。这相当于给受访对象一点阳光,他或她就会开心起来,而加上互惠原则的影响,他们接下来就会很高兴地答应记者的要求。普罗迪后面"兴致很好"就证明了这一点。)

普罗迪用法语向中国大使询问:"春节快乐用中文怎么说?"

大使用中文告诉了他。他自己学了两遍,然后先用中文笑着说"春节快乐",接着又用英文说:"我要对全中国人民说,春节快乐!我祝愿今年是一个吉祥之年,是和平的一年。"

我看他兴致很好,立即提问:"您如何评价中国在当今国际舞台上的作用?"(在对方兴致高时,记者不失时机地提出更大的要求。兴致高可以形成对理性思维的干扰,从而让受访对象忘记中心路径,而不知不觉就进入了边缘路径,同意了新的要求。)

普罗迪说:"中国是国际舞台上的一支重要力量,我们期待着中国在国际事务中发挥更大的作用。"(很平滑地开始接受采访)

我继续追问:"您对目前和未来中欧关系的发展有何期待?"(大喜,乘胜追击)

普罗迪回答:"目前,中国在国际事务和国际政治中扮演着重要角色。欧中双方的关系是友好的,是没有障碍的,而且双方的友好关系还在继续发展。我认为欧中双方有许多共同点。我们应该进一步加强合作,在科技、文化、教育等方面有进一步合作的空间。我们双方确实有许多共同点:我们双方都不想谋求霸权,我们只是要积极参加国际事务;我们双方都认为,我们的合作有利于世界的和平与稳定。"(在回答这一问题时,普罗迪很可能意识到他已经在接受正式的采访了,但此时他若拒绝,有三个困难:第一,有违自己此时已经树立起来的尊重多元文化的形象;第二,前面与记者的接触都化为无用,变成沉没成本;第三,此时气氛好,兴致高,突然拒绝记者会很扫众人的兴。于是他若无其事地对记者的提问做了非常全面的回答。最终记者"以先退后进"的方式让普罗迪最终满足了其"接受正式采访"的大要求 A。)

王银桩最后总结道:"除夕晚上,普罗迪出现在中央电视台《新闻联播》节目中以欧盟主席的身份向中国人民拜年。"①

五、国际新闻团队采访

有时候,对于重大国际新闻事件的报道方能体现国际媒体机构的实力和影响力,但这样的报道必须通过团队的力量才能胜任。国际新闻团队采访必须注意四个方面。

(1) 有分工。报道团队必须做好清晰分工,区分好领队、主持、摄像等角色,并做到分工明确、职责清晰。

(2) 有计划。在确定采访任务后,要立即制定行动计划,明确团队需要完成的几件重大而紧迫的事项(目标)。计划永远赶不上变化,因此计划不需要太详细。通常计划必须包括三个内容:团队目标、成员分工和实施程序。实施程序是根据具体情况排出的逻辑顺序,规定了先干什么、后干什么。

(3) 有条理。采访行动必须严格按实施程序推进。例如,到达国际新闻现场城市后,作为统领整个摄制组的领队,要处理的问题很多:到达新闻现场的交通安排、采访对象的联络、采访问题单子的拟定、采访完成稿或视频的回传方式、采编人员的生活后勤等。

---

① 王银桩:《驻外记者与采访国际政要》,《中国广播电视学刊》,2008 年第 2 期。

（4）能应变。采访行动必须能随机应变，果断决绝，这样才能在危机中找到生路，柳暗花明。办事拖拉、没有效率往往会影响整个行动的大局，造成功亏一篑。

我们通过以下案例来说明。

1998年，美军空袭伊拉克的"沙漠之狐"军事行动开始那天早晨，中央电视台记者水均益、冀惠彦和董志敏看到消息后，立刻就奔到台里要求前往伊拉克报道这次战争。六天前，这三人刚从伊拉克回来。此前水均益和冀惠彦两赴伊拉克，董志敏则在约旦待命，共在伊拉克和约旦待了20多天。当时台里认为，三名记者此前在伊拉克和约旦已经拍了大量新闻素材，包括伊拉克的形势、物资供应、民众情绪、联合国的核查等，该拍的已经拍得差不多了，而且彼时已近伊斯兰国家的斋月，预计发生战争的可能性较小，于是三名记者就回了国，但回来6天后美军就开始了"沙漠之狐"行动。因此一听到此消息，三名记者的第一反应就是赶快回去，否则会拍不到战争场面，无法对过去所有的伊拉克报道画上圆满的句号。在三名记者的积极请战下，央视领导终于同意让他们再赴伊拉克。

为亲临战争现场，拍到最佳现场镜头，三名记者和摄制组必须在最短时间内赶到巴格达。在前往伊拉克的过程中，摄制组与时间赛跑。航班起飞前，他们只有两个小时准备，因此每个人根据分工行事，就像开足马力的火车，全速前进，一刻都不敢耽误，最终所有人都成功地在最后一刻冲进机场登机检票口。后来为了避免在莫斯科转机时提取行李耽误时间，经与中国民航协商同意，干脆将所有行李直接搬进了客舱。在莫斯科机场转机时，摄制组采用接力的方法，每隔50米一个人，来回跑步递送搬运行李。要在偌大的莫斯科机场搬运包括设备在内的大小12件行李谈何容易，但是为了抢时间，他们只能这样做。如此"生死时速"终于使整个队伍在最短的时间内登上了最近一班飞机，飞往了约旦首都安曼。到达时，两辆越野大吉普已等在那里，载上摄制组直奔约伊公路。这两辆大吉普是摄制组在到达约旦前，电请驻约旦使馆同志紧急租来的。正是所有这一系列快速行动的高效运作，保证了摄制组在11个小时内从北京到达了巴格达。可以说，如果行动迟缓，没有效率，肯定没有后来"水均益站在炮火前面报道"的战地新闻效果。因为，正像摄制组出发前预计的那样，美国的"沙漠之狐"来去匆匆，只打了四天。在这四天中，只有他们赶到的那一天晚上炮火轰炸最为猛烈，其后的两天,要么距离太远,要么炮火零星,即使做了报道也不会有很强的现场感和画面冲击力。所以从某种意义上说,"快速创造机会,效率成就新闻"。①

从这个例子看,在国际新闻报道中,记者的计划能力、行动能力、协调能力、应变能力、抗压能力、体力和耐力都很重要。例如,领队要根据实际情况排出解决问题的程序。据事后了解,此次报道行动中,当时的程序排列第一位的不是采访,而是采访节目向国内的卫星传送。因为到达伊拉克后,技术人员发现自带的海事卫星传送系统调不出来,如果不能解决传送问题,采访搞得再好,新闻传不回去,也会前功尽弃。水均益的分工为"抓对外协调",他找到美国的CNN电视台摄制组,希望他们从已经订好的两条卫星传送线路中让出一条。这种协调谈何容易!当时新闻大战在即,传送保障如同生命,谁愿意冒这个风险将备用线路让给竞争对手?但水均益克服种种困难,最后终于通过中央电视台领导与CNN协商解决了这个问题。

第五节 国际新闻的写作

国际新闻报道的语种多样,但主要是英文,因此我们这里主要阐述英文新闻写作的特征和行文结构。

一、用词和句法清晰简练

英语新闻写作推崇用词和句法清晰简练,有以下四个原因。

(1)英语与汉语有着明显的差别。汉语属于"意合型"语言,动词使用较多,且因没有形态变化(如因时态和语态不同动词需要变位)而使用灵活。一个中文句子中可有多个动词,如流水般铺陈,动词间的逻辑关系只能意会。英语属于"形合型"语言,动词要根据时态和语态改变形式,复杂句子中的动词之间必须有清晰的逻辑关系。

---

① 董志敏:《浅谈记者在国际采访中的应变能力》,《中国广播电视学刊》,2007年第2期。

(2) 英语国家追求"简明英语"的历史悠久。例如,马克·吐温曾经担任一次青少年写作比赛的评委。他选出了两篇给予奖励,他自己读后非常高兴,给出的评语是:"它们最不见斧凿人工而驾轻就熟,最清晰简明、散漫无形、创作精良"。尤其对那篇获得一等奖的投稿,他评价说:讲述了一个非常简单的小事情,语言平实,毫不造作,点到即止,这是难得的品质,此文幸运地摆脱了形容词和最高级修饰词的束缚,因此能吸引人读下去,甚至诱惑人读下去。在此我也想简要指出,只要删除其中的形容词,一篇稿子的质量没有不会得到提升的。①

(3) 一般新闻面对的读者平均文化水平不高,用词简单才能获得尽可能多的受众注意力。例如,有研究分析了美国前总统特朗普上任后的 30 000 个演讲单词,得出结论认为他演讲的词汇量在一个英美小学二年级学生的水平。②

(4) 受电报和报纸排版技术的影响,新闻文体产生了类似电报般简练的"倒金字塔体",同时这种文体也适合报纸根据版面多寡从后向前删减新闻,因此延续至今。

由于以上原因,英语新闻稿件的语言具有以下特点:一是可信,表达要让读者觉得不花里胡哨,无夸张和离奇之处,显得可信;二是用词准确、清晰,准确指所用词语准确描述了事实,清晰指不同词语间不因自相矛盾而造成意思的模棱两可;三是文风适切,指不矫揉造作、自然得体。

二、呈现过程而不是给出结论

新闻报道要追求报道客观和平衡。体现在内容生产上,要求事实和观点的分离;在新闻报道中,要求记者声音的消失,也即记者应尽量呈现过程而不是给出结论,且应该平衡地呈现新闻多方的观点。平衡并非机械死板地"正方采访 5 个人,反方采访 5 个人",而是

---

① 〔美〕梅尔文·门彻:《新闻报道与写作》(第九版),展江主译,华夏出版社 2004 年版,第 161 页。

② "Donald Trump Speaks at the Level of an 8-year-old, Analysis Finds." (2018), from https://www.independent.co.uk/news/world/americas/us-politics/trump-language-level-speaking-skills-age-eight-year-old-vocabulary-analysis-a8149926.html,2022-1-27.

既要在争议方之间体现平衡,也要在报道和客观事实之间保持契合。

在新闻报道中要让信源多说话。英语新闻中应清晰交代多方信源,对信源的直接引语多一些,这样做能拉近新闻当事人与读者之间的距离,增强新闻的临场感和鲜活度。

托尔斯泰说:"对读者我不给结论,不做解释,我仅仅是呈现,我让我的人物角色替我说话"。① 这句话应用到英语新闻中就是,记者不要出现在新闻中,而要出现在新闻背后,要通过呈现来让读者看到记者看到的东西,要为读者绘出一幅画面,记者走到哪里,就让读者跟随到哪里。这一原则对英语硬新闻和软新闻(特稿等)都适用。

三、重视解释性和分析性

新闻要素包括"5W1H",国际新闻报道属于跨语言、跨国家和跨文化的新闻报道,因此报道不仅要回答"是什么",更要回答"怎么样"以及"为什么",让读者对报道内容知其然也知其所以然。这就使得国际新闻报道具有了解释性报道的特征。

解释性报道又称分析性报道,兴盛于20世纪30年代的美国,它作为一种新闻报道方式,要求记者尽可能清楚地交代新闻的背景与起因、意义及发展趋势,以帮助读者理解复杂的报道议题。在解释性报道中,记者并不直接通过发表议论来"解释",而是严格遵循用事实说话的原则,以充分的背景材料为依据,通过多方面事实的纵横比较、印证以及引述有关人物的不同看法来解释。

解释性报道既呈现问题,也解释问题存在的原因,从而让新闻报道给读者不是造成更多的疑惑,而是给出更多的答案。鉴于中国的复杂性(历史、文化、社会、政策等),如果国际新闻仅做报道而不作解释,就会导致外国受众仅知其然而不知其所以然,传播效果可能适得其反。

---

① 〔美〕梅尔文·门彻:《新闻报道与写作》(第九版),展江主译,华夏出版社2003年版,第155页。

第六节　国际新闻报道的三种典型体裁

一、倒金字塔体

倒金字塔体在报道中根据重要性按"由重到轻"的顺序排列新闻信息。即先说新闻中最重要的内容，后说次重要的新闻点，然后是支持这些新闻点的材料和证据，最后再提供补充性材料。整个信息流如一个层叠的瀑布流，一般用于硬新闻。

请看下面这篇新闻。

中美高层会谈具有"建设性"[①]

最近结束的北京和华盛顿之间期待已久的为期两天的高级别战略对话触及了广泛的议程，并产生了新的共识，是建设性的，有助于增进相互理解的，也是全球复苏的一个有希望的信号，官员和中国学者这样认为。

会谈周四、周五在美国阿拉斯加的安克雷奇举行。中国代表团在会谈后发布声明表示，中美双方同意保持对话，开展合作，避免误判和对抗。"双方都期望这类战略性沟通持续下去。"

作为防止关系恶化的一个积极迹象，双方在会谈中提到将为对方外交人员安排 COVID-19 疫苗接种，根据不断变化的大流行调整签证和旅行政策，并使互访正常化。

特别是两国表示将致力于加强在气候变化领域的沟通与合作，决定成立"气候变化联合工作组"。

两国列出了双方将继续讨论的议题，包括 G20 和亚太经济合作论坛等多边活动、便利彼此外交使团和媒体记者的运作等。

---

① "High-level Talks 'Constructive'"（2022），from https://www.chinadaily.com.cn/a/202103/22/WS6057d0d0a31024ad0bab0859.html，2021-3-22.

在对话会场,中方代表团由中共中央政治局委员、中共中央外事工作委员会办公室主任、国务委员兼外长杨洁篪以及国务委员、外交部长王毅率领。

美国国务卿安东尼·布林肯和国家安全顾问杰克·沙利文代表华盛顿参加了对话。

如果说倒金字塔体是电报时代的产物,那么在互联网时代,新闻内容长度不再受发表空间的限制,它是否还有市场呢?我们认为,只要新闻受众仍然喜欢迅速、直接、简洁的表达形式,倒金字塔体就将继续存在。

二、华尔街日报体

华尔街日报体又称"特稿体"(feature story),一般是开头从非常微观具体的个体切入,再以小即大,从这个小细节推展开来,逐渐论及全局,最后还要呼应开头。华尔街日报体一般用于深度报道。

华尔街日报体的结构如下:

(1) 导语:人物或事件的现状,可以是一段感人的故事,也可以是一段人物独白,意在用生动的实例吸引受众的阅读兴趣;

(2) 主题:揭示全文主旨,是导语和主体之间衔接的纽带;

(3) 主体:人物或事件的背景,描述了事物从过去到现在整个发展状况;

(4) 结尾:这部分所描述的事件与文章开头首尾呼应,前后连贯。

华尔街日报体着重用细节和过程触动读者的心弦,让新闻报道产生巨大的情感冲击力,弥补了倒金字塔体结构生硬固化、顺序混乱等缺陷。请看一例。

竞业协议下沉时代[1]

"确定好了,看完就签字吧。"(直接引语开篇,增加现场感且设置悬念。)

时隔半年,陈明明还记得那个下午,HR把她叫到会议

---

[1] 《竞业协议下沉时代》,https://mp.weixin.qq.com/s/ebXJxNDwahcB8AxmQX98ZA,2021年8月17日。

室,拿出竞业协议的合同,对她说。(视角转换,将读者拉回到"现在",并交代信源,让读者意识到记者、媒体、新闻人物与自己的相互关系。)

  陈明明以前所未有的认真,一字不漏阅读完,签上名字。她在办公室里静坐了两个小时,有一种解脱感。(开头从个体人物的视角切入,设置悬疑。)

  透过会议室的玻璃门望向公司内,这栋内部通体银灰色的建筑显得有些清冷,房间被一道道玻璃幕墙和钢筋混凝土分隔开,每个楼层布置的上百颗冷色调顶灯,形成了一个人造的封闭空间。只有少数时候,自然光能够稍微逃脱这个系统,从中央天井狭长的穹顶照射进来。(镜头突然摇开并退到远处,以"远景"描述环境,并有隐喻。)

  那一刻意味着漫长的、纠缠近两个月的离职纠纷结束了。

  从提出离职到被公司竞业,近两个月内,她被直属领导、小领导、业务部门的大老板、二老板、业务部门HR、管培生HR等一次次约谈和施压,无力感始终伴随着她。她一度每天发呆,失眠,大脑空白,某天下班后回到出租屋的家中,她静坐到深夜一点,终于抑制不住情绪,崩溃大哭。

  这次离职给陈明明上了工作以来最难忘的一课。她在2018年毕业后经历四轮笔试面试,成为一家老牌互联网公司员工。两年半后她提出离职,被公司竞业。

  竞业名单上罗列了国内一二线互联网公司及其被投公司,几乎意味着"行业禁入"。对一个应届生而言,相当于未来全被堵死了。

  她经历了从"根本不知道竞业是什么意思"到咨询律师的意见,为自己争取权益,最后还是在一次次约谈后放弃协商,接受竞业限制。

  中国社会科学院法治研究所发布的《法治蓝皮书》显示,2020年各级法院审结的案件中,有关竞业限制的案件共316件,其中93件与新兴科技行业相关。记者浏览中国裁判文书网发现,多起审结案件中被起诉对象不是高管,而是基层员工。(从陈明明个人的遭遇过渡到很多人的集体遭遇,并交代信息来源。)

约束中高管的竞业协议,对公司来说,有保护商业机密的正当性需求。但对很难掌握什么核心机密的应届生、实习生发起竞业,本质上是畸形的、威权的管理手段。

应届生缺乏社会经验和资源,对互联网公司的管理风格和管理技巧了解更少,在职时更容易受到威慑,离职后一旦被公司竞业起诉,也无力支付对他们而言等同"天价"的违约款。对基层员工发起的竞业限制,权责更不对等,更不公平。(交代此报道的意义)

三、非虚构叙事体

"非虚构叙事"又称非虚构报道,是同时具有新闻性和文学性,并偏向于新闻性的一种报道题材。在英文中,新闻报道也被说成是新闻故事(news story),即强调新闻要有可读性,而"非虚构叙事"则是新闻故事更具文学色彩的版本。

"非虚构叙事"的新闻性体现在:记者要非常深入地采访、非常详细地记录,确保"故事"中的每一个细节都真实、有出处。正是这些真实的细节,让读者在阅读文字故事时能获得一种身临其境的在场感和沉浸体验。

"非虚构性叙事"作品的文学性体现在以下方面。"非虚构性叙事"的叙事主题通常是一个故事。所谓故事,就是"当人物遇到不得不去解决的错综复杂的情况时,行动就发生了,故事正是由一连串这样的行动所构成的"。所以,"非虚构性叙事"不仅报道事实真相,还通过文学性笔触展现出人类个体或群体在挑战、困境和迷惑面前如何挣扎、搏斗、妥协、胜利。这样的故事往往能激发受众的关注、同情和行动。非虚构叙事的结构通常是"主人公—困境—解决困境"。故事叙述开篇通常会使用"闪回",引人入胜;整个叙事弧线也多动作丰富,跌宕起伏,结尾积极。其叙事的视角(即叙事过程中"摄像机所摆放的位置")和层次多样,读者往往能随新闻当事人在时空里穿梭,闻其所闻,见其所见。"非虚构叙事"通常还具有非常鲜明的人物塑造能力。这些都通常是文学作品所使用的叙事技巧。

"非虚构叙事"、文学创作以及新闻稿(通讯、消息、特稿)各有不同。

"非虚构叙事"是真实内容加上文学叙事技巧,注重主题、视角和人物刻画等。文学作品是虚构内容加上文学叙事技巧。消息是真实内容加上(貌似)理性、中立和客观的呈现方式,如倒金字塔结构;通讯(特稿)是以一个个体报道对象的具体事件或场景开篇,接着是一个从微观个体过渡到宏观大图景的"主题段",然后引用大量篇幅来支撑这个主题段;但特稿(feature story)与"非虚构叙事"有时候无法截然区分。

我们这里以上海报业集团旗下的英文外宣媒体"第六声"一篇获得"亚洲出版人协会"(SOPA)提名奖的特稿为例,深描它是如何做好非虚构报道的。

该文标题为《隧道尽头的亮光:小山村掘出通畅路》(以下简称《隧道尽头》)。① 对该故事,SOPA 评委给出了较详细的点评:"这是一篇特稿写作的好范例——故事写得很好,通过一个不寻常的故事让读者有机会将目光瞥向中国人生活之一隅。文章所配发的视觉内容也制作得非常好;这是一个非同寻常的阐述得很好的故事,它从基层传达了很多关于中国发展的信息;引人入胜的写作大大地提升了一个原本很普通的故事。"②

故事主题。故事给人的教益和启迪就是故事的主题。《隧道尽头》中存在多个主题,包括追求(幸福生活)、冒险(人工挖隧道)、自我证明、复仇、救赎、蜕变、重生、自我发现等。这些都是人类经久不衰的主题,因而使得叙述具有了普遍性,在作者、人物和读者三者之间形成一种共情。正如其标题所示,《隧道尽头》让读者最后和主人公一样在隧道尽头看到了光明,得到了教益——自助者天助也。

叙事结构。《隧道尽头》遵循了典型的叙事结构:主人公—困境—解决困境。贵州某山村世代交通不便,与世隔绝,导致经济落后,孩子失学。多年来村民们希望能挖通一条通往山外的隧道,但请求被当地政府拒绝(困境);山外嫁入的一名女子邓颖香(音译)因山路崎岖,自己的孩子病情被延误去世,1998 年痛下决心带领村民开始手挖肩扛挖隧道。在辛苦劳作了 7 年之后,2005 年终于挖通(克服困境),但此时隧道太小只能供 3 岁以下小孩通过(新的困境)。当地政府闻讯后提供了

---

① "Tunnel Vision: Villagers Dig Their Way Out of Isolation", Sixth Tone, https://www.sixthtone.com/news/1299/tunnel-vision-villagers-dig-their-way-out-of-isolation,2016-09-08.

② 引自:https://www.sopaawards.com/wp-content/uploads/2017/03/SOPA-2017-Awards-Winner-List-v1.pdf。

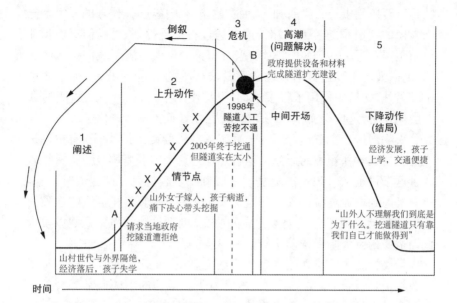

《隧道尽头》一文的叙事结构

资金和设备,最终将隧道扩展打通(高潮)。山村从此交通便利,经济得到发展,孩子们也能方便上学了,邓颖香也因自己的勇气和奉献当选为村支书。故事叙述开篇使用了"闪回",引人入胜;而整个叙事曲线跌宕起伏,引人入胜。

叙事视角。即叙事过程中"摄像机所摆放的位置"。《隧道尽头》中视角的角度和层次多样,读者跟随者村民在时空里穿梭,时而在隧道中近距离感受黑暗、静寂和潮湿,时而又冲向高空,俯瞰贵州大西南的莽莽群山。如故事开篇一段:"有时,村民们放下手中磨损得厉害的榔头和凿子,停下来仔细听。从中国西南贵州省的莽莽大山之下深处,穿过黝黑坚硬的岩石,他们可以听见朋友和邻居的声音。"这种多变视角使读者身临其境,同人物一道情感起伏,同悲同喜,极具感染力。

声音和风格。在村民们苦挖隧道遭遇困难时,作者的文字是充满同情的——"他们当中没有人知道要花上多长时间,更不知道他们的梦想到底能否变成现实。夏去冬来,他们总是蹲在锋利的乱石中,睡在潮湿的裸地上,四周黑暗裹身。""男女老少没日没夜地凿着,每日三班倒。他们分享着沾满灰尘和泥巴的干粮,脸上被煤油灯熏得漆黑,对此他们已经习以为常。他们跪在地上,用极为原始的工具撞击这顽石,对掉落的是巨石还是土块一无所知"。而在隧道终于挖通时,作者的文字是充满喜悦的:"但是随着另一端的声音透过石头传过来,村民们意识到他们相距很近了。7年前开挖时的兴奋和希望再次注满了他们疲惫的身躯,他们鼓足干劲通宵达旦地凿啊凿,声音越来越近。终于,他们凿通了。"另外,文章中使用了很多动词,也均使用主动语态、一般过去时或一般现在时,这使得文章中的动作有力、主动而不拖沓。

人物塑造。文章塑造了一个真实、淳朴、直爽、勤劳肯干、有勇气担当的农村妇女邓颖香的形象。她自愿嫁到这个穷乡僻壤,还"一直想着改善这个村子"。1998年,她凭着一股倔劲带领村民开挖隧道时,根本没有考虑到坍塌危险,"现在想起来就后怕"。追求美好生活的强烈愿望推动着她完成了常人无法完成的使命,也正是她的强烈愿望以及因此而遭受的巨大阻力推动了故事的发展。

释义性叙事。指在故事动作主线之外的"离题",通常的作用是提供背景信息,将动作线置于更大的背景下。成功的离题通常都会选择在某个动作主线事情悬而未决的时候,通过停顿来制造出紧张的气氛。一般认为,行文在一个连续动作中间,而不是在两个动作之间岔开,往往效果最好;情感价位越高,离题可以越远。《隧道尽头》中有两个"离题",第一个是在介绍了隧道挖通后,村民们不再像从前那样砍树建房和烧柴取暖了。随即在下一段,作者开始介绍人类从12 000年的石器时代就开始挖隧道。第二个离题出现在主人公邓颖香的回忆之后。1998年她因为失去了孩子而痛下决心挖隧道,但是很快就意识到,"只有我们自己先挖起来才行得通"。随后,作者笔锋一转,开始介绍一位奥地利隧道专家罗泊特·盖勒对隧道安全施工的专业意见。以上两个"离题"回答了读者可能有的"人工挖隧道是否安全"的疑问,同时也让叙事中强烈的情感有所舒缓。

中国的国际新闻传播亟需提炼普通中国人的好的非虚构报道,我们要注意,根据瓦尔特·费舍尔的"叙事理性"理论,人们对他人的叙事会参照自身经历和文化背景,根据"外部真实性"和"内部连贯性"两个标准来判断故事的质量。《隧道尽头》将中国普通人不普通的事迹细腻、生动和感人地展现在公众面前,完全符合这两个标准,读来令人深受感动、乐意传播。中国并不缺这样的故事,缺的是用真实、平实和引人入胜的方式讲述好故事。这意味着我们的国际新闻传播也需要更多优质的非虚构叙事。

第十三章

网络新闻采访与写作

信息与传播技术的发展对新闻传播业影响之大、之广、之深,我们都有目共睹,新闻传播教育也感同身受。教育部从 2011 年开始启动新的专业建设,这激发众多新媒体相关专业,如网络新媒体和数字出版等,如雨后春笋般地发展起来。如何培养适应网络时代的新闻传播人才?加强网络时代新闻实务的理论与方法研究是一个必要良策。

第一节 媒介融合的历史背景与发展策略

一、日益分散的受众注意力

所谓受众注意力,是指受众具有的、受其心理活动驱动的指向和集中于某外在对象上的感知活动。它具有分散性、阶段性和区隔性等特点。媒体间的竞争,说到底是对受众注意力的竞争。吸引受众注意力是信息传播者生存与发展的首要任务。

在人类历史上,受众的注意力一直呈分化趋势,这是由其分散化和阶段性等特点决定的。20 世纪三四十年代大众化报纸后,杂志、广播、电影和电视等新传播渠道的出现带来的后果是如此;数字化技术出现,尤其互联网普及后更是如此。如今各种"新新媒体"纷纷抢夺着传统媒体的广告份额。电视、广播、报纸、杂志四大媒体均分注意力市场的状态被完全打破。互联网、手机及其他移动终端则以近乎零成本的方式发布信息,牢牢占据着年轻受众的注意力,造成了全球范围内传统媒体广告收入的大量流失。

根据皮尤研究中心 2019 年的数据：2000 年，52% 的美国成年人使用互联网；到 2019 年，这一数字增长到 90%。从 2011 年到 2019 年，智能手机拥有量翻了一倍多，从 35% 增加到 81%。2005 年，只有 5% 的美国成年人使用至少一个社交媒体网站；2019 年，72% 的美国成年人使用至少一个社交媒体网站。

2021 年 1 月，皮尤研究中心调查的受访者中有 86% 表示他们"经常"或"有时"从数字设备获取新闻。这高于依赖电视（68%）、广播（50%）和印刷出版物（32%）获取新闻的成年人百分比。

美国报业平面广告收入随之下滑。纽约时报公司的平面广告收入，2017 年第一季度下降 17.9%，第二季度下降 10.5%，甘尼特报业集团的平面广告收入也同比下降 16.8%。①

在我国，2005 年，四大传统媒体的广告份额在改革开放以来首次出现下滑"拐点"。互联网广告经营额则连年上升。到 2017 年，据《中国新媒体发展报告（2018）》显示，2017 年，阿里巴巴年广告经营额为 1 300 亿—1 500 亿元，百度广告营收达到 848.09 亿元，腾讯广告收入为 407.51 亿元，今日头条广告营收达 160 亿元。与此相对的是，2017 全国广播电视广告总收入为 1 518.75 亿元，同比下降 1.84%。

在此情况下，中国公司的广告投放选择放弃传统媒体而选择新媒体。例如，早在 2007 年，宝洁公司宣布大幅削减电视广告投入，要转移部分传统媒体的广告花费到新媒体上；2014 年，海尔集团宣布今后不再向杂志投放硬广告；2017 年 3 月，阿迪达斯 CEO Kasoer Torsted 宣布不准备投放电视广告。②

实际上，传统媒体广告收入的下降，其根本原因在于受众，特别是年轻受众（所谓 Z 世代）注意力的转移。"Z 世代"（Generation Z）指出生在 1995—2009 年间的"互联网原住民"。据调查，截至 2020 年 11 月，全球 Z 世代活跃用户已达 3.25 亿，占网民整体的 28.1%。③ Z 世代越来越成为新媒体不容小觑的新生势力，其借助媒介实现自我表达和群体认同的需求也日益凸显。

早在 2007 年，年龄在 15—25 岁之间的年轻一族花费在传统媒体

---

① 尹琨：《美国报业：读者转向网络　广告收入下降》，《中国报业》，2018 年第 1 期。
② 刘娟：《传统媒体广告真的没效果了？》，《新闻战线》，2019 年第 18 期。
③ 刘美忆：《Z 世代媒介使用的自我表达与群体认同——以 B 站为例》，《青年记者》，2021 年第 17 期。

上的时间仅为30%,而花费在互联网上的时间多达70%。① 另根据美联社在全球6个城市进行的调查,18—34岁间的受众获得新闻的途径与他们的前代很不相同:他们较少地通过电视和报纸,更多地通过多种平台和来源(包括网络视频、博客、社交网站、移动终端、口头传播、搜索引擎等)全天候地获得新闻。而且,多任务执行(multitasking)已经成为他们媒介消费行为的主要特征。对于他们,手机不仅仅是音频通讯工具,还同时用来发短信、传图片、看视频、发微博、玩游戏、下载音乐等。在中国,Z世代人均使用App达到30个;Z世代热衷的B站拥有15个板块和7 000多个核心圈层,受众可以依据自己的喜好寻找相应的分区。在即将到来的元宇宙时代,青少年用户将可以用众多开发软件轻松地制作出自己的3D体验产品分享或出售给其他用户;元宇宙中的用户生产内容(UGC)将是与今天的文字、图片、播客以及短视频一样海量的"全息数字产品"(holograms)。

如果我们将以上媒介技术发展的过程比喻成"坐电梯",注意力市场相当于一个电梯厢,不同的媒介相当于乘电梯的人。最初电梯在一楼时,电梯厢里只有报纸,它牢牢地站在中间,垄断了全部受众注意力(电梯厢空间);电梯缓缓升到二楼,广播进来了,让报纸有些不适,但不得不挪动到一边,让出一半的空间给广播;电梯加速到三楼,电视挤进来了,它声画兼具,对受众吸引力巨大,报纸和广播不得不让出大部分空间给电视,三"人"在电梯厢相对和平地相处了30多年;电梯继续上升到第四层(1995年以后),互联网进来了……

在以上过程中,旧媒体总是害怕新媒体抢夺其注意力,常常会先对其大加挞伐,指责新媒体"过分占据读者的时间,怂恿他们逃避现实世界,沉迷于虚拟空间"。后来旧媒体又不得不面对现实,做出让步,与新媒体分享注意力(广告)市场。直到今天,互联网不仅挤进了电梯,而且俨然已将报纸、广播和电视赶出了电梯,人类信息与传播由此进入新的电梯厢——互联网时代。而在这个新电梯厢里,在不同楼层,纷纷挤进新的"乘客",传统媒体网站、门户网站、搜索引擎、播客、微博、社交媒体、播客、移动应用、微信、抖音等,它们在电梯厢里相互争夺空间。乃至到21世纪20年代,随着越来越廉价易用的新终端(包括虚拟现实头

---

① InStat:《新媒体时代的广告》,2007年10月29日,http://www.instat.com.cn/index.php/archives/70。

盔)的出现,新的"电梯厢"(元宇宙)也将横空出世,新的注意力大战又将开始了(如图13-1)。

二、媒介融合是新闻业发展的趋势

在以上受众注意力极度碎片化的媒介生态中,任何媒体组织要想争夺到足够维持其生存和发展的注意力,决不能仅仅依靠某单一媒介,而必须通过多个媒介平台去聚合受众离散的注意力。美国论坛报系(Tribune Company)前任高级副总裁霍华德·泰纳(Howard Tyner)认为,新闻业本质是吸引眼球——吸引尽量多的人看你的内容。他提出了著名的"受众在哪里,我们就到哪里"(We go where the audience is)的说法。而实现这一点的必然路径就是实现各种媒介的融合——新闻和信息要出现在手机电视上、广播上、互联网上、手机上、虚拟现实头盔上等(如图13-2)。这就导致了媒介融合新闻实践和融合型媒体集团的出现。

媒介融合的核心思想是随着媒体技术的发展和一些管制樊篱的破除后出现的,昔日各自为战的报纸、广播、电视、网络和各种移动技术将融合在一起,而这种融合集中体现在互联网(包括桌面互联网和移动互联网)上。"媒介融合"概念由美国麻省理工大学(MIT)的伊锡尔·德·索拉·普尔(Ithiel de Sola Pool)教授在1983年提出。1990年代中期,数字化技术出现,它使得曾经彼此独立的电信、电视和计算机技术(以及相应的传播媒介)日益明显地相互交叉和依赖,并使产业、制度、经济、社会和文化也出现了融合的趋势,催生了大型媒体集团的出现。例如,从20世纪90年代中期开始,美国新闻媒体、电信公司以及信息产业间的跨媒体和跨地域经营等媒介融合实践已经很普遍了。1996年,美国政府颁布了新的电信法,为以上融合提供了几乎是百年一遇的扩大经营业务的好机会。2003年6月2日,美国联邦通讯委员会(FCC)宣布放松其对报纸和电视台所有权的限制,允许同一媒体集团同时拥有一家报纸和一家电视台,为媒介融合注入了新的动力。2000年,美国在线和时代华纳的世纪并购使美国的媒介融合达到高潮。到2008年,默多克的新闻集团收购道琼斯,以及加拿大的汤姆森公司收购英国路透社,媒介融合已经成为世界传媒界不可逆转的趋势。

媒介融合极大地增强了西方媒体公司的传播能力和创收能力。美

第十三章 网络新闻采访与写作 411

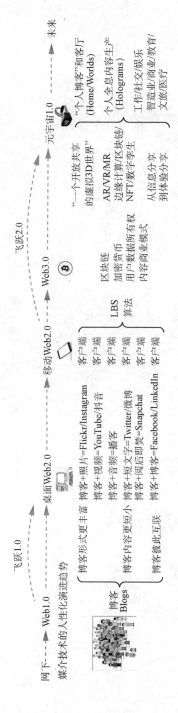

图 13-1 从 Web1.0 到元宇宙：网络媒介的发展历程

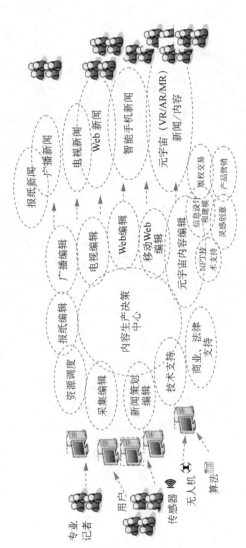

图 13-2 一次采集，多平台发布：媒介融合示意图

国学者罗伯特·麦克切尼（Robert McChesney）曾预测，5—8个巨型媒介公司将统治美国信息市场，50—80个媒介巨头则将统治全球信息市场。而实际上，当今八个世界媒体巨头（时代华纳、新闻集团、迪士尼、维亚康姆、通用电气、维旺迪-环球、索尼和贝塔斯曼）的收入超过了所有南太平洋各国的GDP总额。

三、新闻生产流程的变革

由于以上受众（用户）信息消费习惯的变革，新闻生产应该进行变革。我们可以将"新闻生产"简化为三个环节：新闻采集、新闻加工和新闻营销，如图13-3所示。

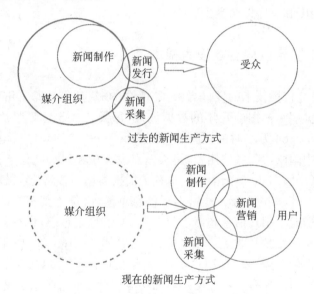

图 13-3　新闻生产的社会化趋势

在图13-3上部，即"过去的新闻生产方式"中，整个新闻生产是以媒介组织为中心。记者在媒介组织之外采集到新闻后，回到媒介组织内部进行新闻制作。新闻制作完成后被交付印厂印刷，完毕后交付发行，用卡车运送到街头报亭或邮局传递给"受众"。这种"新闻的作坊式生产"的好处是，信息采集、生产和发行由于仅由少数人完成，所以是安全和可控的，信息环境也是清朗和有序的；不足在于，新闻生产成本巨大,文字记者、摄影记者、编辑、司机等角色单一,新闻生产过程封闭,没有新闻营销概念,无新闻产品概念,造成新闻内容单一、总量稀缺和受众(他们主要是被动的"受众")满意度低。

而图13-3的下部,即"现在的新闻生产方式"中,媒介组织"以受众为中心",打开门来做新闻,记者的"新闻采集"比以前走得更远,甚至"新闻制作"都能与用户(他们已经是积极行动的用户)互动;"新闻发行"已经转变为"新闻营销"(audience engagement),与用户打成一片了。这种"新闻的社会化生产"的好处是,媒介组织在广告收入继续下滑时,新闻生产成本能大幅下降;由于新闻生产与用户的互动更多,所以选题和报道更能体现用户的关心所在,提升了用户满意度。不足在于,由于有更多的人参与到新闻生产中,新闻报道的专业水准、信息环境的清朗度和有序性会受到影响。

四、坚持以内容建设为根本

信息与传播技术的发展导致了"受众的崛起"——现在几乎"人人都有麦克风"。根据前几年的数据统计,每天有2.5亿张照片上传到Facebook,864万小时的视频上传到YouTube,2 940亿封电子邮件被收发;中国微博和微信用户,每天信息发布量超过200亿条;今日头条每天新增发布50万条内容。这种传播权力从传者到受众的转向,在过去近20年来虽然极大地增加了信息总量,满足了其多样的信息需求,但也造成了用户信息超载,形成巨大的信息疲惫感,也日益让人烦恼和疲惫,频生摆脱之意。如在社会性媒体Twitter上,由于信息庞杂,相关性低,体验差,其用户黏性和新注册用户数量已经出现下降。为了保持增长势头,这些社交媒体的功能和界面变得越来越复杂,让用户不知所措,反过来又加剧了用户的逃离。

由于信息过载,网民应接不暇,其有效注意力时间(attention span)在进一步缩短。研究发现,2000年时,人的注意力集中时间是12秒;到2012年,已经下降到8秒(作为比较,金鱼为9秒);互联网上有17%的网页,网民在其上的停留时间少于4秒。随着信息给人们带来的边际效应的递减,用户对"信息丰富"的态度也已出现了变化。人们疲劳于过多的信息,期待更加有序的信息秩序。

于是,出现了各种信息筛选机制,如"群体过滤"(collective

filtering),比如 Reddit 上的网民对内容的投票,"大众点评网"或"豆瓣"等信息互荐,编辑结合自身专业判断替用户精选内容并限量定时发布"策展新闻",微信用户通过朋友圈分享信息等,都是信息过滤机制。

有趣的是,在 21 世纪,最为有效的信息过滤机制却是人类最为古老的沟通方式——讲故事和听故事。这推动了所谓"长篇新闻"(long-form journalism)的兴起,其最显著的体现就是我们在前文提到的非虚构报道。

通过非虚构报道(故事),记者能在纷繁复杂、泥沙俱下的信息环境中吸引公众注意、增进理解、加深记忆和触发分享。美国《华尔街日报》资深撰稿人布隆代尔指出:"我们永远都在思考是哪些元素使得一个故事从本质上变得有趣,能在瞬间吸引观众的注意力;我们如何安排故事情节,能让故事具有持续的吸引力,并让它深深刻在人们的记忆之中。"①《纽约时报》2017 年 2 月推出了新闻播客栏目《每日新闻》(*The Daily*)。其主持人迈克·巴巴罗(Michael Barbaro)表示,声音能够更加真实和生动地传递故事和情感,这是文字和算法无法替代的。

由此看来,在今天这个信息超载的时代,好内容不仅没有过时,反而更加获得人们的青睐。碎片化的信息环境容易导致碎片化的精神状态和碎片化的社会。通过深入阅读沉浸性的非虚构报道,人们能重新获得意义、感染和鼓舞,意识这个时代不仅有"我"(I),而且还有"我们"(We)。

可以说,新闻确实面临挑战,但它并不会消亡,只是与 20 年前不同了。例如,技术的发展使得新内容比以往任何时候都更容易传播和获取,因此内容消费正在上升。2020 年,全世界的人们每天消费的内容量翻了一番,而新闻是其中增长最快的内容类型之一,近一半的全球消费者在新闻网站和应用程序上花费了更多时间。

第二节 网络新闻时代的记者能力

既然信息与传播技术的发展彻底改变了传统的新闻生产流程,新闻记者和编辑的技能要求也随之改变。为了吸引受众,新闻机构现在

---

① 张玉钟:《三十而文》,福建人民出版社 2009 年版,第 630 页。

使用多介质和多平台发布内容，包括网站、移动应用、微博、微信，以及图片、音视频、互动图表、游戏、虚拟现实和其他元宇宙技术等。多平台和多介质极大地增强了记者、编辑的报道能力，记者也获得了各种进行多媒体报道和实时报道的新工具，可以更丰富和更快地向更广泛的受众发布报道，并获得即时反馈，包括访问量、点赞量、转发量、评论量等。

对记者而言，他们需要掌握各种新技能，才能在激烈的竞争中获得更好的就业机会并更好地服务社会。我们认为，当今记者需要夯实以下基础能力和新媒体能力。

一、基础能力

（一）信息素养

在网络新闻时代，新闻采访的工作内容不仅仅是单一的信息采访、收集及处理，也是海量信息的采访、收集、处理、筛选和提炼，作为最终编排和报道的新闻内容。这就要求新闻记者具有一定的媒介素养和信息素养(information literacy)。媒介素养主要针对大众媒介，而信息素养所指的对象则更广，包括以下能力。

（1）根据信息提供者的性质(政治、资本、技术、职业、公众)来评估其立场。

（2）对各种过滤机制的潜在不足有所警惕。例如，常用的意见领袖、从众以及算法等信息过滤机制都有其不足，这就要求记者善于从多渠道获取信息，增加其多样性。

（3）善于利用逻辑"以子之矛攻子之盾"，并善于识别辩论中的各种逻辑谬误，如动机猜测、人身攻击、诉诸权威、诉诸先例和逸闻、从众、滑坡谬误、片面选择证据、片面归因、非黑即白等。

（4）善于利用奥卡姆剃刀原则，它要求我们经常问自己：如果A是真的，那么B(以及C\D\E…)怎么解释呢？如果此时我们发现有一连串的问题都无法得到合理解释，那么A为真的可能性就很小。

（二）沟通能力

即使在网络传播时代，亲身沟通仍然是人类最主要的沟通方式，这对记者这个职业而言更是如此。

在团队层面，由于融合新闻生产大多只能通过团队合作才能完成，这就需要记者具有较高的情商，能有效地协同他人工作，或让他人有效地与自己协同工作。在个人层面,采访是记者获取可靠信息的主要手段。因此,一个成功的记者往往具有很强的沟通能力,在采访前能营造好轻松和谐的气氛;在采访中能持续倾听、捕捉细节,深入思考并以友好方式向新闻当事人提出有水平的问题,收集到可信的信息,并在有需要时以有效的人际沟通方式(如录播或直播)向受众报道信息;在采访后,也能有效维持与信源的友好关系,为日后工作做好铺垫。新闻信源关系维护能力尤其重要,这是记者持续发展的关键资源。

试举一例。1936年,美国记者埃德加·斯诺作为第一个到中国红色区域进行采访的西方新闻记者进入陕甘宁边区时,他面对的是一个完全陌生的新天地。然而他却能在短短四个月的采访中,冲破肤色、国籍、语言和信仰的阻隔,与众多的采访对象(从共产党和红军的高级领导到普通战士和农民)相处得宛如一家人,谈得十分随和,毫无生硬感,从而获得了大量珍贵的新闻素材。他的采访方法被斯诺的前夫人、《续西行漫记》的作者尼姆·韦尔斯称为"斯诺法"。她说:"所谓斯诺法,就是在采访中记者要聪明灵活,在特定的环境中选择合适的话题,同采访对象一见如故,无拘无束地交谈,营造出一种生动活泼的气氛,而不能板着脸儿,过分严肃,将气氛弄得过于紧张正式。"①

韦尔斯当年与毛泽东会面时,艾北在一篇文章中曾有如下生动记述:

> 韦尔斯进入了红色中国……4月底,韦尔斯来到了延安。第二天早上,韦尔斯起来迎接玫瑰色的黎明。有一个小鬼把她房间里的桌子和凳子拿到院子里去。她正迷惑不解时,从窗口看到,毛主席和朱总司令进院看她来了。她连忙迎了上去。宾主就在院中刚摆下的凳子上坐下了。毛主席高兴地说道:"欢迎你到延安来。我知道你的故事。"韦尔斯理起了线索,说道:"因为我丈夫斯诺写了你的故事,是我给打字的。"毛主席会心地笑了,气氛融洽起来。韦尔斯从笔记本中取出一张照片,对毛主席说:"我早就从这张照片认识你了。这是斯诺给你照的。我从西安跳窗户出来时,只带了两样东西,一样是你的照片,一样是一盒口红。你知道,一盒口红对美国年轻

---

① 金文雄、王晓英:《新闻出版心理学》,知识出版社1991年版,第37页。

妇女多么重要,几乎什么都可以贡献出来,而口红是不能丢的,所以,你也不会诧异了。"诙谐的语言,招来一连串的笑声。毛主席接过那张他带着红军八角帽的照片,眯着眼睛。韦尔斯说:"这张照片照得很好看。"毛主席笑道:"我从没想到,我的照片会这么好看。"随后双方一见如故,谈话也不那么拘束了,朱总司令在这个气氛中也掺进了几句幽默的话。①

通过这段文字,我们不难想象韦尔斯采访时有意营造出的轻松生动的人际氛围,其中不仅包括了很多非语言线索,包括面部表情、眼神、泛语言符号、身体朝向、空间距离、手势、以及实物(照片)等。新闻采访活动的表层是记者从信源处获得信息,但底层是记者对信源进行说服获得后者的配合。这种说服过程包括:采访前,记者要说服信源愿意接受采访;采访中,记者要说服信源愿意乃至开心地持续提供信息。

(三)写作能力

现在全世界新闻院校都在着力培养学生的数字传播技能,但同时也都意识到学生基本写作能力亟需加强。

受到碎片化信息的影响,Z 世代的数字传播能力也许很强,但也导致其基本的文字写作能力已经大幅下降。例如,受微信等社交媒体的碎片化短句影响(通常不必有标点符号)以及网络语言(如YYDS,"永远的神"简称)的影响,越来越多的大学生无法正确使用标点符号,更无法逻辑清晰、表达准确地写出一句话或一段话,词汇也日趋贫乏。我们认为,即使记者的文字必须适合于不同媒体平台的语言风格,清晰表达的能力(包括篇章结构、用语风格和标点符号)永远不会过时。

美国"波因特媒介学院"2013—2014 年针对美国 2 900 名业内人士、教育工作者、学生以及独立记者进行了一次《新闻业核心技能调查》(如表 13-1)。② 新闻业界和学界都将"准确"和"使用正确的语法写作"列入重要的核心技能。

---

① 杜荣进:《中外新闻采写借鉴集成》,浙江教育出版社 1998 年版,第 157 页。
② 参见:http://about.poynter.org/about-us/press-room/poynter-announces-results-2013-study-future-journalism-education。

表13-1 美国新闻学教育者、从业者和学生对新闻业核心技能的态度

前10新闻界业内人士(%)		前10新闻教育工作者(%)	
1 准确	96	1 准确	99
2 好奇	93	2 好奇	98
3 使用正确的语法写作	93	3 基于可信度选择信息	96
4 较好地处理压力和截稿期限	93	4 使用正确的语法写作	96
5 拥有好的新闻判断力	92	5 熟悉新闻伦理	96
6 基于可信度选择信息	92	6 熟悉当下发生的事件	95
7 利用网络进行联系和发展信源	91	7 精通采访技术	95
8 熟悉新闻伦理	90	8 拥有好的新闻判断力	95
9 流利地写作	89	9 利用网络进行联系和发展信源	94
10 熟悉当下发生的事件	88	10 新闻叙事技能	93

近年来,各种网络语言、表情包和漫画等都已成为公众喜闻乐见的表达方式,其中某些形式也被新闻报道语言所借鉴,拉近了新闻媒体与大众之间的距离,但新闻报道语言的主体仍然必须是严谨、规范和理性的。

(四)新闻伦理判断力

2016年底,《牛津词典》将"后真相"(post-truth)评为英语世界年度热词,该说法甫一问世,即引起广泛关注。《牛津词典》将其定义为这样一种情况:"诉诸情感与个人信仰比诉诸客观陈述事实更能影响民意走向"。换句话说,人们更相信自己的感觉,而不是客观事实。

美国新闻社会学者迈克·舒德森指出,由于受到新媒体挑战和整体经济形势的夹击,美国新闻业不得不大量解雇从业者,这使得剩下的员工报酬减少,工作量却不断增加,个个如"仓鼠滚圈"一样地手忙脚乱,久而久之,新闻媒体能提供的事实越来越少,进而又导致媒体公信力下降。例如,2000年,大约一半的美国成年人报告说对新闻媒体有"很大"或"相当程度"的信任;到2020年,这一数字下降到40%。公信力下降又导致读者进一步流失,形成恶性循环。在中国,这一现象虽然不比美国严重,但也确实存在。

我国新闻学者陈力丹曾批评,在竞争压力下,现在的新闻媒体博眼球,常常对当事人私人领域实施"媒介逼视",即过度公开报道,不仅致使当事人陷入公论场窥探与问责的压力漩涡,同时也造成大众传媒的功能失调,形成新闻媒体社会角色的错位。① 例如,2022年1月,《新京报》"我们"视频就"少年刘学州寻亲"事件一共刊发了四个报道,其中2022年1月18日晚间上线的报道引发外界激烈关注,饱受诟病,被认为是导致网暴刘学州的导火索,刘学州最终选择自杀。尽管我们不能将此事完全归责于《新京报》,但它作为一家重要的新闻机构,在报道中"单方面严重指责未成年人"是非常欠考虑的。

在网络时代,新闻媒体更加需要坚守伦理操守,具体到新闻记者编辑个体,就是需要具备更强的新闻伦理判断力。

二、新媒体能力

(一)视觉传播能力

新闻机构对受众注意力的获取受到媒介介质特性的影响。报纸通过"纸"来获得读者,广播通过音频信号获得听众,电视通过视频信号获得观众。而互联网的媒介特性,使得一家媒体机构发布多媒体数字新闻成为可能。其中,最重要的就是视频新闻。

《华盛顿邮报》的多媒体执行编辑汤姆·肯尼迪(Tom Kennedy)表示,邮报网站推出视频并(主要)不是要与电视竞争,他说:"我认为所有的其他媒介形式都是我们的竞争对手,但任何一种媒介都不能说是'主要对手。'我们竞争的最终目标是,如何通过因特网最大限度地争夺受众的时间和注意力。"而争夺受众的时间和注意力就要求新闻媒体克服原有"母媒体"的限制,生产和发布包括视频在内的多媒体网络新闻。

在中国,根据CNNIC第46次中国互联网络发展状况统计报告,截至2020年6月,我国网络视频(含短视频)用户规模达8.88亿,较2020年3月增长3 777万,占网民整体的94.5%,其中短视频用户规模为8.18亿,较2020年3月增长4 461万,占网民整体的87.0%。受新冠疫情影响,网络视频用户规模及使用率在2020年初有了大幅度提

---

① 陈力丹、王辰瑶:《"舆论绑架"与媒体逼视——论公共媒体对私人领域的僭越》,《新闻界》,2006年第2期。

升,但是到后疫情时代,短视频行业增速放缓,增速首次降至10%以下。例如,2017年,澎湃新闻与今日头条签署视频战略合作伙伴协议,将自己旗下所有原创视频内容,包括新闻短视频与新闻直播,都入驻头条号。① 又如,2022年2月17日,上海报业集团旗下《解放日报》发布广告招聘"视觉设计"岗位人才,其工作要求就包括:结合日常新闻报道需求,制作平面海报、长图、条漫等,或H5、动画、三维视频等;参与重大主题报道,与新闻采编人员沟通,共同确定融媒体产品;独立制作简单的新闻产品;制作报社主要活动的banner、PPT、海报等。由此可见,视觉传播能力已经成为记者的必备技能。

(二) 社交媒体运营能力

如前所述,过去新闻媒体的新闻生产大致是封闭的,媒体记者从精英视角,根据自己的"新闻敏感性"或参照同行的报道来从客观世界中选择报道内容,而观众只是被动接受媒体机构新闻成品的一方,因此,长久以来新闻的生产和发布都只是媒体机构对公众的一种单向广播。但是,今天这种老方法不再可行。今天的新闻机构在新闻生产的前、中、后期都更积极地追求"观众参与"(audience engagement)。②

"好新闻也需要营销",已经成为新闻业界和学界的共识。例如,很多新闻院系都开设了"受众分析与新闻营销"方面的课程,研究新闻消费者(受众)行为。

新闻营销的实质是扩大受众对新闻生产和传播的参与,这种参与体现在两方面。一是"面向新闻生产"的参与,指受众在新闻发布前的新闻选择和生产过程的参与。此时记者通过与用户的互动,要回答的问题包括:在新闻生产中有多少潜在的受众参与了这个新闻的生产?信源中有多少边缘群体的声音?该报道的发起者有多少是公众成员?关注和回答这些问题,有助于增加新闻报道的多样性和包容性。二是"面向新闻消费"的参与,指受众对已经发布的新闻作出的反应。如针对移动网络短视频,受众通常是个人收看,可以对视频点赞、回复、转发、分享、留言、打赏等,这不仅体现出视频新闻报道的传播效果,对视频的生产方式也提出了要求。此时记者通过与用户互动,要回答的问题包括:受众在一个新闻报道上花了多少时间(读、听、看)? 他们发了

---

① 窦锋昌、程彤辉:《从文字到视频:纸媒视频生产机制研究》,《中国出版》,2019年第2期。

② 数据来源:https://www.cjr.org/tow_center/audience-engagement-journalism.php。

多少关于此新闻的微博评论?评论的态度如何?转发量如何?收藏量如何?关注和回答这些问题,有助于媒体确定自己的内容影响力和广告价格。例如,凤凰卫视《有报天天读》节目每次在节目开播一小时前,都会在节目的新浪微博公号上发布当期节目的重点花絮和图片,以此为节目预热。澎湃新闻也非常重视通过社交媒体进行内容运营,它的微信公号开通了《头条》《澎湃思想》《澎湃时局》《澎湃联播》《澎湃打虎》等五个分类栏目,将新闻产品当作朋友圈社交资源,形塑用户体验,盘活用户关系,精准投放纵深社区。①

(三)新闻创新能力

受众已经养成了轻阅读和快阅读的习惯,很容易审美疲劳,为此记者要关注受众需求和热点话题或时间,对新闻报道的内容进行创新,通过寻找新的新闻线索,通过新颖的报道形式去吸引大众的关注。

新闻创新不能仅停留于报道形式,更应该加强对深度内容的发掘。例如,2019年11月18日,重庆市大足区人民法院开庭审理尹光德涉嫌组织、领导、参加黑社会性质组织罪一案,在当天的法庭调查环节出现戏剧性一幕:"黑老大"尹光德当庭指认主诉检察官唐浩是他的保护伞,申请唐回避。上海广播电视台记者邓全伦本来陪一位律师朋友旁听该案,并无报道意图和任务,但面对这个富于戏剧性的突发事件,他当即退出法庭,向领导汇报选题,然后打开电脑快速成文,发往报片系统,通知领导审核、编辑上线。该独家首发新闻一上线即引发现象级舆情,全国媒体与受众转载转发与评论。随后几天记者还积极跟进,及时进行了独家后续报道。该独家文章一上线即被全网转载,10小时不到仅看看新闻Knews点击率就超过300万,引发重庆官方高度重视。庭审在11月19日上午中止,当日下午2时许,重庆市委政法委公众信息号"重庆政法"发布消息:针对"重庆市大足区一涉黑案件被告人当庭指认主诉检察官为'保护伞'"的情况,重庆市扫黑办已成立联合调查组,依法依纪开展调查工作。

在新媒体时代,尽管"人人都可能成为记者",但专业媒体记者对以上突发事件和热点新闻进行创新发掘和创新报道的能力更强。只有创新,才能将新闻做得生动立体,才能彰显主流媒体机构的竞争力、传播

---

① 张燕、陈思思:《传统新闻媒体转战社交媒体的内容运营策略——对澎湃新闻微信公众号的内容分析》,《出版科学》,2016年第4期。

力和影响力。

（四）新闻策划能力

新闻有"协调和凝聚社会各个部分"的功能，在我国更是治国理政的工具之一。在注意力分散和受众信息消费个性化时代，新闻从业者的新闻策划能力显得更加重要。

例如，为宣传报道好2020年中国（上海）进博会，上海广播电视台融媒体中心直播团队提前3个月就开始介入，梳理这场直播的意义、亮点以及直播的可实现路径，最终构建了围绕国际采购、投资促进、人文交流、开放合作"四大平台"的直播框架，并放眼国内各大经济要塞，设多个"场外"连线点，充分展示国内大循环的强劲动力以及国内国际双循环的相互促进。最终，进博会特别报道共推出全媒体大型直播21小时，网端系列轻直播62小时，各类短视频、图文、海报、电视报道、专题、Facebook及Youtube海外推文等总计1 320条（件），在探索重大主题报道的融合传播方面，又一次作出了有益的实践。

（五）数据处理能力

新闻报道需要记者先对新闻事件进行调查研究，其中采访是新闻调查研究工作的方式之一。但除采访之外，由于社会日益复杂，信息的形式和持有者的方式已经变得极为多样。伴随以互联网为代表的信息与传播技术的快速发展和普及，人们的很多社会行为已经通过数字工具实现，也体现在数字传播平台上，构成了今天的"大数据"，它同时包括用户人口统计学数据、内容数据、行为数据、关系数据、空间数据、生理数据。大数据具有海量（volume）、高速（velocity）、多样（variety）和高价值（value）等特征，远超过人类感官的处理能力。

在社会科学研究中，数字传播虽然从数量和种类上向其提出了挑战，但同时也为其带来了前所未有的机遇。例如，内容分析是社会学、政治学以及传播学等社会科学常用的数据研究方法之一，据统计，在传播学研究中，四分之一左右的实证研究都是通过内容分析实现的，而80%传播研究者的80%资源用于数据采集。然而，传统的内容分析是一种劳动密集型工作，研究者需要投入大量的人力、物力和时间。但是在今天，社会科学家可以低成本和高效率地从互联网上获得数量巨大和种类繁杂的数据，因而可以对相关群体的网络传播行为和传播内容进行深入详尽的分析，计算社会科学应运而生。它指利用网格计算以及其他计算机技术采集、加工、整合、分析、分享和传播人类社会和行为数据的科学。新的技术手段解决了海量信息带来的数据规模问题、数据整合问题、数据的分析问题以及数据的呈现问题。

这对于新闻报道也如此,例如"数据新闻"。这要求记者无论其报道条线如何,都需要具备一些数据素养。

首先是数据意识。类似于新闻敏感,是新闻从业者在生活、工作中表现出来的关注和发现相关数据价值的本能意识和兴趣。对于数据,要避免两种极端态度——要么深信不疑,要么不以为然。①

其次是数据处理能力。一是获取数据的能力,这时需要考虑数据的关联性和代表性。二是分析数据的能力。对于海量数据的处理,人类的感官已经无法胜任,这就需要我们善于使用各种工具分析软件去发现其中的模式和趋势。只有从历史数据中发现"旧模式",我们才能以之为依据预测"新趋势"。三是呈现数据的能力,指将大型数据集以视觉形式呈现出来体现其模式和趋势的能力。四是解读数据的能力,指结合各种社会条件(政治、经济、文化等)适切解读数据甚至提出政策建议的能力。如果缺少洞察力,再好的数据处理工具也无助于新闻质量的提升。很多数据服务提供者数据挖掘能力很强,但缺乏结合具体行业解读和有机利用这些数据的能力。这恰恰是具体新闻条线记者所擅长的。这种差异也体现在不同类型的机构所做的数据新闻中。例如,专业新闻机构《新京报》发布的数据新闻"聚焦宏观与深度,平衡内容和设计,用数据解读新闻"的特征比较明显,而网易"数读"的选题,如《中国最情比金坚的三个地方在哪》《中国哪里的瓜最好吃》和《陕西凉皮,好吃到完全停不下来啊!》这类报道,综合运用漫画、长图、数据统计,更具生活化和娱乐性。

为了提高自己的数据处理能力,新闻从业者要熟悉一些数据挖掘、处理和编程软件,包括 R 语言、Python、H5、Javascript、D3、Echart、Excel、Google Refine、Tableau Public 以及 Adobe 系列软件包等。

(六)内容创业能力

目前新闻媒体遭遇的困境是,即使有好的内容,也很难找到有效的商业模式,让记者、编辑投入的大量资源能收回成本并获得报酬。我们只要想想自己是否曾为所阅读的即使是优质内容付过费,就不

---

① 许向东:《对中美数据新闻人才培养模式的比较与思考》,《国际新闻界》,2016 年第 10 期。

难理解内容生产者的艰难所在。因此,新闻学院不仅应该培养学生的生产优质内容的能力,还应该培养学生通过生产优质内容并获得回报的能力——所谓"创业新闻学"(entrepreneurial journalism)就产生了。

在国外,2010年,一家名为True/Slant的网站与300名作家签约在其平台上撰文发表,然后可以直接从其读者获得打赏,该网站后来被福布斯媒体集团看上并收购。创业新闻学已经被纳入本科和研究生课程中,例如,纽约城市大学新闻学院宣布了世界首个两年的"创业新闻"硕士项目,项目负责人为该院教授杰夫·贾维斯(Jeff Jarvis)。哥伦比亚新闻学院的斯里·斯里尼瓦桑(Sree Sreenivasan)教授在他的社交媒体课程中也整合了"创业新闻学"内容。越来越多的新闻从业者或新闻学院的毕业生生产的内容将有机会在机构型媒体之外的平台上发表,他们因此而成为内容生产者和经营者。

媒体也在积极构建内容创业的能力。2016年,《三峡都市报》对此前"采编和经营"两线平行运行的组织架构进行改造,按照内容精准化、用户细分化准则设置政务、教育、健康、房产、商贸、汽车、旅游、金融、警务、法治、养老、社区12个工作室,打造了12个新闻产品,提供了12种核心服务,包括"深阅读""健康馆""暖新闻""公益行""今视点""微服务""身边事""生活帮""律师团""阖家欢""慢生活""小记者"。这种新闻生产流程再造将"采编和经营"整合到每一个工作室,大大提高了新闻的生产积极性和效率,实现了新闻信息产品的最优供给和新闻信息价值的实现。这必然也就要求栏目的记者和编辑要具备一些经营性知识和技能。①

以上这些能力,我们当然不可能做到面面俱到。澎湃新闻的一位资深编辑说,澎湃新闻并不奢望应聘者十八般武艺样样精通,倒更希望能找到能精通某一方面,如国际关系、地缘政治或某个行业领域并能写出很好的报道和评论文章的人才,因为这类人才实在太少了。因此,我们要记住一句话:如果我们不能成为通才,那就可以成为专才,两者必选其一。

---

① 刘鹏儒:《在内容创业的风口,让新闻信息产品飞起来——〈三峡都市报〉内容生产供给侧改革的探索与实践》,《新闻研究导刊》,2016年第7期。

第三节　网络新闻采访技巧

如果说从前在互联网上"没有人知道你是条狗",今天则无论网民以何种身份上网都很难完全地和长时间地隐藏。在更高带宽和更友好的网络通信软件的支撑下,互联网上的人际传播也越来越接近于面对面的人际传播,变得日益透明。

与面对面的人际传播相比,网络人际传播对新闻生产的优势是明显的,例如,受访对象可以调动 PPT 和音视频等内容说明问题,能为记者提供音频和视频信号,有利于媒介融合的新闻生产;记者能克服时空的限制,采访成本大为减少,采访信源可以大幅增加等。

一、网络人际传播的特点

网络既提供了便利,但也形成了过滤。今天我们虽然有 AR/VR 和 5G,网络人际传播虽然越来越接近面对面人际传播,但仍不能完全等同于后者。远程在场(telepresence)并非具身在场(embodied presence),互联网作为媒介对人际沟通中的社会线索仍然有巨大的过滤作用,导致沟通中存在巨大的不确定性。我们这里以网络视频采访为例。

网络视频采访对内容形成了多重过滤:

第一,受访者的视频镜头如何放置(角度、方向),对谁放置、聚焦于何处等,都非记者所能控制;

第二,视频技术无法准确记录和传递某些内容(如沟通双方的非语言符号);

第三,记者无法获得受访者的身体和环境线索,因此无法准确判断受访者言语的真实性和确定性,很难主动发现问题并形成追问;

第四,记者无法通过身体在场对采访对象形成压力,因此后者对前者的提问可以轻松逃避,如谎称信号不好、连线中断、没有听清问题等;

第五,受访对象对自己的语言和形象具有更强的修饰能力,回答记者问题时,计划性、表演性甚至伪造的内容增多,例如腾讯会议 App 具

有美颜功能,有的 App 有"换脸"功能,这增加了记者获得真实新闻的难度;

第六,需要记者进行大量实地观察和调查的新闻内容很难通过网络实施;

第七,网络交流很容易让人疲惫,这是因为记者和采访对象无法通过多种信道调试和校正从单一网络信道获得的信息,而且单一网络信道常常会遭遇连线卡顿或中断造成信息损耗。在此情况下,记者和采访对象都必须瞪大眼睛、竖起耳朵、提高嗓门,对一条微弱的信道保持注意力高度集中,因而对一个网络采访可能要投入相当于网下采访几倍的工作量,所以网络传播容易导致用户产生倦怠感。

二、网络采访策略

我们在网络中是不可能完全复制面对面采访的,但既然我们不得不选择网络采访,那么在充分利用网络优势的同时,要注意尽量复制网下人际传播的效果。

在采访前,记者应与受访者进行充分沟通,确保对方了解访谈的内容、录制的时间和方式、节目的目标受众和播放平台、节目对受访者的着装和沟通风格以及录制环境的期望等。如有必要,记者应该为受访者提供技术指导。为防止采访中因技术因素失联,记者要向受访者提供多种备选网络连线方式。

由于记者无法像面对面采访那样,在现场通过参与式观察和非正式的聊天来了解受访者并营造和谐融洽氛围,为正式采访做好准备。在网络采访前,记者要投入更多的时间研究受采访者的背景资料,尤其要注意准备几个"破冰问题",这有利于网络采访前的气氛营造和采访中的提问。记者要注意确保访谈双方视听环境(记者的面容、着装和房间等)安静清爽,环境光线充分且柔和,避免视频中人物面部暗黑。记者要将手机或室内其他电子设备设置为静音模式。正式开录之前,要做好充分的技术测试,确保双方软硬件可靠和稳定。连线后,记者可以使用"破冰问题"调节气氛和心情,为访谈正式开始做好铺垫。

在采访中,由于网络人际沟通中的不确定性增加,记者要清晰地向采访对象表明交流过程中的"路标"或"节点",例如:您能听清我的声音吗(确认信号通畅);现在我们可以正式开始了吗(告知闲聊结束,采访正式开始);我们今天采访包括以下几块内容(告知对方议程);我的问题是(提醒对方注意听);以上是我的问题(告知对方我提问结束);我们还有大约2分钟的时间(告知对方采访即将结束)等。如果采访涉及多位嘉宾连线,记者要事先清晰地说明沟通规则,并确保自己能即时叫出每一位嘉宾的名字和抬头(最好写下来放在电脑边作为提示)。网络采访要有清晰的模块结构,并严格线性执行,避免在不同模块之间随意跳跃,否则在单一信道的网络传播中会造成采访对象认知混乱。

在采访中,记者对采访对象的称呼要清晰得当、发音清晰、放慢节奏并经常停顿。记者需要"经常停顿"和"善于停顿"这一要点往往被忽视,然而它是确保记者说的话被对方听清楚和理解的好方法。当然,对于话语过多的受访对象,记者也要注意适当插入打断。在网络视频采访中,记者与受访对象之间保持"貌似的"目光接触很重要,此时,记者一是要注意将电脑摄像头与自己的视线落点保持在大致相同的位置(这可以通过将视频框拉到笔记本电脑的摄像头旁边实现);二是要避免在采访中频繁地查看笔记,否则受访者会觉得记者对他(她)不够尊重或采访准备不足。

由于网络传播中的信号耗散需要记者不断补偿,记者常常会用嗓过度,因此在网络视频采访中,记者可以配合多使用手势,以减轻嗓子的压力。要处理好"清晰表达"和"高声表达"之间的平衡,有时候,沟通之所以费劲,不是因为声音不够高,而是表达不够清晰,因此记者要努力追求语言表达的精确性,提高沟通效率。另外,长时间高频率地说话会造成声带疲劳,甚至受伤,因此要学会科学用嗓,例如通过横膈膜(肚脐周围)控制呼吸节奏,多喝水和吸入蒸汽,保持身体体液充分和嗓子湿润;保持室内空气流动,多呼吸新鲜空气,多进行体育锻炼。

技术上,记者需要配备一个高效易用的麦克风。好的麦克风可以让我们以最小的麻烦获得最好的音效,大大地提高采访效率。例如,最近非常流行的Blue Yeti雪怪USB专业电容麦克风操作简单但功能强大,适合多种录音场合,包括独白、对话、会议和表演等,录音质量非常高。如果对音质的要求不是很高,记者可以使用头戴式耳麦,提高录音和听音的效率。耳麦最好有较长的连线,因为在音频采访中记者站起来四处走动。身体的舒展往往能改变我们的心情和声音。如果使用的是笔记本电脑,可以将笔记本电脑抬高到与头部和颈部齐平的高度。尽量使用最新的电脑,以免卡顿,干扰采访。

我们正在进入新的虚拟现实时代,它由 360 度摄像机记录,经由 5G 信号传输,通过 VR 头盔和智能手机接收和再现。无论媒体旧与新,它们对个体和制度的影响都体现在相似的几个方面:隐私、透明度、真实性、时间感、在场感、信任度、自主性、责任和权利等。技术也许将进一步改变新闻业,但是它却不会太大地改变新闻伦理,也不会从根本上改变做好新闻所需要的最基本的技能——"到现场去!"记者应尽量深入现场去参访,不要浮在面上靠电话或网络采访。对网络技术的使用也应该服务于新闻,而不是让新闻服务于网络技术。

第四节　网络新闻跨平台写作

每一种媒体都有其媒介特性,这种特性会形塑内容的消费环境和网民的信息使用行为。因此,发布在不同媒介介质和平台上的内容就有必要体现和充分发挥这些媒介特性,否则就等于白白浪费了这些新媒介提供的"可供性"(affordances),也就是它们能被我们所用的媒介特性。例如,在 2008 年前后,全国的报业集团都热衷于将所谓"仿真数字报"(纸质报纸的 PDF 版)照搬到网络上,让读者在联网的电脑上阅读一份与其纸质内容完全一样的电子报。这样的阅读是封闭的、单向的,以文字和静态图片为主并且不能被搜索引擎检索,不能随时更新(而即时更新是网络新闻的最大优势,也是网民对网络新闻的最大需求)。这实际上是抛弃了因特网的多媒体、高更新率和高互动特性,否认了纸质新闻报道与网络新闻报道之间的差异,而将网络阅读环境与纸质报纸阅读环境等同起来。由于这些不足,仿真数字报对报业集团而言社会效益和经济效益都很差。

又如,新浪微博是一个社会媒体平台,兼具一些很弱的社交功能,其用户之间的关系主要建立在兴趣上,属于弱连接,多为单向传播,因此在微博上发布的内容公开,传播速度快且广。而微信是社交沟通平台,兼具一些较强的媒体功能,其用户之间的关系是建立在已有的线下关系上,属于强连接,信息发布(微信公众号除外)多为双向传播,内容个性化,信息传播速度慢,传播面窄,但受众对信息的阅读率很高。再如,抖音用户的年龄处于 18—35 岁之间,喜欢新鲜事物,对视觉信息比较敏感。而美国第一大社交平台Facebook拥有极大的用户基础，目前美国大约71%的成年上网者使用它，约占美国成年总人口的58%，但年龄偏大（56%的用户年龄超过65岁），而且女性用户远多于男性用户。Twitter美国只有23%成年网络用户使用，占成人总人口数量的19%，而且在50岁以下、受过大学教育的成年人群中特别受欢迎。Instagram深受年轻人的喜欢，美国53%的年轻人在使用Instagram，用户年龄为18—29岁，以女性用户为主。

这些不同平台之间的差异告诉我们：发表其上的新闻内容形式也应利用好这些差异，为传播效果服务。今天我们基本都认为，由于受众注意力碎片化，发表在移动互联网上的新闻内容的形式需要尽量简短化和个性化，这对追逐流量的自媒体而言尤其如此。

首先，网络新闻尽量简短，这是因为受众注意力与内容长短形成了相互建构的关系。注意力碎片化导致了迎合这些碎片化注意力的微内容（微博、微信和短视频），而微内容又进一步导致网民用户注意力更加碎片化，例如微博、抖音、快手等媒体内容必须"短小精练"，用几句话点明主旨内容，吸引网民的碎片化注意力。为此新闻记者和编辑要不断锤炼自身的写作能力，善于用最简练的语言概述新闻的前因后果，制作成简讯，加上醒目的标题发布。著名新闻人曹景行先生在安徽黄山茶林场做知青时就特别喜欢看中国的传统小说和古典名著。"印象最深的是《聊斋》。后来和年轻人讲新闻写作，我就说认真读一读《聊斋》，几百个字把一个复杂的故事写得清清楚楚，而且人物栩栩如生。这就是本事，只要摸熟了，写出来的新闻报道就不会无聊。"[①]

其次，新闻尽量个性化。自媒体内容具有"6P"特征，包括定位垂直（positioning）、内行专业（professionalism）、个性化和风格化（personal & personality）、传受互动多（participation）、诉求视觉传达（pictures and videos）、流量转化为产品和服务（products & services）。这些特征的出现，在很大程度上是因为移动互联网所具有的多媒体化、移动化、个人化和社交化等媒介特性。相较于自媒体较"软"的内容，主流媒体的内容更"硬"，但也在不同程度上体现出以上"6P"特征，例如网络新闻中的图片、漫画、表情符、音频、视频、互动图表等元素大量增

---

① 《曹景行病逝：朋友圈犹如小媒体，癌症手术后不久就上街做节目》，https://m.thepaper.cn/newsDetail_forward_16657387，2022年3月2日。

加,提高了新闻吸引力。例如,新华社2021年在海外社交媒体平台推出的《疫苗大战病毒》(*Virus Fighter 2: Game On!*)动画短视频就以幽默的语言、新颖的形式使得海外网友高呼"This is so cute"(这也太可爱了),收获了大批海外网友的点赞。这种"萌化新闻"就属于一种符合社交媒体"个性化和风格化"的新闻。在软新闻中,这种做法可以使新闻形式更加活泼,更易于成为"爆款"。

在决定内容的形式(是否多媒体)和内容风格时(个性化或非个性化)需要我们具有一些结构性思维,可以按照以下"调性决策表"(表13-2)来作出决定。

表13-2 网络新闻内容形式与调性决策表

平台类型	媒介特性	受众类型	内容形式	内容风格	传播效果
Web网页					
新闻App					
微博					
微信					
抖音					
海外社交平台					

总体而言,新闻内容的形式呈现在不同媒体平台上并无本质差别,传播效果如何,最终仍然取决于内容的质量。

第五节　处理好网络新闻写作中的几个问题

一、短新闻与长新闻

Web2.0导致用户生产内容(UGC)的急剧增长,它们和主流媒体的内容一起争夺着受众注意力,这造成其日益变得稀缺、短浅和碎片化。对短浅和碎片化的注意力又必须通过更多的微内容去获取和聚合,于是,微博、微信、短视频等"微内容"成为内容生产和传播的主要形式。由此看来,注意力的短浅和碎片化与媒介内容的短浅和碎片化是相辅相成的。

对于这样的受众,主流媒体应该提供何种深度和形式的内容,存在争议。争议的核心分歧在于:媒体应该迎合还是引导受众需求?

一些人认为,既然受众喜欢"浅阅读",媒体就应该提供更多短平快甚至"颗粒化"的内容才能获得受众的注意力。20世纪80年代,电视对纸质报纸形成极大挑战,《今日美国》(*USA Today*)横空出世,以大幅彩色照片和短小文字报道应对电视的竞争。当时的记者编辑都认为该报是报业中的"麦当劳"(McPaper),为读者提供的是"新闻的麦氏鸡块"(McNuggets of News)。时任主编约翰·奎恩甚至还颇有哲学意味地指出:人生就是许多的小小段落。

另外一些人则认为,即使受众喜欢"浅阅读",媒体在满足这些需求的同时,还应该引导他们进行"深阅读"。近年来,"长篇新闻报道"兴起就是这一观点的体现。这些文学篇幅很长,最多可达20 000个英文单词或数万汉字。

我们认为,在这个问题上,应当有如下认识。

(一)不同的新闻内容需要不同的新闻体裁,篇幅长短并非关键

对于"消息",即"硬新闻"或"快新闻",特别是突发新闻,需要我们先以简要的形式及时地报道和传播,且通过数字平台"一日多版"地密集发布。而对于"通讯",即"软新闻"或"慢新闻"(包括特稿、调查性报道、解释性报道和非虚构报道等),因议题和事件较为复杂,则需要我们进行较深入的资料检索、阅读、理解,对各类信源进行采访,并适用各种技巧撰写和报道,这自然需要时间,其报道篇幅也就长了。

另外,网络新闻内容的"长"和"短"也和受众的感知相关。长新闻也可以让读者不觉得长,有舒适的阅读体验。因此,记者、编辑应该做到以下几点:①提升自己的叙事水平,让文章引人入胜;②尽可能标点规范、多用常用字和流畅、精练的短句;③加强篇章布局设计,合理架设文章结构,合理地设立鲜明的小标题、过渡标记和视觉分割元素等;④适当使用网络语言,增强亲和力。

在网络时代做新闻,我们要追求的是深度与速度之间的适切性,不是一味求快求短,而是要有机地整合微内容和长内容(图13-4)。

(二)在追求新闻"短平快"的同时,仍要坚持"内容为王"

在网络时代,新闻生产是"内容为王"还是"技术(渠道)为王"?这

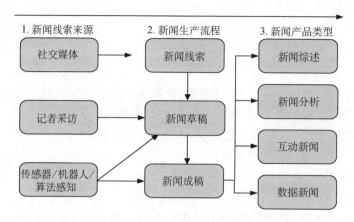

图 13-4　结合速度和深度的新闻内容生产模式

种争议在 10 年前颇为激烈。通过争论,这个问题现在已有共识,即以先进技术为支撑,以内容建设为根本,内容和技术如同车之两轮、鸟之两翼,相互支撑。这是因为传统媒体在技术平台上实力增强导致的。我们认为,内容可以为王,但必须满足基本技术条件。首先,内容与技术在不同发展阶段,其作用的比重各有不同。早期,传统媒体在自身技术不足时,多强调技术,少强调内容。今天,传统媒体在拥有政策优势的同时,技术短板不断缩小,所以完全应该重视内容建设。例如,澎湃新闻由时政新闻和思想领域的"现象级"媒体转变为全国性"平台型"媒体,就离不开其不断增长的自己生产的和用户贡献("湃客")的优质内容。又如,2020 年 1 月 24 日,《中国青年报》"冰点"周刊推出深度报道《全国人在吃年夜饭,他们在建"武汉小汤山"》。中青报记者深入抗疫一线,奔赴施工现场,不仅还原了真实的"武汉小汤山"建设场景,而且对多名施工人员进行了深度采访,细腻呈现特殊时期工人们的心理感触。2021 年 10 月,在高校保研季接近尾声以及考研备战进入冲刺期之时,《南方周末》推出特稿《考研的人拼到死,保研有人放鸽子》,呈现了现有保研制度下高校与学生互相"放鸽子"的现象以及参与保研学生的心路历程,引发了广大保研、考研群体的共鸣。这些媒体不是以技术而是以优质内容给公众留下了深刻印象。

另外,互联网平台企业在拥有技术优势的同时,也对优质内容表示出极大的渴望并屡有突出表现,例如网易"人间"、腾讯"谷雨"的长篇非虚构报道等。这都说明了"内容为王"原则仍然是我们应该坚持的。

二、"标题营销"和"标题党"

我们需要区分新闻的"标题营销"和"标题党"。

只要存在注意力竞争,标题就会被作为新闻营销的手段。"标题是新闻的眼睛"一直是报业的共识,因此新闻的"标题营销"一直广泛存在,且被报业推崇,中西皆然。

最早的"标题营销"也许可以追溯至美国的"黄色新闻"时期。19世纪70年代,普利策入主纽约《世界报》后,为了刺激发行量,他诉求于煽情主义,记者往往会用惹眼和夸张的标题,而且其色彩越来越重,字号越来越大,最终美国报业发展出一种甚嚣尘上的"标题党"文化和小报文化,将"新闻"异化为无情的猎奇。

在我国民国时期,报纸市场化程度较高,各报都挖空心思,竞相通过新闻标题吸引公众注意,甚至引导舆论,标题如《丰子恺画画不要脸》《物价容易把人抛,薄了烧饼,瘦了油条》《前方吃紧,后方紧吃》等广为人知。著名文学家和报人董桥曾在英国BBC中文部做过新闻,后任香港《明报》和《明报月刊》总编辑,他被视为"非常善于"给新闻起标题,如《从雍正的近视眼说起》《夏志清改张爱玲的英文》《老舍买画还给吴祖光》《你要善待这个人!》《"来人啊,拉下去杀了!"》等出自其笔下。以上报纸时代的新闻标题,或傍名人大款,或妙用成语,或故作惊奇,属于"逗弄文",一般是报纸新闻(在头版)或电视新闻(在正式节目之前)通过短小有趣的文字框或短视频来吸引受众关注内页或稍后的"精彩"内容。报纸编辑在写作"逗弄文"时,往往要在分寸之间巧妙地概括整篇新闻稿的内容,引发读者莞尔一笑。这种"标题营销"十分考验编辑的文字能力。

在今天的网络时代,注意力竞争尤为激烈,网络新闻的"标题营销"就更加必要。今天的网民有一种强烈的害怕漏掉信息或机会的紧张感(FOMO, fear of missing out)。[①] 美国心理学家乔治·罗温斯坦(George Loewenstein)指出,那些激发我们好奇心的东西能在我们的

---

① Przybylski, Andrew K., Murayama, Kou, DeHaan, Cody R., Gladwell, Valerie (July 2013), "Motivational, Emotional, and Behavioral Correlates of Fear of Missing Out", *Computers in Human Behavior*. 29(4): 1841-1848.

"当前状态"和"未来状态"之间造成一种"知识鸿沟",进而催生一种我们难以忍受的"被剥夺感"。为了消除 FOMO 感和剥夺感,网民会忍不去获取相关信息,直到找到答案,水落石出。①

于是,高明的"标题营销"就会常常通过标题来直击网名的以上心理。

例如,BuzzFeed 的创始人佩雷蒂致力于研究"病毒式内容"和"传染性媒介",发明了所谓"清单体"标题(如"第一次约会时你可以问对方的 10 个最具洞察力的问题")和"测试体"标题(如"测测你是哪一种亿万富翁""测测你将如何出名"等)。② 这些标题提及某事,但又并不透底,不断撩拨读者,促使他们点击链接。

布洛姆和汉森(Blom and Hansen)认为,"标题营销"常常会使用一种"前倾提示"(forward referencing),即"相对于此时此地的一种'即将发生'"的叙述技巧③,例如,"这是你读过的最好的新闻故事""这些事 30 岁前一定要学会""这些事让孩子自己去做""那些不用加班的人,都做对了这些事"等。

在网络内容传播中,通过撰写吸引人的标题来营销内容,已经成为网络记者和编辑必须掌握的技能。我们要警惕和避免的是"标题党"行为。

网络上存在很多纯粹为了吸引网民点击的内容形式,包括带链接的标题、照片、图标和 URL 等,目的是为了获得广告流量和诱使网民下载流氓程序实施攻击等,这类"点击诱饵"(clickbait)损害网民利益,污染网络环境,必须整治。

网络新闻"标题党"通常表现在两个方面:一是微观层面上,内容生产者为片面追逐流量,激发受众已有情绪的标题写作风格,网民在点击后往往有一种被标题误导或上当的感觉;二是宏观层面上,内容生产者以诱使网民点击为中心的系统性的内容生产法方式,最终导致新闻生

---

① Loewenstein, George (1994), "The psychology of curiosity: A review and reinterpretation", *Psychological Bulletin*, Vol. 116, No. 1 pp. 75-98.
② 《"病毒式"媒体标兵 BuzzFeed:社交分享的"默多克"?》,http://www.iheima.com/article-145517.html,2019-02-22。
③ Blom, Jonas Nygaard and Hansen, Kenneth Reinecke (2015), "Click bait: Forward reference as lure in online news headlines", *Journal of Pragmatics*, Vol. 76, pp. 87-100.

产"Uber 化"或"滴滴化"。①

例如,2016 年我国互联网上假新闻频发,包括《上海姑娘逃离江西农村》《"礼崩乐坏"的东北村庄》《安徽男子术后右肾失踪》《北大才女回乡创业送快递》等,影响巨大,引发了千万级甚至上亿的阅读量,这些假新闻无一不利用受众已有的社会心理。咪蒙微信公众号"10 万+"的文章标题中充满了如"有钱人终成眷属""如何管理你的老板?""男生一说这 10 句话,我就想报警""你的问题不是穷,而是坏""你的问题不是不努力,而是蠢"等,无不直接冲击网民情感。

由于"标题党"对互联网内容生态的破坏作用,已经被网民广为厌恶,长此以往也给社交媒体平台带来不利。因此,"标题党"整体上正在遭到技术和网民的打击。如 2014 年 8 月,Facebook 宣布采取措施遏制"标题党"——如果用户在点开一个链接后马上又回到 Facebook 页面,或者用户先对一个链接表示"Like",但在看了文章回来后却取消了"Like",这都说明该链接很可能是"标题党"②,因此需要对其生产者进行惩罚。Twitter 也采取了类似措施。据报道,我国的"今日头条"通过算法识别出"标题党"后会提醒作者修改,如果作者不作为,算法会自动降低相关内容在被推荐时的权重或直接将其拦截。互联网上还出现了一些反标题党工具,如浏览器"标题党侦测"插件,它能在网民鼠标轻触链接时给出目标文章的简要内容,从而减少网民的好奇心,放弃点击。③ 一些网民还联合起来应对"标题党",如国外有一个名为"叫停标题党"(Stop Clickbait)的社交媒体团体,创立者号召曾点击过标题党文章的网民用一句话总结该文内容后转发,这样其他网民就不会有好奇心自己去点击,从而避免了上当受骗。④

在网络新闻编辑中,我们要不断挑战自己,制作出与内容有着有机联系的网络新闻标题,为内容营销服务,同时又不能沦为以诈骗流量为

---

① Uber 网约车模式的典型特征,一是通过社会化大幅减少司机社保和车辆成本,二是通过各种量化、评比、奖励与惩罚措施刺激司机多跑单为其创造更多的剩余价值。如同 Uber 的"司机",传统媒体一方面其内容被社交媒体平台无偿使用,另一方面其内容生产方式也被社交媒体所操控和引导,不断炮制出低质但符合社交媒体平台利益最大化的内容。

② 数据来源:https://newsroom.fb.com/news/2014/08/news-feed-fyi-click-baiting。

③ Bufnea, D., & Şotropa, D. (2018), *A Community Driven Approach for Click Bait Reporting*, 26th International Conference on Software, Telecommunications and Computer Networks (SoftCOM) (页 1–6). https://doi.org/10.23919/SOFTCOM.2018.8555759。

④ 数据来源:https://www.boredpanda.com/stop-clickbait-facebook。

目的的"标题党",更不能让"标题党"观念指导自己和整个新闻机构的内容生产。

如何做好内容营销并避免标题党?

首先,要基于对受众需求的深入了解,结合信息与故事做好内容营销。迈克尔·舒德森在研究美国19世纪报纸的社会史时,区分了"信息模式"和"故事模式"。他指出,在从19世纪末期开始的激烈报业竞争中,报纸逐渐有的选择了信息模式(重事实),有的选择了故事模式(重娱乐),但其实当时的记者都普遍认同做新闻要事实和娱乐并重的理念。[①] 今天,我们必须认识到,只要这个世界的信息爆炸持续下去,受众的注意力就会稀缺,内容生产者就必须进行受众关系管理和内容营销,因此新闻从业者要在坚持"信息"的基础上,向文学家和著名报人学习,提高自己的"讲故事"的能力,其中就包括新闻标题创作能力。

其次,新闻媒体要努力提高优质内容的供应量,这是避免"标题党"泛滥的根本手段。今天的互联网,传统媒体优质("白色")内容供应不足,无法满足公众对信息的需求,有的媒体为了压缩内容生产成本,甚至和某些自媒体一样开始诉求于公众最底层的欲望。这导致受众注意力滑向提供"灰色"甚至"黑色"内容的自媒体,使得"标题党"内容泛滥。如果传统媒体能够持续提供优质内容,就能赢回受众注意力,整个互联网内容生态也会减少对"标题党"的依赖。这也意味着新闻媒体必须找到更好的商业模式,才能支持优质内容生产。

三、人工新闻与算法新闻

"机器人新闻",又称"自动化新闻""算法新闻"或"计算机生成内容"。据预测,"机器人生成内容"(CGC)很快将与"专业新闻记者生成内容"(PGC)以及"用户生成内容"(UGC)一起构成数字化新闻和信息的三大主体。

用机器人(算法)撰写新闻并不是全新现象。世界上第一个"故事写作机器人算法"40年前出现在耶鲁大学。[②] 美联社也透露,很多年前

---

① 〔美〕迈克尔·舒德森:《发掘新闻》,陈昌凤、常江译,北京大学出版社2009年版,第89页。

② 数据来源:http://gel.msu.edu/classes/tc848/papers/Meehan.Tale-Spin.pdf。

它就将新闻的自动化引入到体育和财经新闻生产中了。但不同的是，从前机器人撰写的"新闻"主要是数据简讯，可读性很差，现在则可以生产出直接面对人类读者的、更具可读性的新闻稿。

现在，机器人（算法）已被广泛应用于网络信息采集和发布，例如，在推特上机器人（算法）记者众多，如美国媒体很早就用"机器人"来报道体育赛事、自然灾害（如地震）、监测美国联邦政府的支出情况等。2013年，美联社使用"自动洞见"公司的算法自动生成了3亿条新闻，是世界上所有新闻媒体所产新闻的总和，2014年数量达到10亿条[①]，这显然是人类历史上新闻数量的大爆炸。

上海"第一财经"使用机器人在互联网上爬拣信息，并按照类别分别执行200多种算法，同时基于对大量以往人类记者稿件的学习，机器人还可以自主预测判断做到直接出稿，然后由编辑人工审核。据专攻新闻机器人算法的美国"叙事科学"公司的创始人和首席技术官克里斯蒂安·哈蒙德（Kristian Hammond）预测，在未来15年内，将有超过90%以上的新闻由机器人（算法）生成。他还认为，机器人记者"将在五年内"获得普利策新闻奖。[②]

机器人（算法）是如何生产新闻的？这个过程如一个"黑箱"，公众很难进行评判和监督。为了增加公众对机器人（算法）生产新闻流程的理解，美国哥伦比亚大学新闻学院的Tow数字新闻中心曾专门发文以"叙事科学"公司为例，对机器人（算法）新闻生产的流程进行了"解剖"[③]，包括五个步骤：①读入大量结构化和标准化数据；②测量数据中的"新闻性"；③找出合适的报道角度，如果有多个角度，则按照重要性排序并选择排序最高的角度；④将报道角度与数据中的具体事实相匹配；⑤生成报道文本。

数据经由以上复杂的算法处理后产出的财经和体育类新闻报道，大多数读者都无法将其与人类记者生产的新闻区别开来，这似乎意味

---

① 数据来源：http://nymag.com/daily/intelligencer/2014/07/why-robot-journalism-is-great-for-journalists.html?mid=twitter_dailyintelligencer#。

② 其意思并非是指机器人（算法）会打败人类记者而获得普利策奖，而是指普利策新闻奖将会设立"机器人新闻"奖项类别然后向机器人记者授奖。他说的是机器人与机器人的竞争，而不是机器人与人的竞争。参见：http://www.wired.com/2012/04/can-an-algorithm-write-a-better-news-story-than-a-human-reporter。

③ 参见：http://towcenter.org/the-anatomy-of-a-robot-journalist。

着"机器人记者"的人工智能通过了"图灵测试"。① 这也说明,尽管机器人新闻也许会让很多人从感情上难以接受,但只要这些新闻能满足我们的信息需求,纠缠"作者是机器还是人"这个问题也许意义不大了。

随着人工智能的发展,曾高枕无忧的新闻记者也被列入九大即将被机器人取代的职业群体之一。② 那么,人类记者还有用武之地吗? 我们认为,在很长一段时间内,人类记者和机器人记者仍将"携手合作,人机共生"。

(一) 机器人(算法)对新闻生产的复杂过程"化约"还过于简单

目前,新闻算法主要是对复杂的新闻写作过程的简化和提炼,是一种"以简御繁"的化约主义,存在着"挂一漏万"的不足。在真实的新闻生产中,"新闻性"是一个内涵和外延都极为丰富的概念,如哈卡普和奥尼尔(Harcup and O'Neill)就指出,决定现代意义上的"新闻性"的有10 个因素,包括:涉及权力精英、涉及名流、涉及娱乐、包含惊奇、坏消息、好信息、影响广泛、与受众有文化上的关联性、属于后续报道、符合媒体自身的利益。③ 对这 10 个因素,程序员也许都能一一用代码来量化表达,如果一条数据同时涉及以上多个"新闻性"因素,算法如何充分体现出这些因素呢? 算法是否能应对以及如何应对新闻报道中的复杂性,仍是一个巨大挑战。

(二) 机器人(算法)也会犯错,而且纠正错误更难

将算法应用于新闻和信息的自动采集和发布,其初衷是为了节省人力,提高效率,避免因人的干涉而引入新的错误。但是,算法的自动采集和发布过程一旦被启动,如果源头数据存在瑕疵,加上人力无法及时对之进行干预和修正,则会带来广泛的负面结果。

例如,2014 年 3 月,美国《纽约邮报》报道,此前失踪的 NBA 网队球员坤顿·罗斯(Quinton Ross)的尸体已被找到,该新闻被其他新闻机构迅速抓取转发,其中就有谷歌开发的"维基百科实时监测机器人"

---

① 计算机之父阿兰·图灵(Alan Turing)曾说大意如此的话:如果我们将"智能"仅仅理解为只有人才具有的那样的智能,那么"机器人是否有智能"这个问题的答案只能是"没有"。但是,智能也许有很多种,就像人类有很多类型一样。重要的是,如果你无法分辨与你网络交流的对象是机器还是人时,"机器是否具有人的智能"这个问题就没有意义了。
② 数据来源:http://www. nbcnews. com/id/42183592/ns/business-careers/t/nine-jobs-humans-may-lose-robots/#.U7_-U41V0U4。
③ Harcup, T. , & O'Neill, D. (2001), "What Is News? Galtung and Ruge revisited," *Journalism Studies*, 2(2), 261-280.

(Wikipedia Live Monitor)。① 该机器人(算法)记者背后的设计逻辑是:在维基百科全球287个不同语言的版本中,如果有很多人同时对同一个条目的内容进行修改更新,就很可能意味着一条重大新闻正在发生。在2014年3月某天的下午3:09,该机器人监测到有五个人在三种语言的维基百科中对有关坤顿·罗斯的条目作了修改(其实这些修改是基于《纽约邮报》最早的误报),因此它判断认为这是一条正在发生的重大新闻,于是通过推特发出一条简讯:失踪球员坤顿·罗斯的尸体被找到,其死亡得到确证。该推特帖子被网民和其他机构广为转发。

但在其发出首条源头新闻的12分钟之后,《纽约邮报》再发文更正说,弄错了,尸体不是坤顿·罗斯的,而是一名与该球员同名同姓死者的。尽管《纽约邮报》发出了更正,但谷歌的机器人记者因其设计逻辑局限(必须在有五个人以上同时修改维基百科的同一条目时才启动信息抓取和发布程序),并未重新抓取和发布更正后的信息,导致原来的误报谬种流传,而更正却无人知晓。

该例子说明,机器人(算法)既可以快速地采集和发布新闻,也可以快速地犯错。而且,因其高效率和人的无法干预,它一旦犯错,造成的负面影响更广。如果其信源比较权威(如QuakeBot的数据源比较可靠,如美国地震监测局),机器人记者出错的可能性会较小;但如果其信源来自社会性媒体(如Facebook、Twitter和维基百科等),机器人记者就可能被操纵,例如,黑客向机器人记者喂食虚假股市信息,从而造成股市极大波动。

(三)机器人(算法)新闻生产过程需要消除"黑箱",提高透明度

德国媒介学者基特勒认为,数字媒介的硬件和软件(图形用户界面)都具有隐蔽性。在软件的遮蔽下,用户看不到自己受到了硬件的限制;而软件本身可以使用户与计算机交流,同时却让用户一点都不知道背后的详细过程,还给人以一种开放的印象。基特勒指出,软件产品中已经事先被嵌入了权力结构,设定了"有限性、许可、特权和障碍";预编程的机器其实不是被使用者所控制,而是真正的控制者。② 由此看来,机器人新闻基于算法(软件),其运行如"黑箱",具有隐蔽性,因此新闻

---

① 数据来源:http://www.slate.com/articles/technology/future_tense/2014/04/quake_bot_4th_down_bot_robot_reporters_need_some_journalistic_ethics.html。

② 〔美〕盖恩,〔英〕比尔:《新媒介:关键概念》,刘君、周竞男译,复旦大学出版社2015年版,第102页。

机构有责任去提高其透明性,以增强公众对机器人新闻生产过程的监督。在这一点上,人类新闻生产中已经存在的增加透明性的种种措施值得借鉴。

哥伦比亚大学 Tow 数字新闻中心发布了"算法新闻责任报告"[①],对如何增加机器人新闻生产的透明度提出了以下建议。

第一,增加算法本身的透明度。例如,主动提供或者依照美国的信息公开法案向请求者提供算法的源代码。目前,在推特上,有些机器人(算法)的源代码就是公开的,如 TreasureIO。[②] 但是,即使公开源代码,也不能保证机器人新闻算法具有透明度。首先,普通人看不懂源代码。我们所说的透明度,是"公开的"透明度;如果公开的源代码仅仅少数人看得懂,那么要求"透明度"的意义也就不大了。其次,源代码常常会迅速迭代,这会带来两个问题:其一,即使是编写算法的程序员本人对他(她)自己以前写的算法代码也不能全部看懂;其二,算法源代码在不断迭代后会存在不同版本,对到底该公布哪一版本的源代码尚无共识,因此,即使公布算法源代码,也不能当然保证其透明度。

有鉴于此,新闻机构在提高算法新闻透明度上能做的是:告知公众机器人在实际运行中带有的偏见、所犯的错误,并以普通人能够看明白的方式呈现出来,例如,《纽约时报》在使用橄榄球比赛 4th Down Bot 机器人记者时,就采取了不少提高透明度的措施。该机器人在运行时参照 2000 年以来的美国橄榄球联盟(NFL)数据。《纽约时报》设立了专门网页对其算法原理进行了通俗易懂的详细解释,而且对该机器人算法存在的偏见直言不讳,告知读者"尽管有大数据支撑,和 NFL 的教练相比,我们的机器人生成的报告倾向于更乐观"。

第二,为算法作出的判断提供更多背景信息。目前,机器人新闻算法对自己作出的判断,还不能提供背景信息以帮助读者作出必要的校正。比如,现在凡涉及预测性新闻,机器人只会简单地说:"这是我从已有数据做出的预测。"至于预测背后的逻辑是什么,则无法提供解释。换句话说,目前,机器人在报道新闻时,只能报告它知道什么,但还不能解释它是如何知道的。这时,新闻机构可以通过列出关键概念的定义、其判断所基于的预设以及存在的不足等方式来增强机器人报道的透

[①] 参见:http://towcenter.org/algorithmic-accountability-2。
[②] 参见:https://github.com/csvsoundsystem/pytreasuryio。

明性。

我们现在正从"数字化"社会进入"数据化"社会,前者是后者的前提,后者则是前者的深化和遍在化。机器人(算法)新闻不仅需要大量的数据,还需要高质量的数据,这就与社会整体的数据化水平相关。因此,机器人(算法)新闻的发展仅靠一两种工具是不行的,它需要整个行业乃至整个社会达到一定的数据化水平,形成一个庞大的数据支持生态系统(system)。

在我国,机器人(算法)新闻实践面临的最大挑战是,数据化数量和质量水平都不高。例如,受制于行业部门条块分割管理体制,各信息领域(如医疗保健、教育和文化艺术等)之间以及各信息领域内部割据,"信息孤岛化"现象非常严重,数据不能共享,不能产生整体效益,也导致重复建设,利用率低下。"信息孤岛"无疑是我国新闻媒体实现机器人新闻的巨大障碍。

我们认为,由于以上原因,人类记者将更能发挥其优势,实现新闻生产的"人机共生"。

主要参考文献

1. 方汉奇：《中国新闻事业通史》（第二卷），中国人民大学出版社1996年版
2. 丁淦林：《中国新闻事业史新编》，四川人民出版社1998年版
3. 张之华：《中国新闻事业史文选（公元724年—1995年）》，中国人民大学出版社1999年版
4. 王洪祥：《中国现代新闻史》，新华出版社1997年版
5. 赖光临：《七十年中国报业史》，台湾中央日报社1981年版
6. 周俊旗等：《老新闻·民国旧事卷（1928—1937）》，天津人民出版社1998年版
7. 赵玉明：《中国现代广播简史》，中国广播电视出版社2001年版
8. 张春宁：《中国报告文学史稿》，群言出版社1993年版
9. 张涛：《中华人民共和国新闻史》，经济日报出版社1996年版
10. 刘家林：《中国新闻通史》，武汉大学出版社2005年版
11. 马光仁：《上海新闻史（1850—1949）》（修订版），复旦大学出版社2014年版
12. 姚福申：《中国编辑史》，复旦大学出版社2004年版
13. 黄瑚：《中国新闻事业发展史》（第三版），复旦大学出版社2022年版
14. 吴玉章、潘梓年等著：《新华日报的回忆》，四川人民出版社1979年版
15. 人民日报报史编辑组：《人民日报回忆录：1948—1988》，人民日报出版社1988年版
16. 宋军：《申报的兴衰》，上海社会科学院出版社1996年版
17. 王敬：《延安〈解放日报〉史》，新华出版社1998年版
18. 方汉奇：《报史与报人》，新华出版社1991年版
19. 李庄：《人民日报风雨四十年》，人民日报出版社1993年版
20. 周雨：《大公报人忆旧》，中国文史出版社1991年版
21. 张友鸾等：《世界日报兴衰史》，重庆出版社1982年版

22. 马馨麟、马宝珠:《光明日报 50 年历程》,光明日报出版社 2000 年版
23. 徐铸成:《徐铸成回忆录》,生活·读书·新知三联书店 2018 年版
24. 方蒙:《〈大公报〉与现代中国》,重庆出版社 1993 年版
25. 甘惜分:《新闻学大辞典》,河南人民出版社 1993 年版
26. 童兵、陈绚:《新闻传播学大辞典》,中国大百科全书出版社 2014 年版
27. 中国社会科学院新闻研究所编:《中国共产党新闻工作文件汇编》(上中下),新华出版社 1980 年版
28. 《毛泽东新闻工作文选》,新华出版社 1983 年版
29. 《陆定一新闻文选》,新华出版社 1987 年版
30. 《胡乔木文集》第三卷,人民出版社 2012 年版
31. 邓拓:《燕山夜话》,中国社会科学出版社 1997 年版
32. 廖沫沙:《瓮中杂俎》,中国社会科学出版社 1994 年版
33. 商恺:《报纸工作谈话录》,人民日报出版社 1984 年版
34. 李良荣:《中国报纸的理论与实践》,复旦大学出版社 1992 年版
35. 徐宝璜:《新闻学》,中国人民大学出版社 1994 年版
36. 徐人仲、李年贵:《穆青新闻作品研讨文集》,新华出版社 1998 年版
37. 穆青:《新闻散论》,新华出版社 1996 年版
38. 王铁仙:《瞿秋白论稿》,华东师范大学出版社 1984 年版
39. 范长江:《通讯与论文》,新华出版社 1981 年版
40. 郭超人:《国内通讯选(1949—1999)》,新华出版社 1999 年版
41. 唐弢:《〈申报·自由谈〉杂文选(1932—1935)》,上海文艺出版社 1987 年版
42. 瞿秋白:《瞿秋白文集·文学篇》,人民文学出版社 1985 年版
43. 方汉奇:《邵飘萍选集》,中国人民大学出版社 1988 年版
44. 徐宝璜等:《新闻文存》,中国新闻出版社 1987 年版
45. 瞿秋白:《瞿秋白文集》,人民文学出版社 1998 年版
46. 刘中海:《回忆胡乔木》,当代中国出版社 1994 年版
47. 彭正普:《当代名记者》,河南大学出版社 1988 年版
48. 华山:《朝鲜战场日记》,新华出版社 1986 年版
49. 田流:《我这样做记者》,人民日报出版社 1984 年版
50. 李峰:《李峰文集》,新华出版社 2001 年版

51. 南振中:《记者的战略眼光》,新华出版社2000年版
52. 盛沛林:《军事新闻学概论》,解放军出版社2000年版
53. 沈苏儒:《对外传播的理论与实践》,五洲传播出版社2004年版
54. 吕光:《大众传播与法律》,商务印书馆(台湾)1987年版
55. 王利明、杨立新:《人格权与新闻侵权》,中国方正出版社2000年版
56. 顾理平:《新闻法学》(修订版),中国广播电视出版社2005年版
57. 魏永征:《新闻传播法教程》(第五版),中国人民大学出版社2016年版
58. 彭兰:《网络传播概论》,中国人民大学出版社2017年版
59. 彭兰:《新媒体用户研究:节点化、媒介化、赛博格化的人》,中国人民大学出版社2020年版
60. 周胜林、张骏德等:《新闻采访与写作》,复旦大学出版社1984年版
61. 朱穆之:《论新闻报道》,新华出版社1987年版
62. 邱沛篁等:《新闻传播百科全书》,四川人民出版社1998年版
63. 杜荣进:《中外新闻采写借鉴集成》,浙江教育出版社1998年版
64. 申凡:《当代新闻采访学》,华中理工大学出版社1999年版
65. 张惠仁:《现代新闻写作学》,四川人民出版社2001年版
66. 刘海贵:《中国现当代新闻业务史导论》,复旦大学出版社2002年版
67. 刘海贵:《当代新闻采访》,复旦大学出版社2003年版
68. 蓝鸿文:《专业采访报道学》,中国人民大学出版社2003年版
69. 李大同:《冰点故事》,广西师范大学出版社2005年版
70. 周胜林:《高级新闻写作》(第三版),复旦大学出版社2006年版
71. 刘海贵等:《深度报道探胜——党报—主流媒体发展之路》,复旦大学出版社2007年版
72. 张志安:《记者如何专业》,南方日报出版社2007年版
73. 张骏德:《新闻报道改革与创新》,中山大学出版社2008年版
74. 李海鹏:《大地孤独闪光》,南方日报出版社2011年版
75. 南香红:《野马的爱情》,南方日报出版社2011年版
76. 杨瑞春、张捷:《南方周末特稿手册》,南方日报出版社2012年版
77. 刘勇:《中国报纸新闻文体嬗变(1978—2008)》,中国人民大学出版社2016年版
78. 高钢、潘曙雅:《新闻采访与写作》,中国人民大学出版社2018年版

79. 白贵、彭焕萍:《当代新闻写作》,中国人民大学出版社 2018 年版
80. 艾丰:《新闻采访方法论》,人民日报出版社 2020 年版
81. 费伟伟:《人民日报记者说:好稿怎样讲故事》,人民日报出版社 2021 年版
82. 刘笑盈:《国际新闻学:本体、方法和功能》,中国广播电视出版社 2010 年版
83. 威廉·梅茨:《怎样写新闻——从导语到结尾》,新华出版社 1983 年版
84. 戴维·加洛克:《普利策新闻奖·特稿卷》,曾丽等译,李彬校,新华出版社 1999 年版
85. 沃尔特·福克斯:《新闻写作——报刊记者指南》(第二版),李彬译,新华出版社 1999 年版
86. 罗伯特·B. 西奥迪尼:《影响力 你为什么会说"是"?》,张力慧译,中国社会科学出版社 2001 年版
87. 梅尔文·门彻:《新闻报道与写作》,展江主译,华夏出版社 2004 年版
88. 卡罗尔·里奇:《新闻写作与报道训练教程》,中国人民大学出版社 2004 年版
89. 布隆代尔:《〈华尔街日报〉是如何讲故事的》,徐扬译,华夏出版社 2006 年版
90. 盖伊·塔奇曼:《做新闻》,麻争旗、刘笑盈、徐杨译,华夏出版社 2008 年版
91. 沃尔特·翁:《口语文化与书面文化:语词的技术化》,何道宽译,北京大学出版社 2008 年版
92. 库恩:《科学革命的结构》(第四版),金吾伦、胡新和译,北京大学出版社 2012 年版
93. 盖恩、比尔:《新媒介:关键概念》,刘君、周竞男译,复旦大学出版社 2015 年版
94. 迈克尔·舒德森:《发掘新闻:美国报业的社会史》,陈昌凤、常江译,北京大学出版社 2016 年版
95. 芮必峰:《论新新闻学》,《潍坊学院学报》,2002 年第 1 期
96. 刘勇:《新闻与文学的交响与变奏:基于对"非虚构写作"的历时性考察》,《现代传播》,2017 年第 8 期

97. 刘勇、邹君然:《在"自由"与"尺度"之间:特稿的实践之维——基于对李海鹏系列作品的考察》,《新闻大学》,2017年第4期
98. 南香红、陈丰:《特稿二辨》,《南方传媒研究》,2013年第42期
99. 范承刚:《特稿写作:尴尬的炼金术》,《南方传媒研究》,2013年第42期
100. 包丽敏:《特稿的魅力》,《南方传媒研究》,2013年第42期
101. 蒯乐昊:《奢侈的特稿》,《南方传媒研究》,2013年第42期
102. 陈力丹、王辰瑶:《"舆论绑架"与媒体逼视——论公共媒体对私人领域的僭越》,《新闻界》,2006年第2期
103. 窦锋昌、程彤辉:《从文字到视频:纸媒视频生产机制研究》,《中国出版》,2019年第2期
104. 邓建国:《传统与变革:数字时代老牌新闻学院的变与不变——以哥大新闻学院的课程改革为例》,《新闻大学》,2014年第6期
105. 张燕、陈思思:《传统新闻媒体转战社交媒体的内容运营策略——对澎湃新闻微信公众号的内容分析》,《出版科学》,2016年第4期
106. 许向东:《对中美数据新闻人才培养模式的比较与思考》,《国际新闻界》,2016年第10期
107. 宋兵:《岁月里的故事——新华社80年通信技术发展历程图片展侧记》,《中国传媒科技》,2011年第10期
108. 赖龙威:《从领导人"失联"看国际新闻报道的专业门槛》,《中国报业》,2014年第21期
109. 钟飞腾:《如何准确、及时、专业地报道南海问题——关于占领国际事件报道制高点的几个视角》,《中国记者》,2012年第6期
110. 刘朝霞:《〈纽约时报〉和〈人民日报〉2008年北京奥运会报道的比较——框架理论的视角》,《首都体育学院学报》,2011年第23期
111. 王沛楠:《反向流动视野下的国际新闻——基于YouTube平台的比较分析》,《青年记者》,2019年第9期
112. 苏嫣娴:《报道好给老外读的本地社会新闻——〈上海日报〉社会新闻版的定位与特色》,《新闻记者》,2006年第7期
113. 吴海云:《自信与谋略——英语媒体"第六声"的建党百年特别报道评析》,《对外传播》,2021年第8期
114. 王银桩:《驻外记者与采访国际政要》,《中国广播电视学刊》,

2008年第2期

115. 董志敏:《浅谈记者在国际采访中的应变能力》,《中国广播电视学刊》,2007年第2期

116. 刘天鹤:《简明英语视角下领导人讲话翻译策略研究》,《理论观察》,2020年第12期

117. 刘鑫、张咏华:《一组解释性报道的范本——2007年普利策奖国际报道奖获奖作品简析》,《新闻记者》,2007年第8期

118. 《人民日报》,1956年1月至12月,上海图书馆综合阅览室

119. 《新华日报》,1942年1月至1943年12月,上海图书馆近代报刊阅览室

120. 《解放日报》索引,上海图书馆近代报刊阅览室

121. 《中央日报》,1945年9月至1946年12月,上海图书馆近代报刊阅览室

122. 《文萃》,1946年1月至7月,上海图书馆近代报刊阅览室

图书在版编目(CIP)数据

中国新闻采访写作学/刘海贵主编;刘勇,邓建国副主编. —3版. —上海:复旦大学出版社,2022.11
新闻与传播学系列教材:新世纪版
ISBN 978-7-309-16448-0

Ⅰ.①中… Ⅱ.①刘… ②刘… ③邓… Ⅲ.①新闻采访-高等学校-教材②新闻写作-高等学校-教材 Ⅳ.①G212

中国版本图书馆 CIP 数据核字(2022)第 186557 号

中国新闻采访写作学(第三版)
刘海贵　主编
刘　勇　邓建国　副主编
责任编辑/章永宏

复旦大学出版社有限公司出版发行
上海市国权路 579 号　邮编:200433
网址: fupnet@fudanpress.com　http://www.fudanpress.com
门市零售:86-21-65102580　团体订购:86-21-65104505
出版部电话:86-21-65642845
上海华业装潢印刷厂有限公司

开本 787×960　1/16　印张 28.75　字数 455 千
2022 年 11 月第 3 版
2022 年 11 月第 3 版第 1 次印刷

ISBN 978-7-309-16448-0/G·2417
定价:58.00 元

如有印装质量问题,请向复旦大学出版社有限公司出版部调换。
版权所有　侵权必究